Diploma de brancura

FUNDAÇÃO EDITORA DA UNESP

Presidente do Conselho Curador
Herman Jacobus Cornelis Voorwald

Diretor-Presidente
José Castilho Marques Neto

Editor-Executivo
Jézio Hernani Bomfim Gutierre

Conselho Editorial Acadêmico
Alberto Tsuyoshi Ikeda
Áureo Busetto
Célia Aparecida Ferreira Tolentino
Eda Maria Góes
Elisabete Maniglia
Elisabeth Criscuolo Urbinati
Ildeberto Muniz de Almeida
Maria de Lourdes Ortiz Gandini Baldan
Nilson Ghirardello
Vicente Pleitez

Editores-Assistentes
Anderson Nobara
Fabiana Mioto
Jorge Pereira Filho

Jerry Dávila

Diploma de brancura

Política social e racial no Brasil – 1917-1945

Tradução

Claudia Sant'Ana Martins

Título original em inglês *Diploma of Whiteness*
Race and social policy in Brazil, 1917-1945

© 2005 da tradução brasileira:

Fundação Editora da Unesp (FEU)
Praça da Sé, 108
01001-900 – São Paulo – SP
Tel.: (0xx11) 3242-7171
Fax: (0xx11) 3242-7172
www.editoraunesp.com.br
www.livrariaunesp.com.br
feu@editora.unesp.br

CIP – Brasil, Catalogação na fonte
Sindicato Nacional dos Editores de Livros, RJ

D29d

Dávila, Jerry, 1970-
 Diploma de brancura: política social e racial no Brasil – 1917-1945 / Jerry Dávila; tradução Claudia Sant'Ana Martins. – São Paulo: Editora Unesp, 2006. 400p.: il.

 Tradução de: Diploma of whiteness: race and social policy in Brazil, 1917-1945.
 Inclui Bibliografia
 ISBN 85-7139-652-3

 1. Pedagogia crítica – Brasil – História – Século XX. 2. Discriminação na educação – Brasil – História – Século XX. 3. Brancos – identidade racial – Brasil – História – Século XX. 4. Educação – Aspectos sociais – Brasil – História – Século XX. I. Título.

06.4118   CDD 370.193420981
                CDU 37.015.4(81)

Editora afiliada:

Asociación de Editoriales Universitarias
de América Latina y el Caribe

Associação Brasileira de
Editoras Universitárias

PARA LIV

Sumário

Prefácio à edição brasileira	9
Introdução	17
1. Construindo o "homem brasileiro"	47
2. Educando o Brasil	95
3. O que aconteceu com os professores de cor do Rio?	147
4. Educação elementar	199
5. A Escola Nova no Estado Novo	241
6. Comportamento branco: As escolas secundárias do Rio	295
Epílogo: O persistente fascínio brasileiro pela raça	355
Lista de abreviaturas e siglas	369
Bibliografia	371
Índice remissivo	393

Prefácio à edição brasileira

Escrevo este Prefácio durante um semestre como professor visitante na Pontifícia Universidade Católica do Rio de Janeiro, instituição que tem desenvolvido um programa inovador de ação afirmativa para aumentar o número de alunos afrodescendentes entre seus muros, por intermédio de programas pré-vestibulares e bolsas de estudo. Como professor visitante no programa Fulbright, tenho tido a oportunidade de lecionar também em outras universidades sobre políticas de ação afirmativa nos Estados Unidos. As universidades brasileiras e estado-unidenses são tão fundamentalmente diferentes que seria difícil compará-las. Mesmo assim, impressiona-me a dimensão do debate contemporâneo sobre a inclusão racial no ensino brasileiro, e seu contraste com o debate cada vez mais restrito sobre ações afirmativas nos Estados Unidos.

Na virada do século XXI tem-se assistido a mudanças profundas nas políticas raciais brasileiras. Essas mudanças vêm de longe, originando-se nos esforços de militantes do movimento negro, pelo processo de redemocratização, e mediante a profusão de análise acadêmica sobre a natureza da desigualdade racial. O Movimento Negro Unificado, fundado em oposição a um regime militar que suprimiu a discussão da desigualdade racial, abriu espaço para uma

10   DIPLOMA DE BRANCURA

gama de organizações que focalizam temas tão diversos quanto a expressão cultural afro-brasileira, a organização comunitária em favelas, bairros de periferia, e remanescentes de quilombos, ou os direitos da mulher negra. Afro-brasileiros têm conquistado espaços que a história lhes tem negado, como a indicação do juiz Joaquim Barbosa para o Supremo Tribunal Federal. A cultura popular também vem mudando, a exemplo da popularidade do hip hop, e a crescente visibilidade de negros na televisão e na propaganda.

Já em 1995 e 1996, quando a pesquisa de doutorado que gerou este livro foi realizada, movimentos sociais conquistavam visibilidade por meio de campanhas como a do "100% Negro". Lembro também minha surpresa quando, sentado em um barzinho assistindo à televisão, o *Jornal Nacional* mostrou a imagem de meu orientador, Thomas Skidmore, entre os participantes de um encontro nacional sobre desigualdade racial convocado pelo presidente Fernando Henrique Cardoso. Naquele instante, não percebi que esse encontro seria um grande passo na transformação da maneira pela qual políticas públicas, especialmente educacionais, abordavam questões raciais na sociedade brasileira.

O evento marcou o primeiro momento em que um chefe de Estado brasileiro reconhecia publicamente a existência de discriminação racial no Brasil. Paulo Sérgio Pinheiro, secretário de Estado dos Direitos Humanos, explicou:

> Durante 120 anos, nenhum governo federal fez nada pelos direitos dos afrodescendentes, não reconheceu que somos um país racista, com racismo estrutural. O presidente Fernando Henrique fez isso em 1996. É importante porque, se você não reconhece um problema, não pode resolvê-lo. Assumindo, define políticas.[1]

---

[1]   MICHAEL, A. Paulo Sérgio Pinheiro, há 2 meses no governo FHC, diz que nova lei evitaria polêmica no caso Cássia Eller. *Folha de S.Paulo*, 7 jan. 2002. p.A7.

PREFÁCIO À EDIÇÃO BRASILEIRA **11**

A declaração do sociólogo-presidente marcou o início de novas políticas públicas de integração; foi também resultado de anos de militância, como a campanha do Censo de 1990 que pediu ao público "Não deixe sua cor passar em branco". O objetivo dessa campanha, como o do *slogan* "100% Negro", era criar uma identidade negra no lugar de práticas de autodefinição difusas, a qual respondesse à realidade de que a maior parte dos recursos e das recompenas sociais recai sobre os brasileiros mais brancos. Sua lógica era de que tal solidariedade racial promoveria diversos objetivos, desde as reparações aos descendentes de escravos exigidas pelo Núcleo de Consciência Negra da USP, até programas de cotas nas universidades, e o anseio do grupo AfroBrás de criar uma universidade afro-brasileira – a Universidade de Cidadania Zumbi dos Palmares.

Depois do encontro nacional, autoridades federais e estaduais desenvolveram novas medidas de inclusão, começando com a criação de um Grupo de Trabalho Interministerial para a Valorização da População Negra (GTI). Essa entidade promoveu a contratação de afrodescendentes nos ministérios federais. O Itamaraty, por exemplo, teve um único embaixador que se identificava como negro, e ele não era diplomata de carreira, foi indicado por Jânio Quadros como o primeiro embaixador brasileiro em Gana. O presidente ganense, Kwame Nkrumah, se diz não enganado, mas a verdadeira prova de democracia racial no Brasil teria sido a indicação do embaixador negro para um país como a Suíça.

Desde logo, discussões sobre a implantação de cotas universitárias geraram controvérsia, mesmo no interior do governo. Enquanto o ministro da Justiça, José Gregori, defendia uma cota para negros de 20% nas universidades brasileiras, o ministro da Educação, Paulo Renato de Souza, declarava a medida inadiministrável. Essa divergência de opiniões rapidamente se transferiu para as universidades, à medida que algumas delas começaram a implementar programas de cotas.

12 DIPLOMA DE BRANCURA

A diferença de opinião se transformou na discussão sobre a natureza da desigualdade racial e social no Brasil, e de seus remédios. Defensores das cotas queriam universidades rapidamente representativas da sociedade. Opositores defendiam a necessidade de tornar as universidades mais representativas mediante mudanças no ensino básico e médio. Ambas as posições revelam a complexidade da sociedade brasileira. Como se define quem é ou não negro, e quem deve ser beneficiado? Será que a promoção de políticas explicitamente raciais vai minar uma das bases da identidade cultural brasileira, fundada na mistura? Existe aquela coisa chamada mérito? Será que o mérito é revelado pelo vestibular? O mais importante desse debate é que ambos os lados reconhecem a importância de medidas públicas para promover a inclusão. Além disso, o debate não faz uma leitura da desigualdade racial como pecado original – legado de um passado remoto. Pelo contrário, e muito diferente do debate atual nos Estados Unidos, ambos os lados reconhecem que a desigualdade racial se reproduz no presente – que é resultado de mecanismos contemporâneos, desde valores sociais até o funcionamento das instituições e os efeitos do mercado.

Mesmo assim, esta não é a primeira vez que um debate sobre a relação entre raça e políticas públicas acontece no Brasil. Durante a primeira metade do século XX, quando as instituições educacionais contemporâneas foram formadas, o pensamento racial ajudou a guiar as políticas públicas. Duas gerações de educadores, intelectuais, médicos e cientistas sociais acreditavam que a criação de uma escola universal poderia embranquecer a nação, liberando o Brasil do que eles imaginavam como a degeneração de sua população. Durante a Velha República e a Era Vargas, eles desenvolveram políticas públicas tanto inspiradas nas correntes intelectuais e científicas internacionais quanto em sua leitura das mazelas do povo brasileiro. Tinham fé irrestrita na capacidade do Estado de funcionar de maneira técnica e científica para transformar a nação.

PREFÁCIO À EDIÇÃO BRASILEIRA   **13**

Os condutores da expansão e da reforma educacional acreditavam que a maior parte dos brasileiros, pobres e/ou pessoas de cor, eram subcidadãos presos à degeneração – condição que herdavam de seus antepassados e transmitiam a seus filhos, enfraquecendo a nação. Os mesmos educadores também tinham fé em sua capacidade de mobilizar ciência e política para redimir essa população, transformando-a em cidadãos-modelo. O título deste livro, *Diploma de brancura*, refere-se a práticas empregadas nas escolas cariocas e nas intenções dessas práticas: transformar uma população geralmente não branca e pobre em pessoas embranquecidas em sua cultura, higiene, comportamento e até, eventualmente, na cor da pele. As práticas educacionais discutidas aqui eram uma faca de dois gumes. Por um lado, criaram novos recursos e novas oportunidades direcionadas a pessoas historicamente excluídas. Por outro, participantes na educação pública foram tratados de maneira desigual – os alunos pobres e de cor foram marcados como doentes, mal-adaptados e problemáticos. Além disso, as práticas educacionais eram muitas vezes paternalistas, até autoritárias, agindo sobre o indivíduo para transformar a nação. Este livro analisa as maneiras pelas quais a educação pública foi expandida e reformada de modo que institucionalizasse desigualdades raciais e sociais. Especificamente, sugere que o conceito de mérito usado para distribuir ou restringir recompensas educacionais foi fundado em uma gama de julgamentos subjetivos em que se embutia uma percepção da inferioridade de alunos pobres e de cor.

Os educadores discutidos aqui, como Afrânio Peixoto, Anísio Teixeira e Fernando de Azevedo, foram intelectuais que, durante longas carreiras, influenciaram instituições educacionais, intelectuais e científicos de formas marcantes. São figuras que moldaram o Brasil, e foram moldadas por sua época. Esse é especialmente o caso do período entre as duas guerras mundiais, quando a ideia da inferioridade racial cedeu lugar à ideia da maleabilidade dos seres humanos.

14   DIPLOMA DE BRANCURA

Foi o período auge do pensamento eugênico, que visava ao "aperfeiçoamento" dos seres humanos pelas intervenções científicas, médicas e culturais. Não pretendo julgar esses indivíduos por interpretar as ideias correntes de sua época, mas entender como essas ideias penetraram suas práticas e influenciaram as instituições que eles criaram.

Na primeira metade do século XX, o pensamento racial ocupou papéis explícitos e implícitos na elaboração da educação pública. Um número restrito de cientistas, intelectuais e médicos dominava as decisões sobre a educação, e as práticas que criaram refletiram e reproduziram as desigualdades vigentes em sua sociedade. No final do século, outra corrente de pensamento racial prevalece nas políticas educacionais. Essa corrente mostra-se mais complexa, e tem sido debatida mais amplamente na sociedade. Em primeira instância, educadores imaginavam que as pessoas seriam patológicas e as instituições públicas poderiam saná-las. Em segunda instância, a percepção é de que as instituições são patológicas, embora existam divergências sobre as medidas que poderiam resolver o problema. O que permeia as duas épocas é a permanência da desigualdade racial como traço marcante não apenas no Brasil, mas em todas as sociedades tocadas pela diáspora africana.

Espero que este texto contribua para tais discussões, mediante o exame das formas pelas quais percepções racialmente discriminatórias têm sido institucionalizadas na educação pública. Analisam-se aqui práticas locais e as ideologias que as inspiraram. O presente livro originou-se como uma tese de doutorado na Brown University, e no decorrer dos longos anos que produziram a tese e depois o livro, foram acumuladas profundas dívidas com pessoas e instituições que têm apoiado o projeto. É preciso em primeiro lugar agradecer a meu orientador, Thomas Skidmore, cuja generosidade e conhecimento são profundos. Tive oportunidade de aprender de Anani Dzidzienyo a importância de pensar sobre o Brasil como parte de um mundo

PREFÁCIO À EDIÇÃO BRASILEIRA **15**

atlântico. Jeffrey Lesser leu numerosas versões deste texto, sempre levantando perguntas difíceis. Estrangeiros realizando pesquisas no Brasil dependem da extensa boa vontade de intelectuais e instituições brasileiras, que sempre são acolhedoras. O CPDOC da Fundação Getulio Vargas e a IUPERJ receberam-me como pesquisador visitante. José Murilo de Carvalho, Clarice Nunes e José Baia Horta ofereceram orientações básicas que viabilizaram este projeto. Monica Grin, Peter Fry e Yvonne Maggie da IFCS/UFRJ, e Marcos Chor Maio, Gilberto Hochman e Nísia Trinidade Lima da Fiocruz têm mantido anos de diálogo que afinou muito a perspectiva desta análise. Devo dizer o mesmo de Diana Vidal, Heloísa Helena Pimenta Rocha e outros integrantes da Sociedade Brasileira de História de Educação. Todos têm minha profunda gratidão. Wilson Choeri, Aloysio Barbosa e Carolina Cortês-Brasílico contribuíram para a leitura da história do Colégio Pedro II. Paulo Elian, no Arquivo Geral da Cidade, e Leonora Gama de Almeida, bibliotecária do Instituto de Educação, ajudaram a encontrar material riquíssimo.

Parte do projeto foi desenvolvida quando fui professor visitante na Universidade de São Paulo em 2000, e na Pontifícia Universidade Católica do Rio em 2005. Na USP, agradeço o apoio de Laura de Mello e Souza, Maria Helena Machado, Lygia Prado e Luis Felipe Silveira Lima. Na PUC, agradeço o apoio de Angela Paiva, Marco Antonio Pamplona e Karl-Erik Schøllhammer. Agradeço também o esforço e a dedicação de meus editores na Duke University Press, Valerie Milholland, e na Editora da Unesp, Jézio Gutierre. Agradeço a Universidade da Carolina do Norte em Charlotte pelo subsídio à tradução do livro para o português. Além dos agradecimentos profissionais, devo reconhecer que trabalhar como estrangeiro em qualquer país é um desafio, e é um desafio amenizado pela amizade e generosidade de outros, tantos que não dá para mencioná-los aqui. Mesmo assim, obrigado.

16   DIPLOMA DE BRANCURA

No final das contas, este livro é um produto de trabalho no ensino da história do Brasil para estudantes nos Estados Unidos. Esse ensino é fundado na pressuposição de que quanto mais um aluno dos Estados Unidos aprende sobre o Brasil, mais entende sobre os Estados Unidos. Isso se aplica especialmente na área de relações raciais. Na última metade do século XX, o sistema de segregação racial predominante no sul daquele país foi desmantelado a duras penas. Mas sobreviveram as expressões mais sutis e elásticas da discriminação e da desigualdade – mecanismos semelhantes aos do Brasil ou de outros países. Diz-se que a conscientização racial no Brasil está fazendo que as realções raciais brasileiras se aproximem do padrão estadunidense, e por outro lado que o fim da segregação faz dos Estados Unidos uma sociedade racialmente democrática, usando linguagem que já foi comum no Brasil. Minha impressão é de que o Brasil e os Estados Unidos, com todas as suas especificidades, compartem um processo histórico – tanto a celebração de uma identidade nacional racialmente democrática quanto a segregação racial são conceitos que têm ajudado a esconder mecanismos discretos e cotidianos que reproduzem e renovam desigualdades históricas. O fim da era da fé na democracia racial e, por outro lado, da defesa da supremacia branca deixa cada sociedade com a difícil tarefa de reconhecer e desfazer valores e práticas que produzem a desigualdade. As páginas que se seguem são uma abordagem histórica para entender esses valores e práticas em um limitado contexto temático, temporal e geográfico: as políticas educacionais na primeira metade do século XX no Rio de Janeiro.

Introdução

Em 1944, no auge do Estado Novo e da participação do Brasil na guerra contra o fascismo na Europa, uma jovem de descendência indígena chamada Jacyra tornou-se o centro de uma discussão pública sobre a natureza do racismo no Brasil. Seus pais adotivos tentaram matriculá-la na escola das Irmãs de Notre Dame. Quando as freiras que dirigiam a escola recusaram sua admissão porque ela não era branca, seus pais e defensores, irritados, levaram sua indignação à imprensa. Segundo carta a um dos principais diários do Rio de Janeiro, o *Diário Carioca*, quando os pais se encontraram com uma das freiras (supostamente) alemãs que dirigiam a escola para tratar da matrícula da filha, perguntaram se havia a possibilidade de que ela sofresse discriminação na escola. A freira pediu para ver a menina e, nas palavras do redator da carta, "respondeu que não podia aceitar a pequenina india, filha de nossas selvas, pois no Colegio só havia alunos brancos".[1]

---

[1] MEDEIROS, M. de. Uma recusa insultuosa. *Diário Carioca*, 7 mar. 1944, p.4. O *Diário Carioca* começou a ser publicado em 1929 com circulação de 5 mil exemplares, e mais tarde "ganhou prestígio" como um jornal de oposição durante a era Vargas. SODRÉ, N. W. *História da imprensa no Brasil*. Rio de Janeiro: Civilização Brasileira, 1966. p.424.

18 DIPLOMA DE BRANCURA

O autor da carta, o professor da faculdade de medicina Maurício de Medeiros, atribuiu o ato de racismo ao fato de as freiras serem descendentes de alemães – "patricia de Hitler". Ele argumentou que

> Nosso país nunca teve preconceitos de tal especie ... Filhos de indios têm atingido em nosso país posições de destaque e o respeito de seus contemporaneos, como entre outros, esse grande militar e homem de inteligencia, que é o general [Candido] Rondon.

Acrescentou que, entre a mistura de raças que caracteriza o Brasil, quando os traços indígenas são mais visíveis, "é com certo orgulho que descobrimos qualquer vaga mistura de indio, para nos dizermos caboclos".[2]

Alguns dias depois, um aliado católico das Irmãs de Notre Dame, o ilustre advogado Heráclito Fontoura Sobral Pinto, respondeu às acusações de Medeiros. Sobral Pinto explicou que as freiras não eram alemãs, e sim polonesas, e haviam fugido do nazismo e, portanto, abominavam o racismo. E, como não eram racistas, as freiras "se entristecem com este escrúpulo dos pais brasileiros e norte-americanos". Em sua opinião, as freiras não discriminaram a menina, mas tinham medo de que as crianças brancas o fizessem: "as religiosas não fazem distinção de cor e nem de raça. Mas, que em relação às outras alunas do Colégio, elas não poderiam garantir que a mesma cousa não acontecesse". Elas pediram que a menina comparecesse diante da diretora brasileira, que avaliou a aparência dela segundo os "preconceitos existentes em muitos setores da nossa sociedade". Para "proteger" a menina, a escola negou-lhe a admissão e ofereceu-se para matriculá-la em outra escola dirigida pelas freiras "onde são recebidas meninas de todas as cores".[3]

---

[2] Caboclo é definido como uma pessoa de ascendência mista indígena e europeia.

[3] SOBRAL PINTO, H. Uma injustiça a reparar. *Diário Carioca*, 12 mar. 1944, p.9.

INTRODUÇÃO   **19**

Sobral Pinto inverteu o argumento de Medeiros de que as freiras estrangeiras estavam introduzindo acusações de racismo em uma sociedade brasileira que muitos afirmavam ser uma democracia racial, livre de intolerância e discriminação. Em vez disso, sugeriu que as freiras estavam tentando contornar o racismo já presente na sociedade brasileira, racismo que ele comparava à intolerância racial nos Estados Unidos. Além disso, Sobral Pinto sugeriu que Medeiros deveria ser mais sensível ao "nacionalismo exaltado", já que o próprio Medeiros fora vítima da intolerância quando preso durante a repressão anticomunista de 1936 pelo regime ainda no poder. Sobral Pinto lembrou aos leitores que Medeiros fora apontado como um "agente direto de doutrinas desrespeitadoras da personalidade histórica do povo brasileiro", preso e perdera "injustamente" seu cargo de professor na Escola de Medicina do Rio de Janeiro.

A história tornou-se sensação na imprensa. A cobertura do caso propagou-se pelos jornais da cidade, do *Diário Carioca* ao *Diário de Notícias, Folha Carioca, Jornal do Comércio* e *O Globo*.[4] Mais do que isso: esses jornais começaram a reproduzir as cartas ao editor publicadas nas páginas de seus competidores. O que estava em jogo não era apenas a questão de Jacyra ter sido ou não vítima de discriminação, mas se o racismo era uma entidade estrangeira ou nativa – eram os brasileiros racistas? Cartas como a de Doraci de Souza davam suas opiniões, criticavam as freiras por se esconder por trás da imagem de suas alunas racistas: "Mas a função de um colegio, maximé de um colegio católico, é educar seus alunos nos principios cristãos".[5]

---

[4]   Carta de Sobral Pinto ao arcebispo D. Jayme de Barros Câmara, 20 de março de 1944. Arquivo Gustavo Capanema, CPDOC, Relacionamento Estado–Igreja Católica 39.05.25 (0033).

[5]   SOUZA, D. de. Colégios estrangeiros. *O Globo*; republicado em *Diário Carioca*, 11 mar. 1944, p.4.

20   DIPLOMA DE BRANCURA

Essa polêmica sobre a natureza do racismo alarmou os censores do Departamento de Imprensa e Propaganda (DIP), que em 18 de março proibiu qualquer outra cobertura do incidente Jacyra. Sobral Pinto ficou indignado com o fato de os censores lhe haverem roubado a possibilidade de defender as freiras contra a última série de ataques da imprensa. Ele pediu ao arcebispo do Rio, D. Jaime de Barros Câmara, que usasse sua influência para quebrar o silêncio imposto sobre o incidente, porque isso refletiria mal sobre as freiras e viraria a opinião pública contra a Igreja. Argumentou que a censura do DIP "atenta contra os mais legitimos direitos do pensamento cultural da Nação Brasileira".[6]

O arcebispo Câmara levou o problema ao ministro da Educação e Saúde, Gustavo Capanema, um aliado de longa data da Igreja Católica e dos ativistas católicos conservadores que haviam apoiado o regime.[7] Capanema declarou a discussão do incidente encerrada, afirmando apenas que "não existe absolutamente preconceitos de raça", e os fatos apontavam para a "hipótese da existência de um mal-entendido, do qual, com bons propósitos, foram feitas as reclamações que deram causa ao presente processo".[8]

---

[6]   Carta de H. Sobral Pinto a D. Jayme de Barros Câmara, arcebispo do Rio de Janeiro, 20 de março de 1944. Arquivo Gustavo Capanema, CPDOC, Relacionamento Estado–Igreja Católica 39.05.25 (0033).

[7]   Uma discussão detalhada do relacionamento entre Gustavo Capanema e a Igreja Católica pode ser encontrada no livro de SCHWARTZMAN, S. et al. *Tempos de Capanema*. São Paulo: Edusp, 1984. Outra fonte é a obra de HORTA, J. S. B. *O hino, o sermão e a ordem do dia*. Rio de Janeiro: UFRJ, 1995. O centenário do nascimento de Capanema em 1900 testemunhou a publicação de dois novos livros sobre sua vida e obra: GOMES, A. de C. (Ed.). *Capanema: O ministro e seu ministério*. Rio de Janeiro: Editora FGV, 2000, e BADARÓ, M. *Gustavo Capanema: A revolução na cultura*. Rio de Janeiro: Nova Fronteira, 2000.

[8]   Bilhete sem data de Gustavo Capanema. Carta de H. Sobral Pinto a D. Jayme de Barros Câmara, 20 de março de 1944. Arquivo Gustavo Capanema,

INTRODUÇÃO 21

Embora a experiência de Jacyra envolvesse uma escola particular, esse incidente e o debate refletem o papel paradoxal da raça nas escolas brasileiras. Os dirigentes da educação pública no Brasil na primeira metade do século XX não impediram alunos de cor de frequentarem suas escolas. Ao contrário, entre 1917 e 1945, eles se empenharam em uma série de expansões do sistema escolar e em projetos de reforma que visavam a tornar as escolas públicas acessíveis aos brasileiros pobres e não brancos que, na virada do século, eram, em sua ampla maioria, excluídos da escola. Esses educadores buscavam "aperfeiçoar a raça" – criar uma "raça brasileira" saudável, culturalmente europeia, em boa forma física e nacionalista.[9] As elites brasileiras da primeira metade do século XX tendiam a acreditar que os pobres e não brancos eram, em sua grande maioria, degenerados.[10] Definindo esse estado de degeneração em termos

---

CPDOC, Relacionamento Estado–Igreja Católica 39.05.25 (0049). No mesmo bilhete, Capanema tratou de outra controvérsia que é digna de menção. A questão centrava-se em um pai que se queixou de que o Colégio Bennett, no Rio, havia cometido um ato de discriminação contra seu filho porque ele se recusara a frequentar as aulas de educação religiosa oferecidas na escola. Capanema respondeu assim: "A comissão verificou que o Colégio Bennett não exigiu que seus alunos praticassem uma religião específica; exigiu apenas que o aluno frequentasse às aulas religiosas baseadas na leitura e na interpretação da Bíblia".

9 Essa expressão era uma abreviação de "o aperfeiçoamento eugênico da raça", processo explicitamente vinculado aos programas de saúde e educação. Essa vinculação era explicitada mesmo nos mais altos círculos da política educacional, como fez a Comissão de Ensino Primário do Ministério da Educação ao listá-lo entre seus quatro objetivos, com "disciplina social, defesa nacional e aumento da produtividade". Comissão Nacional de Ensino Primário, "General Thoughts for the Organization of a Plano de Campanha em Prol da Educação Popular", 8 de novembro de 1939. Arquivo Gustavo Capanema, CPDOC, 35.12.14g (0533).

10 Segundo Dain Borges, "degeneração, embora nunca longe da cor no Brasil, era mais do que cor. Era uma psiquiatria do caráter, uma ciência da identi-

22 DIPLOMA DE BRANCURA

médicos, científicos e científico-sociais, eles clamaram para si próprios o poder de remediá-lo e assumiram para si a questão da educação pública. Definiram as escolas como clínicas em que os males nacionais associados à mistura de raças poderiam ser curados. Suas crenças forneceram um poderoso motivo para a construção de escolas e moldaram a forma como essas escolas funcionariam. Este livro analisa como uma elite branca médica, científico-social e intelectual emergente transformou suas suposições sobre raça em políticas educacionais. Essas políticas não apenas refletiam as visões da elite sobre degeneração; elas projetavam essas visões em formas que geralmente contribuíam para a desvantagem de brasileiros pobres e não brancos, negando-lhes acesso equitativo aos programas, às instituições e às recompensas sociais que as políticas educacionais proporcionavam. Como essas políticas estavam imbuídas de lógica médica e científico-social, elas não pareciam, superficialmente, prejudicar nenhum indivíduo ou grupo. Em consequência, essas políticas não só colocavam novos obstáculos no caminho da integração social e racial no Brasil como deixavam apenas pálidos sinais de seus efeitos, limitando a capacidade dos afro-brasileiros de desafiarem sua injustiça inerente.

Este livro aborda o trabalho dos reformadores educacionais no Rio de Janeiro entre 1917 e 1945. O Rio de Janeiro era, então, a

---

dade e uma psicologia social. Como na Europa, tornou-se um argumento de que o declínio nacional devia ser entendido pela metáfora da doença hereditária progressiva em um corpo, que a nação era um homem doente. Essa metáfora sobreviveu ao descrédito do racismo e continuou a moldar a geração *modernista* da crítica social brasileira na década de 1930. O Estado de bem-estar social brasileiro contemporâneo e muitos temas contemporâneos de identidade nacional derivam de uma psiquiatria ignorada e desacreditada do século XIX". BORGES. "Puffy, Ugly, Slothful, and Inert": Degeneration in Brazilian Social Thought, *Journal of Latin American Studies* 25, 1993, p.235-6.

INTRODUÇÃO   23

maior cidade do Brasil e, como capital federal, atraía as energias de reformadores educacionais de toda a nação. O período reformista começou com dois acontecimentos em 1917. Primeiro, uma equipe de médicos envolvidos no movimento de saúde e higiene pública do país partiu em uma "expedição" para mapear as condições de saúde no interior do país. Quando retornaram do trabalho de campo, os médicos Arthur Neiva e Belissário Penna publicaram um relatório requisitando a criação de um ministério da educação e saúde.[11] Segundo, Afrânio Peixoto, médico e líder no campo da medicina legal no Brasil (ele acreditava que alguns indivíduos eram hereditariamente propensos ao crime) e estudante das relações entre raças, climas e degeneração nos trópicos, assumiu a diretoria do Departamento de Educação da cidade do Rio. Afrânio Peixoto reformou as escolas da cidade de modo que refletissem o consenso crescente de que a degeneração racial poderia ser revertida por meio de aperfeiçoamentos científicos na saúde e na educação.

Quando os intelectuais e funcionários públicos brancos progressistas começaram a implantar a educação pública universal no Brasil na primeira metade do século XX, seus motivos e ações foram

---

[11] LIMA, N. T.; HOCHMAN, G. Condenado pela raça, absolvido pela medicina: o Brasil descoberto pelo movimento sanitarista da Primeira República. In: MAIO, M. C.; SANTOS, R. V. (Eds.). *Raça, ciência e sociedade*. Rio de Janeiro: Fiocruz, 1996. p.24. A evolução do pensamento racial tem sido discutida extensamente por intelectuais brasileiros e norte-americanos. Ver SKIDMORE, T. E. *Black into White: Race and Nationality in Brazilian Thought*. 2. ed. Durham: Duke University Press, 1993; STEPAN, N. L. *The Hour of Eugenics: Race, Gender, and Nation in Latin America*. Ithaca: Cornell University Press, 1991; SCHWARCZ, L. M. *O espetáculo das raças*: cientistas, instituições e questão racial no Brasil, 1870-1930. São Paulo: Companhia das Letras, 1993; HOCHMAN, G. *A era do saneamento*. São Paulo: Hucitec, 1998; e CORRÊA, M. *As ilusões da liberdade*: a escola Nina Rodrigues e a antropologia no Brasil. São Paulo, 1982. Tese (Doutorado) – Universidade de São Paulo.

24   DIPLOMA DE BRANCURA

influenciados pela ideologia racial em três formas gerais. Primeiro, basearam-se em séculos de dominação por uma casta de colonizadores europeus brancos e seus descendentes, que mandavam em seus escravos, povos indígenas e indivíduos de ascendência mista. Durante séculos, essa elite branca também recorreu à Europa no empréstimo de cultura, ideias e autodefinição. Segundo, embora esses intelectuais e formuladores de políticas tivessem se tornado cada vez mais críticos em relação a essa herança (indo até o ponto de celebrarem a mistura racial), invariavelmente vinham da elite branca e permaneciam presos a valores sociais que, depois de séculos de colonialismo e dominação racial, continuavam a associar a brancura à força, saúde e virtude – valores preservados e reforçados por meio da depreciação de outros grupos. Terceiro, como criaram políticas educacionais em busca de um sonho utópico de um Brasil moderno, desenvolvido e democrático, sua visão era influenciada pelos significados que atribuíam à raça.

Os chamados pioneiros educacionais do Brasil transformaram as escolas públicas emergentes em espaços em que séculos de suprematismo branco-europeu foram reescritos nas linguagens da ciência, do mérito e da modernidade. As escolas que eles criaram foram projetadas para imprimir sua visão de uma nação brasileira ideal, naquelas crianças sobretudo pobres e não brancas que deveriam ser a substância daquele ideal. O papel da raça nesse processo lembra a descrição de Ann Stoler do pensamento racial nas colônias europeias, em que

o cultivo de um "eu" europeu ... era afirmado na proliferação de discursos a respeito de pedagogia, educação familiar, sexualidade infantil, criados e higiene tropical: microssítios em que "caráter", "boa linhagem" e educação adequada eram implicitamente relacionados à raça. Esses discursos fazem mais do que prescrever um comportamento adequado; eles localizam quão fundamentalmente

INTRODUÇÃO   25

a identidade burguesa atrela-se a noções de ser "europeu" e ser "branco" e como as prescrições sexuais serviam para assegurar e delinear cidadãos autênticos, de primeira classe, do Estado-Nação.[12]

Nas sociedades analisadas por Stoler, a brancura era um bem ameaçado de extinção e funcionários coloniais se preocupavam com a tarefa de preservá-lo. Para as elites brasileiras, o problema era ainda mais imperativo – elas acreditavam que sua nação racialmente mista carecesse da brancura necessária para manter a vitalidade. A tarefa em mãos, então, era encontrar novas formas de criar brancura. Assim, dotados da incumbência de forjar um Brasil mais europeu e presos a um senso de modernidade vinculado à brancura, esses educadores construíram escolas em que quase toda ação e prática estabelecia normas racializadas e concedia ou negava recompensas com base nelas.

Para os educadores brasileiros e sua geração intelectual, raça não era um fato biológico. Era uma metáfora que se ampliava para descrever o passado, o presente e o futuro da nação brasileira. Em um extremo, a negritude significava o passado. A negritude era tratada em linguagem freudiana como primitiva, pré-lógica e infantil. Mais amplamente, as elites brancas equiparavam negritude à falta de saúde, à preguiça e à criminalidade. A mistura racial simbolizava o processo histórico, visualizado como uma trajetória da negritude à brancura e do passado ao futuro. Na década de 1930, os brasileiros brancos podiam celebrar a salvo a mistura racial porque a viam como um passo inevitável na evolução da nação. A brancura encarnava as virtudes desejadas de saúde, cultura, ciência e modernidade. Educadores que iam desde o ministro da Educação e Saúde Gustavo Capanema

---

[12] STOLER, A. *Race and the Education of Desire: Foucault's "History of Sexuality" and the Colonial Order of Things*. Durham: Duke University Press, 1995. p.11.

26 DIPLOMA DE BRANCURA

até o psicólogo infantil Manoel Lourenço Filho, o compositor Heitor Villa-Lobos, o autor de livros didáticos de história Jonathas Serrano e o antropólogo Arthur Ramos, todos abraçavam explicitamente essa visão de raça. Naturalmente, para eles o futuro do Brasil era branco. Para esses educadores, a raça também funcionava como uma categoria social (em vez de biológica).[13] Em razão da cor de sua pele ou de suas origens étnicas, os indivíduos tendiam a se encaixar em determinada categoria racial, mas essas categorias eram elásticas. Na virada do século, as elites brasileiras, seguindo a moda do determinismo racial na Europa, adotaram prontamente a crença científica racista de que os brancos eram superiores e as pessoas de ascendência negra ou mista eram degeneradas. Mas, por volta da segunda década do século XX, as mesmas elites começaram a tentar escapar da armadilha determinista que prendia o Brasil ao atraso perpétuo por causa de sua vasta população não branca. Em substituição, abraçaram a noção de que a degeneração era uma condição adquirida – e, portanto, remediável. A negritude ainda conservava todas as suas conotações pejorativas, mas os indivíduos podiam escapar à categoria social da negritude por meio da melhoria de sua saúde, nível de educação e cultura, ou classe social. Inversamente, os brancos podiam degenerar por meio da exposição à pobreza, vícios e doenças. Em outras palavras, dinheiro, educação, *status* de celebridade e outras formas de ascensão social aumentavam a brancura.[14]

---

[13] Este conceito é empregado na forma pela qual foi cunhado por Charles Wagley: "'Raça social' (i.e., o modo como os membros de uma sociedade classificam-se uns aos outros pelas características físicas) é apenas um de uma série de valores que dão aos indivíduos uma classificação e determinam suas relações sociais", WAGLEY, *Race and Class in Rural Brazil*. Paris: Unesco, 1952. p.24.

[14] Para análises dessa transformação de natureza em aprendizado, ver SKIDMORE, *Black into White*; STEPAN, *The Hour of Eugenics*; e BORGES, "Puffy, Ugly, Slothful, and Inert".

INTRODUÇÃO 27

Essas elites, e os reformadores educacionais do Brasil em particular, definiam a brancura por meio da afirmação tanto positiva quanto negativa. A brancura era uma forma de afirmar a "europeidade", que, por sua vez, carregava todas as armadilhas da modernidade – da urbanização à industrialização, racionalismo, ciência e virtude cívica. Além disso, a brancura transmitia um senso racial de saúde, vigor e superioridade darwiniana. A brancura era também, contudo, a ausência de negritude, que era uma afirmação negativa de virtude racial semelhante à desenvolvida nos Estados Unidos e exemplificada pela declaração de Malcolm X de que "homem branco, como empregado comumente, significa compleição apenas secundariamente; primeiro o termo descreve atitudes e ações. Nos Estados Unidos, 'homem branco' significava atitudes e ações específicas para com o homem negro e todos os outros homens não brancos".[15]

Estudos realizados por David Roediger, George Lipsitz e outros têm explorado o modo pelo qual a negritude e a brancura nos Estados Unidos têm funcionado como construções separadas, mas construções que se reforçam mutuamente. Citando Ralph Ellison, Roediger argumenta que a brancura só adquiriu significado em virtude da existência da negritude: "os brancos sulistas não sabem andar, falar, cantar, conceber leis de justiça, pensar em sexo, amor, família ou liberdade sem responder à presença dos pretos".[16] Entretanto, embora

---

[15] MALCOLM X. *The Autobiography of Malcolm X*. Nova York: Random House, 1975. p.340.

[16] ROEDIGER, D. *The Wages of Whiteness: Race and the Making of the American Working Class*. Londres: Verso, 1999. p.6. Sobre a construção da brancura nos Estados Unidos, ver também KELLEY, R. *Race Rebels: Culture, Politics, and the Black Working Class*. Nova York: The Free Press, 1996; LIPSITZ, G. *The Possessive Investment in Whiteness: How White People Profit from Identity Politics*. Filadélfia: Temple University Press, 1998, e IGNATIEV, N. *How the Irish Became White*. Nova York: Routledge, 1996.

28 DIPLOMA DE BRANCURA

educadores, cientistas e intelectuais brasileiros afirmassem o significado da brancura por meio de um discurso que associava degeneração à negritude, havia uma diferença crucial entre suas visões e a visão desenvolvida nos Estados Unidos. Utilizando uma definição elástica de degeneração, as elites brancas brasileiras não viam a negritude e a brancura como mutuamente exclusivas. Brancos pobres podiam ser degenerados, e alguns brasileiros de cor podiam escapar à degeneração embranquecendo por meio da ascensão social. É esse detalhe crucial que conferiu à educação pública brasileira uma significação especial. A possibilidade de apressar a modernização do Brasil aumentando o número de pessoas de cor que não se encaixavam mais na categoria social de negros levou intelectuais, cientistas, médicos, antropólogos, psicólogos e sociólogos a uma campanha contínua, organizada, para construir instituições estatais que cuidassem da saúde e da educação pública. O título deste livro, *Diploma de brancura*, foi inspirado por uma reportagem de capa da revista *Veja* de dezembro de 2000, que explorava a possibilidade de os indivíduos serem realmente brancos apesar da cor de sua pele.[17] Essa frase transmite o que a educação pública significava para os líderes do movimento pela reforma escolar no período entre as duas guerras mundiais: as escolas deveriam fornecer os recursos de saúde e de cultura básicas que proporcionassem às crianças, independentemente de sua cor, a categoria social de brancas. Educadores, cientistas sociais e formuladores de políticas públicas não pouparam energias ou despesas na construção de um papel para o Estado na mediação da fuga do Brasil da armadilha determinista da negritude e da degeneração.

Os princípios da educação pública estabelecidos por essas elites do período entreguerras permaneceram em vigor durante todo o século XX. Ainda recentemente, em 1996, o Congresso brasileiro

---

[17] EDWARD, J. Quem somos nós. *Veja*, p.103, 20 dez. 2000.

INTRODUÇÃO   29

aprovou uma legislação educacional baseada nas reformas do período entreguerras. O que mudou não foi a educação pública, mas as percepções populares a respeito dessa educação. Desde a década de 1960, a divisão mais visível na educação pública tem-se baseado em classes sociais: as crianças pobres frequentam escolas públicas; aquelas que podem pagar por isso geralmente frequentam escolas particulares. Ainda assim, os padrões de desigualdade racial na educação brasileira permaneceram e transcenderam as barreiras de classe social. Nelson do Valle Silva e Carlos Hasenbag demonstraram que os padrões de conquista educacional continuam desiguais mesmo quando a classe social é eliminada como fator: os brancos da mesma classe social têm níveis de cultura mais elevados e têm mais tendência a frequentar a escola, a ficar mais tempo nela, a progredir mais rapidamente dentro dela e a obter empregos de remuneração mais elevada com as mesmas qualificações profissionais. Silva e Hasenbag concluem que "as taxas de progresso escolar das crianças brancas são significativamente mais altas do que as das crianças *pardas* e *pretas*. Essas diferenças resultam em profundas desigualdades educacionais que separam brancos e não brancos na sociedade brasileira".[18]

Em parte, as persistentes desigualdades raciais resultaram da fusão dos movimentos de reforma educacional e pensamento racial nas décadas do entreguerras. O crescimento da educação pública coincidiu com uma onda de publicações no Brasil que detalhava estudos científicos e científico-sociais para negar a percebida inferioridade dos brasileiros não brancos e celebrar a mistura de raças como característica nacional positiva. Os textos incluíam as obras de Gilberto Freyre, *Casa-grande e senzala* (1933), *Sobrados e mocambos*

---

[18] SILVA, N. do V.; HASENBALG, C. Race and Educational Opportunity in Brazil. In: REICHMANN, R. (Ed.). *Race in Contemporary Brazil: From Indifference to Inequality.* University Park: Pennsylvania State University Press, 1999. p.65.

30 DIPLOMA DE BRANCURA

(1936) e *Nordeste* (1937); a de Sérgio Buarque de Holanda, *Raízes do Brasil* (1938) e as de Arthur Ramos, *O negro brasileiro* (1934) e *Folclore negro no Brasil* (1935). Esses escritores transformaram permanentemente a visão predominante sobre a raça e o papel dos descendentes dos escravos africanos na sociedade brasileira. Suas obras remodelaram o pensamento popular sobre raça tomando o argumento de que a negritude e a mistura racial eram menos importantes do que o ambiente e a cultura como determinantes da competência e transformando-o em uma mitologia sobre a evolução social e histórica do Brasil que, por sua vez, serviu para explicar de maneira abrangente uma experiência nacional brasileira.

Gilberto Freyre tornou-se o principal expoente da ideia de que a diversidade racial do Brasil era uma força e não uma fraqueza, descentrando aquela fraqueza da raça e atribuindo-a à baixa saúde e cultura. Em claro exemplo desse argumento, Freyre prefaciou *Casa-grande e senzala* descrevendo uma cena que testemunhou em Nova York. Ele viu marinheiros brasileiros – "mulatos e cafusos" – descendo do encouraçado para a neve macia próximo ao estaleiro do Brooklyn. Ele ponderou que

> Faltou-me quem me dissesse então, como em 1929 Roquette Pinto aos arianistas do Congresso Brasileiro de Eugenia, que não eram simplesmente mulatos ou cafusos os indivíduos que eu julgava representarem o Brasil, mas cafusos e mulatos doentes.[19]

Edgar Roquette Pinto era, na época, um antropólogo proeminente e diretor do Museu Nacional de Antropologia. Endossando a atribuição de Roquette Pinto das deficiências de negros e

---

[19] FREYRE, G. *The Masters and the Slaves: A Study in the Development of Brazilian Civilization* [*Casa-grande e senzala*]. 2. ed. Nova York: Knopf, 1956. p.XXVI-XXVII.

INTRODUÇÃO **31**

mestiços brasileiros ao meio ambiente e não à raça, Freyre deu seu aval à ciência da eugenia como uma forma de lidar com as condições raciais. Ainda segundo Freyre, lembra [o antropólogo da Universidade de Columbia]

> Franz Boas que, admitida a possibilidade de a eugenia eliminar os elementos indesejáveis de uma sociedade, a seleção eugênica deixaria de suprimir as condições sociais responsáveis pelos proletariados miseráveis – gente doente e mal nutrida; e persistindo tais condições sociais, de novo se formariam os mesmos proletariados.[20]

A eugenia foi uma tentativa científica de "aperfeiçoar" a população humana por meio do aprimoramento de traços hereditários – noção popular por toda a Europa e Américas no período entreguerras. Os cientistas voltaram-se para a eugenia como uma ciência de ampla abrangência, que combinava diferentes teorias sobre raça, hereditariedade, cultura e influência do meio ambiente em práticas e receitas que visavam geralmente a "melhorar" uma população nacional. Uma eugenia "pesada" baseada na remoção do acervo reprodutivo de indivíduos que possuíam traços indesejados por meio da esterilização ou do genocídio foi praticada em diversos graus em países como a Alemanha nazista, a Grã-Bretanha e os Estados Unidos. Grande parte da América Latina e algumas partes da Europa adotaram uma eugenia "leve", que sustentava que o cuidado pré e neonatal, a saúde e a higiene públicas, além de uma preocupação com a psicologia, a cultura geral e a forma física melhorariam gradualmente a adequação eugênica de uma população.[21]

---

[20] Ibidem, p.XXXII.
[21] STEPAN, *The Hour of Eugenics*; BORGES, "Puffy, Ugly, Slothful, and Inert", op. cit.

32 DIPLOMA DE BRANCURA

Essa variedade de eugenia combinava bem com as ideias sobre raça defendidas pelas elites brasileiras, que admitiam a inferioridade dos pobres e não brancos e, ainda assim, buscavam a possibilidade de recuperar essa população e, consequentemente, a nação. Para os brasileiros que a adotavam, a eugenia não era apenas um meio de aperfeiçoar indivíduos ou grupos específicos. Era uma forma de superar o que eles percebiam ser as deficiências da nação, aplicando uma série de diagnósticos e soluções científicas. Tratava-se de um nacionalismo eugênico, que congregou médicos, sociólogos, psicólogos, higienistas e antropólogos. Essas autoridades científicas procuravam vias em meio às políticas e instituições públicas para aplicar suas mãos curativas sobre uma população a quem costumavam encarar com brando desprezo. Eles se agruparam, reunindo diversas disciplinas da ciência e regiões geográficas, para criar programas de saúde pública e educação que seriam o campo onde iriam aplicar sua intervenção redentora.

Os líderes dos reformadores educacionais que construíram ou expandiram os sistemas de escolas públicas pelo Brasil no período entreguerras não eram só pedagogos. Na verdade, poucos tinham treinamento pedagógico. Eles eram médicos e cientistas sociais atraídos pela perspectiva de utilizar a educação pública como arena para a ação social. Esses reformadores estabeleceram uma visão de valor social que privilegiava aparência, comportamento, hábitos e valores brancos, de classe média. Eles transformaram o sistema escolar em uma máquina que, de modo tanto deliberado (fornecendo aos brasileiros pobres e não brancos as ferramentas da brancura) quanto inconsciente (estabelecendo barreiras ao reificar seus valores estreitos) criou uma hierarquia racial no sistema escolar que espelhava sua própria visão de valor social. Essa hierarquia foi especialmente estável, eficaz e duradoura porque se fundava em valores inquestionáveis da ciência e do mérito.

As escolas que esses homens construíram (embora a esmagadora maioria de professores fosse constituída por mulheres, todos os

INTRODUÇÃO   33

principais formuladores de políticas educacionais eram homens)
forneceram uma educação elementar fortemente impregnada de
noções de nacionalismo, saúde, higiene, forma física e treinamento
pré-vocacional. As principais reformas foram efetuadas nos sistemas
de educação municipal do Rio de Janeiro e de São Paulo, embora se
refletissem em reformas na educação estadual em São Paulo, Rio
de Janeiro, Minas Gerais, Pernambuco, Ceará, Amazonas, Pará,
Bahia, Espírito Santo, Rio Grande do Norte, Paraíba e Sergipe.
Essas reformas consistiam em um conteúdo curricular revisado,
novos procedimentos administrativos e padrões profissionais e
ampliação do alcance dos sistemas escolares. Principalmente depois
que a Revolução de 1930 criou aberturas políticas e administrativas crescentes para os reformadores educacionais cumprirem seus
objetivos, os sistemas escolares se expandiram drasticamente. A
expansão levou as escolas públicas, com sua mensagem eugênica,
branqueadora e nacionalista, aos bairros pobres e racialmente mistos.

As reformas educacionais começaram a se firmar na segunda
década do século XX quando os nacionalistas começaram a adotar
ideias eugênicas sobre degeneração e a contemplar as possibilidades
de regenerar a vasta subclasse racial e social. Na década de 1920,
esse movimento ganhou coesão e visibilidade nacional. Os reformadores educacionais começaram a trabalhar com um sentido
comum de propósito permeando as várias disciplinas e regiões do
Brasil, embora suas energias estivessem concentradas nos sistemas
escolares das cidades do Rio de Janeiro e de São Paulo, que poderiam
servir de "vitrine" para seus projetos. A Revolução de 1930, que
conduziu Getúlio Vargas ao poder, levou à quase imediata criação de
um Ministério da Educação e Saúde Pública (mais tarde Ministério
da Educação e Saúde, ou MES), assim como a uma mudança da
orientação política em todo o país que apressou a consolidação de
reformas e provocou a expansão dos sistemas escolares.

34   DIPLOMA DE BRANCURA

A década de 1930 foi uma época de ouro para os reformadores educacionais, que ganharam oportunidades inéditas de colocar suas ideias em prática. Suas reformas, tanto no Rio de Janeiro quanto nos estados, foram notáveis pela extensão da expansão do sistema escolar e profundidade das reformas institucionais. Os educadores se valeram não só das ciências aliadas à eugenia, como também abraçaram práticas de racionalização sistemática cada vez mais aplicadas à indústria no Brasil. O elo entre a indústria e a educação era mais do que casual e se estendia muito além da esfera da educação vocacional. Muitos educadores, como Fernando de Azevedo e Manoel Lourenço Filho, também participaram de projetos que visavam a racionalizar a força de trabalho na indústria. Com efeito, os educadores e industriais progressistas tinham muito em comum. Ambos compartilhavam uma visão de um Brasil moderno que seria criado pela aplicação de paradigmas racionais e científicos à organização da sociedade. Tanto educadores quanto industriais acreditavam que essa nova sociedade seria criada por meio de atitudes e comportamentos reformados das classes populares. Ainda mais importante, tanto educadores quanto industriais acreditavam que essas atitudes reformadas viriam não das próprias classes populares, mas de técnicos que seriam capazes de atuar como engenheiros sociais.

O estudo de Barbara Weinstein sobre essa visão social desenvolvida por industriais de São Paulo ilustra o quanto os educadores e industriais compartilhavam uma visão de uma sociedade moderna racionalizada pela ciência. Embora Weinstein se concentre na emergência e implementação de um discurso industrialista sobre a classe operária, ela reconheceu um papel da raça dentro do projeto social dos industriais que é substancialmente similar ao papel de raça desempenhado na política educacional. Segundo Weinstein,

a maioria dos porta-vozes dos industriais adotou avidamente a visão de que o Brasil era uma "democracia racial", e não teria encarado

INTRODUÇÃO 35

sua concepção pouco lisonjeira do trabalhador brasileiro como relacionada a qualquer espécie de preconceito racial. Em um sentido estreito, provavelmente não era. Mas a própria noção que eles possuíam da classe trabalhadora como moral e culturalmente inferior sem que jamais recorressem a referências explicitamente raciais ... [e] a semelhança dessa visão com a dos antigos estereótipos dos trabalhadores imigrantes contra os "nacionais" (ou seja, não brancos) não pode ser descartada como uma coincidência.[22]

Embora haja paralelos substanciais entre os projetos sociais dos industriais descritos por Weinstein e as reformas dos educadores (ainda que Weinstein descreva engenheiros como educadores, as páginas que se seguem mostram os educadores agindo como autoproclamados engenheiros), a autonomia econômica e política dos industriais resultou em uma divergência de caminhos em meados da década de 1930.[23] À medida que a presidência de Getúlio Vargas derivou rumo à ditadura de caráter fascista do Estado Novo (1937-1945), muitos educadores proeminentes foram forçados a deixar seu cargo por conservadores católicos, que se opunham a eles por resistirem à educação religiosa nas escolas. Apesar disso, a luta entre educadores progressistas e ativistas católicos conservadores que ganhavam cada vez mais influência no regime Vargas alterou pouco o curso da educação pública.

Este estudo, que se inicia com a emergência de um consenso de elite sobre raça, medicina e educação, termina com o Estado Novo,

---

[22] WEINSTEIN, B. *For Social Peace in Brazil: Industrialists and the Remaking of the Working Class in São Paulo, 1920-1964*. Chapel Hill: University of North Carolina Press, 1996. p.336. Sobre a racionalização industrial como uma visão social, ver também DECCA, E. de. *O silêncio dos vencidos*. 2.ed. (1981). São Paulo: Brasiliense, 1994. p.150-5.

[23] WEINSTEIN, *For Social Peace in Brazil*, p.27.

36   DIPLOMA DE BRANCURA

quando o sistema escolar do Rio de Janeiro passou a ser administrado por oficiais militares. Embora o conflito entre os reformadores progressistas e os católicos fosse pesado, o auge do autoritarismo reacionário fez pouco para alterar as políticas educacionais de caráter racial aplicadas nas administrações anteriores. Ao contrário, os educadores militares do Estado Novo continuaram e expandiram os programas e as práticas que lidavam mais diretamente com raça. O período do Estado Novo mostra que, apesar das divisões políticas que emergiram na política nacional brasileira depois de 1930 e continuam até o presente, um consenso acrítico sobre os significados de raça e degeneração, com as receitas para tratar essa degeneração, permaneceu intacto.

Por que estudar as relações raciais brasileiras por meio da educação? O sistema da educação pública foi uma das principais áreas de ação social para aqueles que mais ativamente estudavam a importância da raça na sociedade brasileira e mais se empenhavam na busca de uma nação social e culturalmente branca. Como a educação é uma área de políticas públicas, revela as formas pelas quais os pensadores raciais colocaram suas ideias e hipóteses em prática. Além disso, durante o período estudado essas práticas foram experimentadas por centenas de milhares de pessoas na cidade do Rio de Janeiro, e milhões em todo o Brasil. Assim, não apenas a educação pública fornece os recursos históricos para estudar padrões de desigualdade racial no Brasil como também fornece a fonte para um tipo diferente de leitura que exemplifica alguns dos aspectos mais importantes – e contudo analiticamente ardilosos – das relações de raça na nação: sua ambivalência (o fato de que raça era significativa e ainda assim esse significado era difuso em um discurso médico e científico mais amplo sobre a degeneração); sua elasticidade (que o significado de raça e da raça social de alguém poderia mudar e, como uma fonte de prestígio social, a educação mediava essa elasticidade) e, especialmente, em sua ambiguidade (que os sistemas escolares em geral tratavam da raça

INTRODUÇÃO   37

apenas indiretamente, utilizando uma linguagem codificada médica e científico-social).

A história de Jacyra ilustra as possibilidades analíticas e os desafios metodológicos que esse estudo enfrenta. Há diversas formas de se interpretar o significado da exclusão de Jacyra. Uma é olhar para os valores racistas entre as elites brasileiras ou entre comunidades imigrantes como a das freiras, bem como para as estratégias da resistência ao racismo como reveladas na indignação que irrompeu nos jornais da cidade.[24] A história de Jacyra também poderia ser lida como um exemplo das desigualdades sociais enfrentadas por brasileiros não brancos.[25] Talvez de forma ainda mais provocativa, a história poderia ser lida como a da frustração por não ser capaz de "passar por branca", em que a combinação de pais brancos adotivos, riqueza e apoiadores dentro da elite da cidade

---

[24]   Tal enfoque foi adotado por BUTLER, K. *Freedoms Given, Freedoms Won: Afro-Brazilians in Post-Abolition São Paulo and Salvador*. New Brunswick: Rutgers University Press, 1998; CORRÊA, As ilusões da liberdade; SILVA; HASENBALG, Race and Educational Opportunity in Brazil; FONTAINE, P. M. *Race, Class, and Power in Brazil*. Los Angeles: Center for Afro-American Studies, UCLA, 1985; SCHWARCZ, *O espetáculo das raças*; SKIDMORE, *Black into White*; LIMA; HOCHMAN, Condenado pela raça, absolvido pela medicina. Veja também DÁVILA, J. Expanding Perspectives on Race in Brazil, *Latin American Research Review 35*, nº3, p.188-98, 2000. Para excelente pesquisa sobre literatura de raça no Brasil, ver REICHMANN, R. (Ed.). *Race in Contemporary Brazil: From Indifference to Inequality*. University Park: Pennsylvania State University Press, 1999. p.1-36.

[25]   Veja ANDREWS, G. R. *Blacks and Whites in São Paulo, Brazil, 1888-1988*. Madison: University of Wisconsin Press, 1991; COSTA PINTO, L. A. *O negro no Rio de Janeiro:* relações de raças numa sociedade em mudança. São Paulo: Companhia Editora Nacional, 1953; FERNANDES, F. *The Negro in Brazilian Society*. Nova York: Columbia University Press, 1969; KRAAY, H. (Ed.). *Afro-Brazilian Culture in Bahia, 1790's to 1990's*. Armonk, N.Y.:M.E. Sharpe, 1998.

38   DIPLOMA DE BRANCURA

não foi suficiente para Jacyra superar os obstáculos baseados em sua cor.[26]

A preocupação é mostrar como os formuladores de políticas e os educadores conceberam valores raciais e aplicaram-nos como práticas racializadas. Em outras palavras, como os valores de raça e lugar social funcionam quando não irrompem no tipo raro de debate público que cercou a experiência de Jacyra? Nesta análise não há dialética entre opressores e resistência, e nenhuma dicotomia entre discussões específicas de ações racializadas e discussões mais gerais sobre o sistema educacional do Rio de Janeiro. Este não é um estudo do comportamento social nem do embate de ideias. Este texto trata das formas muitas vezes efêmeras como os educadores transformaram um discurso sobre raça e independência nacional em práticas cotidianas em que a raça não era normalmente evidente, mas sempre importante. Uma crença central desta análise é a de que a ideologia racial é uma metanarrativa, ou seja, um complexo de valores e categorias conceituais que dirigiu as formas pelas quais os educadores projetavam as instituições e as práticas.[27]

A metanarrativa de raça na educação pública influenciou naturalmente as metanarrativas de gênero, sexualidade, classe social e nacionalidade e foi também influenciada por elas. Por exemplo, quando a contratação de professores pelo sistema escolar do Rio de Janeiro se tornou um processo de gênero, o favorecimento de mulheres candidatas sobre homens candidatos colocou o ensino fora do

---

[26] HARRIS, M. Race relations in Minas Velhas. In: WAGLEY, C. (Ed.). *Race and Class in Rural Brazil.* Paris: Unesco, 1952; DEGLER, C. *Neither Black nor White: Slavery and Race Relations in Brazil and the United States.* Nova York: Macmillan, 1971.

[27] HIGGINBOTHAM, E. B. African-American Women's History and the Metalanguage of Race. *Signs 17*, nº2, p.252, inverno de 1992.

alcance de homens de cor. Além disso, os esforços dos reformadores educacionais para definir o ensino como trabalho feminino eram parte de um processo mais amplo de profissionalização que também tornava mais difícil para as mulheres de cor ou pobres preencher os critérios necessários para se tornarem professoras. De modo similar, os esforços para ensinar às crianças o significado de serem brasileiras, ou de decidir promover uma criança do primeiro para o segundo grau, eram práticas nas quais as percepções da elite dos papéis sociais de raça, gênero e classe desempenhavam um papel ativo. Este estudo analisa as formas pelas quais os conceitos de classe, gênero, sexualidade, nação e raça influenciaram e reforçaram uns aos outros, porque essas relações geraram muitas das interações por meio das quais a raça influenciou a política social e por meio das quais a metanarrativa de raça no Brasil pode ser mais bem entendida.

Este livro volta aos anos em que a ideia de uma "democracia racial" criou raízes e floresceu, e analisa o modo pelo qual as visões explícitas dos educadores sobre raça desapareceram de vista assim que se transformaram em políticas. A ideia de uma "democracia racial" foi abraçada com grande facilidade por indivíduos que tinham plena confiança de que suas instituições públicas eram meritocráticas, técnicas e racionais. Onde poderia haver espaço para raça dentro dessas instituições? Observando os raros momentos em que as discussões de raça vieram à tona e, ainda mais importante, as experiências mais comuns em que ninguém falava de raça, este estudo revela como as suposições raciais moldaram as intenções e os resultados da educação pública. Em outras palavras, as instituições e práticas aparentemente desprovidas de ideologia racial eram em geral os lugares em que a raça desempenhava o maior papel. Os reformadores estudados aqui impregnaram as práticas que criaram com as suposições que possuíam sobre raça. Em consequência, as políticas públicas tendiam a operar para a desvantagem do crescente número de brasileiros de cor que entrou em contato com elas.

40 DIPLOMA DE BRANCURA

Por sua própria natureza, este é um processo difícil de demonstrar. Uma forma de conceber a estrutura analítica empregada aqui é pensar nas ondas da reforma educacional e na maré crescente da educação pública formando um mar cuja superfície oculta os recifes de valores sociais e práticas racializadas. Esses recifes de valores sociais formaram-se durante um longo período de tempo e, embora invisíveis da superfície, permaneceram firmemente no lugar e moldaram as correntes de políticas que os cercam. Este estudo adota duas estratégias para mapear os contornos frequentemente ocultos da raça nas políticas públicas. Primeiro, buscando as raras ocorrências de turbulências na superfície das práticas educacionais, ele identifica as questões racializadas que jazem às vezes muito perto da superfície, como no caso de Jacyra. Segundo, acompanhando a maré crescente da reforma educacional é possível ver-se lugares em que a continuidade da política educacional ainda não foi levada pelas águas e oculta uma questão de raça. Observando momentos nessa maré crescente de reforma, como a introdução do teste de inteligência nas escolas, vemos como as novas práticas confrontaram inicialmente questões de raça, revelando com clareza notável as formas em que respostas brancas, de elite, a questões de raça orientavam as políticas que cercavam esses bancos de areia.

As formas pelas quais os educadores introduziram a raça nas políticas públicas fizeram que pouco parecesse ocorrer na superfície. Entretanto, sob a superfície, e às margens da política educacional, havia lugares em que os educadores eram extraordinariamente abertos em discussões sobre os significados que atribuíam à raça e as formas como esses significados moldavam seus projetos educacionais. Esses encontros, ao menos os registrados, foram raros, mas, quando são analisados no contexto mais amplo da construção da instituição, se tornam mais significativos. De alguma forma, o que aconteceu ali foi pouco e, ao mesmo tempo, tudo: este não é um estudo de eventos, mas dos conjuntos de significados que os eventos

INTRODUÇÃO **41**

assumiram para o núcleo de homens brancos de ciência que forjou o modelo nacional de educação. Algo tão simples e tão íntimo como comer, escovar os dentes ou lavar as mãos – atividades repetidas incessantemente no espaço privado dos lares – se tornou o sujeito de políticas públicas desenvolvidas para deter a degeneração da nação e salvar o Brasil.

Cada capítulo deste livro é uma vinheta que ilustra as formas pelas quais os educadores lidavam com questões de raça em diferentes aspectos da educação pública. Embora esses instantâneos se construam uns sobre os outros, pretendem funcionar também como episódios separados. O livro foi organizado dessa forma a fim de evitar a impressão de que esta é uma história da reforma na educação, ou dos brasileiros de cor no sistema escolar. Assim como a lente analítica deste texto busca revelar uma visão sistemática da raça dentro de elementos de política pública, a estrutura narrativa do texto evita substituir a visão de política pública como racialmente neutra por um novo modelo definindo um papel específico para a raça na política. Em vez disso, cada capítulo mostra uma faceta das muitas formas em que a raça moldou o espaço público.

Este livro se inicia com um episódio na criação da principal instituição de educação pública, o Ministério da Educação e Saúde. Esse episódio, um debate sobre a estátua do "Homem brasileiro" que seria erguida para saudar os visitantes do novo prédio do Ministério, incluiu o debate sobre raça e branqueamento por meio da educação. O capítulo sobre o "Homem brasileiro" traça a emergência de um discurso sobre a degeneração e o processo pelo qual uma elite educacional formada por médicos, cientistas e cientistas sociais aglutinou-se em torno da crença de que a educação pública poderia resolver os males raciais da nação. "Educando o Brasil" estende-se sobre as ligações entre raça, nacionalismo emergente, ciência e Estado no contexto das novas instituições de obtenção e interpretação de estatísticas criadas após 1930. Embora a "realidade estatística"

42   DIPLOMA DE BRANCURA

produzida pelo governo brasileiro fornecesse um modo de "ver" o Brasil que refletia a visão de nacionalistas e cientistas sociais, os dados que as novas agências geravam permitiam uma análise das dimensões social, geográfica, racial e econômica da cidade do Rio de Janeiro durante o período coberto pelo estudo. "O que aconteceu com os professores de cor do Rio?" mostra que a expansão do papel do Estado na sociedade brasileira por meio da criação e expansão de políticas sociais não significou um grau proporcional de integração para os afrodescendentes nas instituições públicas. Ao contrário, ocorreu um aumento significativo na sofisticação dos meios de exclusão racial. Observando o que havia por trás dos processos de profissionalização dos quadros de professores, esse capítulo mostra que as políticas de seleção e treinamento de professores criaram obstáculos sutis baseados em valores de raça, classe e gênero. Os reformadores educacionais buscavam um quadro de professores que fosse moderno, profissional, científico e representativo do ideal de classe média. Suas políticas foram bem-sucedidas em produzir o quadro de professores que os reformadores educacionais imaginavam, e esse quadro de professores era quase exclusivamente branco.

"Educação elementar" examina a principal reforma do sistema escolar do Rio de Janeiro, executada por Anísio Teixeira entre 1931 e 1935. Essa reforma combinou as principais tendências científicas que governavam a política social: nacionalismo eugênico, racionalização sistemática e profissionalização. "A Escola Nova no Estado Novo" segue a reforma de Anísio Teixeira na década seguinte a seu afastamento do sistema escolar pelos oponentes católicos conservadores. Nos anos de autoritarismo crescente que culminaram com o Estado Novo, a educação pública no Rio de Janeiro foi dirigida por oficiais militares e caiu sob a influência da Igreja Católica. Esse capítulo mostra que, apesar das políticas drásticas e às vezes violentas cercando a educação pública durante aqueles anos de autoritarismo, o lado técnico da educação pública permaneceu intocado. Apesar

INTRODUÇÃO **43**

do rompimento do consenso sobre alguns aspectos da política educacional, as formas como as elites de esquerda e direita viam raça, ciência e nação continuaram a coincidir.

"Comportamento branco: as escolas secundárias do Rio" examina as duas facetas da educação pública secundária no Rio de Janeiro. Apesar dos esforços de Anísio Teixeira e de outros reformadores, a educação pública raramente ultrapassou os limites da escola elementar. A maioria das crianças abandonava a escola após o terceiro ano e mesmo aquelas que completavam os estudos elementares tinham poucas oportunidades financiadas pelo município para frequentar o secundário. Em consequência, a educação secundária era uma forma de treinamento para uma reduzida elite cujos sonhos de mobilidade social, e o processo pelo qual passavam para realizá-los, eram moldados pelos valores da brancura. Um estudo de caso da escola secundária federal considerada modelo, o Colégio Pedro II, mostra que os alunos da escola pública de mais prestígio no Brasil adotavam a linguagem do nacionalismo eugênico e se comportavam de acordo com ele.

Uma nota sobre a linguagem de raça

Um dos desafios metodológicos constantes enfrentados pelos estudiosos da raça no Brasil é desenvolver uma linguagem para discutir as categorias raciais. Neste estudo, o desafio é duplo, porque ele analisa o discurso racial do período entreguerras e também a presença de brasileiros de cor nas instituições educacionais. Assim, dois métodos são empregados para descrever categorias raciais: um que preserva a linguagem original de raça empregada pelos educadores e outro para descrever os indivíduos no sistema escolar.

Quando discute as políticas do sistema escolar ou a retórica dos educadores, este estudo segue a linguagem original tão fielmente quanto possível. Educadores e outros agentes do Estado

44 DIPLOMA DE BRANCURA

trabalhavam com um conjunto claramente delineado de categorias raciais. Desde 1940, o recenseamento brasileiro empregou quatro categorias de cor: *branco, pardo, preto e amarelo*.[28] *Pardo* era um termo especialmente elástico, porque era empregado para descrever qualquer pessoa de ascendência africana, indígena ou europeia. Ainda que os educadores geralmente aderissem a esse último conjunto de categorias, às vezes substituíam *pardo* por *mulato*. Embora os educadores acreditassem que a ligação entre degeneração e raça era contingente, eles eram claros em suas crenças de que raça existia e podia ser quantificada. Além do mais, embora dificilmente tivessem motivo para recorrer a definições científicas de categorias raciais, quando o faziam em geral se referiam ao modelo desenvolvido pelo antropólogo Edgar Roquette Pinto, que estabeleceu um sistema de gradações de cor baseado em três categorias principais: *leucodermo, faiodermo e melanodermo* (pele branca, pele morena e pele negra).[29] Geralmente

---

[28] Essas categorias foram desconstruídas por Melissa Nobles, que observa que "esperando evitar pedir aos brasileiros para responderem a termos 'às vezes utilizados com desdém', o IBGE decidiu limitar as escolhas a branco, negro e amarelo, com uma linha horizontal para qualquer outra resposta que não se enquadrasse nas demais. Depois que o censo foi efetuado, todavia, todas as linhas horizontais foram tabuladas e publicadas sob a categoria *pardo*. É importante observar que o significado de *pardo* era – e é – ambíguo. Em dicionários de português, é definido tanto como 'cinza' como quanto 'marrom', e suas conotações são igualmente ambíguas, porque os brasileiros usam a palavra com pouca frequência no dia a dia. O seu uso mais importante é como um termo do censo. Embora a controvérsia não se tenha centrado em torno da palavra *preto*, a utilização deste termo pelo IBGE também foi peculiar. Os brasileiros o utilizam apenas na terceira pessoa, não na primeira, como o censo requer. Mais ainda: o termo muitas vezes é utilizado para descrever objetos, não pessoas", NOBLES, M. *Shades of Citizenship: Race and the Census in Modern Politics*. Stanford: Stanford University Press, 2000. p.99.

[29] D'AVILA, B. Ensaio de raciologia brasileira: Populações do Distrito Federal. *Revista de Educação Pública 2*, nº1, p.16, 1944.

INTRODUÇÃO **45**

essas categorias técnicas eram empregadas para avaliar o progresso do branqueamento físico da população brasileira por meio da diluição das pessoas de raça mista. Essas categorias estavam bem distantes das formas pelas quais os indivíduos no sistema escolar teriam classificado a si próprios. A autoclassificação de indivíduos e o modo pelo qual eles poderiam ter-se identificado a si mesmos ou a outros variava consideravelmente. Isso é em especial verdade para professores e outros profissionais no sistema escolar, porque seu nível de educação e prestígio social podia influenciar seu senso de identidade racial.[30] As fontes empregadas neste estudo dificilmente fornecem informação suficiente sobre a auto-identificação de indivíduos para que seja possível chegar a conclusões definitivas sobre sua identidade. Em consequência, este estudo emprega cautelosamente os termos "branco", "não branco", "de cor" e "afrodescendente" para descrever indivíduos. "Branco" e "de cor" eram dois termos que os indivíduos do período teriam provavelmente usado para descrever a si mesmos. "De cor" era uma categoria inclusiva empregada para descrever indivíduos de qualquer grau de mistura racial, assim como "afrodescendente". A maior naturalidade com que esses termos descrevem indivíduos que podem variar consideravelmente em cor e aparência oferece uma vantagem

---

[30] Essa ambiguidade é caracterizada por uma observação de Charles Wagley: "Talvez a diferença mais importante entre as relações de raça no Brasil e nos Estados Unidos seja que a cor é apenas um dos critérios pelos quais as pessoas são colocadas na hierarquia social total. Antes que dois brasileiros decidam como vão se comportar em relação um ao outro, eles precisam saber mais do que o fato de que um tem a pele negra e o outro a pele clara ... Outros critérios, tais como renda, educação, relacionamentos familiares e até mesmo encanto pessoal e habilidades ou aptidões especiais entram em jogo ao situar uma pessoa em termos da hierarquia de prestígio ou mesmo da classe social", WAGLEY, C. *An Introduction to Brazil*. Nova York: Columbia University Press, 1963. p.142.

46 DIPLOMA DE BRANCURA

em relação ao termo "afro-brasileiro". O desafio da categorização racial é parte do que torna as instituições sociais uma fonte tão rica para estudos históricos. No período entreguerras, milhões de brasileiros com milhões de identidades compartilhavam um conjunto comum de experiências educacionais. Essas experiências foram o produto de políticas cuidadosamente elaboradas por uma reduzida elite administrativa, técnica e intelectual que, como se verá, tinha um senso concentrado e deliberado da importância da raça não apenas para as escolas, mas para o Brasil. O processo pelo qual as elites transformaram esse consenso em políticas sociais de maior abrangência é o tema das páginas que se seguem.

1

Construindo o "homem brasileiro"

"Como será o corpo do homem brasileiro, do futuro homem brasileiro, não do homem vulgar ou inferior, mas do melhor exemplar da raça? Qual a sua altura? O seu volume? A sua cor? Como será a sua cabeça? A forma de seu rosto? A sua fisionomia?".[1] Em 1938, o ministro da Educação e Saúde, Gustavo Capanema, dirigiu essas perguntas a um grupo de antropólogos e intelectuais nacionalistas. Ele queria chegar ao fundo de um problema que o incomodava: a estátua do "Homem Brasileiro" que havia encomendado para ornamentar a entrada do novo prédio do Ministério da Educação e Saúde (MES) parecia racialmente degenerada em vez de viril e ariana, como ele imaginava que viriam a ser os brasileiros.

Capanema estava preocupado com a aparência dessa escultura porque concebia a nova sede do MES como uma afirmação sobre o futuro do Brasil e o papel do governo em sua moldagem. Os dois

---

[1] Carta de Gustavo Capanema a Oliveira Viana, 30 de agosto de 1937. In: LISSOVSKY, M.; MORAES DE SÁ, P. S. (Eds.). *As colunas da educação: a construção do Ministério de Educação e Saúde*. Rio de Janeiro: IPHAN, 1996. p.225 (doc. 149).

48   DIPLOMA DE BRANCURA

temas que expressavam a visão de Capanema não estavam retratados na escultura. Primeiro, o "Homem Brasileiro" deveria simbolizar o produto da engenharia racial e social que era a responsabilidade especial de Capanema. Como explicou a Getúlio Vargas quando encomendou a obra, a escultura teria essa forma "justamente porque o Ministério de Educação e Saúde se destina a preparar, a compor, a afeiçoar o homem do Brasil. Ele é verdadeiramente o 'ministério do homem'".[2] Segundo, a figura degenerada não combinava com o prédio modernista.

Em contraste com a escultura, o prédio era um grande sucesso. Capanema reuniu o arquiteto modernista francês Charles Le Corbusier e os jovens Lúcio Costa e Oscar Niemeyer para projetar uma estrutura modernista que fosse aclamada internacionalmente. Com efeito, o projeto causou tal impacto, em especial nos Estados Unidos, que anos depois Nelson Rockefeller reuniu a mesma equipe para projetar o prédio da Organização das Nações Unidas (ONU). O projeto do prédio do MES cumpriu sua missão: lançou o Ministério como um portal para o futuro da nação, um futuro forjado por meio da educação pública, um futuro branco. Para Capanema, o prédio do MES era a prova de que o Brasil estava encontrando sua identidade, definindo-se como nação do futuro – não mais uma nação fraca que imitava as mais fortes. Ao contrário, seriam agora os estrangeiros que imitariam o Brasil.

A estátua do "Homem Brasileiro" deveria completar a alegoria mostrando que a educação pública tornaria os brasileiros brancos e fortes, dignos de seu brilhante futuro. Segundo Capanema, "o edifício e a estátua se completarão, de maneira exacta e necessária".[3] Entretanto, a figura do "Homem Brasileiro" que o escultor Celso

---

[2]   Carta de Gustavo Capanema a Getúlio Vargas, 14 de junho de 1937. In: LISSOVSKY, M.; MORAES DE SÁ, P. S. (Eds.). *As colunas da educação*, p.224 (doc. 147).

[3]   Ibidem.

CONSTRUINDO O "HOMEM BRASILEIRO"   49

Antônio extraiu da pedra representava tudo o que Capanema esperava que o Brasil deixasse para trás. A figura era um caboclo, um homem das matas, de raça mestiça. Para tornar as coisas piores, esse caboclo era barrigudo. O escultor, Celso Antônio, justificou sua obra afirmando que, ao olhar para o Brasil, era aquilo que ele via. Essa figura era o retrato do homem médio brasileiro. Aparentemente, ele desconsiderara o significado alegórico desse monumento para o Brasil do futuro, um futuro que era branco e forte.

Os cientistas estavam todos de pleno acordo. Edgar Roquette Pinto, diretor do Museu Nacional de Antropologia, desaconselhou a escolha de quaisquer tipos raciais que, em sua opinião, mais cedo ou mais tarde desapareceriam. Em vez disso, a figura deveria ser branca de expressão mediterrânea, para representar o fenótipo para o qual "a evolução morfológica dos outros tipos raciais do Brasil" tendia.[4] O jurista Francisco Oliveira Vianna concordou, replicando que a escultura deveria refletir "não só os tipos brancoides, resultantes da evolução arianizante dos nossos mestiços, como também representantes de todas as raças europeias aqui afluentes, sejam os colonos aqui fixados, sejam os descendentes deles".[5] Juvenil Rocha Vaz, professor da Escola de Medicina do Rio de Janeiro com vasta experiência em saúde pública, lembrou a Capanema que essa questão era prova "exuberante" da necessidade de repassar maiores verbas federais para a pesquisa científica, e concordou que, embora nenhum tipo final houvesse emergido do "caldeamento das raças", a figura deveria ser branca.[6]

---

[4] Carta de Edgar Roquette Pinto a Gustavo Capanema, 30 de agosto de 1937. In: LISSOVSKY, M.; MORAES DE SÁ, P. S. (Eds.). *As colunas da educação*, p.226 (doc. 150).

[5] Citado em CAVALCANTI, L. *As preocupações do belo*: arquitetura moderna brasileira dos anos 30/40. Rio de Janeiro: Taurus, 1995. p.79.

[6] Carta de Juvenil Rocha Vaz a Gustavo Capanema, 14 de setembro de 1937. In: LISSOVSKY, M.; MORAES DE SÁ, P. S. (Eds.). *As colunas da educação*, p.226 (doc. 151).

50 DIPLOMA DE BRANCURA

A concordância entre Roquette Pinto, Oliveira Vianna e Rocha Vaz adquire um significado maior se considerarmos que suas filosofias científicas eram divergentes. Roquette Pinto era o principal proponente no Brasil da tese antirracista do antropólogo Franz Boas, da Universidade de Columbia, de que não havia raças superiores ou inferiores, bem como de que as pessoas deveriam ser avaliadas por seu nível de cultura. Em contraste, Oliveira Vianna, reacionário conselheiro político social do presidente Vargas, acreditava na plena superioridade biológica ariana, posição racista compartilhada por Rocha Vaz. No entanto, ao visualizarem o futuro do Brasil, as diferenças em seus enfoques davam lugar a um consenso sobre os males da nação e seus remédios. Oliveira Vianna, Roquette Pinto e Rocha Vaz, assim como a comunidade científica, científico-social e médica como um todo, confiavam no futuro branco do país e no papel da educação e da saúde pública em sua criação. Embora continuasse a haver polêmica sobre a natureza da negritude, da degeneração e da possibilidade de aperfeiçoamento racial, havia consenso sobre o significado e o valor da brancura – consenso que se expressava nas virtudes masculinas de virilidade, força e coragem, na "europeidade" e na concordância de que essa era a raça do futuro do Brasil.

Agindo sob a orientação de seus conselheiros científicos, Capanema explicou a Celso Antônio os critérios raciais a que o "Homem Brasileiro" deveria atender, exigindo que a escritura acabada fosse revista por um comitê especial. Segundo Capanema, esse comitê "não poderá ser composto de notabilidades mundiais, pois o exame a ser feito versará principalmente sobre a identificação do projeto com o tipo racial brasileiro em fixação, tanto que somente especialistas nacionais poderão fazer".[7] Celso Antônio recusou-se, e a

---

[7] Memorando de Gustavo Capanema, 14 de dezembro de 1937. In: LISSOVSKY, M.; MORAES DE SÁ, P. S. (Eds.). *As colunas da educação*, p.230 (doc. 152).

CONSTRUINDO O "HOMEM BRASILEIRO"

encomenda da escultura foi cancelada. Capanema sondou outro artista, desta vez deixando suas políticas raciais mais explícitas: a escultura deveria ser "uma figura sólida, forte, de brasileiro. Nada de rapaz bonito. Um tipo moreno, de boa qualidade, com o semblante denunciando a inteligência, a elevação, a coragem, a capacidade de criar e realizar".[8] Logo, a discordância entre o ministro e Celso Antônio vazou para os jornais. *A Nota* concordava com Capanema, declarando que "o artista incorre um crasso erro histórico e etnográfico, querendo impingir um caboclo como idôneo representante do nosso homem atual". Como os conselheiros técnicos de Capanema, o escritor argumentou que "Todos sabemos e ninguém mais discute que não há tipo brasileiro já definitivamente fixado", a escultura deveria ser branca e não de nenhum outro grupo em assimilação.[9] Outro comentarista, M. Paulo Filho, escrevendo para *O Correio da Manhã*, via o debate como um conflito entre os ideais estéticos e a realidade contemporânea, ressaltando que Celso Antônio simplesmente retratara o que via. Ainda assim, concluiu o comentarista, "o homem brasileiro que ambos imaginaram ainda não existe".[10]

O fato de que ministro, médicos, antropólogos, sociólogos e jornalistas, todos imaginassem que o brasileiro ideal seria branco não é de surpreender – a elite do Brasil projetou imagens idealizadas da brancura e da europeidade da nação durante gerações. O que é surpreendente é a determinação inabalável desses cientistas em usar o advérbio "ainda" para descrever a composição racial do Brasil. Todos os comentaristas esperavam o momento em que o Brasil iria

---

[8] Carta de Gustavo Capanema a Mario de Andrade, 1º de fevereiro de 1938. In: LISSOVSKY, M.; MORAES DE SÁ, P. S. (Eds.). *As colunas da educação*, p.232 (doc. 156).

[9] AROLDO, J. O tipo brasileiro. *A Nota*, 28 set. 1938, p.6.

[10] PAULO FILHO, M. Homem brasileiro. *O Correio da Manhã*, 23 set. 1938, p.4.

52 DIPLOMA DE BRANCURA

finalmente ser branco (o que poderia levar até entre duzentos e trezentos anos, segundo Paulo Filho). A responsabilidade pela conquista da brancura cabia ao ministro da Educação e Saúde, Gustavo Capanema. A estátua do "Homem Brasileiro", que nunca foi completada, permaneceu como testamento e tributo à obra de educadores e cientistas no cumprimento do destino racial do Brasil.

Eugenia brasileira

Como se esperava que professores e cientistas criassem esse futuro "Homem Brasileiro"? A resposta passava pela eugenia, a prática de "aperfeiçoar" física e mentalmente a raça humana pela manipulação dos traços genéticos, primeiro por meio de controles sobre o ato e o contexto da procriação. No período entre as duas guerras mundiais, o Brasil foi uma nação seduzida pela ideia de que a ciência poderia ser o árbitro final das relações sociais. Essa causa era defendida pela crescente casta de cientistas e cientistas sociais que dominava as políticas sociais e prometia a aplicação eficaz e imparcial de teorias científicas estrangeiras aos problemas nacionais do Brasil. Quase todo problema nacional possuía um subtexto racial: as subclasses de raças mistas e não brancas do Brasil eram, segundo a opinião geral, culturalmente atrasadas e, na opinião de alguns, racialmente degeneradas. A eugenia poderia resolver ambos os problemas.

Como Nancy Stepan afirmou, nas primeiras décadas do século os campos "leve" e "pesado" dos eugenistas discutiam se uma população poderia ser melhorada geneticamente pelo reforço da saúde, da higiene e da educação, ou se a melhoria genética poderia ser alcançada restringindo-se o acervo genético. Essa divisão seguia aproximadamente a divisão entre as teorias genéticas de Lamarck e Mendel. Lamarck sustentava que o comportamento e o meio

CONSTRUINDO O "HOMEM BRASILEIRO" 53

ambiente dos pais podia moldar os genes da descendência: a tuberculose ou o alcoolismo, por exemplo, produziriam bebês degenerados. Em contraste, para Mendel o material genético não podia ser alterado no curso de uma vida. Os eugenistas "leves" aceitavam a melhoria racial por meio da atenção à saúde, influências ambientais, valores culturais e circunstâncias de reprodução. Os eugenistas "pesados" não aceitavam a modificação de traços, e se concentravam na eliminação de traços indesejáveis por meio do controle de reprodução.[11]

No contexto histórico do período entre guerras, a diferença entre os geneticistas mendelianos e lamarckistas possuía implicações práticas e morais para os praticantes da eugenia. Os eugenistas que adotavam a genética mendeliana tendiam a se concentrar na prevenção da reprodução, às vezes por meio da esterilização forçada.[12] Como o enfoque mendeliano implicava a fixidez da raça, seu uso no branqueamento do Brasil significaria impedir de algum modo que metade da população do país se reproduzisse. Em vez disso, os eugenistas brasileiros seguiram sua bússola intelectual e abraçaram a genética francesa lamarckiana, que prometia retornos mais imediatos e positivos. Isso abriu caminho para a modificação dos traços da população existente. Se "o Brasil é um vasto hospital", como o defensor

---

[11] Ver STEPAN, *The Hour of Eugenics*.

[12] Entre 1907 e 1945, mais de 70 mil pessoas foram esterilizadas nos Estados Unidos. Esses esterilizados eram, em geral, pobres, frequentemente negros e considerados "débeis mentais". Os Estados Unidos também implantaram programas de esterilização em Porto Rico para combater a "superpopulação". Esse foi o programa de esterilização eugênico mais extenso de qualquer nação exceto a Alemanha nazista. Enquanto a eugenia nos Estados Unidos, na Alemanha e na Grã-Bretanha baseava-se principalmente na genética mendeliana, o Brasil, como grande parte da América Latina, seguia a escola lamarckista criada na França (STEPAN, *The Hour of Eugenics*, 31, p.134).

54 DIPLOMA DE BRANCURA

da saúde pública Miguel Pereira afirmou em 1916, seus pacientes poderiam ser curados.[13]

Quem eram os eugenistas? A eugenia brasileira era defendida por uma confederação de médicos, cientistas e cientistas sociais unidos por seu desejo nacionalista de ver o Brasil sair da beira da degeneração provocada pela mistura de raças e culturas, e pela pobreza e costumes primitivos e insalubres. Desde a segunda década do século XX, esses indivíduos começaram a organizar associações para o progresso da eugenia e a tratar de questões eugênicas. A primeira, a Sociedade Eugênica de São Paulo, organizada por Renato Kehl, tinha como secretário o sociólogo Fernando de Azevedo, que mais tarde dirigiu as reformas nos sistemas escolares do Rio de Janeiro (1926-1930) e São Paulo (1933-1934). A eugenia, observava Fernando de Azevedo, "buscava a eliminação dos venenos, não das pessoas". O antropólogo Edgar Roquette Pinto, que participou da administração do sistema escolar do Rio de Janeiro (1931-1935), era membro tanto da Sociedade Eugênica quanto de sua associada, a Liga da Higiene Mental, para a qual editava a revista *Saúde*. Afrânio Peixoto, o médico e pioneiro da medicina legal que dirigiu o sistema escolar do Rio de 1917 a 1922, foi também membro da Liga de Higiene Mental.[14]

Associações como a Sociedade Eugênica, a Liga da Higiene Mental, a Associação de Biotipologia e a Liga Pró-Saneamento possuíam membros em comum e funcionavam como um *lobby* na defesa de um papel maior do Estado no tratamento das causas da degeneração. Os membros dessas associações eram intelectuais públicos que vinham da elite do Brasil e encontraram na eugenia uma linguagem que lhes permitia dialogar entre diversas disciplinas e reivindicar para suas disciplinas o papel de base para políticas sociais. Ao buscarem consolidar suas respectivas áreas, conseguiram transformá-las

---

[13] Citado em HOCHMAN, *A era do saneamento*, p.64.

[14] STEPAN, *The Hour of Eugenics*, 48, p.157.

CONSTRUINDO O "HOMEM BRASILEIRO" **55**

no fundamento de diversos programas federais, estatais e municipais, não apenas na educação e na saúde como também em áreas de ação pública, como a contratação de funcionários públicos, práticas criminológicas, recrutamento militar e tratamento da loucura. Por meio da criação desses programas e dos instrumentos educacionais que treinavam seus técnicos (na década de 1930 o treinamento formal de professores em todo o Brasil incluía, em proporções variáveis, disciplinas colaboradoras na eugenia, como a sociologia, a psicologia, a higiene, a educação física e a puericultura – ciência do tratamento pré e pós-natal tanto da criança quanto da mãe), esses pioneiros eugênicos garantiram que as ciências centrais da eugenia fossem amplamente ensinadas e praticadas.

Os eugenistas brasileiros diferiam dos de outros países no grau em que levavam a eugenia para fora do laboratório e para dentro das políticas públicas. Havia duas razões para o papel público da eugenia no Brasil. Primeiro, ela fornecia às emergentes autoridades científicas, médicas e científico-sociais um código simplificado para explicar as ideias de inferioridade racial e definir estratégias a fim de lidar com ela, ou aperfeiçoá-la. Segundo, os eugenistas armaram seu grupo com uma solução científica para o que era basicamente um problema social. Naquela época, acreditava-se que a ciência transcendia a política; dessa forma, políticas formuladas em linguagem eugênica despolitizavam o debate a respeito das normas raciais. Além do mais, o prestígio da ciência fazia que os programas eugênicos tivessem mais sucesso na competição por recursos.

A começar do movimento pela saúde e higiene pública da segunda década do século XX, políticas visando a embranquecer a composição da população por meio da imigração europeia começaram a dividir espaço com novas políticas objetivando embranquecer o comportamento e as condições sociais. O consenso entre os formuladores de políticas era que as escolas eram as linhas de frente da batalha contra a "degeneração". Os educadores transformaram as

56 DIPLOMA DE BRANCURA

escolas em laboratórios eugênicos – lugares onde ideias sobre raça e nação eram testadas e aplicadas sobre as crianças. A eugenia tornou-se a justificativa para expandir e alocar recursos educacionais. Práticas curriculares e extracurriculares casaram-se à eugenia em formas que continuam a ecoar hoje. Para dar um exemplo, a educação e a forma físicas se tornaram tão fundamentais "aperfeiçoando a raça" que uma geração depois os comentaristas esportivos declaravam que marcar quatro gols em um jogo tornara o astro do futebol Pelé "racialmente perfeito".[15]

Os eugenistas consagravam seus objetivos como o ideal de uma "raça brasileira". A raça era um processo em desenvolvimento – uma etnicidade comum a que todos os brasileiros iriam pertencer assim que removessem as condições culturais e higiênicas inferiores. Os professores ensinavam aos alunos que ser parte da raça era a chave para a cidadania e o sucesso. Na prática, isso significava o branqueamento comportamental: ou seja, descartar as práticas culturais africanas e indígenas. Até mesmo os brasileiros que não eram descendentes de europeus podiam ser membros da raça. A preocupação da elite com a "perfeição eugênica da raça" significava a alocação de recursos para mitigar alguns dos efeitos da pobreza sobre as crianças. A promessa de almoços balanceados e atendimento médico figuram entre as principais razões pelas quais os pais mandavam seus filhos à escola, como mostram os registros da correspondência de pais com funcionários públicos. Embora a ideia de uma raça brasileira possa não ter significado muito para a população, os programas que a "raça" inspirou ligavam as elites e os pobres em um projeto comum que teve repercussões duradouras na definição de pensamento racial no Brasil.

Os projetos educacionais dos eugenistas, que se firmaram na década de 1920 e ganharam plena expressão durante a era Vargas, lançam luzes sobre uma das questões mais paradoxais do Brasil moderno: como

---

[15] RODRIGUES, N. A realeza do Pelé. In: *O melhor do romance, contos e crônicas*. São Paulo: Companhia das Letras, 1993. p.117.

CONSTRUINDO O "HOMEM BRASILEIRO" 57

a ideia de que o Brasil era uma democracia racial se tornou o mito orientador da nação durante a maior parte do século XX, principalmente diante de desigualdades raciais visíveis de tamanha proporção? O artifício que permitiu que tanto brasileiros como estrangeiros aceitassem essa ideia está na forma pela qual a prática da eugenia ocultou o tratamento da hierarquia racial sob uma linguagem científico-social que desracializava e despolitizava a imagem da sociedade brasileira.

Educação e saúde

Os projetos eugênicos dos educadores surgiram entre as décadas de 1920 e 1940, a partir das campanhas de saúde e higiene pública das primeiras décadas do século. Os defensores da saúde e da higiene pública eram figuras inovadoras cujos projetos se opunham à crença amplamente disseminada da degeneração racial dos indivíduos negros e mestiços. Essa ideia de degeneração combinava o racismo científico europeu com os temores dos brancos brasileiros em relação à população escrava africana. Poderia uma ama de leite (figura indelevelmente impressa na mitologia nacional brasileira como a *mãe preta*) transmitir suas doenças (talvez sífilis ou tuberculose) ou degeneração, de modo geral, para os bebês brancos, minando, assim, sua vitalidade? Eram os mulatos psicologicamente instáveis e dados a comportamento criminoso? Esses eram os tipos de crenças na raiz dos temores brancos e os quais serviam de base para a pesquisa de cientistas que absorviam teorias raciais elaboradas por brancos europeus supremacistas que buscavam impor barreiras científicas ao longo das fronteiras raciais dos impérios europeus.[16]

---

[16] Para outras leituras sobre esses modelos de racismo científico, ver STOLER, *Race and the Education of Desire*; GOULD, S. J. *The Mismeasure of Man* (1981). Nova York: Norton, 1996; e SKIDMORE, *Black into White*.

58 DIPLOMA DE BRANCURA

O brasileiro associado mais de perto a essas posições, o antropólogo baiano Raimundo Nina Rodrigues, foi um proponente, na virada do século, da ideia de que os brasileiros não brancos constituíam um grupo tão inferior aos brancos que não deviam nem sequer ser submetidos aos mesmos padrões legais nos processos criminais. Embora o Brasil tivesse chegado ao século XX sob o peso do racismo científico e o estigma que ele aplicava à nação racialmente mista, essa corrente logo deu lugar ao enfoque ambiental e cultural da degeneração. A preocupação quanto a doenças endêmicas na primeira década do século se expandiu até a condenação do Brasil, por parte de Miguel Pereira, como um "imenso hospital" em 1916, refletindo o desenvolvimento da consciência política sobre o relacionamento entre Estado e sociedade e entre saúde, raça e degeneração. Em 1917, Arthur Neiva e Belissário Penna, dois médicos e defensores da saúde pública enviados pela Academia Nacional de Medicina para estudar as doenças no interior do Brasil, publicaram um relatório conclamando à criação não de um Ministério da Saúde, mas de um Ministério da *Educação* e Saúde.

Essa trajetória intelectual foi traçada por Thomas Skidmore, Mariza Corrêa, Nísia Trindade Lima e Gilberto Hochman. Esses estudiosos creditam a emergência de contracorrentes ao racismo científico da Europa e dos Estados Unidos (principalmente a influência do antropólogo Franz Boas), assim como ao pragmatismo das elites brasileiras, que descobriram que a visão de degeneração como um problema médico, cultural e psicológico era uma ideia mais aproveitável do que as teorias raciais mais antigas. Essa nova visão de degeneração oferecia não apenas uma linguagem de diagnóstico mas também um arsenal inédito de pretensos tratamentos.[17]

---

[17] LIMA; HOCHMAN, Condenado pela raça, absolvido pela medicina, p.24.

CONSTRUINDO O "HOMEM BRASILEIRO" 59

A transformação de um personagem recorrente nos ensaios do escritor J. B. Monteiro Lobato ilustra essa mudança de consciência. Figura intelectual de proa nas primeiras décadas do século e autor popular de literatura infantil nacionalista, ele foi o mais visível convertido ao campo ambiental da ideologia racial. Em um ensaio de 1914, Monteiro Lobato introduziu o personagem Jeca Tatu. Jeca era caipira e encarnava tudo o que havia de errado com as subclasses racialmente mistas do Brasil: "existe a vegetar a cócoras, incapaz de evolução, impenetrável ao progresso".[18] O ensaio abertamente racista retratava o caipira como a causa das deficiências econômicas e políticas da nação. O Jeca de Monteiro Lobato era o equivalente da estátua original, degenerada, do "Homem Brasileiro" que causou tamanho conflito 25 anos depois.

Mas em 1918, em meio a um debate crescente sobre se as populações pobres e rurais da nação eram inferiores por causa de sua herança racial ou de seu condicionamento, Monteiro Lobato reviu sua interpretação de Jeca Tatu. Sua coleção de ensaios, *O problema vital*, incluía uma parábola chamada "A ressurreição de Jeca Tatu", em que o caipira era curado da degeneração por um médico ambulante, sendo assim capaz de transformar sua fazenda por meio do trabalho árduo e tornar-se feliz, rico e viajar pelo mundo. A moral dessa história, amplamente distribuída pelo interior como uma fábula infantil, era "Preto no Branco? O Jeca não *é* assim: *está* assim". *O problema vital* (e, com ele, a redenção de Jeca) foi publicado em conjunto pela Sociedade Eugênica de São Paulo e pela Liga Pró-Saneamento, quando esses grupos começaram a divulgar suas ideias sobre a degeneração cultural e ambiental no debate sobre raça no Brasil. Como declarava "O Urubu de Nosso Progresso", um panfleto de 1935, "O Jéca é analfabeto porque

---

[18] Citado em SKIDMORE, *Black into White*, p.180.

60 DIPLOMA DE BRANCURA

vive na miséria! Vive na miséria porque é doente! É doente porque é analfabeto!"[19]

O movimento da educação pública cresceu com base nesse novo consenso de que a degeneração era adquirida e podia ser mitigada. A começar da reivindicação dos médicos de que fosse criado um Ministério da Educação e Saúde, médicos e educadores (a maioria com especialização em ciências sociais) trabalharam juntos para aplicar teorias eugênicas ao complexo de problemas que chamavam de degeneração. Diversos médicos e especialistas em saúde pública, como Afrânio Peixoto, ocuparam cargos de administração na educação. Enquanto isso, educadores juntaram-se às organizações profissionais de médicos e defensores da saúde pública, como a Sociedade Eugênica de São Paulo, a Liga da Higiene Mental e a Liga Pró-Saneamento.

A preocupação com a "redenção" do Brasil reuniu a educação e a saúde em um empenho comum. Tornou menos rígidas as distinções entre diferentes profissões e disciplinas científicas. Criou também uma rede nacional de profissionais trabalhando em problemas locais. Gilberto Hochman apresenta uma análise da pressão do movimento pela saúde pública e o saneamento para repensar a relação constitucional entre o poder federal e o estatal: como doenças epidêmicas não respeitam limites entre estados, os sanitaristas (como os defensores da saúde pública e saneamento eram conhecidos) conseguiram forçar uma leitura mais livre do equilíbrio constitucional de poderes e assumiram responsabilidade federal pela saúde pública. A nacionalização da educação evoluiu de modo diferente. A educação continuava local, mas era administrada por uma elite nacional. Por exemplo, foi Monteiro Lobato que garantiu a nomeação de Anísio Teixeira para reformar e dirigir o sistema escolar do Rio em 1931.

---

[19] *O urubu de nosso progresso*. Rio de Janeiro: Francisco Alves, 1935. Arquivo Gustavo Capanema, CPDOC, 35.12.14g (0549).

CONSTRUINDO O "HOMEM BRASILEIRO" **61**

De forma similar, em 1922, o estado do Ceará recrutou um professor de psicologia educacional de 25 anos da Escola Normal de São Paulo, Manoel Lourenço Filho, para reformar seu sistema escolar. Nas décadas que se seguiram à sua nomeação no Ceará, Lourenço Filho surgiu como pioneiro na psicologia infantil, estabelecendo padrões e práticas adotados nacionalmente. Na década de 1930, ele dirigiu o Instituto de Educação no Rio e mais tarde organizou e chefiou o departamento federal de pesquisa educacional, o Instituto Nacional de Estudos Pedagógicos (Inep). A experiência de Manoel Lourenço Filho no Ceará não apenas reflete a nacionalização da educação local, como também ilustra o modo pelo qual os reformadores educacionais viam Jeca Tatu, o caipira, e buscavam sua redenção.

Quando Lourenço Filho iniciou a luta para expandir o alcance do sistema escolar no interior do Ceará, enviou inspetores a cidades em todo o estado para contar o número de cidadãos. Sua equipe passou por dificuldades na cidade de Juazeiro, que expulsou repetidas vezes os inspetores. Juazeiro fora o local da revolta de 1913 na qual um demagogo, o Padre Cícero, liderou os habitantes armados contra o governo do estado. A rebelião de Padre Cícero foi bem-sucedida, e ele continuou sendo uma figura poderosa regionalmente, porque o governo federal viu a rebelião como uma forma conveniente de se livrar da facção oposicionista no Ceará do Partido Republicano, no poder nacionalmente. O governador do estado caiu, Padre Cícero continuou, e Juazeiro conservou uma autonomia relativa, que reafirmou diante dos funcionários do sistema escolar enviados por Lourenço Filho.[20]

O jovem psicólogo educacional resolveu tomar a si a tarefa de incluir Juazeiro no sistema. Reuniu uma caravana de carros e montou uma expedição ao interior, onde tal coisa deve ter sido um raro espetáculo. Lourenço Filho encontrou o Padre Cícero doente e de

---

[20] Sobre a revolta de Juazeiro, ver o livro de Ralph Della Cava, *Miracle in Juazeiro*. Nova York: Columbia University Press, 1970.

62 DIPLOMA DE BRANCURA

cama. O jovem cientista social leigo, que trabalhava pelo progresso do estado, entrou em acordo com o velho patriarca religioso. Mais tarde, Lourenço Filho escreveu sobre sua experiência em uma prosa semelhante à da obra de Joseph Conrad, *O coração das trevas*. Seu livro, *O Juazeiro do Padre Cícero* (1928) espelhou o modelo de Monteiro Lobato sobre degeneração cultural e ambiental no contexto da educação. Em *Juazeiro*, Lourenço Filho estudou a mentalidade das pessoas de Juazeiro e forneceu um perfil psicológico depreciativo do padre demagogo e de seus seguidores doentes e analfabetos.

Lourenço Filho retratou um contraste entre o atraso e a modernidade que podia ser medido em termos tanto de raça quanto de cultura. Considerou o clérigo rural o responsável pelo estado de ignorância dos habitantes de Juazeiro. De modo inverso, as escolas públicas que Lourenço Filho queria instalar forneceriam os recursos seculares, técnicos e culturais por meio dos quais as pessoas poderiam superar séculos de atraso acumulado. A dicotomia entre a escola laica e o poder religioso descrita por Lourenço Filho prenunciava as batalhas que ele e seu grupo de reformadores educacionais travariam contra a renascente Igreja Católica na década seguinte.

Em *O Juazeiro...*, Lourenço Filho relatou sua jornada pela "sélva horrida" como uma viagem de volta no tempo, medida pelo escurecimento da pele das pessoas que encontrava:

> A própria evolução etnográfica brasileira quase pode ser estudada numa viagem de penetração. Na costa, predomina branco, fato que demonstra a preponderância ariana da nossa gente de hoje; a breve trecho, surgem, porém, expressões do mais violento caldeamento as três raças primitivas, com a presença muito rara do prêto puro.

No final dessa regressão pelo caminho da evolução humana, Lourenço Filho chegou a Juazeiro, onde "Como que todo o atraso dos sertões aí se condensou, para condicionar mentalidades atrasadas por

CONSTRUINDO O "HOMEM BRASILEIRO" 63

séculos".[21] Como fez Capanema com seu imaginado "Homem Brasileiro", Lourenço Filho relacionou mais uma vez raça e tempo, identificando os brancos da costa ao progresso e à civilização, e viajando no tempo até uma era de primitivismo e atraso por meio dos pigmentos cada vez mais escuros das pessoas a quem encontrava.

Para Lourenço Filho, o povo do sertão, e principalmente o de Juazeiro, era "abrolhado no seio dêsse arraial sórdido e miserável, sem higiene e sem trabalho, abrigo de peregrinos e de cangaceiros da pior espécie, de doentes e malucos". Lourenço Filho descreveu um cenário de quase total "degeneração", em que a população era inculta, doente (84% das crianças possuíam tracoma), sem trabalho e louca. A solução era a educação: "a situação mental da população pode ser assim resumida: vinte por cento sabem ler; o resto não sabe".[22] A essência do argumento de Lourenço Filho em *O Juazeiro...* pode ser resumida em três pontos. Primeiro, a miséria que os brasileiros do interior suportavam era responsável por sua "degeneração": sua ignorância, má saúde, desajuste psicológico e perpétua agitação. Segundo, em vez de mitigar sua condição, o governo federal na verdade encorajava a degeneração promovendo jogos políticos de curto prazo entre facções locais. Terceiro, a redenção desses brasileiros viria por meio da construção de escolas e da reorientação das prioridades das elites.

Cidade, raça e nação

Que o Ministério da Educação e Saúde tenha construído seu primeiro prédio permanente só em 1938 ilustra quão tarde o gover-

---

[21] LOURENÇO FILHO, M. B. *O Juazeiro do Padre Cícero*. 3. ed. (1928). São Paulo: Melhoramentos, 1955. p.17-8. *O Juazeiro...* recebeu o prêmio da Academia Brasileira de Letras e teve no mínimo três edições.

[22] Ibidem, p.34.

64 DIPLOMA DE BRANCURA

no federal passou a se envolver ativamente no sistema educacional descentralizado e restrito do Brasil. Criado na esteira da Revolução de 1930, o MES substituiu um Ministério de segunda ordem do regime anterior, o Ministério da Instrução Pública, Correios e Telégrafos. O novo Ministério não centralizou a educação pública. Ao contrário, embora os líderes do movimento educacional nacional participassem dos esforços do MES, o verdadeiro centro da reforma escolar nas décadas de 1930 e 1940 continuou entre os educadores, médicos e cientistas sociais ativos em diversas áreas do movimento eugenista e na educação pública, que se revezavam em cargos no Rio de Janeiro, São Paulo, Recife, Belo Horizonte, Fortaleza e Salvador. Durante a era Vargas, o MES ajudou a coordenar seus esforços, e logo os estados que estavam fora do círculo da reforma educacional – como Amazonas, Sergipe, Espírito Santo e Paraíba – promulgaram leis reestruturando e expandindo seu sistema educacional para refletir a evolução da educação em regiões como Rio e São Paulo, muitas vezes recebendo recursos federais para implementar reformas.[23]

Embora Lourenço Filho fosse um exemplo dos pioneiros educacionais que percorreram o Brasil efetuando reformas e expansões no sistema escolar, ele não era, de modo algum, o único. O diretor do sistema escolar do Rio de Janeiro, Fernando de Azevedo

---

[23] Estado do Espírito Santo, *Decreto n° 10.171: Expede instrucções sobre o ensino normal e da outras providencias* (Victoria: Oficinas do "Diário da Manhã", 1930); Estado do Amazonas, *Programas do ensino primário, adotados pelo Conselho Superior de Instrução Pública em 28 de Janeiro de 1932* (Manaus: Imprensa Pública, 1932); Estado do Amazonas, *Regulamento geral da instrução pública, a que se refere ao Ato n° 1.267 de 19 de janeiro de 1932* (Manaus: Imprensa Pública, 1932); Estado de Parahyba, *Decreto n° 75 de 14 de março de 1931: Da novo regulamento a escola normal do estado – Acto do interventor federal* (João Pessoa: Imprensa Oficial, 1931); Estado de Sergipe, *Decreto n° 30 de 11 de março de 1931: "Dá novo regulamento à Escola Normal 'Rui Barbosa'"* (Aracaju: Imprensa Oficial, 1931).

CONSTRUINDO O "HOMEM BRASILEIRO"	65

(1926-1930), veio de São Paulo, enquanto Afrânio Peixoto (1917-1922) e Anísio Teixeira (1931-1935) vieram da Bahia. Antônio Carneiro Leão, natural do Recife e diretor do sistema escolar do Rio de 1922 a 1926, voltou a Pernambuco em 1928 para reformar as escolas públicas do estado. Seu retorno e sua reforma ajudam a ilustrar o fluxo não apenas de pessoas, mas de ideias entre sistemas escolares de estados e municípios.

Carneiro Leão foi um eugenista engajado cuja reforma do sistema escolar do Rio introduziu na prática diária instituições como o pelotão de saúde, formado por alunos escolhidos em cada classe para supervisionar a saúde e a higiene de seus colegas. Ele também inaugurou a prática da educação física nas escolas elementares, acreditando que "além de auxiliar no combate aos vícios e às doenças, seria decisiva na elevação da raça". Em 1924, seu Departamento de Educação produziu um documentário, *Pela grandeza da raça*, que exibia 12 mil alunos praticando ginástica calistênica a fim de promover a educação física em outras partes do país. Coerente com sua visão científica de educação, Carneiro Leão expandiu o treinamento profissional de professores.[24]

Quando Carneiro Leão voltou ao Recife para dirigir o Departamento de Educação Pública pernambucano, levou consigo as normas eugenistas, racionalizantes e profissionalizantes que empregara no Rio de Janeiro. Transformou a escola normal do estado na primeira instituição brasileira a oferecer cursos regulares de sociologia e escolheu o colega pernambucano Gilberto Freyre para ser o primeiro professor de sociologia do Brasil. O programa de ensino de Freyre ensinava sociologia

---

[24] ARAÚJO, M. C. de A. Antônio de Arruda Carneiro Leão. In: FÁVERO, M. de L. A.; BRITTO, J. de M. (Eds.). *Dicionário de educadores no Brasil, da colônia aos dias atuais.* Rio de Janeiro: Editora UFRJ, 1999. p.67.

66 DIPLOMA DE BRANCURA

agindo essa disciplina como uma saneadora das mazelas sociais, alertando os jovens quanto aos males decorrentes de casamentos entre indivíduos doentios, incitando-os aos exames pré-nupciais e ao absenteísmo do álcool, fazendo a propaganda da eugenia e do combate à ociosidade, evitando, como consequência, a proliferação de hospitais e prisões.

Tomando emprestadas lições de racionalização científica da indústria, Carneiro Leão criou uma Administração Técnica Escolar para dirigir o sistema escolar. Os funcionários da Administração Técnica foram encarregados de tornar as escolas mais científicas e instituir práticas visando "aos cuidados com a saúde, auxiliares do aprimoramento da raça, da eugenia, da vitalidade, do estímulo da capacidade produtiva" entre os alunos.[25]

As reformas de Carneiro Leão tanto na cidade do Rio de Janeiro quanto no estado de Pernambuco mostram como os princípios mais importantes da reforma (eugenia, profissionalização e racionalização) acabaram ficando nas mãos de líderes educacionais. Mesmo após a criação do Ministério da Educação e Saúde, os reformadores educacionais continuaram a trabalhar nas cidades. Com efeito, o sistema escolar do Rio de Janeiro era mais atraente para os principais reformadores educacionais do que o MES. O Rio de Janeiro foi alvo das atenções dos reformadores desde a gestão de Afrânio Peixoto em 1917. Era o maior sistema escolar do Brasil, e os reformadores o utilizavam como uma vitrine para os projetos de educação pública que podiam ser desenvolvidos por outros sistemas escolares em toda a nação. Carneiro Leão deixou isso claro em seu discurso inaugural de 1922 quando ressaltou que o sistema escolar da cidade "deveria servir de modelo para toda a República e como referência de nosso progresso pedagógico e cultural".[26]

---

[25] Ibidem, p.67-8.
[26] Ibidem, p.66.

CONSTRUINDO O "HOMEM BRASILEIRO" 67

Eles não só tratavam o sistema escolar do Rio como modelo, usavam--no como um espaço onde podiam desenvolver e refinar as ciências eugênicas e sociais que asseguravam a missão educacional de construir a "raça brasileira".

Na época em que Anísio Teixeira foi nomeado diretor do Departamento de Educação do Distrito Federal, em 1931, a coalizão de cientistas, médicos e cientistas sociais era plenamente devotada ao nacionalismo eugênico. Eles concordavam que a degeneração era adquirida por meio da falta de cultura, saúde e ambiente, assim como que a educação e a saúde públicas poderiam revertê-la. Não obstante, o desafio de mapear especificamente em que medida os fatores cultural e ambiental criavam degeneração era algo ainda a ser enfrentado. Teixeira assumiu esse desafio e transformou o sistema escolar do Rio em um laboratório que atraiu os principais eugenistas da nação. Educadores como Roquette Pinto, Arthur Ramos, Lourenço Filho e Afrânio Peixoto foram atraídos para o sistema escolar do Rio a fim de pesquisar a degeneração, desenvolver programas de saúde e educação para tratá-la e aplicar esses programas nas escolas da cidade.

O sistema escolar do Rio de Janeiro proporcionava aos eugenistas um meio ambiente perfeito: quase cem mil escolares de todas as raças e condições sociais, com um Departamento de Educação que dava aos eugenistas quase carta branca para estudar as crianças e tratar suas deficiências percebidas. No princípio de sua administração, Anísio Teixeira criou o Instituto de Pesquisas Educacionais (IPE), baseado no Institute for Education Research do Teachers College da Universidade de Columbia, em Nova York, onde Teixeira estudou com John Dewey e outros ilustres progressistas norte-americanos. O IPE efetuaria algumas das mais avançadas pesquisas educacionais, sociológicas, eugênicas e psicológicas de sua época em seus quatro departamentos: Testes e Medidas, Rádio e Cinema Educativos, Ortofrenia e Higiene Mental e Antropometria.

68 DIPLOMA DE BRANCURA

O Serviço de Testes e Medidas Escolares aplicava testes e medidas psicológicos e de inteligência aos alunos, e foi inicialmente dirigido por Isaías Alves, educador que, como Teixeira, havia estudado no Teachers College da Universidade de Columbia. No Serviço de Testes e Medidas Escolares, Alves era responsável pela aplicação de testes de inteligência desenvolvidos nos Estados Unidos a fim de separar estudantes em turmas diferentes com base em suas aptidões. A principal medida usada, o Teste de Terman, foi desenvolvido sob a crença específica de que a adequação eugênica de algumas crianças era inerentemente melhor do que a de outras. Como o criador do teste, Lewis Terman, afirmou em 1916:

> A opinião comum de que a criança de um lar culto vai melhor em testes apenas em razão das vantagens de seu lar superior é uma suposição inteiramente gratuita. Praticamente todas as investigações realizadas sobre a influência da natureza e da educação sobre o desempenho mental concordam em atribuir muito mais aos talentos originais do que ao meio ambiente. A observação comum em si sugere que a classe social à qual a família pertence depende menos do acaso do que das qualidades intelectuais e pessoais naturais dos pais ... Os filhos de pais bem-sucedidos e cultos obtêm pontuações mais elevadas do que os filhos de lares miseráveis e ignorantes pela simples razão de que sua herança genética é melhor.[27]

Embora Lewis Terman acreditasse na superioridade intrínseca da herança genética de alguns intelectos, seu teste foi facilmente adaptado à visão brasileira da degeneração porque Alves e outros liam os resultados dos testes como indicativos das condições culturais e sociais pobres dos brasileiros testados. Ainda assim, os testes separavam os alunos brancos dos de cor e os alunos ricos dos pobres.

---

[27] Citado em GOULD, *The Mismeasure of Man*, p.216.

CONSTRUINDO O "HOMEM BRASILEIRO" 69

O Serviço de Cinema e Rádio Educacional do IPE, dirigido por Edgar Roquette Pinto, pesquisou meios de levar a educação a regiões remotas do interior. O departamento operava uma estação de rádio, a PRD-5, inteiramente dedicada a questões educativas. A rádio apresentava diversos programas educativos, como palestras semanais sobre higiene mental, instruções sobre como aplicar testes psicológicos e a *Hora do Professor*, que tratava de questões curriculares e profissionais. O princípio por trás do programa de rádio e cinema era que, utilizando tais meios, o sistema escolar poderia atingir os indivíduos analfabetos e despreparados do interior, onde se acreditava que a degeneração fosse mais severa. O rádio e o cinema levariam mensagens sobre saúde e lições de educação básica a essas pessoas antes que elas se mudassem para as cidades, trazendo com elas seus profundos desajustes.

Ortofrenia e Higiene Mental, dirigido por Arthur Ramos, estudava psicologia infantil e adaptação psicológica/sociológica à sociedade moderna. O serviço efetuava pesquisas, desenvolvia programas educativos para as escolas e a comunidade e cuidava da educação de "crianças problema". Essa seção combinava influências que iam da psicologia freudiana à criminologia italiana e à antropologia cultural. Na visão de Ramos, os afro-brasileiros e as crianças se encaixavam em uma categoria similar de desenvolvimento primitivo e pré-lógico. Finalmente, a Antropometria, dirigida por Bastos D'Avila, lidava explicitamente com os aspectos físicos da degeneração e da eugenia, mais uma vez inspirada na escola italiana de criminologia. Um dos principais defensores do movimento, Nicola Pende, "acreditava que por meio de um inventário de biótipos humanos em uma população, os recursos biológicos de uma nação poderiam ser dirigidos de modo eficiente rumo aos objetivos do Estado. Tal empreendimento, dizia Pende, era uma preocupação vital dos fascistas e do trabalho de Mussolini".[28]

---

[28] STEPAN, *The Hour of Eugenics*, p.60.

70 DIPLOMA DE BRANCURA

Cada departamento do IPE geria um componente diferente do programa eugênico. Eles maximizavam o potencial da escola no aperfeiçoamento da raça lidando com a adaptação psicológica e o desenvolvimento físico das crianças. Diferentemente de outros aspectos da educação no Rio, prejudicados pela turbulência política da época, os programas do IPE refletiam o consenso entre as elites sobre a ideologia racial e eram incomumente estáveis. Embora o diretor do IPE houvesse se demitido em protesto pela demissão de Anísio Teixeira em 1935, todos os chefes de departamento permaneceram, tendo saído apenas anos mais tarde por circunstâncias e motivos aparentemente desvinculados da política nacional.[29]

A base de recursos utilizada pelos pesquisadores do IPE eram as fichas reunidas a respeito dos escolares da cidade. Em alguns casos, esses registros eram confidenciais e coletados sem o conhecimento do aluno ou de seus pais. Uma *ficha antropométrica* continha o registro do desenvolvimento fenotípico e físico do aluno, enquanto uma *ficha de higiene mental* registrava sua evolução psicológica. Esses registros acompanhavam os alunos durante todo seu aprendizado e eram utilizados pelos funcionários do sistema escolar para classificar as crianças em diferentes classes ou programas. As fichas também forneciam a base para mais pesquisas psicológicas e antropométricas. Os pesquisadores utilizavam esses dados tanto para a sintonia fina dos programas eugênicos do sistema escolar quanto para expandir uma ciência nacional da eugenia que aplicava teorias estrangeiras à mistura particular de raças e condições do Brasil.

O biométrico-chefe do sistema escolar, Bastos D'Avila, utilizava a ficha antropométrica para reunir dados para tais projetos e refinar uma medida chamada de Índice de Lapicque, que ele esperava

---

[29] Bastos D'Avila permaneceu no cargo durante pelo menos onze anos e ficou na diretoria no final da era Vargas. Arthur Ramos saiu em 1939, após completar as pesquisas para sua monografia *A criança problema* e publicá-la.

CONSTRUINDO O "HOMEM BRASILEIRO"   71

usar para detectar a existência de características africanas latentes entre indivíduos que pareciam ser brancos.[30] O relatório de D'Avila sobre a introdução das fichas observava que o índice "permitirá ainda a comparação do desenvolvimento físico da criança, atentando às suas condições ambientais especialissimas".[31] Em uma carta a Lourenço Filho, ele expressou a necessidade de o sistema escolar adquirir cefalômetros (instrumentos empregados para medir o tamanho do crânio) a fim de testar a confiabilidade do Índice de Cefalização de Dubois, que "talvez permita a categorização dos alunos como normal, supernormal ou subnormal, o que é extremamente interessante".[32]

O "Ensaio de Raciologia Brasileira: Populações do Distrito Federal", de D'Avila, reflete os objetivos de sua pesquisa. Foi publicado na trimestral *Revista de Educação Pública*, que o Departamento de Educação do Rio de Janeiro fazia circular entre os professores da cidade e sistemas escolares por todo o país. O artigo resumia aos professores as teorias de branqueamento ou de formação de uma raça homogênea, ecoando o debate sobre o "Homem Brasileiro" ao explicar que "é cedo ainda para que se possa falar de uma 'raça brasileira', generalizada, raça que em rigor não existe, como de resto, também não existe uma raça francesa, inglesa ou alemã. Há nos tipos regionais brasileiros, mais ou menos fixados, entre os quais

---

[30] O Índice de Lapicque, desenvolvido na França na virada do século, media o relacionamento entre o tamanho do osso radial no braço e o do osso etmoidal na concha nasal superior. A fórmula era a seguinte: índice radial-pélvico = (extensão do osso radial x 100) / diâmetro bicrisilíaco. D'AVILA, B. Contribuição ao estudo do Índice de Lapicque. In: *Estudos Afro-Brasileiros (Trabalhos apresentados no 1º Congresso Afro-Brasileiro reunido no Recife em 1934)*, v.1. Rio de Janeiro: Ariel, 1935. p.35.

[31] D'AVILA, B. Secção de Antropometria, 16 de outubro de 1935. Arquivo Lourenço Filho, CPDOC, IPE (0010).

[32] Carta de Bastos D'Avila a Lourenço Filho, 16 de abril de 1936. Arquivo Lourenço Filho, CPDOC, IPE (0042).

72 DIPLOMA DE BRANCURA

o Nordestino parece definitivo; (o próprio 'Gaúcho' do sul é antes um tipo de contacto). Mas nenhuma previsão segura pode ser feita em tôrno do topo que resultará de eferescência dêsse 'melting pot,' em que se caldeia a gente brasileira". Como o futuro ainda não fora escrito, as escolas deveriam redobrar seus esforços para moldar a raça.

No mesmo ensaio, D'Avila tentava também explicar os resultados decepcionantes da pesquisa eugênica sobre os padrões de crescimento físico entre os escolares do Rio. Embora D'Avila tentasse medir diferenças ligadas à raça, seu estudo fora prejudicado por questões de classe: contrariamente a suas expectativas, o estudo mostrou que as crianças negras ganhavam peso e altura mais rápido que as brancas. D'Avila esforçou-se por conciliar seus dados com a noção aceita de que os brancos possuíam um condicionamento superior. Ele raciocinava que as crianças mais ricas não frequentavam escolas públicas e, se os dados sobre seu crescimento houvessem sido incluídos, as crianças brancas teriam ultrapassado as não brancas. Segundo D'Avila, falam os inquéritos realizados nesse Serviço de Antropometria, mostrando exuberantemente que as crianças brancas de nossas escolas, em apreciável proporção, são deficientes do ponto de vista do desenvolvimento físico.

Embora as crianças brancas nas escolas públicas fossem geralmente pobres e, portanto, "deficientes", o oposto era verdadeiro para as crianças negras. D'Avila explicou que "são as crianças das famílias mais organizadas as que procuram as escolas públicas, pois as mais desprotegidas, seja por desleixo, seja por ignorância dos pais, nem sequer chegam a matricular-se".[33] A brancura era o controle da pesquisa de D'Avila: era um valor que significava vitalidade. Crianças não brancas podiam atingir aquele padrão, e apenas brancos especialmente desajustados podiam se desviar dele, mas quando isso acontecia os pesquisadores sentiam-se compelidos a

---

[33] Ibidem, p.24.

CONSTRUINDO O "HOMEM BRASILEIRO" 73

explicar cuidadosamente o fracasso dos alunos brancos em atingir as expectativas eugênicas.

Em seus ensaios, D'Avila examinava a possibilidade de que considerações ambientais influenciavam o desenvolvimento físico. Em 1945, ele lamentou que as fichas, que seguiam o modelo dos registros mantidos pelo Museu Nacional, lidassem com tipos raciais absolutos e descuidassem de outros fatores ambientais que afetavam o desenvolvimento do indivíduo. Ele explicou que "os alunos são fichados sem que se levem em consideração suas condições de higidez", e buscou formas de desenvolver um "índice de arquitetura somática" que revelaria a "condição de higidez" de uma criança.[34] D'Avila testou índices em 290 candidatos à admissão no Instituto de Educação durante o exame de saúde eliminatório. Como todos os candidatos fossem mulheres, testes subsequentes foram feitos em outros 10 mil alunos para obter dados sobre os homens. Apesar do fato de em 1945 D'Avila ainda não ter aperfeiçoado uma medida aplicável, as pesquisas continuaram.

Psicologia infantil: construindo blocos da "raça"

Que a escola era um lugar onde crianças de todas as raças podiam ser observadas enquanto se desenvolviam ao longo de meses ou anos não era algo que apenas D'Avila percebia. O célebre antropólogo Arthur Ramos utilizou o sistema escolar do Rio para seus estudos de caso sobre aspectos culturais do aperfeiçoamento da raça, refletindo a elasticidade dos limites disciplinares no contexto da eugenia. Entre 1933 e 1938, Ramos dirigiu o Serviço de Ortofrenia e Higiene

---

[34] D'AVILA, B.; PERNAMBUCO FILHO, P. Considerações em torno dos Índices de Kaup, Pelidisi e A.C.H. *Revista de Educação Pública* 3, nº1, p.4, 1945.

74 DIPLOMA DE BRANCURA

Mental do IPE. Anteriormente Ramos estudara cultura afro-brasileira na Bahia, identificando elementos de "inferioridade" cultural. Buscando promover a adaptação da cultura afro-brasileira à sociedade moderna, voltou suas atenções à psicologia infantil e à higiene mental preventiva. Em seu *curriculum vitae* de 1945, ele expressou sua

preferencia pelo estudo do comportamento humano, especialmente em certas condições deficitárias de atuação: a criança, o primitivo, as minorias étnicas, o alienado e o neurótico.[35]

Seu interesse simultâneo em crianças-problema e nas deficiências culturais dos afro-brasileiros levou Ramos ao sistema escolar do Rio de Janeiro, onde recebeu os recursos e a base de pesquisa para seus estudos.

Um panfleto de 1934 escrito por Ramos e publicado pelo sistema escolar para distribuição entre os pais mostra como ele integrou a psicologia infantil com o que era percebido como o aperfeiçoamento cultural da população afro-brasileira. Como Ramos explicou:

É o complexo de inferioridade racial que tanto tem atravancado a obra do nosso progresso ... Para a antropologia física, não há raças superiores nem inferiores. A epoca dos Gobineau e dos Lapouge já vai recuada. E não podemos aceitar a maldição que sobre nós lançou o cientificismo apressado de Bryce, quando prognosticou a negralização da nossa raça. Esse complexo coletivo de inferioridade deve desaparecer. Não há raças superiores ou inferiores. Ha, sim, grupos sociais avançados ou atrazados em cultura.

Embora Nina Rodrigues tivesse sido um dos principais expoentes do racismo científico, Arthur Ramos (com Afrânio Peixoto)

---

[35] Citado em CORRÊA, *As ilusões da liberdade*, p.232.

CONSTRUINDO O "HOMEM BRASILEIRO"   75

considerava a si mesmo membro da escola de pensamento de Nina Rodrigues. Ramos pretendia levar os métodos empíricos de Nina Rodrigues de estudo da raça para suas análises dos afro--brasileiros como uma comunidade cultural.[36] Para Ramos, a mistura de raças não resultava em híbridos inferiores como Nina Rodrigues acreditava. Em vez disso, afirmava ele, "deem-lhe condições de boa higiene física e mental e a pretensa inferioridade desaparecerá".[37] Embora negando a existência da inferioridade racial, Ramos media as diferenças no desenvolvimento cultural. Isolou aspectos da cultura afro-brasileira que considerava patológicos, e esforçou--se por eliminá-los. Dizia: "Mas, destruindo o preconceito da nossa inferioridade étnica, não devemos esquecer, contudo, o lado sociológico, de culturas atrazadas dificultando a obra da nossa educação". Ramos definia a cultura afro-brasileira como pré-lógica e acreditava que as escolas poderiam ajudar as crianças a

evitar a influência insidiosa do lôgro e da superstição. Combater essa ação lenta e invisivel da macumba e do feitiço que se infiltra em todos os atos da nossa vida. Olhar para a propria obra da sua formação espiritual, orientando-a aos influxos da verdadeira moral científica.[38]

Ramos situou suas visões em um discurso mais amplo sobre a eugenia, relacionando as faculdades mentais e a cultura com o cuidado pré-natal: "O trabalho de prevenção mental deve recuar, porém, até o periodo pré-natal e mesmo pré-concepcional. Neste ponto, a higiene mental individual cede lugar à higiene da raça, com os

---

[36] Ibidem, p.160.
[37] RAMOS, A. *A família e a escola (Conselhos de higiene mental aos pais)*, Série D – Vulgarização. Rio de Janeiro: Oficina Gráfica do Departamento de Educação, 1934. p.7.
[38] Ibidem, p.8.

76   DIPLOMA DE BRANCURA

metodos proprios desta nova ciencia". Ele louvava o trabalho dos eugenistas, que ensaiam "a transformação física e mental dos povos".[39] Ramos acreditava na primazia da cultura sobre a raça no condicionamento potencial humano. O Serviço de Ortofrenia e Higiene Mental deu a ele os recursos – milhares de fichas de higiene mental – com que desmentir o determinismo biológico, que ele chamava de "higiene racial", demonstrando, em vez disso, a "imensa e complexa... acção do meio cultural".[40] Ramos se apoiou nos registros comportamentais e psicológicos dos alunos do Rio para desenvolver seu *A criança problema: A higiene mental na escola primária*, que tratou de motivos para o desajuste das crianças.

Ramos argumentava que problemas comportamentais, adaptativos e psicológicos emergiam de condições sociais cultural ou ambientalmente inadequadas, atribuindo os desajustes das crianças a más influências em seus lares. Culpar os pais pelos desajustes físicos e psicológicos dos filhos significava culpar sua cultura e cor de pele. Ramos descreveu uma cultura de pobreza na qual as influências domésticas sobre as crianças que moravam em condições inferiores se traduziam em comportamento patológico. Como ele explicou, o mau desempenho na escola era causado pelas

influencias poderosas de meios desajustados, de conflitos domesticos, de escorraçamento afetivo, de péssimos modelos a imitar, de fadiga em conseqüencia de subnutrição e do trabalho.[41]

Ramos afirmava que o alcoolismo e o vício não eram causas do desajuste, mas sintomas de problemas sociais mais amplos. A

---

[39] Ibidem, p.7.
[40] RAMOS, A. *A criança problema*: a higiene mental na escola primária. Rio de Janeiro: Companhia Editora Nacional, 1939. p.10.
[41] Ibidem, p.15.

CONSTRUINDO O "HOMEM BRASILEIRO" **77**

documentação da existência de uma cultura de pobreza levaria ao sepultamento das teorias da degeneração racial, assim como de causas estruturais mais amplas para a pobreza. As crianças pobres eram estudos de caso de uma cultura inferior sendo transmitida de uma geração a outra. Para Ramos e outros pesquisadores do Departamento de Educação, as escolas eram um meio para diagnosticar os desajustes na sociedade e um instrumento para romper o ciclo de pobreza. Essas escolas pretendiam atingir famílias inteiras por meio dos estudantes. Como disse um nutricionista escolar,

se a criança adquirir na escola certos "hábitos alimentares" sadios e bem orientados, ela muito naturalmente procurará segui-los fora da escola; e poderá mesmo, algum dia, transmiti-los, dentro do lar, aos pais e irmãos.[42]

Esse era um objetivo comum dos programas escolares: nutricionistas, higienistas, psicólogos e professores ligados ao sistema escolar sabiam que a raiz dos problemas da nação não estava nas crianças, e remediar esses males sociais significava utilizar as crianças para ensinar a sociedade.

A fórmula aplicada por educadores – definir uma deficiência cultural ou comportamental como ligada a uma população definida por classe ou cor, e tratá-la por meio de políticas públicas – era também aplicada em outras áreas do governo. Como presidente do Inep, por exemplo, Lourenço Filho lamentou ao ministro Capanema que o laboratório biométrico federal nunca podia fazer pesquisas, porque passava todo o tempo selecionando candidatos para cargos no governo. Durante a guerra, o IPE testou a inteligência de soldados. Como costumava

---

[42] Noemi Alcântara Bonfim de Andrade. A higiene alimentar no serviço social das escolas. *Cultura Política 2*, n°13, p.24, 1942.

78 DIPLOMA DE BRANCURA

acontecer com frequência nas comparações entre alunos de diferentes cores, o autor do relatório do IPE sobre os testes de inteligência dos soldados se dedicou a explicar o estranho detalhe de que os candidatos brancos tinham um desempenho pior do que os outros – talvez muitos dos brancos fossem imigrantes que, apesar de alfabetizados, não entendiam o teste tão bem quanto os nativos brasileiros.[43]

O diretor do Departamento de Obras Públicas do Rio, Mário Monteiro Machado, desenvolveu uma pesquisa sobre a cultura e o comportamento dos empregados de seu departamento para determinar as "causas de insegurança no trabalho". Acreditando que esse fosse o procedimento correto, além de necessário para salvaguardar os "interesses economicos do país", Machado queria pesquisar a situação cultural das equipes de funcionários públicos da Prefeitura a fim de tomar medidas para transformá-los em trabalhadores mais eficientes. Suas principais preocupações eram o alcoolismo, o mau preparo dos alimentos e o recurso a cuidados médicos inadequados. Entre as primeiras perguntas, a pesquisa de Machado indagava a raça do empregado, alegando que isso iria determinar o "nível cultural" dele. Como um exemplo da importância desse ponto, Machado afirmava que um brasileiro branco descendente de portugueses ou italianos preparava refeições mais nutritivas e racionais do que os outros brasileiros. Ele apontava para as "falhas graves e constantes" na cultura alimentícia, um sintoma da forma pela qual as raças brasileiras são "facilmente adaptáveis à civilização e à técnica, mas continuando a manter, do ponto de vista cultural, hábitos e costumes o mais lamentavelmente primitivos".

Em nenhum outro lugar isso era tão evidente quanto na saúde e higiene dos empregados. Machado explicou que qualquer médico

---

[43] PERNAMBUCO FILHO, P. Centro de Pesquisas Educacionais: Colaboração com o Ministério da Guerra. *Revista de Educação Pública 2*, n°2, p.211, 1944.

CONSTRUINDO O "HOMEM BRASILEIRO" 79

sabia que os brasileiros de classe baixa, especialmente os não brancos, buscavam tratamento médico só

depois de uma peregrinação laboriosa por tendas de macumbeiros, terreiros de "paes de santo", sessões de baixo espiritismo ou, o que é pior, pelos balcões dos farmacêuticos relapsos, onde a ignorancia se complica ainda do dolo e da exploração.[44]

A prática da pesquisa da saúde dos empregados ganhou ainda mais destaque porque o prefeito da cidade, Pedro Ernesto, um grande aliado de Vargas e médico, criou clínicas de saúde pública em toda a cidade. Com o programa de reforma na educação pública, o extenso programa de saúde pública do prefeito transformou a capital em um modelo para o bem-estar social emergente no Brasil.[45]

Crianças saudáveis para uma sociedade saudável

O instituto de pesquisa do Departamento de Educação, o IPE, desenvolveu modelos analíticos para a compreensão dos problemas sociais nacionais que surgiam nas escolas e receitou remédios para eles. A criança que ia para a escola entrava em um laboratório e, sem saber, tornava-se objeto da pesquisa científica. As crianças

---

[44] Inquérito sobre as causas de insegurança de trabalho, Mário Monteiro Machado, secretário-geral de Viação, Trabalho e Obras Públicas, 1937. Arquivo Pedro Ernesto Batista, CPDOC, DO/Funcionalismo (0672).

[45] Sobre o governo de Pedro Ernesto e seus programas sociais, ver SARMENTO, C. E. *Pedro Ernesto:* um prefeito para o Rio. Rio de Janeiro: Fundação Getulio Vargas, 1995; LEMME, A. C. *Saúde, educação e cidadania na década de 30.* 1992. Dissertação (Mestrado) – Centro Biomédico, UERJ; e CONNIFF, M. *Urban Politics in Brazil: The Rise of Populism, 1925-1945.* Pittsburgh: University of Pittsburgh Press, 1981.

80 DIPLOMA DE BRANCURA

passavam regularmente por uma bateria de testes de seu desenvolvimento psicológico, físico e eugênico, inteligência e maturidade. Esses testes eram utilizados para determinar as normas pelas quais as crianças iriam mais tarde ser medidas e classificadas. Essas incursões dos eugenistas em escolas do Rio foram apenas os elementos mais visíveis da orientação eugênica da educação pública. Os diretores dos programas escolares de saúde, nutrição e higiene esforçavam-se por substituir culturas deficientes por práticas que construíam a raça. Os pesquisadores divulgavam suas descobertas e procedimentos pela revista do sistema escolar, em conferências nacionais e em outras publicações, tudo com o objetivo de atingir uma plateia nacional. Ainda assim, o fim das pesquisas do programa dos eugenistas era eclipsado por práticas e programas eugenistas diários nas escolas. Os programas de saúde e nutrição do sistema escolar foram um elemento-chave do que os administradores e políticos alardeavam como um modelo para a nação.

Na década de 1940, o Departamento de Educação carioca dividiu a cidade em regiões médicas: 15 distritos sanitários, todos administrados pelo Departamento de Saúde Escolar. Os funcionários do sistema escolar proclamavam que a base para administrar as escolas dentro dessas regiões era "médico-pedagógica". Em outras palavras, as decisões de colocar os alunos em certas classes e de permitir que passassem ou fazê-los repetir eram baseadas não apenas em testes de maturidade e inteligência e no desempenho em classe, mas também em avaliações de saúde. Os postos sanitários se tornaram unidades administrativas nas quais os programas de saúde, higiene e nutrição eram implementados.[46]

O exemplo mais visível do programa de saúde e higiene nas escolas da cidade foi o *pelotão de saúde*, um grupo de estudantes – um

---

[46] CORREIA, J. Aspectos da educação primária no Distrito Federal. *Fon-Fon*, p.20, 1941.

CONSTRUINDO O "HOMEM BRASILEIRO" 81

por sala de aula – encarregado de inspecionar a higiene de seus colegas. Os membros do pelotão utilizavam braçadeiras com uma cruz vermelha e inspecionavam os alunos nas salas de aula diariamente, registrando o estado de sua higiene em um cartaz na porta da sala. O pelotão de saúde verificava a higiene dental, a limpeza geral e o asseio, se as mãos e unhas estavam devidamente lavadas e aparadas, e se havia piolhos nos cabelos. Os alunos recebiam uma cruz amarela quando sua higiene era boa, verde quando era aceitável e vermelha quando era ruim. Aqueles com má higiene eram enviados à sala do diretor para ouvir um sermão sobre higiene, ou para conversar com os pais. Esse cartaz de higiene ilustra como, no cotidiano, a eugenia e o nacionalismo eram entremeados às práticas escolares diárias de construção da raça: a higiene boa e aceitável eram representadas pelas cores da bandeira brasileira; a má higiene, pelo vermelho.[47]

Os educadores viam a falta de higiene entre as crianças mais afluentes como falta de disciplina sujeita a repreensão. Entre as crianças mais pobres, a falta de higiene era considerada um resultado do meio ambiente, então a punição era substituída por instruções quanto à limpeza adequada de dentes, orelhas e cabelos. Um inspetor se lembrou de ter visto o diretor da Escola Estados Unidos mostrar a uma aluna como escovar os dentes. Como a aluna não tivesse dinheiro para comprar uma escova de dentes, o diretor explicou como colocar um pouco de carvão em um pedaço de pano, dobrá-lo, amarrá-lo e então escovar os dentes com o pano.[48]

Os recursos que as escolas devotavam ao desenvolvimento de hábitos higiênicos variavam. Escolas possuíam um fundo de verba

---

[47] C., entrevistado por Anna Olga Lessa de Barros Barreto. *Contribuição para a história da educação pública primária do Distrito Federal, no período do Estado Novo (1937-1945)*. 1986. 142p. Dissertação (Mestrado) – Pontifícia Universidade Católica do Rio de Janeiro.

[48] Ibidem, p.136-42.

82 DIPLOMA DE BRANCURA

pública e doações privadas que fornecia sapatos e uniformes para os pobres ou reforçava o almoço na escola. A Escola Vicente Licínio ia um passo além da Estados Unidos na viabilização de práticas higiênicas. A diretora acreditava que "é ineficiente senão ridiculo que a escola esteja a prégar vantagens dos bons habitos, das boas atitudes, sem fornecer os meios e as oportunidades para a sua practica".[49] A escola solicitava doações com as quais comprava escovas de dentes, escovas de cabelo, sabonetes e toalhas. Os alunos adquiriam hábitos como os de escovar os dentes, lavar as mãos, pentear os cabelos e lustrar os sapatos executando-os diariamente na escola.

Além do pelotão nomeado em todas as escolas, cada aluno de terceiro ano na Escola Vicente Licínio era responsável pela limpeza de um grupo de primeiranistas. A diretora relatou que "era realmente enternecedor ve-las tratar dos pequeninos, cortar-lhes as unhas, lavar-lhes as mãos etc., com a responsabilidade e o desvelo de verdadeiras maesinhas".[50] Em nível local, esses passos rituais rumo ao "aperfeiçoamento da raça" assumiam um aspecto diferente – o de adultos cuidando de crianças e crianças aprendendo a cuidar umas das outras. Os professores que administravam essas práticas achavam-nas afetuosas, mas eles também eram instruídos na escola normal no rádio e em revistas dedicadas aos professores sobre a importância da higiene na eugenia.

A *Revista de Educação Pública* lembrava constantemente às professoras a importância da saúde e da higiene ao tratar das deficiências da nação. Além disso, a revista enfatizava a importância daquelas mulheres como profissionais que redimiriam a raça. Segundo um médico escolar:

---

[49] Relatório apresentado pela diretora da escola Vicente Licínio (1-8) ao Exmo. Sr. Superintendente da 3ª circunscrição de ensino elementar, 1933. Arquivo Anísio Teixeira, CPDOC, pi33-00.00 (3/293).

[50] Ibidem.

CONSTRUINDO O "HOMEM BRASILEIRO" **83**

Médicos e professores são, pois, hoje, os artífices de uma obra comum que é o aperfeiçoamento somático-psíquico do ser humano para que possa com maior facilidade realizar os seus melhores destinos sôbre a Terra.[51]

Não só as professoras eram como médicos, como também a escola era como um hospital: "A higiene escolar, isto é, o ideal preventivo e educativo, acabou com as barreiras que separavam a escola do hospital", observou um médico do sistema escolar.[52] Na época havia poucas mulheres no prestigiado ramo da medicina e nas profissões liberais; afirmar que mulheres que ensinavam nas escolas elementares da cidade estavam desempenhando trabalhos de calibre profissional e de importância nacional era um elogio. Cumprindo a tarefa de aperfeiçoar a raça, as professoras passavam a ser respeitáveis e valiosos agentes do progresso da nação.

A metáfora de que "o Brasil é um imenso hospital" se prestava facilmente a descrever o trabalho das professoras na sala de aula, curando brasileiros de seus maus hábitos e culturas não saudáveis. A comparação das escolas com hospitais, todavia, era mais do que alegórica. Quando se matriculava, o "estudante é, obrigatóriamente, submetido a geral e minucioso exame clínico, radiológico e de laboratório, em que se apura, desde então, o estado sanitário da criança".[53] Depois desse exame, um registro médico permanente era criado e periodicamente atualizado. Saúde e higiene regulares era um assunto tratado na escola e na sala de aula. O ideal era que problemas médicos graves fossem tratados em clínicas médicas e dentais do

---

[51] ROMERO, N. Medicina e educação. *Revista de Educação Pública 1*, n°3, p.359, 1943.

[52] CLARK, O. O papel da Secretaria de Educação na sociedade moderna. *Revista de Educação Pública 3*, n°3, p.323, 1945.

[53] ROMERO, N. Medicina e educação, p.360.

84 DIPLOMA DE BRANCURA

sistema escolar, localizados em cada um dos 15 distritos sanitários ou no Centro Médico Educativo.

Na prática, as necessidades médicas de todos os alunos excediam a capacidade dessas instituições, e muitas não dispunham dos tratamentos que a cidade alegava oferecer. A diretora da Escola Vicente Licínio relatou que, dos alunos encaminhados às clínicas dentárias localizadas na Escola Colômbia e na Clínica de Pediatria Dentária do Departamento de Educação, "infelizmente poucos puderam ser atendidos, em relação ao número dos que precisavam".[54] Publicamente, o sistema escolar prometia tratamento médico e dentário abrangente, mas, em particular, registrava a inadequação de suas medidas.

Os pais tinham queixas similares. O atendimento médico e os almoços grátis nas escolas eram dois dos benefícios visíveis da escola que atraíam alunos e ganhavam o apoio de seus pais. Estes sabiam quando as promessas feitas pela Prefeitura ou pelo sistema escolar não eram cumpridas. Embora o tratamento médico e dentário devesse ser sistemático e disponível a todos os alunos, cartas de pais, quer para o sistema escolar, quer para Getúlio Vargas – que recebia milhares de pedidos de brasileiros "simples" ou "humildes" de pensões, vagas em escolas ou acesso a clínicas – mostram que o sistema não possuía o alcance alardeado pelos administradores.

Em novembro de 1943, o "simples 2º tenente" aposentado Waldemar Pinto Victorio, do bairro operário de Realengo no Rio, escreveu a Vargas explicando a dificuldade de criar e educar seus filhos na ausência do prometido atendimento médico. De seus vinte filhos, oito haviam morrido por "falta de meios eficientes pecuniários". Dos nove ainda sob seus cuidados, dois tiveram de ser retirados da escola

---

[54] Relatório apresentado pela diretora da escola Vicente Licínio (1-8) ao Exmo. Sr. Superintendente da 3ª circunscrição de ensino elementar, 1933. Arquivo Anísio Teixeira, CPDOC, pi33-00.00 (3/293).

CONSTRUINDO O "HOMEM BRASILEIRO" 85

para trabalhar "para comprar nem que seja modestas roupas e eu tambem trabalho de operário para que possa viver honestamente". Victorio alertava que, por sua experiência, não era aconselhado ter tantos filhos, porque "o aumento de filhos está na razão direta do desamparo".[55] Victorio pediu ajuda para obter tratamento médico e dentário para seus filhos. Explicou que, como outros pais trabalhadores, ele nunca tivera a oportunidade de ter tratamento dentário quando criança. Pedia que seus filhos recebessem acesso a uma clínica dentária grátis por meio da escola. Já acostumado a promessas não cumpridas, acrescentava: "[que] seja facilitada aos nossos filhos [o acesso] em cada distrito um posto eficiente de assitencia dentaria ... e que nas escolas e o gabinete dentário não seja (para Inglez ver) como na maioria delas". Por fim, Victorio enfatizou que "realmente S. Excia. tem optimas idéias, mas elas não são aproveitadas pelos que precizam".[56]

Getúlio Vargas era o "chefe da nação" e cultivava uma imagem de pai de uma família nacional.[57] Cumprindo esse papel, cartas e petições de milhares de brasileiros comuns eram levadas a sério pelos administradores. Cada carta provocava a abertura de um arquivo e era entregue ao administrador federal ou de governos locais para que ações fossem tomadas. Os documentos enviados a Henrique Dodsworth, prefeito do Rio de Janeiro durante o Estado Novo, foram

---

[55] Carta de Waldemar Pinto Victorio a Getúlio Vargas, 29 de novembro de 1943. Arquivo de Henrique Dodsworth, AGC, Caixa 100 – "Educação, 1939-1944" (9060).

[56] Ibidem.

[57] Essa imagem foi examinada por WOLFE, J. "Father of the Poor" or "Mother of the Rich"? Getúlio Vargas, Industrial Workers, and Constructions of Class, Gender, and Populism in São Paulo, 1930-1954. *Radical History Review 58*, p.80-111, 1994; e LEVINE, R. M. *Father of the Poor? Vargas and His Era.* Nova York: Cambridge University Press, 1998.

86   DIPLOMA DE BRANCURA

conservados. Eles revelam os inquéritos e as ações tomadas diante de dezenas de pedidos. Nesse caso, o sistema escolar não vacilou no cumprimento de sua linha oficial: Dodsworth respondeu a Vargas que

> os filhos do missivista poderão encontrar assistência médica e dentária de que necessitem em qualquer Districto Sanitário ou em qualquer Escola da Prefeitura onde venham a matricular-se.[58]

Assim como o sistema escolar tinha dificuldade em acomodar toda a procura de vagas, tinha ainda mais dificuldades para atender a seus objetivos publicamente declarados referentes à saúde e à higiene. Programas que envolviam a educação na sala de aula ou que pudessem ser executados sem equipamento ou equipe especializados eram amplamente disseminados. Em 1935, quando os matriculados nas escolas públicas do Rio ultrapassaram 100 mil alunos, o Departamento de Educação empregou 14 médicos e 24 dentistas, e subcontratou mais 44. Havia uma dentista entre os contratados, o que refletia tanto a entrada das mulheres na profissão médica quanto a importância da expansão dos sistemas escolares na criação de oportunidades de emprego para mulheres.[59] Tratamento mais intensivo ou especializado estava disponível apenas ocasionalmente, o que refletia os objetivos do sistema escolar mais do que necessidades regularmente atendidas.

Parece que apenas uma escola criada como modelo, a Escola Bárbara Otoni, desfrutou dos plenos efeitos do alardeado sistema de tratamento de saúde da criança e do bebê. Mas o modelo comprovava o ponto

---

[58] Carta de Henrique Dodsworth a Getúlio Vargas, 24 de abril de 1944; Carta de Waldemar Pinto Victorio a Getúlio Vargas, 29 de novembro de 1943. Arquivo Henrique Dodsworth, AGC, Caixa 100 – "Educação, 1939-1944" (9060).

[59] Consulta do diretor-geral da Fazenda, 18 de janeiro de 1935. Arquivo Pedro Ernesto Batista, CPDOC, DO/Funcionalismo (0668).

CONSTRUINDO O "HOMEM BRASILEIRO" 87

que os educadores haviam enfatizado durante anos: boa saúde era a base do aprendizado. A cada ano, 98% dos alunos passavam para o ano seguinte (bem acima da média da cidade, de cerca de 50%). O coronel Pio Borges, secretário da Educação durante os primeiros anos do Estado Novo, explicou que os alunos da Escola Bárbara Otoni provaram

> que "impunha-se a conclusão de que os maus alunos passavam a diligentes e aplicados depois de submetidos aos cuidados para que adquirissem condições normais de higidez.[60]

Os educadores viam a nutrição como a parte mais importante do desenvolvimento físico, intelectual e cultural da criança. Como a nutricionista-chefe do sistema escolar escreveu, em 1942:

> A alimentação adequada às necessidades do organismo contribui para o aperfeiçoamento eugênico da raça e com bons hábitos alimentares irão as sementes de outros hábitos de higiene corporal, de método, de disciplina e do trabalho.[61]

Devido à importância da nutrição para a eugenia, a escola fornecia almoços gratuitos. Para muitas das crianças do Rio, esses almoços eram a única refeição balanceada do dia. Uma mãe descreveu uma situação comum a muitas crianças pobres:

> A única alimentação dele é a alimentação da escola. Quando ele chega em casa, faço uma sopinha ... alface – as vezes tinham em casa – uma salada, café com pão.[62]

---

[60] BORGES, P. A assistência médica à infância escolar. *Fon-Fon*, p.59, 1941.
[61] ANDRADE, A higiene alimentar no serviço social das escolas, p.23-4.
[62] A., entrevistada por BARRETO, *Contribuição para a história da educação pública*, p.105.

88   DIPLOMA DE BRANCURA

O programa de almoço era uma das práticas influenciadas pela eugenia das mais difundidas e consistentemente executadas. Os almoços escolares estavam disponíveis a todos os alunos carentes. Em algumas escolas de subúrbio, quase todas as crianças eram autorizadas a recebê-lo. O almoço consistia em leite, um prato de verdura, arroz e carne ou ovos. Não é preciso ser eugenista para perceber que crianças em crescimento precisavam de refeições nutritivas. No entanto, o fato de que " a saúde física, mental e moral do futuro cidadão e, sequentemente, a fortaleza da raça" dependiam da nutrição dava ao programa de almoço gratuito um apoio adicional.[63] Se o sistema escolar era incapaz de cumprir todas as metas estabelecidas em termos de saúde e higiene, pelo menos cumpria certos objetivos básicos. A nutrição e a higiene básica estavam entre eles.

A educação física era outro programa fundamentalmente eugenista. Embora os administradores do sistema escolar pretendessem que a educação física atingisse a todas as crianças em todas as escolas, o âmbito que as normas e programas descritos no papel sugeriam não foi atingido. Apesar de algumas escolas utilizarem terrenos vizinhos ou fazerem acordos para compartilhar as instalações de escolas próximas, a ideia de que aulas de educação física deveriam ser uma atividade diária ou semanal estava longe da realidade de muitas crianças. Em 1944, havia apenas um pouco mais de mil professores de educação física no Brasil, e a legislação sobre educação tornara a educação física parte obrigatória do programa. Ainda assim, muitas escolas urbanas, inclusive a escola modelo federal, o Colégio Pedro II, tinham dificuldade em encontrar espaço adequado para as atividades de educação física.[64]

---

[63] ROMERO, Medicina e educação, p.361.
[64] MARINHO, I. P. Evolução da educação física no Brasil. *Cultura Política* 4, n°40, p.76, 1944. Ver o Capítulo 6 sobre as dificuldades de implantar a educação física no Colégio Pedro II.

CONSTRUINDO O "HOMEM BRASILEIRO" 89

A preocupação com a educação física começou no período que se seguiu à Primeira Guerra Mundial, quando líderes militares e nacionalistas se preocuparam com a forma física de potenciais recrutas do Exército. Com efeito, o primeiro treinamento para professores de educação física em escolas públicas foi fornecido pelo Exército, que criou a Escola de Educação Física do Exército. Na década de 1920, as escolas normais começaram a incluir esse treinamento em seus programas. As técnicas de educação física desenvolvidas pelo Exército e estendidas às escolas normais foram introduzidas pela missão militar francesa e estavam sintonizadas com a escola lamarckiana francesa de genética. Essa técnica enfatizava a disciplina mental e física. O biométrico Peregrino Júnior, diretor da Escola Nacional de Educação Física criada na década de 1930 na Universidade do Brasil, caracterizava a educação física como parte da "política do Homem" desenvolvida por Vargas. Explicava que

a política do Homem, a política de Educação Física inaugurada pelo Govêrno Nacional, é um dos capítulos fundamentais dêsse plano de renovação e de reconstrução do Brasil ... [é como] se prepara o Homem sadio, o Homem forte, o Homem feliz de amanhã.[65]

A educação física foi um dos poucos aspectos do movimento eugenista que criou um conflito com a Igreja Católica. Em 1940, uma carta enviada a Vargas pelos bispos de São Paulo condenava a educação física por ignorar

qualquer preocupação moral ou religiosa, com ausência completa de instruções sôbre a decência esportiva, considerando-se a ginás-

---

[65] JÚNIOR, P. Sentido político e biológico da educação física. *Cultura Política* 4, n°36, p.154-5, 1944.

90 DIPLOMA DE BRANCURA

tica do ponto de vista meramente muscular, com o agravo de se acentuar a nota sensual

dos movimentos do corpo. A educação física contribuía para "viciar a nossa juventude e preparar a implantação da anarquia na Sociedade Brasileira". Os bispos chegaram a sugerir que os programas tinham "orientação materialista, talvez inconscientemente comunista".[66]

Os bispos objetavam contra a educação física conjunta para ambos os sexos, contra as roupas "indecentes" que os alunos usavam, contra as demonstrações públicas de educação física envolvendo meninas e contra o exame físico de meninas por biométricos de sexo masculino. Quanto às fichas registrando medidas indiscretas dos corpos femininos, eles afirmavam que "[as fichas são] violentamente contrárias à decência, com dados desnecessários e impudicos". Os bispos insistiam em que não eram contra o desenvolvimento físico do corpo, e não havia contradição entre dever moral e verdadeira necessidade física. Ao contrário, contradições aparentes surgiam nesse século materialista devido a noções deturpadas de higiene. A higiene "a pretexto da cultura física, abre aos desregramentos as portas que a decência e a tradição lhe haviam trancado". A educação física como praticada era contra o Sexto e o Nono Mandamentos (relativos ao adultério e à cobiça).[67]

Capanema respondeu aos bispos com um dos raros atos de desafio federal à Igreja em matéria de educação. Ele simplesmente afirmou que não havia conflito na educação física conjunta para ambos os sexos porque ambos os sexos usavam roupas que eram decentes, ainda que proporcionassem liberdade de movimentos. Em segundo

---

[66] Carta dos bispos de São Paulo a Getúlio Vargas, 19 de março de 1940. Arquivo Gustavo Capanema, CPDOC, 34.07.14g (455).
[67] Ibidem.

CONSTRUINDO O "HOMEM BRASILEIRO" **91**

lugar, os biométricos de sexo masculino não mediam as meninas, isso sempre era feito por enfermeiras. Em terceiro, todas as informações nos registros eram tanto decentes quanto necessárias:

> Do proveito dessas medidas diz bem a aplicação dos seus resultados visando a uma orientação segura, não falando nos estudos cientificos de antropologia, sociologia, medicina e eugenia, que se nutrem de tais verificações, realizados technicamente e sem quebra do natural melindre das moças.[68]

Que o governo federal escolhesse desafiar a Igreja nessa questão demonstra a importância das práticas eugênicas. Em outras ocasiões, o governo aceitou o ativismo político e educacional crescente da Igreja, levando a sério acusações da hierarquia da Igreja ou de nacionalistas católicos leigos de que certos educadores ou programas educativos eram comunistas ou inconscientemente comunistas. Mas, neste caso, o ministro Capanema desconsiderou as preocupações da Igreja. A eugenia era a ciência utilizada para lidar com questões que impregnavam as políticas públicas mais profundamente do que a preocupação da Igreja com imoralidade, mesmo quando a Igreja sugeria que a educação física estava causando o iminente colapso da ordem moral.

A eugenia refletia-se em toda a comunidade educativa. Os formuladores de políticas se concentravam na "situação racial" do Brasil e eram versados nos aspectos científicos de sua abordagem. Soluções eugenistas surgiam em todas as políticas e práticas educativas. Os administradores e professores de escolas no Rio de Janeiro recebiam educação contínua sobre as teorias culturais e comportamentais que explicavam as deficiências raciais, e eram treinados

---

[68] Carta de Gustavo Capanema aos bispos de São Paulo a Getúlio Vargas, 21 de janeiro de 1940. Arquivo Gustavo Capanema, CPDOC, 34.07.14g (477).

nas técnicas que as revertiam. Alguns projetos não atingiam todas as escolas da cidade, mas outros o faziam. Soluções caras ou complicadas dificilmente saíam do papel; as abordagens sobre eugenia e higiene que podiam ser executadas por professores ou pelas escolas sem muitos equipamentos ou recursos externos eram regularmente aplicadas.

No Rio, durante a era Vargas, a eugenia não estava relegada a conferências profissionais e remotos laboratórios, mas era um esforço coletivo, participativo. Professores, pais e crianças eram ensinados a trabalhar juntos para realizar o ideal do futuro "Homem Brasileiro" que devia ficar diante do prédio do MES. No sistema escolar, os eugenistas colocaram suas ideias em prática pela primeira vez, aprendendo e executando os programas para aperfeiçoar a raça. Suas pesquisas mostravam aquilo em que queriam acreditar: que alunos brancos, ricos, eram mais qualificados e isso podia ser mensurado. Nos casos em que um teste revelava o oposto, o pesquisador se esforçava para explicar por que os testes ou os pesquisados haviam-se desviado dos verdadeiros resultados, obtidos nas condições que se sabia serem verdadeiras. Em outras palavras, crianças mais pobres ou mais negras eram deficientes porque os testes o mostravam. Em consequência, a subclasse permanecia deficiente mesmo que os testes não o mostrassem. As pesquisas quantificavam e qualificavam indutivamente impressões sobre raça e classe em vez de observações registradas sobre condições sociais reveladas nas escolas.

Os resultados desses programas beneficiaram às crianças mais pobres de alguns modos. As crianças recebiam refeições gratuitas, certo grau de tratamento médico e dentário e boa dose de educação higiênica e nutritiva. Por outro lado, eram reduzidas a objetos da ciência, sujeitas a experimentos cujas conclusões eram usadas como provas científicas para manter um sistema de pressuposições sobre classe e raça que discriminavam a maioria dos estudantes de escolas públicas. A ciência da eugenia forneceu uma ponte entre a ideologia racial e a cultura popular, definindo uma cultura de pobreza. Nos anos de declínio da era Vargas, essa ligação se tornou tão forte que resistiu por mais tempo do que o apoio oficial à ciência que a orientou. Embora a eugenia tivesse perdido a legitimação no período após o fim da Segunda Guerra Mundial, as instituições, práticas e pressuposições que ela criou persistiram.

2

Educando o Brasil

Em 1946, Mário Augusto Teixeira de Freitas, diretor do Instituto Brasileiro de Geografia e Estatística (IBGE, a poderosa agência criada por Getúlio Vargas para fazer pesquisas em todo o território nacional, encarregada não apenas de efetuar o censo mas também de coletar e interpretar todo tipo de dado estatístico sobre o Brasil), preparou um relatório sobre o nível de educação da geração nascida em 1922. Como esse ano marcou o centenário da independência brasileira, Freitas usou a geração de 1922 como símbolo do progresso da nação. Visto da perspectiva das conquistas educativas, o panorama era sombrio:

> De toda uma geração que começou a assumir suas responsabilidades sociais, apenas 133.361, ou 17 por cento dos sobreviventes, pode ser considerada educada (tendo completado o terceiro ano) – mesmo que em baixo grau. E destes, não mais do que um quarto (4 por cento do total) recebeu educação intermediária ...

Em 1946, se a geração tivesse os seus componentes distribuídos em pelotões, cada um dos quais encabeçado por dois desses

96 DIPLOMA DE BRANCURA

7,319 líderes que a educação superior (quer a militar, quer a civil, e esta, seja a leiga ou a religiosa, a de cultura geral ou a de cultura especializada) lhe conseguiu dar; – se ordenássemos assim tal geração, que é, sem dúvida, a "melhor", a "mais rica de valores" que a Nação já logrou obter em tôda a história, veríamos cada uma dessas equipes se constituir da seguinte forma: 2 líderes, 7 sub-líderes, 201 dirigidos.

E êstes últimos assim se 'classificariam':

- 27 trabalhadores "qualificados" (não pela educação geral média, mas ao menos pelo preparo da educação elementar de 3 séries);
- 24 trabalhadores apenas "sub-qualificados" por alfabetização razoável (aprovação na 2a série do ensino elementar);
- 42 trabalhadores "não-qualificados" por qualquer processo de cultura, mas apenas rudimentarmente alfabetizados (aprovados na 1a série do curso primário).
- 108 trabalhadores "desclassificados", isto é, em um nível sub-social de vida, sem qualquer cultura, sem nenhuma aprendizagem, sem noção ou hábitos de higiene e de defesa da pessoa e da família, e sem consciência cívica e nem mesmo humana, por tanto; sem embargo de haverem 22 entre êles (mais de um quinto) cursado uma escola que não soube educá-los...

Donde concluímos: cada pelotão, de 210 indivíduos, só encontra dois líderes (um para cada centena de homens cidadãos), e ao todo 7 sub-líderes, ou um para nada menos de 20 dirigidos; e entre êstes, só poucos além da quinta parte podem considerar-se valores sociais consicentes de suas responsabilidades profissionais e cívicas, a que a educação já tenha retirado da miserável condição de simples componentes de um "gado humano".

EDUCANDO O BRASIL **97**

A declaração de Freitas ilustra quanto e quão pouco mudara nos 24 anos desde o centenário. Na arena política, muitas coisas haviam acontecido na vida daqueles jovens de 24 anos de idade: a Revolução de 1930, o governo provisório de Getúlio Vargas, a promulgação de uma constituinte progressista em 1934, o estado nacional de emergência que dera a Vargas amplos poderes desde 1935, a imposição do Estado Novo em 1937, a participação do Brasil na Segunda Guerra Mundial e a deposição de Vargas em 1945. Esses momentos políticos haviam trazido consigo uma profunda transformação no funcionamento do governo federal.

Um resultado dessa transformação foi a criação do IBGE e outras agências encarregadas de coletar e interpretar grandes quantidades de dados estatísticos sobre o Brasil. Em 1946, era possível olhar para a geração de 1922 por meios que teriam sido impossíveis quando do nascimento de seus membros. Esse raio X estatístico de Freitas deu sustentação ao trabalho de políticos, burocratas, educadores e nacionalistas, e ressaltou a importância das reformas educacionais em curso no Brasil. Como podia um país em crescimento, urbanização e industrialização avançar se possuía apenas um líder instruído para cada duzentas pessoas? Como podia o país progredir se metade de sua geração mais bem-educada era "gado humano"? Mais importante, como esse problema nacional podia ser resolvido?

A categoria "gado humano" de Freitas encaixava-se solidamente no discurso sobre raça e degeneração. A degeneração que ele citava vinha da falta de educação. Se essas pessoas tivessem sido educadas, possuiriam as virtudes da higiene e da consciência cívica, saberiam como preservar a instituição da família e seriam trabalhadores capazes. Sua visão ecoava a de Monteiro Lobato, Roquette Pinto, Capanema e outros líderes intelectuais ao tratar das questões de raça e educação. A contribuição única – e importante – a esse discurso era a habilidade de medir e quantificar o grau do problema enfrentado pelos aperfeiçoadores da raça.

O trabalho de Freitas no IBGE combinava ideologia, método e objetivo. A ideologia era um tipo de nacionalismo que emergiu nas primeiras décadas do século. O líder intelectual desse movimento nacionalista, o jurista da virada do século Alberto Torres, expressou um desejo pela integração e desenvolvimento nacional orientado aos estados. Os textos de Torres serviram como ponto de encontro para os que condenavam o descuido pelas políticas sociais e a Eurofilia acrítica que se espalhara entre as elites brasileiras. O método de Freitas consistia em empregar ciências estatísticas para "conhecer" a nação. Seu objetivo era encontrar uma saída para o atraso econômico, social e cultural que a degeneração das massas, com a Eurofilia das elites, produzira. Na década de 1940, após dois decênios desenvolvendo instituições que visavam ao "aperfeiçoamento da raça", educadores e estatísticos como Freitas estavam à vontade para discutir com precisão clínica os problemas sociais em nível nacional. As novas lentes estatísticas permitiam um novo discurso sobre mudança social e um novo nível de foco para moldar a política nacional.

Deste ponto em diante, trataremos das ideias e dos métodos de Freitas para analisar as ligações estabelecidas entre o nacionalismo, a fundação de instituições e a criação de um aparelho analítico. Os estudos de Freitas fornecem um perfil da educação pública em todo o Brasil, ajudando a dar perspectiva aos escopos da reforma educacional. Depois, olharemos para a cidade do Rio de Janeiro com a ajuda de frutos extraídos do próprio aparelho de Freitas, com uma leitura do trabalho de outros que empregaram métodos semelhantes, mais notavelmente o urbanista francês Alfred Agache, que completou uma pesquisa sobre o Rio de Janeiro em 1928, e o sociólogo L. A. Costa Pinto, que estudou a raça na cidade do Rio. O capítulo anterior mostrou como as definições culturais e ambientais de degeneração racial contribuíram para impulsionar a tendência a políticas sociais federais após 1930. Este capítulo mostra como esse interesse em políticas sociais foi analisado e interpretado pelas estatísticas, e

EDUCANDO O BRASIL 99

empresta esse modelo interpretativo para construir uma compreensão da cidade onde essa história ocorreu.

Qual foi o papel do pensamento racial no surgimento de uma visão de mundo estatística? Primeiro, ela moldou o novo nacionalismo, que se defrontou com um vácuo perceptível de organizações sociais deixadas pela abolição da escravatura, e forneceu a percepção da degeneração social contra a qual os nacionalistas reagiram. Segundo, no projeto de Freitas, o estudo da raça por meio de estatísticas emergiu como um empenho analítico em si mesmo. Os censos de 1940 e 1950 dedicaram um grau quase único de atenção à raça e às diferenças raciais no Brasil, fornecendo grande parte dos alicerces para os estudos das relações de raça brasileiras em meados do século.[1] Finalmente, essas análises estatísticas mostram como as diferenças raciais moldaram a cidade do Rio, e como o Rio (em especial por causa de sua geografia singular) moldou as relações de raça.

O surgimento da visão de mundo estatística

A Revolução de 1930 anunciou uma nova era política para o Brasil ao reunir Getúlio Vargas e sua aliança de coronéis políticos regionais, intelectuais nacionalistas e as classes médias industrial, profissional e gerencial emergentes. Esta nova coalizão política substituiu um sistema político descentralizado de quarenta anos, que concentrava o poder político nas mãos de oligarquias regionais, sobretudo os poderosos barões do café de São Paulo. A era Vargas de 1930 a 1945 ampliou, a princípio, o espaço para o diálogo político e a experimentação de políticas, mas uma crescente confiança de Vargas nos militares e nas táticas autoritárias reduziu gradualmente o espaço para a dissensão e a inovação. Ainda assim, a Revolução de 1930

---

[1] Ver especialmente NOBLES, *Shades of Citizenship*, caps. 2-4.

100 DIPLOMA DE BRANCURA

levantou expectativas de que um novo regime diminuiria a disparidade social e pavimentaria a estrada rumo a uma nação industrial moderna e urbana. O novo regime também empenhou-se na construção de amplas instituições e adotou o novo nacionalismo como ideologia oficial. Muitas das reformas políticas e sociais depois de 1930 foram inspiradas pelo nacionalismo que surgira nas décadas precedentes. Embora o nacionalismo fosse nitidamente adotado pela maioria dos principais políticos, administradores, intelectuais e educadores da época, não houve interlocutor dessa ideologia mais claro do que Mário Augusto Teixeira de Freitas. Seu ativismo durante o regime de Vargas demonstra a extensão em que os principais nacionalistas ganharam não apenas autoridade, mas também amplos poderes de autoria dentro do governo federal pós-1930. Para Freitas, esse nacionalismo assumiu o poder da moralidade. Era preciso o governo federal investir em dois projetos paralelos: desenvolver um sistema para entender o Brasil política, social e economicamente, e usar esse conhecimento para coordenar energias e resolver problemas nacionais. Freitas assumiu a responsabilidade pelo primeiro projeto e ajudou aqueles envolvidos no segundo.

Freitas coordenou a coleta e a análise estatística para vários ministérios, da Educação e Saúde até a Agricultura, consolidando-a gradualmente em uma organização central, o IBGE. Sua visão estatística do Brasil foi uma das mudanças institucionais de maior alcance da era Vargas. A estatística como um meio de conhecimento forneceu a Freitas os instrumentos para voltar os olhos da nação para mostrar o Brasil como realmente era, porque os dados estatísticos podiam ser rigorosamente técnicos e objetivos.

Os estatísticos que trabalhavam para o IBGE, para o Ministério da Educação e para outras agências do governo forjaram uma visão técnica e científica do Brasil moldada pelas questões que mais preocupavam os nacionalistas da época. A habilidade, por exemplo, de comparar regiões brasileiras mostrou a grande diversidade econômica e demográfica do Brasil. Apesar disso, facilitando uma comparação regional detalhada, essas análises possibilitavam a integração dessas regiões tanto nos discursos quanto nas políticas que tratavam o Brasil como uma única entidade. Os estatísticos incluíram raça como uma categoria analítica, com detalhados estudos de imigração e taxas de natalidade, a fim de entender o ritmo com que o Brasil estava embranquecendo por meio dos casamentos inter-raciais com europeus.[2] Embora os estatísticos tivessem fé no impecável rigor científico de seus estudos, as decisões que tomavam sobre o que e como estudar eram determinadas pelo modo como queriam imaginar o Brasil. No Brasil, como nas sociedades asiáticas pós-coloniais estudadas por Benedict Anderson, "o censo tentou cuidadosamente contar os objetos de sua imaginação febril".[3]

Em 1946, quando Freitas escreveu o trecho no início do capítulo, ele podia dizer coisas sobre o Brasil que não haviam sido ditas antes, e podia fazer isso com maior precisão científica e credibilidade objetiva do que qualquer outro. Em 1940, era possível comparar dados educacionais, econômicos e agrícolas entre regiões. Uma década antes, tal feito era impensável. Mas graças aos acordos entre o Serviço de Estatística da Educação e Saúde (SEES), o IBGE e governos estaduais e municipais, todos os tipos de dados se tornaram não só disponíveis como padronizados e comparáveis. Os números de escolas, professores e alunos – assim como as despesas com educação, as taxas de comparecimento e abandono, a participação por gênero

---

[2] PIZA, E.; ROSEMBERG, F. Color in the Brazilian Census. In: REICHMANN, R. (Ed.). *Race in Contemporary Brazil: From Indifference to Equality*. University Park: Pennsylvania State University Press, 1999. p.40. Ver também PIZA, E.; ROSEMBERG, F. *Analfabetismo, raça e gênero nos censo brasileiros*. São Paulo: Fundação Carlos Chagas, 1993.

[3] ANDERSON, B. *Imagined Communities*. 2. ed. (1983). Londres: Verso, 1991. p.169.

102 DIPLOMA DE BRANCURA

e raça, as taxas de alfabetização em todo o Brasil – podiam e seriam cuidadosamente estudados. Para Freitas, esse conhecimento social preenchia uma evidente lacuna na autocompreensão da nação. Especialmente frustrado com a falha das autoridades públicas em enfrentar as realidades miseráveis do interior do Brasil, ele escreveu no *Jornal do Comércio*,

a rudeza do meio e o abandono dos homens [rurais] superaram as energias dessa raça admiravel, e os seus representantes de hoje, affligidos por uma theoria dantesca de miserias physicas, que vão das mais horripilantes e devastadoras molestias ao desasseio, ao desconforto da moradia, à quasi nudez, à sub-alimentação, esses infelizes brasileiros que são milhões, dezenas de milhões, talvez, vivem a mais animalizada das vidas, desassistidos de tudo e de todos, triturados silenciosamente pelo seu implacavel fadario.[4]

A carreira de Freitas e as instituições que ajudou a construir foram dedicadas a chamar a atenção para as condições sociais do país, não só escrevendo sobre elas como demonstrando-as na linguagem ostensivamente apolítica e científica das estatísticas.

Como Freitas via, ele extraía sua autoridade do poder de seus números, dando aos dados uma voz própria. Muitas vezes ele invocava retoricamente a autoridade técnica para definir o Brasil e sua condição por meio de estatísticas, fazendo discursos com títulos como "O Que Dizem os Números sobre o Ensino Primário no Brasil". Explicava que

obediente ao mandato que me foi conferido em nome de Alberto Torres, cuja memoria venero como discipulo e como brasileiro,

---

[4] FREITAS, M. A. T. de. O Exército e a educação nacional. *Jornal do Comércio*, 10 nov. 1935. Coleção Freitas, AN, AP 48, Caixa 20, Pasta 44.

EDUCANDO O BRASIL 103

venho com estas singelas palavras, trazer-vos a "mensagem" que os números da estatística brasileira querem enviar à Nação.[5]

Para Freitas, os números falavam por si próprios.

Em 1936, na época desse discurso, Freitas era ao mesmo tempo chefe do Serviço de Estatística da Educação, do Departamento de Informação, Estatística e Divulgação do Ministério de Agricultura, do Instituto Nacional de Estatística (precursor do IBGE), da Associação Brasileira de Educação (ABE) e líder da Sociedade dos Amigos de Alberto Torres, uma associação livre de intelectuais nacionalistas. O fato de Freitas dirigir as principais agências de coleta de estatística e a presidência da ABE mostra seu papel proeminente no desenvolvimento dos fundamentos estatísticos da educação nacional e justifica seu papel de mediador entre os educadores progressistas e o governo central cada vez mais autoritário. Sua associação à Sociedade dos Amigos de Alberto Torres revela os alicerces nacionalistas da agenda de Freitas.

Declarando-se discípulo de Alberto Torres, Freitas se alinhava com um espírito de nacionalismo estatal e desenvolvimentista que havia crescido no Brasil nas primeiras décadas do século. Torres fora um jurista que participara da formação do regime republicano, servindo como ministro da Justiça e juiz do Supremo Tribunal Federal (STF). No final da vida, ele se tornou um crítico amargo da ordem política que ajudara a estabelecer, denunciando-a como "um jogo floral de theorias, sobre um campo de miserrimas realidades".[6] Os textos de Torres foram uma ponte no caminho entre a proclamação da

---

[5] FREITAS, M. A. T. de. O que dizem os números sobre o ensino primário no Brasil. *Minas Gerais,* 24 jun. 1936. Coleção Freitas, AN, AP 48, Caixa 9, Pasta 28.

[6] TORRES, A. *O problema nacional brasileiro.* Rio de Janeiro, Imprensa Nacional, 1914. p.11.

104 DIPLOMA DE BRANCURA

República liberal em 1889 e a Revolução nacionalista de 1930. Sua crítica da geração política com a qual chegara ao poder serviu como um grito congregador para os grupos políticos que assumiram o poder com Getúlio Vargas. A linguagem nacionalista que Torres cunhou tornou-se a língua franca de políticos, ministros e administradores nos anos após 1930. Nas palavras de um dos principais ideólogos da era Vargas, Alceu Amoroso Lima, "[nenhum] sociólogo pátrio goza hoje de maior prestígio do que êle".[7]

Nos oito anos entre a aposentadoria de Torres do Supremo Tribunal Federal até sua morte em 1917, ele construiu sua crítica da cultura política brasileira e publicou uma série de artigos no *Jornal do Comércio* sugerindo curas nacionalistas para os males da nação. Vários desses artigos foram reimpressos em 1914 em volumes separados como *A organização nacional* e *O problema nacional brasileiro*.[8] Nesses ensaios, Torres concluiu que

> temos sido, assim, um paiz ao qual tem faltado: organização e educação economica, capital, credito, organização do trabalho, politica adaptada às condições do meio e à índole da gente: um paiz desgovernado, em summa.

Embora abolicionista e antirracista, Torres estava tão perturbado com a corrupção e a desorganização do Brasil republicano que ponderava que

---

[7] Citado em LIMA SOBRINHO, B. *A presença de Alberto Torres (sua vida e pensamento)*. Rio de Janeiro: Civilização Brasileira, 1968. p.307. De forma similar, Cândido Mota Filho, ministro da Educação na década de 1950, chamou o trabalho de Torres de "um despertar da consciência nacional". Segundo Lima Sobrinho, Torres foi mais lido no período entre 1930 e 1935. Lima Sobrinho, 506, 508.

[8] TORRES, A. *A organização nacional*. Rio de Janeiro: Imprensa Nacional, 1914.

EDUCANDO O BRASIL 105

a escravidão foi, entretanto, uma das poucas cousas com visos de organização que este paiz jamais possuiu ... Social e economicamente, a escravidão deu-nos, por longos anos, todo o esforço e toda a ordem que então possuiamos, e fundou toda a produção material que ainda temos.[9]

Apesar disso, Torres foi um dos primeiros da elite a aderir à visão ambientalista, argumentando que o Brasil era um "museu vivo da ethnologia e esplendido laboratorio de experimentação ethnica" que desmentia as teorias de supremacia racial que os europeus usavam para justificar suas reivindicações imperialistas.[10] Mas Torres reservava sua crítica mais aguda às elites do Brasil, a quem considerava alienadas da realidade nacional.

nas grandes cidades [a elite] veste as roupas que a moda lhe traz de Paris e recebe as idéias correntes nos jornaes, [e] transforma o desanimo em descrença da raça e da patria, e adota por credo de acção a forma negativa da virtude e do patriotismo que consiste em exagerar e proclamar os nossos defeitos, os nossos vicios, a nossa corrupção, a nossa ignorancia.

Para Torres, o Brasil carecia de elites que conhecessem o país e fossem capazes de orientá-lo. No fim, o Brasil era uma "terra que ninguém estudou".[11]

Mário Augusto Teixeira de Freitas viu seu mandato como o cumprimento do apelo de Torres para conhecer o país e educá-lo. Como membro da Sociedade dos Amigos de Alberto Torres, criada em 1932, Freitas reuniu-se a algumas outras das principais figuras

---

[9] TORRES, *O problema nacional brasileiro*, p.146, 31.
[10] SKIDMORE, *Black into White*, p.118-23.
[11] TORRES, *O problema nacional brasileiro*, p.146, 31.

106 DIPLOMA DE BRANCURA

e lideranças políticas da época para aplicar as ideias de Torres. Os membros da sociedade incluíam Oliveira Vianna, os higienistas Belissário Penna e Saturnino de Brito; Roquette Pinto; o ministro da Agricultura e depois candidato a presidente, general Juarez Távora, e Plínio Salgado, líder do movimento Integralista. A sociedade, criada para promover as ideias de Torres e influenciar o debate sobre a Constituição de 1934, foi especialmente ativa na oposição à imigração e na promoção da eugenia por meio da saúde, da higiene e da educação.[12] Muitos dos tenentes que haviam sido ativos nos movimentos nacionalistas dissidentes que culminaram na Revolução de 1930 foram orientados por ele.[13]

A Sociedade, como Freitas, refletiu o casamento entre os ideais liberais progressistas e o autoritarismo reacionário, até mesmo fascista. O próprio Freitas acreditava em um papel forte do governo central na formação da educação – chegando a chamar o Exército para cuidar da educação rural e estabelecer "missões educacionais" ao interior – e parecia à vontade com a guinada autoritária do regime Vargas. Mas ele foi também o principal responsável, individualmente, por manter os educadores progressistas envolvidos com o regime e atrair educadores locais para o ministério nacional. Ele atraiu Manoel Lourenço Filho, diretor do Instituto de Educação do Rio, para ser o diretor-fundador do Instituto Nacional de Estudos Pedagógicos (Inep). Ele também contratou o sociólogo Fernando de Azevedo, que estivera em conflito com o Estado Novo, para escrever *A cultura brasileira*, uma introdução radical ao censo de 1940. Ele também se esforçou, sem sucesso, para atrair Anísio Teixeira para o MES um

---

[12] LESSER, J. *Welcoming the Undesirables: Brazil and the Jewish Question.* Berkeley: University of California Press, 1994. p.32; LIMA SOBRINHO, *A presença de Alberto Torres*, p.511.

[13] LIMA SOBRINHO, *A presença de Alberto Torres*, p.506.

pouco antes de Teixeira ser expulso da diretoria do sistema escolar do Rio de Janeiro, em 1935.

O Ministério e o alcance da educação pública no Brasil

Os programas estatísticos da era Vargas originaram-se do Ministério da Educação e Saúde Pública (MES) e do Ministério da Agricultura, que em conjunto contrataram Freitas para administrar seu departamento estatístico. O trabalho de Freitas com dados da educação reflete o papel intencionalmente limitado do MES em um país onde a educação continuava a ser responsabilidade constitucional dos governos dos estados e dos municípios. Apesar das políticas nacionalistas e centralizadoras da era Vargas e, sobretudo, do Estado Novo, o MES nunca seguiu o exemplo dos outros maiores países da América Latina, o México e a Argentina, no estabelecimento de controle federal sobre a educação pública.[14] No máximo, o governo federal estabeleceu normas para os estados e municípios seguirem. Não tentou, contudo, administrar diretamente as escolas da nação nem estabelecer mecanismos para impor seus mandatos educativos, com exceção do sistema de inspeção escolar imposto nas poucas – e particulares, em sua maioria – escolas secundárias do país.

Além de coletar dados e supervisionar a educação secundária, o MES criou uma agência de pesquisa educativa (Inep) e "abrasileirou" as escolas de colonos imigrantes no sul do país banindo o uso de línguas estrangeiras e exigindo que os professores apresentassem

---

[14] Ver principalmente VAUGHAN, M. K. *Cultural Politics in Revolution: Teachers, Peasants, and Schools in Mexico, 1930-1940*. Tucson: University of Arizona Press, 1998; e REIN, M. E. *Politics and Education in Argentina, 1946-1962*. Armonk: M. E. Sharpe, 1998.

108 DIPLOMA DE BRANCURA

certidão de nascimento brasileira. O MES criou a Universidade do Brasil e dirigiu a escola secundária modelo, o Colégio Pedro II. Mais do que isso: inventou a si mesmo como o gerente do patrimônio artístico, cultural e histórico da nação, e absorveu as funções da saúde pública do velho Departamento Nacional de Saúde Pública.[15] O papel do MES na educação elementar foi geralmente indireto e os gastos com a educação primária normalmente contribuíam com 0,5% do orçamento do MES.[16]

Em 3 de novembro de 1930, em seu primeiro discurso como presidente interino do Brasil, Getúlio Vargas prometeu enfrentar imediatamente o "saneamento moral e físico" do povo inaugurando um Ministério da Educação e Saúde Pública.[17] Essa nova organização (que logo teve seu nome alterado para MES), era dirigida por Francisco Campos, um intelectual nacionalista apaixonado pelo fascismo mediterrâneo, que, como secretário estadual da Justiça e do Interior de Minas Gerais, havia dirigido o sistema educacional público estadual e havia recentemente reformado a escola normal do estado. Durante sua gestão no MES, de 1931 a 1932, Campos voltou pouca atenção à educação elementar, concentrando-se principalmente no desenvolvimento de leis para regular a educação secundária e superior.

Campos criou a primeira universidade moderna no Brasil – a Universidade do Brasil, no Rio de Janeiro – e decretou uma reforma da educação secundária que leva seu nome. A reforma Campos priorizou a ciência em relação aos estudos clássicos, instituiu a

---

[15] Para uma leitura detalhada da criação do Departamento Nacional de Saúde Pública como uma agência nacional de saúde pública e seus projetos de saúde preventiva e saneamento, ver HOCHMAN, *A era do saneamento*.

[16] FREITAS, M. A. T. de. Custo do ensino público, primário geral, no decênio de 1932/1941. Coleção Freitas, AN, AP 48, Caixa 55, Pasta 116.

[17] O Ministério da Educação e Saúde no quinquênio 1937-1942. *Cultura Política 2*, n°21, p.21, 1942.

EDUCANDO O BRASIL 109

educação física e atribuiu ao MES o controle sobre o programa secundário nacional (anteriormente, as escolas secundárias tinham apenas de seguir os programas do colégio modelo federal, o Colégio Pedro II).[18] Além disso, Campos criou uma rede de inspetores escolares que credenciava escolas secundárias para permitir a seus graduados o acesso à educação superior. Concentrando-se exclusivamente na educação secundária (amplamente privada e disponível quase exclusivamente para as classes sociais mais altas) e reforçando suas ligações com a educação superior, Campos reforçou uma divisão de classe que já estava bem definida: os pobres concentravam-se nas escolas elementares públicas, e mesmo que os ricos pudessem matricular seus filhos em uma escola elementar pública, eles passariam dali para o sistema escolar secundário privado, que os prepararia para a educação superior.

Embora Francisco Campos tivesse organizado o MES, a missão do ministro foi definida por Gustavo Capanema, um nacionalista católico também de Minas Gerais que atuou como ministro de 1934 até o fim do Estado Novo, em 1945. Mais ligado às correntes artística e cultural modernistas que dominavam Minas Gerais assim como outras partes do Sudeste, Capanema tornou o MES presente na vida artística, cultural e histórica do Brasil contratando o poeta Carlos Drummond de Andrade como seu chefe de gabinete e apoiando o poeta Mário de Andrade em várias nomeações no MES. Em 1937, ele criou o Serviço do Patrimônio Histórico e Artístico Nacional (SPHAN), que apropriou espaços históricos de diversas regiões do Brasil e utilizou-as para celebrar uma história nacional. De forma similar, o MES subsidiou e apoiou figuras como Gilberto Freyre como embaixadores culturais, patrocinou a publicação de livros,

---

[18] Embora o Colégio Pedro II deixasse de ser a escola que fixava o programa, continuou a ser administrado pelo governo federal e conservou seu prestígio, sendo considerado um modelo na educação nacional (ver Cap. 6).

110 DIPLOMA DE BRANCURA

hospedou congressos internacionais sobre educação e cultura e assumiu o controle sobre vários museus e locais históricos.[19]

Em 1945, o MES tinha uma presença avassaladora na vida intelectual, cultural, educativa e médica brasileira, possuindo instituições subsidiárias ou locais em todo o país, ou interagindo com elas. Na área da saúde pública, além de uma rede nacional de colônias de leprosos e sanatórios para a tuberculose, o MES administrava a Fundação Oswaldo Cruz, que lidava com o ensino da saúde e doenças tropicais. O MES também administrava uma crescente rede de museus históricos que glorificava episódios do passado colonial e imperial do Brasil. Atendendo às demandas de ensino dos cursos de educação física eugenicamente orientados instituídos em todo o país, o MES estabeleceu uma Escola Nacional de Educação Física para treinar professores. Uma Escola Técnica Nacional foi também criada para atender à mesma necessidade de ensino vocacional. O MES também administrou o Colégio Pedro II e várias escolas vocacionais, e manteve tanto a Universidade do Brasil quanto a Faculdade Nacional de Filosofia.[20]

Embora sob a orientação de Capanema o MES continuasse a ter uma influência limitada sobre a educação elementar, o ministro não deixava de ser ativo na reelaboração da educação brasileira. A reforma Capanema de 1942 vinculou à lei Campos um programa nacional para educação secundária vocacional e comercial e, em 1946, estabeleceu programas nacionais para a educação normal, agrícola e elementar. O MES também fundou o Serviço Nacional de Aprendizagem Industrial (Senai) e o Serviço Nacional de Aprendizagem Comercial (Senac), parcerias entre os comerciantes e o governo federal que forneciam cursos práticos industriais e comerciais. Embora esses

---

[19] Para uma análise do papel do SPHAN e do patrimônio histórico na construção da ideia de nação do Estado Novo, e o papel do Estado como gerenciador cultural, ver WILLIAMS, D. *Culture Wars in Brazil: The First Vargas Regime, 1930-1945*. Durham: Duke University Press, 2001.

[20] O Ministério da Educação e Saúde no quinquênio 1937-1942, p.21-39.

programa tivessem sido criados em 1942, seu real impacto só veio com o surto industrial das décadas de 1950 e 1960, quando emergiram como os principais meios de aprendizagem industrial no país.[21]

Em 1938, o governo Vargas verificou que as colônias de imigrantes concentradas ao sul do Brasil não se integravam e, assim, ameaçavam a integração da nação, principalmente quando suas pátrias nativas (mais notavelmente a Alemanha) estavam se preparando para a guerra. Assim, o MES se mobilizou para "abrasileirar" a educação nessas colônias, fechando escolas em língua estrangeira e substituindo-as por escolas públicas dirigidas pelo Estado com professores nascidos no Brasil e davam aulas em português. Como esses estados afetados lamentavam não ter os recursos para substituir as escolas fechadas, o MES forneceu subsídios para a substituição.[22] De forma similar, em 1940 o MES propôs um fundo nacional para a educação elementar, financiado pelos estados e o governo federal. Esse fundo dirigir-se-ia primeiro a financiar, sob a direção estatal, a educação rural, e visava a superar as disparidades econômicas entre o Nordeste empobrecido e as regiões sul do Brasil. Essa ideia morreu com o fim do Estado Novo.

Finalmente, o MES criou o Serviço da Estatística de Educação e Saúde (Sees), dirigido por Freitas, e o Instituto Nacional de Estudos Pedagógicos, dirigido por Manoel Lourenço Filho. Ainda que o MES não fosse regularmente ativo na educação elementar da nação, no final da década de 1930 o Sees e o Inep eram capazes de monitorar o trabalho dos sistemas escolares estatais e municipais brasileiros e os efeitos que esses programas exerciam – ou deixavam de exercer – sobre a população do Brasil. Essas agências acompanhavam o considerável reformismo educativo em processo no Brasil. Embora esse

---

[21] Ver WEINSTEIN, *For Social Peace in Brazil.*

[22] Para uma discussão sobre a nacionalização de escolas imigrantes, ver SCHWARTZMAN; BOMENY; COSTA, *Tempos de Capanema.*

112 DIPLOMA DE BRANCURA

movimento fosse mais evidente no Sudeste (sobretudo no Rio de Janeiro e em São Paulo), alcançou também estados do Norte e do Nordeste, como Amazonas, Paraíba, Sergipe, Pará e Ceará.[23] Os movimentos de reforma educacional locais que começaram na década de 1920 expandiram o número de matrículas, fortaleceram o treinamento de professores e o ensino profissionalizado e inspiraram-se em correntes internacionais do pensamento educacional, dando especial atenção a ideias vindas dos Estados Unidos.

O cuidado com a educação pública produziu resultados impressionantes, segundo um relatório interno confidencial preparado pelo Ministério da Educação em 1941. As estatísticas do Ministério da Educação e do IBGE mostraram que, em 1939, o número de alunos ativos por mil brasileiros subira para 89, mais do que o dobro da cifra de 41 em 1920 e o triplo da de 29 em 1907. Só entre 1932 e 1939, 13 mil novas escolas foram acrescentadas às 27 mil já em existência; o número de professores subiu de 56 mil para 78 mil, e o número de estudantes no país se expandiu de 2 milhões para 2,5 milhões. Noventa por cento desses estudantes e 75% dos professores estavam envolvidos na educação elementar. Em 1940, o sistema escolar tornara-se grande fonte de emprego principalmente para mulheres e, embora o ensino público não atingisse, de modo algum, a todas as famílias, tornara-se de modo irrevogável um principal ponto de contato entre a população e o Estado.[24]

---

[23] Estado do Amazonas, *Programas do ensino primário; Estado do Amazonas, Regulamento geral da instrução pública*; Estado de Parahyba, *Decreto n° 75 de 14 de março de 1931*: Estado de Sergipe, *Decreto n° 30 de 11 de março de 1931*. Para o Ceará, ver LOURENÇO FILHO, *Juazeiro do Padre Cícero*; para o Pará, Maranhão e Amazonas, ver também Inep, *Organização do ensino primário e normal*. Rio de Janeiro: Ministério de Educação e Saúde, 1939, 1940. v.1-3.

[24] A situação do ensino primário. Relatório do Instituto Nacional de Estudos Pedagógicos (Inep) do MES. Coleção Lourenço Filho, CPDOC, 41.08.00.

EDUCANDO O BRASIL **113**

Essa mudança no número de brasileiros envolvidos na educação pública, tanto como professores quanto como estudantes, não aconteceu por si só. Em um âmbito nacional, recursos do governo foram alocados para a educação, refletindo um otimismo pedagógico de que a educação transformaria o país. A Tabela 2.1 ilustra o aumento nos gastos públicos com a educação como uma porção de gastos gerais do governo entre 1932 e 1941. A maior mudança foi na área da educação municipal (significando, de modo amplo, os sistemas escolares urbanos).

Outra grande mudança na educação no período entre as guerras afetou o papel das mulheres na sociedade brasileira. No início do século, lecionar se tornara uma profissão atribuída ao gênero feminino. Embora alguns homens continuassem na administração, na educação vocacional e nas escolas secundárias, as mulheres dominavam as fileiras do ensino e da administração na escola elementar. À medida que mais mulheres procuravam acesso às profissões liberais, a escassez de vagas nas escolas públicas normais provocou uma competição acirrada que desalojou os homens e as mulheres não brancos que antes detinham muitos desses empregos. Na primeira metade do século, os sistemas escolares públicos se concentraram na educação elementar e no treinamento de professores para equipar suas escolas. Assim, eles negligenciaram a educação geral secundária, com a exceção dos colégios ligados à formação de professores. Os sistemas escolares ofereciam uma oportunidade educacional desproporcional às mulheres jovens.[25]

Mas os benefícios dos sistemas educacionais em expansão não favoreciam apenas às mulheres profissionais e àquelas poucas mulheres estudantes que se aproveitavam das oportunidades

---

[25] CAUFIELD, S. *In Defense of Honor: Sexual Morality, Modernity, and Nation in Early-Twentieth-Century Brazil*. Durham: Duke University Press, 1999. p.189-90; BESSE, S. K. *Restructuring Patriarchy*. Chapel Hill: University of North Carolina Press, 1996. As crescentes oportunidades para as mulheres (em geral brancas) são tratadas nos Capítulos 3 e 6.

114   DIPLOMA DE BRANCURA

educacionais secundárias. Em 1940, havia um número levemente mais alto de meninas alfabetizadas do que meninos no grupo etário dos cinco aos catorze, uma tendência reforçada em 1950. O fato de desde o início da década de 1930 as taxas de alfabetizados serem mais altas entre as meninas é ainda mais impressionante porque entre mulheres adultas (de vinte anos ou mais) as taxas de alfabetização eram entre 10 e 25% inferiores aos homens. O progresso das mulheres em termos de alfabetização era nacional – mensurável em todas as regiões do país, entre as principais categorias raciais, e tanto entre mulheres urbanas quanto rurais.[26] As mulheres de classe baixa, cujas taxas de alfabetização e conquistas educacionais eram inferiores em relação às dos homens, formavam o grupo que mais se beneficiava da expansão da educação no Brasil, reduzindo a disparidade histórica nos níveis de educação.

Tabela 2.1 Educação e cultura em porcentagem dos gastos públicos

	1932	1941
Federal	2,1	3,1
Estadual	13,8	13,0
Municipal	9,3	11,9
Total	6,3	7,7

Fonte: "Custo do ensino público, primário geral, no decênio de 1932/1941". Coleção Freitas, AN, AP 48, Caixa 55, Pasta 116.

---

[26] Número e proporção dos habitantes de 5 anos e mais que sabem ler e escrever, presentes em 10-IX-1940 e em 10-IX-1950, por sexo e grupos de idade. In: Conselho Nacional de Estatística. *Contribuições para o estudo da demografia no Brasil*. Rio de Janeiro: Serviço Gráfico do IBGE, 1961. p.389-90; Alfabetização em relação à cor nos estados. Arquivo Gustavo Capanema, CPDOC, 35.12.14g (569).

Educação descentralizada

Em nível nacional, o alcance da educação pública expandiu-se consideravelmente e todas as regiões do país se beneficiaram em alguma extensão. Contudo, porque a educação pública permaneceu na custódia incontestada dos governos estaduais e municipais, a educação caracterizou-se por uma considerável variação em investimentos e resultados. Considerando-se as tendências centralizadoras do regime Vargas e o nacionalismo dos principais educadores, assim como a centralização gradual dos programas de saúde pública e higiene, a natureza descentralizada da educação pública continua sendo surpreendente. Gilberto Hochman, em sua inovadora análise da centralização da saúde pública, sugere que as próprias doenças endêmicas e epidêmicas empurravam as políticas de saúde para fora da descentralização estabelecida pela Constituição de 1891. Como ele argumenta, a doença não obedecia às fronteiras estaduais nem respeitava a descentralização de poder, e as doenças epidêmicas contribuíram para a campanha por um papel federal mais forte.[27] Assim, em 1921, o Departamento Nacional de Saúde Pública controlava de modo quase exclusivo a saúde pública em todo o Brasil.

Os defensores da educação nacionalizada não podiam recorrer ao contágio como argumento para a centralização. O analfabetismo era localizado e se espalhava mais pela migração do que pelos mosquitos. O analfabetismo e a falta de educação afetavam algumas partes do país, algumas classes sociais e alguns grupos raciais mais do que outros. No entanto, a educação pública das classes mais baixas não beneficiava às classes mais altas tão diretamente quanto a saúde pública, e continuou sendo administrada localmente. Por mais variados que fossem os motivos para a expansão da educação pública

---

[27] HOCHMAN, *A era do saneamento*.

116 DIPLOMA DE BRANCURA

(motivos que iam de projetar uma imagem mais civilizada do Brasil e a perfeição eugênica da raça até o desenvolvimento de uma força de trabalho habilitada, ou a mitigação dos extremos de pobreza), no período entreguerras, dedicou-se um extraordinário arsenal de recursos e energias à educação. Hochman ressalta que o período entre 1910 e 1920 foi uma época singular em termos da intensidade da preocupação oficial com a saúde pública. O mesmo é verdade para a educação nas décadas de 1920 e 1930. Surpreendentemente, essa preocupação com a reforma e a expansão educacionais não era dirigida por uma única instituição nacional. Ao contrário, o movimento era apoiado localmente e se projetava por todo o Brasil. Uma elite educacional nacional emergiu, deslocou-se de estado em estado e acabou gravitando em torno do MES, mas essa elite tinha raízes nos estados e municípios. Manoel Lourenço Filho é um bom exemplo. Em 1922, aos 25 anos, ele deixou o cargo de professor de psicologia na escola normal de São Paulo para reformar e dirigir o sistema escolar no Nordeste, no estado do Ceará. Mudou-se de um estado com um dos sistemas escolares mais bem organizados e mais inovadores do país, e onde a maioria das crianças frequentava a escola, para um estado no qual, em 1935, menos de um quarto das crianças frequentava a escola e o gasto *per capita* com a educação estava entre os mais baixos do país.[28] Em 1927, Lourenço Filho voltou a São Paulo para retomar sua pesquisa sobre testes psicológicos, e em

---

[28] Em 1944, o Ceará gastou Cr$ 101 (US$ 6) por aluno, metade da média nacional de Cr$ 201 e menos de um terço que os Cr$ 322 (US$ 19) de São Paulo. "População geral e em idade escolar, em 1935", Secção de Documentação e Intercâmbio, Inep, 1939. Arquivo Gustavo Capanema, CPDOC, 35.12.14g; "Estudo para o rateio do auxílio financeiro supletivo da União aos Estados e ao Distrito Federal", 1944. Coleção Freitas, AN, AP 48, Caixa 8, Pasta 27. Esta e outras conversões em dólar baseiam-se em dados de SERBIN, K. *Igreja, Estado e ajuda financeira pública no Brasil, 1930-1964: Estudos de três casos-chave*. Rio de Janeiro: CPDOC/FGV, 1991. p.43.

EDUCANDO O BRASIL **117**

1932 foi nomeado diretor do Instituto de Educação do Rio de Janeiro. Em 1936, ele foi contratado para fundar e dirigir o Inep, o instituto de pesquisas pioneiro em análises comparativas da educação no Brasil entre diferentes regiões.

As variações regionais importavam mais do que qualquer outro fator na definição da educação no Brasil. Essas diferenças se aplicavam não apenas aos padrões de contratação e taxas de alfabetização, mas também aos programas, à pedagogia, ao treinamento de professores e ao investimento público. Como Everardo Beckeuser, presidente da Comissão Nacional de Ensino Primário do MES lamentou, as crianças brasileiras que se mudavam de um estado para o outro encontravam "imensas senão insuperáveis dificuldades. As matérias são ordenadas de modo diferente, o que dificulta a colocação dos alunos no mesmo ano. As abordagens de aprendizagem são diferentes. Os livros são diferentes e geralmente contêm descrições estritamente regionais exaltando as façanhas dos brasileiros daquela região".[29] Com efeito, ir à escola em um estado diferente, acrescentou, era como ir à escola em outro país.

Mas mais importante do que as diferenças nos programas e nas técnicas educativas era a disparidade nos gastos públicos, na frequência à escola e nas conquistas educacionais entre o norte e o sul do país. Em 1940, no Paraná, a alfabetização chegava a 45%, enquanto no Distrito Federal atingia 77%. Enquanto isso, como era típico no Norte, a alfabetização na Bahia era de apenas 21%, e no Rio Grande do Norte era apenas ligeiramente superior a 27%.[30] A baixa taxa de alfabetização era sintomática das maiores limitações da educação pública no Norte e Nordeste do Brasil. Em 1944, os estados do Sul

---

[29] BECKEUSER, E. A educação primária como fator da unidade nacional. *Cultura Política 2*, nº15, p.67, 1942.

[30] "Alfabetização em relação à cor, nos estados", Arquivo Gustavo Capanema, CPDOC 35.12.14g (569).

118 DIPLOMA DE BRANCURA

gastaram anualmente quase Cr$ 23 por habitantes na educação (acima da média nacional de Cr$ 15). Enquanto isso, os estados do Nordeste gastaram em média menos de Cr$ 6. Os dois sistemas escolares que gastavam mais em educação *per capita* eram o de São Paulo, com Cr$ 33, e o Distrito Federal, com Cr$ 67.[31]

A Tabela 2.2 mostra a ligação entre a alta taxa de analfabetismo no Nordeste e os baixos compromissos financeiros daqueles estados com a educação pública. Em alguns estados – a Bahia, por exemplo – a taxa de frequência escolar não chegava nem mesmo à metade da média nacional, que, por sua vez, era de apenas um em cada três alunos. De forma similar, todos os estados que em 1935 apresentavam taxas de frequência superiores a 50% estavam concentrados no Sul e Sudeste do Brasil. A disparidade entre o Norte e o Sul em termos de alfabetização e frequência revela outra disparidade na educação: a diferença entre o ensino urbano e o rural. O sistema escolar do Distrito Federal se destacava no contexto nacional não só por causa do zelo de seus educadores, mas também porque era um sistema escolar fundamentalmente urbano, embora alcançasse enclaves rurais na área da capital. O relatório anual do MES sobre educação nacional em 1939 chamou a atenção para a disparidade entre os sistemas escolares urbanos como o do Distrito Federal e a educação rural. Segundo esse relatório, as capitais de estados detinham apenas 14% da população, mas possuíam 37% dos professores e 27% dos alunos. Os alunos nas capitais dos estados contribuíam com 37% dos escolares completando os estudos elementares e 63% daqueles iniciando a educação secundária.[32]

---

[31] Os estados do Sul incluíam São Paulo, Paraná, Santa Catarina e Rio Grande do Sul. Os do Nordeste incluíam Maranhão, Piauí, Ceará, Rio Grande do Norte, Paraíba, Pernambuco, Sergipe, Bahia e Alagoas. "Estudo para o rateio do auxílio financeiro supletivo da União aos Estados e ao Distrito Federal", 1944, Coleção Freitas, AN, AP 48, Caixa 8, Pasta 27.

[32] Introdução de FREITAS, M. A. T. de. *O ensino primário no Brasil no decênio, 1932-1941*. Rio de Janeiro: Serviço Gráfico do IBGE, 1945. p.XVII.

Tabela 2.2 Porcentagem de crianças com idade entre sete e doze anos frequentando a escola em 1935

Estado	População total	População 7-12 anos	7-12 anos na escola	Porcentagem de crianças entre 7-12 anos na escola
Distrito Federal	1.707.354	285.283	184.973	64,8
Santa Catarina	983.203	164.439	103.730	63,1
Rio G. do Sul	3.007.864	502.740	269.102	53,5
São Paulo	6.585.104	1.100.466	588.756	53,5
Amazonas	419.675	70.124	33.783	48,2
Mato Grosso	363.096	60.670	25.760	42,5
Espírito Santo	692.811	115.763	48.812	42,2
Paraná	1.011.865	169.073	68.877	40,7
Rio de Janeiro	1.982.098	331.191	127.222	38,4
Minas Gerais	7.349.408	1.228.020	402.200	32,8
Pará	1.505.580	251.569	71.526	28,4
Rio G. do Norte	756.000	126.321	34.350	27,2
Ceará	1.590.665	265.786	62.084	23,4
Sergipe	522.581	87.473	19.615	22,4
Pernambuco	2.894.865	483.706	106.724	22,1
Alagoas	1.157.385	193.389	40.372	20,9
Goiás	732.462	122.388	25.465	20,8
Território do Acre	110.279	18.581	3.654	19,7
Paraíba	1.352.748	226.032	44.415	19,7
Piauí	815.904	136.330	23.916	17,5
Bahia	4.055.338	677.610	101.583	15,0
Maranhão	1.140.685	190.598	26.675	14,0
Brasil Total	40.736.970	6.807.552	2.413.594	35,5

Fontes: "População geral e em idade escolar, em 1935". Secção de Documentação e Intercâmbio, Inep, 1939. Arquivo Gustavo Capanema, CPDOC, 35.12.14g., Inep, "Ensino primário geral, organização escolar e movimento nas unidades federativas em 1944". Coleção Freitas, AN, AP 48, Caixa 19, Pasta 36.

120   DIPLOMA DE BRANCURA

Em 1946, o sistema educacional alcançou 91% dos 2,5 milhões de crianças urbanas em idade escolar do país, mas apenas 40% dos 7,5 milhões de crianças em idade escolar de todo o país. Um resultado dessa disparidade foi a lacuna entre o índice de alfabetização urbano e rural: cerca de 73% da população urbana estava alfabetizada em 1950, enquanto igual porcentagem da população rural era analfabeta.[33] Como Freitas explicou, "deixando de lado os centros metropolitanos e talvez alguns centros afluentes junto ao litoral, podemos chamar o Brasil de uma vasta reserva rural", carente de educação.[34] Mesmo no final da Segunda Guerra Mundial, falar em educação pública no Brasil era falar de educação urbana.

Um relatório de Raimundo Pinheiro, inspetor de escolas do Pará, reflete algumas das dificuldades enfrentadas pelos precários sistemas escolares rurais. Um dos principais problemas citados por ele era que os professores treinados preferiam o conforto da cidade e não queriam aceitar postos no campo. Em consequência, contratavam-se professores diretamente nas comunidades e faltavam meios profissionais, intelectuais ou físicos para a tarefa. Perguntava ele:

[O] que se pode exigir de uma professora (quase sempre leiga), doente ou sub-alimentada, que se vê obrigada a interromper a aula logo após a chamada, tiritando de febre, como varias vezes observei, sem recursos médicos ou mesmo farmacêuticos a que recorrer? ... E os escolares? Sim, porque eles, também, além de

---

[33]   Número e proporção dos habitantes de 5 anos e mais que sabem ler e escrever, por grupos de idade, com discriminação dos quadros urbanos. In: Conselho Nacional de Estatística. *Contribuições para o estudo da demografia no Brasil*, p.309.

[34]   FREITAS, T. de. *O ensino primário no Brasil em 1939, XX*; "A escolaridade primária e a política educacional". Coleção Freitas, AN, AP 48, Caixa 55, Pasta 166.

EDUCANDO O BRASIL 121

mal alimentados e doentes, têm de percorrer estradas e igarapés duas a três horas para chegar à escola![35]

Por mais desalentadora que parecesse a situação, o Pará era um dos estados do Norte com uma das mais altas taxas de frequência, e gastos na educação quase equiparados à média nacional. Pinheiro foi uma das primeiras vozes a pedir a intervenção federal na educação local argumentando que os problemas das escolas rurais ultrapassavam a capacidade do estado para resolvê-los. Freitas era outras dessas vozes, pedindo que o Exército federal estabelecesse "missões educativas" rurais para levar

o conhecimento da realidade tellurica e social brasileira, a vitalização do apparelho administrativo ... o amparo às massas ruraes ...

com a adequada integração dellas na grande vida nacional, hoje quasi limitada à estreita e mesquinha vida das nossas mal--formadas cidades.[36]

Apesar desses apelos individuais por uma ação federal e as tentativas malsucedidas de fixar porcentagens de gastos governamentais para a educação, nenhum plano de centralizar o ensino rural ou público foi feito.

Assim como as redes públicas educacionais no Brasil fracassavam em atingir a população predominantemente rural, os sistemas escolares fracassavam em atingir a maioria da população não branca. Os estados com concentrações mais altas de pessoas de ascendência

---

[35] PINHEIRO, R. O papel da escola no aproveitamento da Amazônia. *Cultura Política 1*, n°10, p.80, 1941.

[36] FREITAS, M. A. T. de. O Exército e a educação nacional. *Jornal do Comércio*, 10 nov. 1935. Coleção Freitas, AN, AP 48, Caixa 20, Pasta 44.

122 DIPLOMA DE BRANCURA

africana, indígena ou mestiça tinham as mais baixas taxas de gastos com educação. Na Bahia, onde menos de um terço da população se identificava como branca no Censo de 1940, tinha um sistema escolar que alcançava menos de uma em cada seis crianças.[37] Mas mesmo naqueles estados onde os governos eram mais ativos na promoção da educação pública, crianças pretas e pardas ficavam consideravelmente atrás das brancas em taxas de alfabetização, frequência à escola e finalização do curso.

A Tabela 2.3 ilustra a flagrante diferença nas taxas de alfabetização quanto às linhas raciais em 1940. A diferença era maior no Nordeste; no Rio Grande do Norte e na Bahia havia três vezes mais brancos do que pretos entre os alfabetizados. A divisão de gênero não era menos flagrante. Uma mulher de cor na Bahia tinha no máximo 10% de possibilidade de ser alfabetizada. Em contraste, no Distrito Federal o sistema educacional mais amplo alcançara um número maior de pessoas de cor, e mais da metade delas era considerada alfabetizada. Com efeito, a probabilidade de um homem preto na capital federal ser alfabetizado era mais alta que a de um branco no Paraná ou na Bahia. Apesar disso, a probabilidade de uma mulher preta da capital ser alfabetizada era menos que a metade da probabilidade de uma branca. A menor taxa de alfabetização entre mulheres pretas era potencialmente causada pela forte migração de mulheres de cor do interior do Rio de Janeiro e de Minas Gerais para o Distrito Federal.

Nacionalmente, a tendência se confirma. Em 1950, 53% dos brancos eram alfabetizados, mais do dobro da taxa daqueles que se declaravam não brancos. Entre os não brancos, a diferença entre pretos e pardos não era grande: 24 e 27%, respectivamente. O grupo

---

[37] "População geral e em idade escolar, em 1935", Secção de Documentação e Intercâmbio, Inep, 1939. Arquivo Gustavo Capanema, CPDOC, 36.12.14g.

mais alfabetizado no país era o de brasileiros de descendência e origem asiática (bem à frente das médias de outros grupos, de 78%).[38] Entre os brasileiros de descendência africana, no período entreguerras não houve melhora desproporcional em alfabetização em relação aos brancos do modo como houve para as mulheres em relação aos homens. Entretanto, em 1940, entre os afrodescendentes, assim como em outros grupos, as meninas ultrapassavam os meninos quanto à alfabetização.

O que mais chama atenção nas taxas de alfabetização de afrodescendentes é que, à exceção do Distrito Federal, em todo o Brasil as

Tabela 2.3 Porcentagem da população alfabetizada com mais de cinco anos em 1940, por estados

	Brancos		Pretos		Pardos		Total	
	M	F	M	F	M	F	M	F
Bahia	42	34	16	11	24	16	25	17
Distrito Federal	86	81	59	44	76	64	81	73
Mato Grosso	54	46	29	16	–	–	46	42
Paraná	51	39	29	16	36	21	49	37
Rio G. do Norte	48	39	13	12	22	21	28	27

Nota: Os dados do Mato Grosso incluem alunos com seis ou mais anos de idade; a categoria *pardos* está incluída em *pretos*.
Fonte: "Alfabetização em relação à cor, nos estados". Arquivo Gustavo Capanema, CPDOC, 35.12.14g. (569).

---

[38] Número e proporção dos habitantes de 5 anos e mais que sabem ler e escrever, presentes em 10-IX-1940 e em 10-IX-1950, por sexo e grupos de idade. In: Conselho Nacional de Estatística. *Contribuições para o estudo da demografia no Brasil*, p.390.

124 DIPLOMA DE BRANCURA

taxas de alfabetização permaneciam cerca da metade da dos brancos. Como outros pesquisadores têm mostrado, os pardos ultrapassavam os pretos em taxas de alfabetização, mas não de modo significativo. Os pardos também não se aproximavam dos brancos ou formavam um tipo de categoria intermediária. Como mostra este estudo, a taxa de alfabetização mais alta no Distrito Federal é indicativa do alcance quase universal do sistema escolar, embora não reflita outras barreiras que os afrodescendentes enfrentavam na busca da ampliação de sua educação.

Educação no Rio de Janeiro

No período entreguerras, o Brasil continuou dividido regional-mente e conservou crescente disparidade entre os mundos urbano e rural. A educação pública – descentralizada e principalmente urbana – refletiu e reforçou essas divisões. À medida que as cidades do Sul do Brasil se industrializavam, lideradas pelo Distrito Federal e São Paulo, as disparidades entre o Norte e o Sul e entre o rural e o urbano se acentuaram. Ainda assim, essas regiões permaneceram unidas por muitos fatores comuns a todos no Brasil.

O Distrito Federal apresentou as melhores conquistas da educa-ção pública no Brasil. O sistema escolar da cidade do Rio de Janeiro atraiu as principais reformas, tinha a taxa mais alta de gastos, a mais ampla rede de escolas, as maiores taxas de matrícula e de finalização do curso e a maior visibilidade nacional em termos de liderança, pesquisa e publicações. Dois terços das crianças da cidade entre sete e doze anos frequentavam a escola em 1935. Os gastos *per capita* com educação pública eram mais do que o dobro dos de São Paulo e quase quatro vezes a média nacional. Em 1944, a cidade contava com 1.475 escolas públicas e particulares, mais de 9 mil professores e quase 250 mil alunos no ensino elementar. Com efeito, a cidade tinha

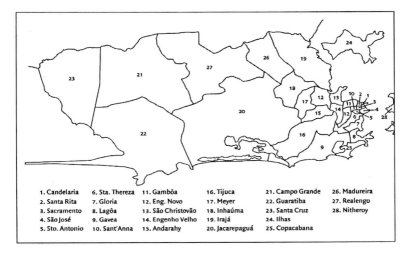

Mapa 2.1 Bairros do Rio de Janeiro em 1928. Fonte: *Planta do Distrito Federal (Na Administração do Prefeito Antonio Prado Júnior, 1928)*. Rio de Janeiro: Diretoria Geral de Obras e Viação, 1928.

mais professores do que qualquer estado do país, exceto São Paulo, Minas Gerais e Rio Grande do Sul.[39]

O sistema escolar do Rio era o mais próximo de uma educação pública universal que o Brasil possuía, um feito notável dado o explosivo crescimento da cidade ao longo do século. Já a maior cidade do país, a população do Rio dobrou entre 1890 e 1920, tornando-se a primeira cidade do Brasil com mais de um milhão de

---

[39] "População geral e em idade escolar, em 1935". Secção de Documentação e Intercâmbio, Inep, 1939. Arquivo Gustavo Capanema, CPDOC, 36.12.14g. "Estudo para o rateio do auxílio financeiro supletivo da União aos Estados e ao Distrito Federal", 1944. Coleção Freitas, AN, AP 48, Caixa 8, Pasta 27. "Ensino primário geral, organização escolar e movimento nas unidades federativas em 1944". Coleção Freitas, AN, AP, Caixa 19, Pasta 36.

126 DIPLOMA DE BRANCURA

habitantes. A população dobrou outra vez em 1950. Em 1940, o Rio registrava uma população maior que a das cidades de Recife, Salvador, Belo Horizonte, Porto Alegre, Fortaleza e Belém juntas. Quase metade dos 1.157.873 habitantes da cidade em 1920 vinha de outro lugar: 20% eram imigrantes estrangeiros e 25% haviam nascido em outra parte do Brasil e migrado para o Rio.[40] Essa crescente população transformou o Rio de Janeiro de uma cidade--porto comercial que também servia de Capital Federal em uma das máquinas da mudança social e econômica no Brasil.

A educação pública acompanhou essas mudanças. À medida que imigrantes e migrantes se desligavam das redes tradicionais de relações patrono/cliente que regulavam anteriormente as relações sociais, a escola se tornava um patrono virtual ao alocar serviços sociais, projetar critérios para a cidadania e integrar a crescente população ao tecido social. À medida que a cidade se industrializava, a educação pública passou a fornecer aprendizagem vocacional. E, à medida que o papel das mulheres mudava, as escolas se tornavam grande fonte de emprego, fornecendo a educação que fechava a lacuna do analfabetismo e procurando abarcar papéis tão tradicionais quanto a maternidade. À medida que o sistema escolar da cidade e sua população não branca cresciam, muitos afrodescendentes ganharam acesso à educação pública pela primeira vez. Entretanto, o nível de integração e mobilidade de que desfrutavam era menor do que o dos brancos.

Embora o Rio de Janeiro fosse diferente em alguns aspectos do restante do país – era principalmente urbano e sob as vistas do governo federal –, continuava ligado aos acontecimentos nacionais. Foi

---

[40] HOLLOWAY, T. H. *Policing Rio de Janeiro: Repression and Resistance in a Nineteenth-Century City*. Stanford: Stanford University Press, 1993. p.25; Conselho Nacional de Estatística. *Contribuições para o estudo da demografia no Brasil*, p.316; AGACHE, A. *Cidade do Rio de Janeiro:* Extensão, remodelação e embellezamento. Paris: Foyer Brésilien, 1930. p.104.

EDUCANDO O BRASIL 127

alvo de muitas das mesmas correntes, e sua história é especialmente sugestiva da experiência urbana no Brasil como moldada pela migração, expandindo oportunidades industriais e comerciais, e das desigualdades persistentes baseadas em raça e classe. Além do mais, as escolas públicas no período entreguerras eram sobretudo instituições urbanas, e o sistema escolar da cidade do Rio era o mais vasto do país, ilustrando as tendências reformistas na educação e no modo pelo qual as reformas lidavam com raça, classe e gênero. As escolas do Rio mostram também como o sistema educacional se relacionava com a cidade e respondia a circunstâncias particulares criadas pelo crescimento rápido e a industrialização.

Esta análise se tornou possível pelo mesmo olho estatístico que foi aplicado à educação nacional. Estatísticos nacionalistas como Freitas não se satisfaziam em mapear demograficamente o país. Eles tinham consciência da dinâmica da mudança no Brasil e desenvolveram análises estatísticas detalhadas das correntes de migração interna, padrões de estratificação racial, alterações nos papéis sociais das mulheres e industrialização urbanizante do Sul. Três estudos se destacam em especial pela análise de um Rio de Janeiro em mudança: a pesquisa sobre a reforma urbana de 1928, do urbanista francês Alfred Agache; o Censo de 1940 e o estudo sobre raça no Rio de L. A. Costa Pinto, de 1953, que fez parte do estudo da Unesco sobre as relações de raça no Brasil. A pesquisa de Agache de 1928 e o Censo de 1940 não visavam primeiro às diferenças raciais, mas o estudo da Unesco sim. O estudo abrangia projetos de pesquisa efetuados por uma cooperação entre intelectuais brasileiros, norte-americanos e europeus que procuravam analisar e quantificar as alegações de que o Brasil era uma democracia racial. O interesse nesse projeto brotou da reação internacional ao holocausto, de esforços brasileiros para projetar uma imagem nacional positiva e do interesse em pesquisar as relações de raça por parte de intelectuais brasileiros, como o antropólogo Arthur Ramos, um dos arquitetos do projeto.

128 DIPLOMA DE BRANCURA

Esses estudos mostram a transformação do Rio de Janeiro de um centro administrativo e comercial em uma metrópole industrial, e refletem a disposição social do mais importante sistema escolar da nação. O que esses estudos revelam é uma cidade que irrompeu de sua concha do século XIX e se expandiu para o norte, oeste e sul. Nesse processo, o Rio se tornou uma cidade segregada. Os ricos se mudaram para a porção "turística" da cidade – a Zona Sul – criando bairros como Copacabana e Ipanema. Os pobres e os imigrantes recentes se concentravam nos subúrbios industriais do Norte e do Oeste, sobretudo ao longo das linhas ferroviárias. Os padrões de raça e divisão de classe estavam refletidos na geografia urbana, quebrados apenas pelas favelas que se agarravam aos morros da cidade e pela quase invisível população empregada no setor de serviços dos bairros abastados.

De cidade a *sprawl*:[*]
O crescimento do Rio de Janeiro, 1900-1945

A fragmentação do Rio de Janeiro em uma cidade de bairros longínquos e irregularmente espalhados foi uma consequência imprevista das reformas urbanas conduzidas pelo prefeito Pereira Passos no início do século. Pretendendo dar ao Rio uma aparência mais europeia com a criação de amplos *boulevards* e luxuosos prédios públicos, a reforma era orientada por uma política de eliminar a pobreza visível que deu início a décadas de eliminação de cortiços e favelas.[41] Além disso, embora a reforma tivesse produzido melhoramentos no centro,

---

[*] Termo em inglês para designar cidades que crescem espalhando-se de modo desorganizado. (N.T.)

[41] Ver MEADE, T. A. *"Civilizing" Rio: Reform and Resistance in a Brazilian City, 1889-1930.* Filadélfia: Penn State University Press, 1997.

desimcumbiu-se da responsabilidade de estender os serviços públicos e de utilidade pública aos pobres urbanos expulsando-os das áreas melhoradas. Os pobres se mudaram para comunidades ao longo das linhas ferroviárias da Central do Brasil e Leopoldina, que ligavam o porto aos centros de produção no interior. Alguns desses novos bairros estavam nas áreas de expansão industrial do norte, enquanto outros se estabeleceram no oeste semirrural. Em ambos os casos, os pobres foram alijados do processo de reforma urbana e das políticas sociais.

Enquanto isso, os ricos deixavam o centro da cidade rumo a bairros ao sul, que se estendiam do palácio presidencial do Catete beirando a baía e desde Copacabana acompanhando o oceano até Ipanema. Recolhendo e mapeando os endereços, quando disponíveis, de políticos, administradores, educadores, médicos e higienistas, feministas e outras figuras proeminentes neste estudo (Tabela 2.4), vemos a autossegregação dos ricos e poderosos em uma pequena parte da cidade (ver Mapa 2.2). Anísio Teixeira morava na avenida Atlântica; Fernando de Azevedo morava em Botafogo; Afrânio Peixoto, no Flamengo; Francisco Campos, na avenida Pasteur, entre o Botafogo e a Urca, e o general Góes Monteiro, chefe do Estado-Maior do Exército durante o Estado Novo, morava em Copacabana. Nenhuma dessas figuras de destaque morava nos subúrbios e poucos moravam no centro da cidade. Os bairros que na virada do século eram considerados de elite, Tijuca e São Cristóvão, perderam seu atrativo, de modo geral, para as classes mais altas e para a elite profissional e burocrática emergente. Apenas Manoel Lourenço Filho morava em um desses bairros, São Cristóvão, possivelmente em virtude da proximidade do Instituto de Educação, que ele dirigia. De modo geral, tanto as figuras políticas mais progressistas quanto as mais reacionárias se identificavam com os bairros modernos da Zona Sul.

O Rio de Janeiro tornou-se duas cidades, ambas crescendo com sua própria lógica social e econômica. O extremo sul e os poucos

130 DIPLOMA DE BRANCURA

Tabela 2.4 Nomes e endereços das elites educacionais e políticas da era Vargas

Francisco Campos	Av. Pasteur, 184, Urca
A. Carneiro Leão	Prudente de Morais, 218, Ipanema
Milton da Silva Rodrigues (diretor do SGEC, 1938)	Djalma Ulrich, 201, Copacabana
Manoel Lourenço Filho	R. Maracanã, 81, São Cristóvão
Euzebio de Oliveira (tesoureiro da ABE, 1935-36)	Cons. Lafayette, 53, Copacabana
Marieta Medeiros e Albuquerque (vice-presidente da ABE, 1935-36)	Joana Angélica, 116, Ipanema
Maria do Carmo Neves (vice-presidente da ABE, 1935-36)	Visconde de Pirajá, 239, Ipanema
Conceição de B. Barreto (vice-presidente da ABE, 1935-36)	Figueiredo de Magalhães, Copacabana
F. Venâncio Filho	Toneleros, 195, Copacabana
Afrânio Peixoto	R. Paissandu, Flamengo
Alceu Amoroso Lima	D. Mariana, 149, Botafogo
Celso Kelly	Fonte de Saúde, 128, J. Botânico
Jonathas Serrano	Pires de Almeida, 15, Laranjeiras
Juarez Távora	Marquês de Abrantes, Botafogo
General Góes Monteiro	Julio Castilhos, Copacabana
Ana Amélia C. de Mendonça (vice-presidente da LBPPF)	Marquês de Abrantes, 189, Botafogo
Jeronyma Mesquita (vice-presidente da LBPPF)	Senador Vergueiro, 238, Flamengo
Diva de Miranda Moura (tesoureira da LBPPF)	Visconde de Pirajá, 238, Ipanema
Georgina Barbosa Vianna (secretária da LBPPF)	Sta. Clara, 38, Copacabana
Lina Hisch (secretária da LBPPF)	Passeio, 70, Centro
Paulina Waisman (secretária da LBPPF)	Catete, 92, casa 9, Catete
Comandante Mário Gama e Silva (Escola Naval)	Vieira Souto, Ipanema

EDUCANDO O BRASIL   131

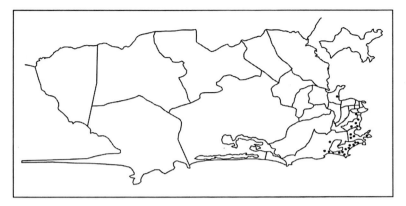

Mapa 2.2 Locais das residências na Zona Sul das elites educacionais e políticas do Rio.

enclaves de ricos ao redor do centro da cidade detinham o poder econômico e político da cidade, e desfrutavam das amenidades da vida urbana moderna. Era ali que o limitado sistema escolar público da cidade se concentrava, com os serviços de utilidade pública e saneamento, transporte público e outros benefícios do planejamento urbano. Nos extremos norte e oeste – e nos subúrbios –, transporte, saúde e higiene básicas e outros serviços de infraestrutura pública e social eram precários ou totalmente inexistentes.

Em 1927, o prefeito Antonio Prado Júnior encomendou um estudo da cidade ao urbanista francês Alfred Agache para traçar uma planta para uma nova reforma na cidade, parte da qual seria realizada durante os anos Vargas. Mas embora Prado continuasse a tradição de confiar na ajuda estrangeira, especialmente a francesa, ao planejar a cidade, e embora a pesquisa ainda gravitasse em torno da criação de espaços monumentais, as similaridades entre os planos de Pereira Passos e Agache terminavam aí. Afirmando que "[o] urbanismo é uma ciência", Agache fundamentou seu plano em análises estatísticas

132 DIPLOMA DE BRANCURA

do Censo de 1920 e dados coletados por sua equipe de planejadores urbanos, mapeando a cidade como uma entidade e não como uma ideia. O plano de Agache foi um ponto de referência para futuras reformas da cidade. A reforma educacional de Anísio Teixeira, que se iniciou cinco anos depois, utilizou as projeções demográficas para crescimento e distribuição da população que Agache havia reunido. A construção de novos prédios para os ministérios da Educação e Saúde, Trabalho, Fazenda e Guerra também seguiram o plano, que também inspirou a grande reforma urbana empreendida pelo Estado Novo: a construção da avenida Presidente Vargas. A monumental avenida tinha a largura de duas quadras e 1,5 quilômetro de extensão. No processo de pavimentar aquelas duas quadras (e esvaziar outra quadra de cada lado para reurbanização), a rua mais larga do Brasil feriu o coração dos bairros judeu e árabe e eliminou a Praça Onze, local onde era realizado o Carnaval da cidade.[42]

Como uma vitrine da nova arquitetura oficial da cidade, tal como a estação ferroviária *art-déco* da Central do Brasil e o Ministério da Guerra, a avenida era um palco para os rituais de poder. Dos degraus do imponente prédio do Ministério da Guerra, Vargas assistia a paradas militares e da juventude, e dirigia-se à nação nos feriados cívicos e nacionalistas que enchiam o calendário do Estado Novo. A avenida era o símbolo do poder de Vargas de apagar o passado e construir o futuro. Entretanto, mais do que uma manifestação do controle do Estado sobre a modernização, a nova avenida também ligava os extremos norte e sul da cidade. A avenida cimentava o reconhecimento de que o centro havia-se transformado em um anteparo entre as duas metades da cidade, e unia a expressão do poder estatal com a integração das centenas de milhares de moradores

---

[42] EVENSON, N. *Two Brazilian Capitals: Architecture and Urbanism in Rio de Janeiro and Brasília*. New Haven: Yale University Press, 1973. p.51.

do norte à vida da cidade. A avenida Presidente Vargas refletia o imperativo de ligar os subúrbios espalhados à cidade formal. Embora a reforma Pereira Passos tivesse ajudado a fixar a direção ao longo da qual a cidade cresceria, o crescimento em si foi causado pela expansão industrial, imigração e migração interna. Economicamente, em 1920 o Rio já estava atrás de São Paulo, que concentrava um terço da produção industrial da nação, mas o Rio ainda era responsável por quase um quarto da indústria do Brasil. Segundo Agache, a produção industrial triplicara entre 1907 e 1920. Embora quase a metade das fábricas da cidade produzisse têxteis, outras produziam alimentos, produtos farmacêuticos e bens de consumo.[43] Em 1920, 150 mil trabalhadores estavam empregados na indústria e quase um terço (40 mil) deles eram mulheres, predominantemente empregadas na produção de têxteis. Em 1940, o número total de trabalhadores industriais permanecia inalterado, embora um declínio na indústria de têxteis tivesse cortado o emprego industrial das mulheres pela metade.

O Censo de 1940 mostra que outra área de grande crescimento entre as guerras foi o emprego no setor do governo, em rápida expansão. Entre 1920 e 1940, o número de pessoas empregadas pelos governos federal ou municipal do Rio, excluindo os professores, duplicou de 50 mil para 94 mil. O número de mulheres empregadas pelo governo quintuplicou, alcançando 14% dos empregados não militares. De forma similar, a soma do número de professores nas escolas públicas e particulares da cidade subiu de 7.300 para 12.300, sendo 70% deles mulheres. Ainda assim, a maior fonte de renda para as mulheres no Rio continuava sendo o trabalho doméstico, que empregava 59 mil mulheres em 1920 e 65 mil em 1940. Entre os homens,

---

[43] AGACHE, *Cidade do Rio de Janeiro*, p.90; MERRICK, T. W.; GRAHAM, D. H. *Population and Development in Brazil, 1800 to the Present.* Baltimore: Johns Hopkins University Press, 1979. p.60.

134   DIPLOMA DE BRANCURA

as maiores fontes de emprego fora da indústria eram o comércio e o serviço de transporte, que juntos contribuíam com 162 mil empregos em 1940.[44]

Espaço, raça e classe

À medida que as dimensões físicas da cidade mudavam e as oportunidades econômicas se expandiam, os imigrantes e migrantes que afluíram em massa ao Rio de Janeiro durante a primeira metade do século se dividiram por raça, classe e ocupação. Apesar do atrativo para imigrantes recentes envolvidos no comércio, o centro da cidade teve sua população reduzida entre 1920 e 1940. Os imigrantes eram atraídos para o centro da cidade por comunidades étnicas preestabelecidas. Além disso, segundo o Censo de 1920, 20% dos imigrantes trabalhavam como comerciantes, e o centro continuava sendo o eixo comercial do Rio. Agache notou que um dos bairros centrais permanecera demograficamente estável "em consequencia da colonia syria (mais de 20.000 pessoas em 1920), que habita por cima das proprias lojas".[45] Os imigrantes do Oriente Médio estavam concentrados em um bairro comercial central ao longo da rua da Alfândega, em uma área chamada Saara (um jogo de palavras com o deserto do Saara).[46]

---

[44] IBGE, *Censo Demográfico* – População e Habilitação: Série Regional, parte XVI: Distrito Federal. Rio de Janeiro: Serviço Gráfico do IBGE, 1950. p.21.

[45] AGACHE, *Cidade do Rio de Janeiro*, p.100; Diretoria Geral de Estatística. *Recenseamento do Brazil, Realizado em 1ª de setembro de 1920... v.4: População*. Rio de Janeiro: Typographia da Estatistica, 1930. p.25.

[46] SAARA é um acrônimo de Sociedade de Amigos e Adjacências da Rua da Alfândega. LESSER, J. *Negotiating National Identity: Immigrants, Minorities, and the Struggle for Ethnicity in Brazil*. Durham: Duke University Press, 1999. p.78.

EDUCANDO O BRASIL 135

Além dos 240 mil imigrantes na cidade em 1920, havia quase 300 mil migrantes de outras partes do Brasil. Em 1940, embora o número de habitantes nascidos no estrangeiro continuasse o mesmo, o número de migrantes internos na cidade subiu vertiginosamente para 673 mil (perto do tamanho da população inteira da cidade no início do século).[47] Esses migrantes internos estavam concentrados nos subúrbios e nas favelas. Enquanto a maioria dos imigrantes eram homens e alfabetizados, a maioria dos migrantes internos eram mulheres e não alfabetizadas, sendo muitas afrodescendentes. Um jornalista da época caracterizou os migrantes como pessoas expulsas do campo devido a pressões econômicas, que

chegavam às grandes capitais em completa ruína financeira, sem compromissos de trabalho anteriormente assumidos e sem conhecimentos técnicos ou especializações que lhes assegurassem colocação imediata nos quadros do operariado industrial.[48]

A porcentagem de mulheres entre os migrantes que chegavam ao Rio em 1940 era tão elevada que havia 4% mais mulheres do que homens na cidade. Além do mais, a porcentagem de mulheres de cor entre esses migrantes era tão alta que havia 10% mais mulheres pretas do que homens pretos na cidade, um desequilíbrio de gênero de 22.600 pessoas. Costa Pinto explica que, como as mulheres afrodescendentes que migravam para o Rio costumavam viver na mais baixa das hierarquias de raça, classe e gênero no campo, tinham mais tendência a procurar a maior agilidade social e econômica da cidade. O grande número de mulheres migrantes no Rio era parte de uma tendência nacional mais ampla. Embora o início da década de 1950

---

[47] AGACHE, *Cidade do Rio de Janeiro*, p.104.
[48] GOULART, J. A. *Favelas do Distrito Federal*. Rio de Janeiro: Serviço de Informação Agrícola, Ministério da Agricultura, 1957. p.16.

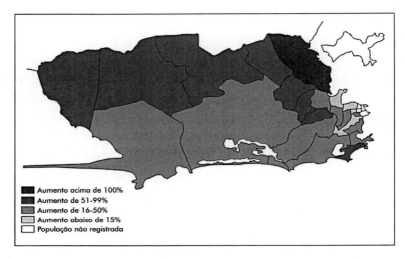

Mapa 2.3 Taxa de crescimento da população no Distrito Federal entre 1906 e 1920. (Nota: para compensar as mudanças na divisão dos bairros do Distrito Federal durante esse período, o bairro de Realengo foi contado em Campo Grande. Os bairros de Anchieta, Pavuna e Penha foram incluídos em Irajá. Piedade e Madureira são incluídos em Inhaúma.) *Fonte*: Alfred Agache. *Cidade do Rio de Janeiro:* Extensão, remodelação e embellezamento. Paris: Foyer Brésilien, 1930. p.99.

tivesse se caracterizado por uma corrente migratória sobretudo masculina vinda do norte do país, entre a década de 1920 e a de 1940 ocorreu uma ampla migração regional. As mulheres deixaram o campo e foram para as cidades da região. Nessas duas décadas, mais de 600 mil mulheres migraram dos estados do Rio de Janeiro e de Minas Gerais para a cidade do Rio de Janeiro e de São Paulo, contribuindo com 18% do total da população migratória no Brasil contada pelo Censo de 1940.[49]

---

[49] IBGE. *O aproveitamento das apurações do Censo Demográfico de 1940 para a determinação das correntes de migração interior*. Rio de Janeiro: Serviço de Informação Agrícola, Ministério da Agricultura, 1948. p.32-6.

À medida que esses migrantes se assentavam, os subúrbios cresciam exponencialmente em tamanho. Segundo um censo dos prédios da cidade, a zona suburbana dobrou em densidade entre 1920 e 1930.[50] Alguns bairros suburbanos, como Inhaúma, Irajá e Madureira, aumentaram quatro vezes em tamanho entre os Censos de 1906 e 1940. Os observadores condenaram unanimemente as condições de vida nos imensos subúrbios. Agache observou que os subúrbios haviam crescido espontaneamente, sem nenhum planejamento urbano, e portanto seus sistemas viários não ligavam os bairros

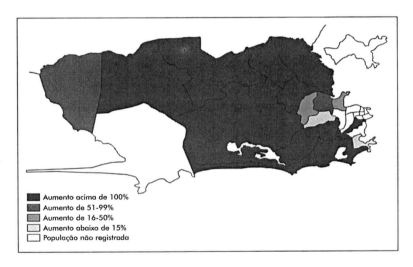

Mapa 2.4 Taxa de crescimento da população do Distrito Federal entre 1920 e 1940. *Fontes*: IBGE. *Censo Demográfico – População e Habitação*: Série Regional, parte XVI: Distrito Federal. Rio de Janeiro: Serviço Gráfico do IBGE, 1940. p.54; Alfred Agache. *Cidade do Rio de Janeiro*: Extensão, remodelação e embellezamento. Paris: Foyer Brésilien, 1930. p.99.

---

[50] SAMPAIO, N. de. Plano regulador das construções escolares. *Boletim de Educação Pública 1*, n°1, p.375, 1932.

138 DIPLOMA DE BRANCURA

facilmente uns com os outros nem com os locais de trabalho, e a maioria das estradas que existiam não era pavimentada, tornando-se um lamaçal com a chuva. Não havia jardins ou parques nos bairros, o suprimento de água era inadequado e não havia esgotos.[51]

O responsável oficial da cidade por mapear a criação de novas escolas no início da década de 1930 foi além em suas críticas, declarando que "os bairros que se acham aos lados do leito da 'Leopoldina Railway', em 1908, apresentavam o aspecto miseravel de um aldeamento e, no entanto, hoje já cream embaraço à Municipalidade nos traçados de urbanismo".[52] Os planejadores da cidade começaram a compreender que a Reforma Pereira Passos não apenas havia adiado a responsabilidade de levar os serviços públicos aos pobres para a geração seguinte, como também aumentado exponencialmente os custos finais de fazê-lo ao disseminar os pobres por uma área tão vasta. Outro funcionário do sistema escolar condenava a

dispersão da população por núcleos residenciais remotos, desprovidos de meios de comunicação e de requisitos elementares de higiene urbana ... surgiram assim novas, crescentes exigencias. Complicaram-se e encareceram os serviços públicos em proporções incomportáveis.[53]

Esses bairros populosos, desprovidos de estradas e saneamento efetivos e distantes de escolas e dos locais de trabalho, cresceram a uma taxa tão rápida que em 1940 os subúrbios, estendendo-se por vinte quilômetros e a uma hora de trem do centro da cidade, eram o

---

[51] AGACHE, *Cidade do Rio de Janeiro*, p.189.
[52] SAMPAIO, N. de. "Plano regulador", p.377.
[53] LIMA, A. O problema do prédio escolar no Distrito Federal. *Cultura Política 1*, nº5, p.77-8, 1941.

EDUCANDO O BRASIL   139

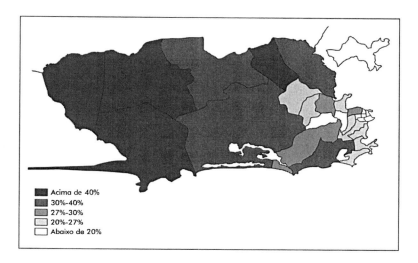

Mapa 2.5 Porcentagem da população em bairros não brancos em 1940 (a média do Distrito Federal é de 27%). *Fonte*: IBGE. *Estudos sôbre a composição da população do Brasil segundo a côr*. Rio de Janeiro: Serviço Gráfico do IBGE, 1950. p.117.

lar da maioria dos moradores do Rio. Esses bairros eram assustadoramente pobres e abrigavam a maior parte dos moradores afrodescendentes da cidade. No Censo de 1940, 27% dos habitantes da cidade se declaravam não brancos, contra 35% dos moradores do subúrbio. A proporção de não brancos entre a população aumentava conforme a distância do centro. A maior concentração estava nas regiões do oeste – Santa Cruz, Realengo, Guaratiba e Jacarepaguá –, áreas que antigamente produziam alimentos para o mercado urbano, mas estavam, cada vez mais, tornando-se residenciais.

Grande parte da comunidade afrodescendente do Rio morava em favelas, que muitas vezes ficavam perto do centro ou do sul da cidade, mais próximas das fontes de emprego. Segundo Costa Pinto, 70% dos habitantes das favelas eram pessoas de cor e, conforme o Censo

140 DIPLOMA DE BRANCURA

de 1950, dois terços das favelas eram povoados por migrantes.[54] A favela era identificada com a negritude e concentrava em si todos os estereótipos raciais. O jornalista José Alípio Goulart definiu a palavra favela como "uma área de desintegração social, desajuste e fragmentação". Agache as chamou de "bairros infectos" que criavam sérios obstáculos à ordem social e à segurança pública, acrescentando que

> construidas contra todos os preceitos da hygiene, sem canalizações d'agua, sem esgotos, sem serviço de limpeza pública, sem ordem, com material heteroclito, as *favellas* constituem um perigo permanente d'incendio e infecções epidemicas para todos os bairros atravez dos quaes se infiltram. A sua lepra suja a vizinhança das praias e dos bairros mais graciosamente dotados pela natureza.[55]

Goulart e Agache ecoavam as percepções populares de que as favelas eram antros de doença e criminalidade, embora Agache reconhecesse que sua maior proximidade dos locais de emprego e o ar fresco dos morros as tornavam atraentes em relação aos populosos subúrbios. Apesar da opinião pejorativa sobre as favelas, elas abrigavam grande parte da força de trabalho produtiva da cidade, especialmente nas áreas de serviço, transporte e comércio. Não obstante, os funcionários públicos tendiam a ver as favelas como uma ameaça e procuravam eliminá-las, às vezes derrubando os próprios morros em que haviam se estabelecido, como foi feito com o Morro do Castelo e o Morro Santo Antonio no centro da cidade, comunidades que os

---

[54] COSTA PINTO. *O negro no Rio de Janeiro*, p.130; GOULART, J. A. *Favelas do Distrito Federal*. Rio de Janeiro: Serviço de Informação Agrícola, 1957.

[55] GOULART, *Favelas do Distrito Federal*, p.23; AGACHE, *Cidade do Rio de Janeiro*, p.190.

EDUCANDO O BRASIL 141

folhetos de propaganda do Estado Novo declaravam ter "dado muito trabalho à administração pública e à justiça".[56]

Embora as favelas e os subúrbios abrigassem a imensa maioria da população afrodescendente do Rio, havia também grande parte da população de pessoas de cor que residia na Zona Sul, empregados no serviço dos moradores ricos da região. A maioria dessas pessoas de cor eram mulheres trabalhando como empregadas domésticas. Em 1940, 86% das empregadas domésticas eram mulheres, e três quartos delas eram de cor. Com efeito, uma em cada três mulheres pretas no Rio acima dos doze anos era empregada doméstica.[57] A prevalência de mulheres de cor entre as empregadas domésticas na Zona Sul era tal que, nesses bairros, 24% da população era não branca. Entretanto, em toda a Zona Sul, dois terços das pessoas de cor eram mulheres. No bairro mais elegante, Copacabana, três quartos da população não branca eram mulheres.[58]

Apesar de morarem nos lares dos cariocas mais ricos, os afro-descendentes da Zona Sul eram, em alguns aspectos, mais mar-ginalizados do que os das favelas e subúrbios. Copacabana, cujos habitantes predominantemente ricos costumavam enviar os filhos a escolas particulares, possuía o menor número de vagas em escolas públicas elementares entre todos os bairros da cidade. Em 1932, o Departamento de Educação estimava que a população em idade escolar do bairro era de 8.500 moradores, mas suas duas escolas tinham uma capacidade de apenas 640 alunos (que foi ampliada para acomodar 850 alunos por meio do funcionamento em três turnos). Para o diretor de construção de escolas, Nereu Sampaio,

---

[56] CRUZ, H. D. *Os morros cariocas no novo regime*. Rio de Janeiro: Grafica Olimpica, 1941. p.41.

[57] COSTA PINTO, *O negro no Rio de Janeiro*, p.106-8.

[58] IBGE, *Censo Demográfico – População e Habilitação*, p.52.

142 DIPLOMA DE BRANCURA

esse exemplo evidencia a angustiosa situação do 1º Distrito Escolar, localizado num dos melhores bairros da nossa cidade e onde a população pobre se occulta, menos em casebres que em habitações collectivas, no centro das quadras, em grandes estalagens e em antigos solares, transformados em "cabeças de porco".[59]

O sociólogo Costa Pinto foi talvez o primeiro intelectual a estudar especificamente a comunidade afrodescendente do Rio de Janeiro. Seu livro *O negro no Rio de Janeiro*, publicado em 1953 como parte dos estudos sobre raça da Unesco no Brasil, é um marco da análise estatística e demográfica. Costa Pinto retratou uma cidade econômica e geograficamente segregada por raça. Os moradores de cor se concentravam nos subúrbios, nos quartos de empregada dos bairros ricos e nas favelas, que Costa Pinto caracterizou como "núcleos segregados de população pobre e de côr exatamente nos bairros onde os brancos constituem a maioria".[60]

O projeto da Unesco foi proposto pelo antropólogo Arthur Ramos para estudar a chamada democracia racial do Brasil como um contraexemplo da intolerância racial desencadeada pelo holocausto. As pesquisas de cientistas sociais brasileiros, europeus e norte-americanos foram financiadas pela Unesco e envolveram gerações de estudiosos das relações de raça. A principal linha analítica a emergir desses estudos, liderada pelo sociólogo Florestan Fernandes, afirmava que as desigualdades raciais tenderiam a desaparecer à medida que os afrodescendentes se integrassem ao mercado de trabalho e se tornassem plenos participantes da sociedade de classes. Fernandes afirmava que a desigualdade contemporânea fundava-se nas desvantagens culturais, sociais e econômicas que se haviam

---

[59] SAMPAIO, N. de. "Plano regulador", p.376.
[60] COSTA PINTO, *O negro no Rio de Janeiro*, p.135.

EDUCANDO O BRASIL **143**

concentrado nos afrodescendentes durante a escravidão. Embora Costa Pinto também aderisse a uma análise econômica das desigualdades com base nas classes, ele não culpava a anomia cultural dos afrodescendentes pelos problemas percebidos. Em vez disso, defendia uma redistribuição das riquezas, e baseava sua análise em extensa pesquisa estatística dos padrões de desigualdade racial que transcendiam as classes sociais.

O estudo de Costa Pinto observou que no Rio "a distância no espaço físico está a refletir nitidamente a distância no espaço social".[61] Entre o extremo sul e os subúrbios, a distância podia ser medida em quilômetros, enquanto entre os bairros ricos e as favelas

> esta distância se mede no plano vertical: quer no espaço social, entre as classes, já que aqui a distância fundamental é entre a base e o vértice de uma pirâmide de classes, quer no espaço físico, onde, inversamente, a distância é medida do vale para o monte, para o alto dos morros, para as favelas, onde está a população mais pobre,

invertendo, assim, a pirâmide de classes. A distância podia ser medida também pela taxa de mortalidade infantil: 123 em mil entre os brancos, comparada a 227 em mil entre os não brancos. De forma similar, a distância era evidente nos padrões de emprego: os afrodescendentes concentravam-se nas ocupações manuais e na economia de serviços e, enquanto 7% dos brancos estavam listados como empregadores no Censo de 1940, apenas 1% de pretos e pardos surgiam nessa condi-

---

[61] Fernandes argumentava que, no Brasil pós-emancipação, "os negros e mulatos permaneceram de lado ou se viram excluídos da prosperidade geral e dos benefícios sociais, porque não possuíam os pré-requisitos para participar do jogo ou seguir suas regras". FERNANDES, *The Negro in Brazilian Society*, p.56. Sobre o estudo da Unesco, ver MAIO, M. C.; SANTOS, R. V. (Eds.). *Raça, ciência e sociedade*. Rio de Janeiro: Fiocruz, 1996.

144 DIPLOMA DE BRANCURA

ção. Para Costa Pinto, um imenso abismo físico, social e econômico dividia brancos e não brancos no Rio.[62] As conquistas educativas seguiam esses padrões de desigualdade. Como explicou Costa Pinto,

> a educação, como não podia deixar de ser, passou a ter um papel de suma importância, especialmente pelo fato de ela ter sido, tradicionalmente, em nossa sociedade, monopólio do branco, e ser, portanto, um atributo objetivo e subjetivo de enorme significação no diferenciar um negro da massa dos negros e promovê-lo a uma posição socialmente mais próxima da do branco.

Costa Pinto sugeria que os indícios da mobilidade social potencial dos afrodescendentes por meio da educação podiam ser medidos pelos índices de alfabetização entre os afrodescendentes de sexo masculino: quanto mais perto eles estivessem do centro da cidade, mais provavelmente seriam alfabetizados. Ele sustentava que, à medida que alguns afrodescendentes ascendiam socialmente, eles "[se dispersavam] ecologicamente" mudando-se para bairros mais ricos, enquanto as áreas de maior densidade de afrodescendentes concentravam os membros menos alfabetizados e mais marginalizados socioeconomicamente na comunidade. Nas favelas de predominância majoritária de não brancos, por exemplo, 62% da população era analfabeta em 1940.[63]

Apesar disso, na cidade do Rio, ao contrário do restante do país, a maioria da população afrodescendente era alfabetizada em 1940. Dado o tamanho da cidade e sua rápida taxa de crescimento, o sucesso dos funcionários públicos na expansão da educação pública no período entreguerras é notável. O crescimento do sistema escolar

---

[62] COSTA PINTO, *O negro no Rio de Janeiro*, p.133, 63, 41.
[63] Ibidem, p.151-2, 162.

ultrapassou o crescimento da cidade, e transformou o Rio em um dos primeiros lugares do Brasil a quebrar o "tradicional 'monopólio do branco'". A informação sobre o crescimento dos subúrbios, as pesquisas do plano de reforma urbano de Agache e o estudo que revelou a escassez de escolas públicas para as famílias no setor de serviços em Copacabana foram usados pelos funcionários para planejar a expansão do sistema escolar até essas comunidades. No início da década de 1930, o sistema escolar chegou até a abrir escolas nas favelas.

O Rio de Janeiro metropolitano nas décadas de 1920 e 1930 era social e economicamente diversificado e geograficamente complexo, como bem sabiam os planejadores urbanos. Era também cosmopolita e sedutor. Metade de seus habitantes vinha de outro lugar. Dezenas de milhares falavam línguas estrangeiras, enquanto centenas de milhares tinham vindo de outras partes do Brasil. Apesar disso, as linhas que dividiam a cidade eram as mesmas que dividiam o restante do Brasil. Uma população predominantemente branca, pequena e geograficamente concentrada, monopolizava o poder e o acesso aos recursos sociais e urbanos. Uma população muito maior, predominantemente não branca, morava em vários tipos de margens desse mundo de elite. Moravam em subúrbios, favelas ou nos corredores de serviço.

A maioria dos moradores afrodescendentes da cidade era pobre e vivia em condições insalubres, densamente confinada em bairros que careciam dos fundamentos de saúde pública e higiene. Os moradores das favelas eram visíveis, por isso eram percebidos como uma ameaça social. Os moradores dos subúrbios eram invisíveis e suas necessidades eram ignoradas. Os empregados domésticos nos bairros ricos eram ainda mais invisíveis, exceto à medida que eram "[necessários e úteis] à população remediada e rica do bairro".[64] Seguindo o padrão estabelecido pela reforma Pereira Passos, os

---

[64] SAMPAIO, N. de. "Plano regulador", p.376.

146   DIPLOMA DE BRANCURA

afrodescendentes viviam física, social e economicamente às margens da vida no Rio de Janeiro. Quer nos subúrbios ou nas favelas, a maioria da população afrodescendente vivia em meio ambientes percebidos pelos funcionários públicos como degenerado. Entretanto, o Rio de Janeiro foi também um lugar onde o relacionamento entre os afrodescendentes e a vida pública mudou. O governo da cidade quebrou o "monopólio" na educação, e desde a década de 1920 isso atraiu estudantes de cor para escolas em número tal que suas taxas de alfabetização subiram mais do que a média de muitas comunidades brancas brasileiras. Essa mudança levanta questões. Por que o padrão histórico de exclusão se alterou? Isso significava plena integração? Quais eram os termos da inclusão? Criando o primeiro sistema escolar público universal no Brasil, o Rio de Janeiro foi o primeiro a enfrentar essas questões e a estabelecer termos duradouros para a inclusão seletiva de afrodescendentes na vida social, econômica e pública da nação.

3

O que aconteceu com os professores de cor do Rio?

Duas fotografias tiradas com 35 anos de diferença ilustram uma mudança drástica no tipo de pessoa que podia se tornar professor no Rio de Janeiro, assim como o modo pelo qual essa pessoa se tornava professor. A Figura 3.1 mostra um grupo de professores afrodescendentes junto à equipe da escola vocacional Orsina da Fonseca. A Figura 3.2 mostra professores formandos brancos e seus professores no baile de formatura de 1946 da antiga Escola Normal, que em 1932 se tornou o Instituto de Educação. Essas fotografias, como muitas outras contidas no arquivo de Augusto Malta no Rio, nos anuários do Instituto de Educação e em outras fontes apontam para uma forte presença de professores afrodescendentes nas escolas do Rio de Janeiro. Mais radicalmente, essas fotografias mostram a redução gradual no número de afrodescendentes até que, no final das décadas de 1930 e 1940, eles praticamente não eram mais visíveis. Este capítulo trata dos processos históricos que levaram ao gradual branqueamento do quadro de professores do Rio de Janeiro.

Embora as fotografias levantem muitas questões, o foco aqui está sobre a dinâmica de branqueamento, em especial sobre os processos de profissionalização do ensino e de treinamento de professores.

148   DIPLOMA DE BRANCURA

Ainda que os reformadores da educação vissem a profissionalização como um processo meritocrático e técnico, era uma ação inerentemente política que produzia vencedores e perdedores. No caso da profissionalização do ensino, a política envolvia valores combinados de raça, classe e gênero. O quadro imaginado de professores – com efeito, o moderno quadro de professores que os reformadores educacionais criaram – era branco, feminino e de classe média. Mudanças sociais mais amplas contribuíram para a criação desse corpo de professores, inclusive gradual diminuição no número de homens procurando emprego como professores, assim como a crescente participação no mercado de trabalho de mulheres brancas de classe média. Mas esses processos acompanharam um projeto deliberado dos reformadores de forjar uma identidade para os professores da cidade. Suas políticas virtualmente impediram que homens recebessem treinamento para se tornarem professores e criaram normas que tornaram cada vez mais difícil para os candidatos pobres ou afrodescendentes iniciarem esse preparo.

Combinar as fotografias do arquivo de Malta com uma análise da profissionalização do ensino revela a complexidade de escrever sobre o penetrante papel da raça na moldagem das políticas públicas. As políticas que os reformadores colocaram em prática não visavam especificamente a barrar o acesso à profissão a nenhum grupo particular. O problema histórico jaz, na verdade, em como os reformadores imaginaram que era o profissional moderno do ensino, e como buscaram atingir suas metas. Uma análise da reforma no treinamento dos professores – especificamente na seleção e nos processos de treinamento de professores no Instituto de Educação do Rio de Janeiro – mostra a implementação de práticas que tornaram difícil a candidatos que não se encaixavam naquela visão de professor moderno obterem acesso à profissão. As fotografias, entrevistas e outras fontes que apontam para experiências de indivíduos, e de afrodescendentes em particular, não substituem uma história dos

O QUE ACONTECEU COM OS PROFESSORES DE COR DO RIO?   **149**

professores de cor no Brasil, mas as fontes proporcionam uma imagem mais concreta do processo histórico, assim como ressaltam os riscos envolvidos nas políticas de treinamento de professores. A combinação dessa leitura de fontes iconográficas e análises de processos institucionais lança luzes, de um lado, sobre a tensão entre a ambiguidade, a elasticidade e a ambivalência da raça no Brasil e, de outro, sobre a influência da raça como força estruturadora da vida pública brasileira.

De volta ao tempo em que havia professores de cor

O arquivo fotográfico de Augusto Malta fornece um vislumbre de uma das mudanças mais drásticas nos padrões de raça e educação no Brasil. Na virada do século, o sistema escolar do Rio de Janeiro contava com diversos professores, administradores e diretores de escola de cor. A história que essas imagens contam contrasta fortemente com as fotografias da coleção da década de 1930 e com as fotografias de professores se formando no Instituto de Educação nas décadas de 1930 e 1940.

Malta era o fotógrafo-cronista da cidade, e seu trabalho se estendeu ao longo de toda a República. Embora sua tarefa fosse registrar o ritmo do progresso, seu estilo era menos o de um publicitário do século XX e mais o de um paisagista do século XIX: ele capturava espaços. Como as escolas públicas eram projetos do governo, Malta fotografou centenas de prédios, classes, instalações, professores e alunos. Tirou a maioria das fotografias no início do século, apesar de a coleção chegar a 1935. As mais de quatrocentas fotografias de escolas e salas de aula revelavam um padrão: durante as primeiras duas décadas do século, muitos professores eram visivelmente afro-descendentes; após a década de 1930, deixaram de aparecer. Segundo minha leitura subjetiva, cerca de 15% dos professores que Malta

150 DIPLOMA DE BRANCURA

Figura 3.1. Professores da Escola Orsina da Fonseca, 1911. Coleção Augusto Malta, MIS, Secretaria de Estado de Cultura e de Esporte do Rio de Janeiro, 127n/f009325.

Figura 3.2. Professores e formandos do Instituto de Educação, 1946. ENÉAS, Z. S. *Era uma vez no Instituto de Educação*. Rio de Janeiro: Zilá Simas Enéas, 1998. Agradecimentos especiais a Zilá Simas Enéas pela permissão para reproduzir esta fotografia.

O QUE ACONTECEU COM OS PROFESSORES DE COR DO RIO? 151

registrou antes de 1920 eram de cor, alguns dos quais de compleição bastante escura, como mostrado na Figura 3.3. Na década de 1930, esse número caiu para cerca de 2%, e indivíduos desse grupo eram principalmente mulatos de pele clara. Dois outros padrões são evidentes: primeiro, os professores de cor no início do século tendiam a ser mais jovens, enquanto os poucos presentes mais tarde tendiam a ser mais velhos. Segundo, apesar de a maioria dos professores brancos ser do sexo feminino, alguns dos professores de cor no início do século eram do sexo masculino.

Os homens de cor participavam principalmente da instrução vocacional e da administração escolar. Malta mostra que as escolas vocacionais da cidade eram uma alternativa para os meninos pobres e sem recursos, em geral de cor, e muitas vezes descalços ou com sapatos gastos. Uma fotografia (Figura 3.4) mostra a inauguração de uma tipografia na Escola Profissional Souza Aguiar. Jovens afrodescendentes seguram uma placa de chumbo gravada, e diante deles senta-se seu instrutor afrodescendente. As crianças são ladeadas por jornalistas de cor que assistiam à inauguração. Embora pobres, esses meninos tinham acesso a modelos adultos do sexo masculino, como seu professor e os jornalistas. A fotografia sugere também ligações, por meio da educação, entre uma pequena classe média profissional e uma ampla classe trabalhadora de cor no Rio. Outras fotografias mostram diretores de cor, inclusive o diretor da escola normal da cidade (mais tarde Instituto de Educação) (Figuras 3.5-3.7).

No século XX, a maioria dos professores do ensino público era formada por mulheres. Dain Borges revela que, na Bahia, na última década do século XIX, mais da metade dos professores eram mulheres, um número que iria crescer para 90% em 1924. Borges também sugere que

talvez as oportunidades para as mulheres tenham aumentado à custa das oportunidades para homens negros e mulatos. No final da década de 70 do século XIX em Salvador e depois, no interior do estado, uma notável parte das fileiras de professores de escolas era formada por negros instruídos.[1]

Situação semelhante acontecia no Rio de Janeiro e, aparentemente, em outras partes do Brasil. Fotografias, artigos de jornal e depoimentos pessoais sugerem que no início do século o número de homens de cor envolvidos no ensino público diminuiu, seguido por um decréscimo no número de mulheres de cor, até que, nas décadas de 1930 e 1940, a esmagadora maioria de professores era composta por mulheres brancas. Em 1920, mais de 80% dos professores de escolas (tanto públicas quanto particulares) do Rio eram mulheres.[2]

Figura 3.3. Professora de cor na Escola Pedro Varela, 1923. Coleção Augusto Malta, MIS, Secretaria de Estado de Cultura e de Esporte do Rio de Janeiro, 127r/f009529.

---

[1] BORGES, D. *The Family in Bahia, 1870-1945*. Stanford: Stanford University Press, 1992. 364, n°36.

[2] Diretoria Geral de Estatística. *Recenseamento do Brasil*, v.4, p.27.

O QUE ACONTECEU COM OS PROFESSORES DE COR DO RIO? 153

Figura 3.4. Inauguração da tipografia na Escola Profissional Souza Aguiar, 1920. Coleção Augusto Malta, MIS, Secretaria de Estado de Cultura e de Esporte do Rio de Janeiro, 127a/f008680.

Figura 3.5. Diretores da Escola Visconde de Cairu, 1908. Coleção Augusto Malta, MIS, Secretaria de Estado de Cultura e de Esporte do Rio de Janeiro, 127a/f008677.

154 DIPLOMA DE BRANCURA

Figura 3.6. Equipe da Escola Normal do Rio de Janeiro, 1906. Coleção Augusto Malta, MIS, Secretaria de Estado de Cultura e de Esporte do Rio de Janeiro, 127f/f008970.

Figura 3.7. Professores da Segunda Escola Mista, 1908. Coleção Augusto Malta, MIS, Secretaria de Estado de Cultura e de Esporte do Rio de Janeiro, 127s/f009554.

O QUE ACONTECEU COM OS PROFESSORES DE COR DO RIO? 155

As escolas fotografadas por Malta nas primeiras décadas do século costumavam incluir vários professores de cor. Embora na maioria dos casos esses professores fossem minoria, a extensão de sua integração racial não deixa de ser impressionante. Em muitas fotografias, professores de cor posaram juntos, o que sugere que eles – como os jornalistas de cor na Escola Souza Aguiar – pudessem ter compartilhado uma identidade racial, se identidade for definida como demonstração de solidariedade.[3] A elegância com que esses professores estão vestidos indica que eram indivíduos de destaque social. Eles exerciam autoridade sobre crianças em sua maioria brancas e trabalhavam em uma profissão respeitada. Sua presença como professores, com os homens afrodescendentes que aparecem como professores, administradores e jornalistas em outras fotografias, sugere a existência de uma comunidade afrodescendente de classe média no Rio de Janeiro.

As fotografias de Malta apontam para um conjunto de problemas históricos. A existência ou a ausência de diferentes grupos sociais na profissão de professor no início do século é difícil de provar. Dados dos Censos, por exemplo, fornecem poucas pistas. O Censo de 1920 não fez diferenciações entre raças; o de 1940, embora tivesse feito essa diferenciação, juntou as categorias de professor público e funcionário do governo. Em 1940, apenas 7% das mulheres do Rio de Janeiro que trabalhavam no setor público identificavam-se como pretas ou pardas, ainda que as mulheres de cor constituíssem quase um terço da população feminina da cidade. Em 1940, 11.747 mulheres foram listadas como trabalhando no ensino e no serviço público do Rio de Janeiro, mas apenas 178 delas se identificavam como pretas e 697 como pardas.[4] Os dados do Censo não proporcionam

---

[3] Ver HOLLINGER, D. Authority, Solidarity, and the Political Economy of Identity: The Case of the United States. *Diacritics 29*, n°4, p.119, 1999.
[4] Diretoria Geral de Estatística. *Recenseamento do Brasil*, v. 4, p.XIII; IBGE. *Censo Demográfico – População e Habilitação*, p.26-9.

156 DIPLOMA DE BRANCURA

uma ideia de mudança com o tempo, ou mesmo um número de professores públicos ativos. Embora os dados do Censo se tornem ainda mais complicados pelo fato de que os indivíduos se autoidentificavam, continua sendo notável que tão poucas mulheres empregadas no ensino e no serviço público se identificassem como de cor.[5] A falta de sistematização das instituições educacionais no Rio de Janeiro antes da reforma Fernando de Azevedo, em 1927, resultou em uma escassez de documentação sobre o sistema escolar que possa esclarecer a questão. Há algumas queixas isoladas registradas em jornais afro-brasileiros e por membros da Frente Negra Brasileira, uma organização social e política com base em São Paulo e presente em outras cidades brasileiras. Há também uma memória oral em rápida erosão. Mas talvez a fonte mais extensa sobre o assunto seja composta pelas numerosas fotografias que mostram professores fenotipicamente diversos nas primeiras décadas do século. Esses professores pareciam proporcionalmente divididos entre escolas vocacionais, escolas elementares e a escola normal, de maior prestígio.

As fotografias de Augusto Malta são uma pista incompleta. As imagens apontam para uma presença notável de professores de cor, alcançando – dependendo do tipo de definição empregada – até 15% das pessoas que Malta fotografou. Esse número diminuiu de modo que, depois de 1930, torna-se difícil encontrar professores de cor nas fotografias de Malta, assim como localizá-los em outras fontes, como os anuários do Instituto de Educação. Entretanto, ainda que as fotos assinalem a presença, e quase desaparecimento, dos professores de cor, oferecem poucas informações adicionais. Elas silenciam em relação a questões-chave. Quem eram esses professores? O nome deles não aparece nas fotografias. Vinham eles de famílias de classe

---

[5] Sobre autoidentificação no Censo, ver NOBLES, *Shades of Citizenship*, p.99.

O QUE ACONTECEU COM OS PROFESSORES DE COR DO RIO? 157

média? Como se tornaram professores? Que treinamento haviam tido? Como se identificavam social, étnica e racialmente? Por que seu número parece diminuir? Há algo que o fotógrafo Malta deixou de revelar? Por exemplo, será que ele tinha preferência por fotografar um tipo de professor em vez de outro? As fotografias não fornecem respostas para essas perguntas, e as provas documentais que se concentram nelas são escassas.

Como esses professores se identificavam? É impossível saber se tinham um senso uniforme de sua cor, raça ou etnicidade. Como profissionais que trabalhavam no estado, eles podem ter assumido uma identidade "branqueada". Ou podem ter visto a si mesmos como pessoas de cor. A preocupação aqui não é classificá-los, mas analisar os padrões dos indivíduos presentes nas fotografias, a tendência de mudança com o tempo e as ligações que podem ser feitas entre as fotografias e suas fontes. Independentemente do modo pelo qual esses professores se identificavam, as fotografias revelam um fenômeno notável: com o tempo, o número de professores e administradores que possuíam claros fenótipos de afrodescendentes decresceu. Utilizando critérios analíticos consistentes, uma mudança palpável ocorreu no período de trinta anos coberto pelas fotografias.

As fotografias oferecem uma pista sobre o sentido de cor e etnicidade de pelo menos alguns dos professores. Em várias delas, os indivíduos de fenótipos mais escuros aparecem congregados. Outros tipos de fontes também mostram que pelo menos alguns professores viam-se como afrodescendentes. Um dos primeiros números de *Getulino*, jornal semanal de Campinas, São Paulo, que descrevia a si mesmo como "um órgão para a defesa dos homens pretos", publicou uma carta de uma professora de escola pública que declarava que

lendo *Getulino* deprehendi o que é um semanario que trabalha para a emancipação da nossa cor; envio meus parabens, fazendo votos

158 DIPLOMA DE BRANCURA

pela sua prosperidade e que alcance o exito almejado por todos os collaboradores.[6]

No mesmo espírito, as memórias dos membros da Frente Negra afirmam que vários líderes da organização na década de 1930 eram professores.[7] Quer abraçassem uma identidade descendente, quer se considerassem brancos em virtude de seu *status* social profissional, os professores inevitavelmente adotavam algum tipo de identidade racial. Um conjunto similarmente limitado de fontes fala das origens sociais desses professores, ou do caminho que deram a suas carreiras. Norma Fraga, uma professora de cor aposentada que estudou no sistema escolar público do Rio e no Colégio Pedro II durante o Estado Novo, sugere que esses professores de cor vinham principalmente de famílias pobres e haviam sido educados por instituições religiosas de caridade. Eles se valiam de sua educação básica para ensinar as "primeiras letras" nas escolas públicas.[8] Com efeito, na primeira metade do século XX menos de metade dos professores atuantes recebia algum grau de especialização, o que passou a ser bastante criticado pelos reformadores educacionais. Embora no final do século XIX os governos estaduais tivessem começado a organizar escolas normais que ensinavam aos professores, em 1950 apenas 60% dos professores eram formados pela escola normal.[9]

Em vez de receber treinamento profissional, os professores do ensino elementar costumavam ser formados no secundário, às vezes até nem isso. Frequentemente tinham um "padrinho" poderoso que

---

[6] SANTOS, M. A. dos. Cartas. *Getulino*, 5 ago. 1923, p.1.

[7] BARBOSA, A.; LUCRÉCIO, F. In: BARBOSA, M. *Frente Negra Brasileira: Depoimentos*. São Paulo: Quilombhoje, 1998. p.30-42.

[8] FRAGA, N. Entrevista a Jerry Dávila, 13 jul. 2000.

[9] XAVIER, M. E. et al. *História da educação:* a escola no Brasil. São Paulo: FTD, 1994. p.62.

O QUE ACONTECEU COM OS PROFESSORES DE COR DO RIO? **159**

intervinha no sistema escolar e ajudava-os a serem nomeados. Maria Yedda Linhares, que estudou em escolas particulares no Rio na década de 1930 e atuou como secretária da Educação do Rio de Janeiro durante a administração de Leonel Brizola (1988-1992), lembrou que os sistemas escolares contratavam professores que "tinham um pistolão, que tinham um protetor".[10] Aristides Barbosa, que foi membro da Frente Negra em São Paulo, lembrou-se de vários colegas professores que se encaixavam nesse perfil: "O Ovídio era um professor amador, ele não era nem formado. Naquela época faltava professor e ele fez um concurso na Secretaria da Educação para ser professor primário". Outro membro da Frente Negra não teve tanta sorte:

> Naquele tempo era muito comum a gente fazer ginásio, aí você entrava como professor normalista, e ele estava querendo um emprego e tal. A tia dele, que conhecia vários políticos ... arranjava as cartinhas para ele ir não sei em que lugar, aqui, ali, mas as cartinhas falharam.[11]

A coleção de fotografias de Malta e outras pistas mostram que havia um corpo de professores afrodescendentes que, nas primeiras décadas do século, lecionava nas escolas públicas urbanas. Esses professores conseguiram emprego em virtude de uma combinação de seu nível comparativamente alto de educação (segundo estatísticas do IBGE, em 1946 apenas 4% dos indivíduos de 24 anos de idade no Brasil haviam completado o secundário) e a influência potencial de um patrono.[12] As fotografias sugerem a possibilidade

---

[10] LINHARES, M. Y. Entrevista a Jerry Dávila, 20 jul. 2000.

[11] BARBOSA, A. *Frente Negra*, p.29-30.

[12] FREITAS, T. de. *A escolaridade primária e a política educacional*, cap. 5. "Revelações dos Números no Terreno Social (1946)". Coleção Freitas, AN, AP 48, Caixa 55, Pasta 15.

160   DIPLOMA DE BRANCURA

de que os professores de cor tenham assumido uma identidade afrodescendente, e outras fontes mostram que alguns professores assumiram uma consciência social e política como afrodescendentes. As fotografias mostram também que o número desses professores declinou visivelmente com o tempo: a maioria estava presente em fotografias tiradas entre 1900 e 1920, enquanto muito poucos estavam presentes em fotografias tiradas após 1930.

O desaparecimento gradual dos professores de cor no Rio de Janeiro não é, mais uma vez, assunto direto de muitas documentações históricas. A fonte mais direta foi um discurso pronunciado em 1934 no Congresso Afro-Brasileiro no Recife, organizado por Gilberto Freyre na cidade em que morava, logo após a publicação e fantástica recepção pública de *Casa-grande e senzala*. O encontro reuniu uma eclética mistura de antropólogos, eugenistas e outros cientistas sociais, de um lado, e membros de organizações religiosas e sociais afro-brasileiras, de outro. O livro de ensaios publicado com base no congresso incluiu uma breve declaração feita por um membro da Frente Negra de Pelotas, Rio Grande do Sul:

> Muitas jovens ethiopes, que se diplomam educadoras, lutam para conseguir lecionar e tem que o fazer particularmente, na impossibilidade de trabalhar para o Estado. A maioria desiste, vendo os exemplos dolorosos, e vão para a costura, condição máxima que pode desejar a mulher que possue as 'consideradas' caracteristicas da descendencia africana".[13]

Em 1934, o porta-voz da Frente Negra via uma tendência contra a contratação de professoras de cor mesmo que elas tivessem diploma

---

[13]   BARROS, M. Discurso do representante da Frente Negra Pelotense. *Estudos Afro-Brasileiros (Trabalhos apresentados no 1º Congresso Afro-Brasileiro reunido no Recife em 1934)*. V.1. Rio de Janeiro: Ariel, 1935. p.271.

O QUE ACONTECEU COM OS PROFESSORES DE COR DO RIO? 161

de professoras e, embora tivesse falado do problema de sua experiência em Pelotas, descreveu-o em termos gerais para uma plateia nacional. Uma década antes, o jornal afro-brasileiro *Getulino* traçou um perfil de Norberto de Souza Pinto, professor de Campinas, que também aparentemente possuía o diploma de professor. O perfil apresentava Souza como um jovem cavalheiro, virtuoso e aplicado. Mas

> em outro meio ambiente, em que a modestia não constituisse, por vezes, um tropeço à realização de justas aspirações, o prof. Norberto de Souza Pinto, pelo seu preparo geral, teria conseguido logar de destaque no magisterio público, sem essas injustas preterições que, ainda há pouco experimentou.[14]

Embora o *Getulino* não especificasse quais eram essas preterições, a própria palavra escolhida pelos editores refere-se a ações tomadas de modo disfarçado: enquanto publicamente se afirma uma coisa, na verdade se faz o contrário. Descreve-se assim possível discriminação em que motivos raciais são negados por trás de uma aparente democracia racial.

Essas descrições dos obstáculos enfrentados por professores de cor vieram de diferentes partes do Brasil. Dentro da experiência da cidade do Rio de Janeiro, todavia, é possível testemunhar a criação e a implementação de políticas para selecionar e treinar futuros professores que criaram condições hostis para afrodescendentes e brasileiros de classe baixa que tentavam ser professores. Desde a segunda década do século XX, a sucessão de reformadores – Afrânio Peixoto, Antônio Carneiro Leão, Fernando de Azevedo e Anísio Teixeira – expandiu e reformou os programas de aprendizagem dos professores da cidade, colocando em prática valores que definiram o ensino como

---

[14] Professor Norberto de Souza Pinto. *Getulino*, 15 jun. 1924.

162 DIPLOMA DE BRANCURA

uma profissão branca, feminina e de classe média. Embora as fotografias de Malta deixem muitas perguntas para as quais há poucas respostas nos documentos, a transformação que os reformadores efetuaram no sistema escolar público em uma rede de instituições racional e científica deixou um traço documental que permite uma análise do modo pelo qual valores da profissionalização marginalizaram sistematicamente os professores de cor.

Importando uma visão do novo professor

Todos os principais reformadores educacionais viram o treinamento dos quadros de professores como a chave para a reforma educacional. Todos expressaram seu desdém pelos professores anteriormente contratados pelo sistema escolar da cidade e os quais continuavam a ser contratados em outras partes do país. Esses reformadores sentiam que faltava profissionalismo, capacidade técnica e força moral a esses professores. Em lugar daquela situação, imaginavam um quadro de professores formado por uma elite adequadamente selecionada e treinada, exclusiva e profissionalmente talentosa. Fernando de Azevedo, secretário da Educação de 1926 a 1930, acreditava que a ordem social dependia de uma elite bem treinada, porque "a educação das massas populares, sem a formação de elites capazes de orientá-las e dirigi-las, importaria na mobilização de forças, para a pior das demagogias". Em consequência, Azevedo emprestou sua influência ao processo de profissionalização em progresso há uma década construindo um novo prédio luxuoso para a escola normal, expandindo o alcance do treinamento dos professores e "banindo das nomeações e promoções o favoritismo político".[15]

---

[15] AZEVEDO, F. de. A formação do professorado e a reforma. *Boletim de Educação Pública 1*, n°4, p.497, 495, 1930.

O QUE ACONTECEU COM OS PROFESSORES DE COR DO RIO? **163**

No preâmbulo do decreto municipal que transformou a escola normal no Instituto de Educação, o sucessor de Azevedo, Anísio Teixeira, empregou um tom ainda mais urgente para falar da necessidade de uma reforma profissional, porque

> por intermedio da escola, pressente o nosso povo que se deve dar a ele o certificado de saude, intelligencia e caracter, imprescindivel para seu concurso à vida moderna ... Semelhante tarefa, sem dúvida maior em uma organização democratica, não pode ser confiada a quaesquer pessoas. Muito menos a um corpo de homens e mulheres insufficientemente preparados, sem visão intellectual e sem visão social e que mais não podem fazer do que abastardar a função educativa até o nivel desolador da inefficiencia technica e indigencia espiritual em que se encontra em muitos casos.

Escrevendo cinco anos depois da Reforma Fernando de Azevedo, Teixeira expressava alívio porque a situação no Rio de Janeiro era melhor do que a de outras partes do país, pois

> essa não é, felizmente, a situação do Distrito Federal, onde certa seleção social vem sendo feita no magistério público, que, alliada à unidade, vocação e trabalho, nos tem proporcionado um corpo docente de invejáveis qualidades moraes.[16]

Manoel Lourenço Filho dirigiu a escola normal no Rio a partir de 1932, época em que a escola foi transformada no Instituto de Educação, até 1938, quando ele saiu para organizar e dirigir o Instituto Nacional de Estudos Pedagógicos (Inep), uma instituição

---

[16] *Decreto nº 3.810, organização do Instituto de Educação do Rio de Janeiro*. Rio de Janeiro: Diretoria Geral de Instrução Pública da Prefeitura do Distrito Federal, 1932. p.21.

164 DIPLOMA DE BRANCURA

federal. Em seu relatório sobre a transformação da escola normal no Instituto de Educação, denunciou

> o desembaraço com que qualquer pessoa, no Brasil, se arroga o título de *professor* e, mais, o fato de nossos costumes e nossas leis o tolerarem demonstra que, na própria consciência pública, não ha diferenciação para os que tenham passado por um Instituto de preparação para o magistério. Compreende-se, assim, que se possa chamar de *professor* a qualquer, que saiba ou presuma saber, e não sómente ao que *saiba ou deva saber ensinar.*[17]

Esses reformadores lutaram contra o que percebiam ser o atraso do Brasil, e porque buscavam criar uma nova sociedade, modelaram sua visão cada vez mais nos Estados Unidos. A educação era seu meio para alcançar a transformação, e a reforma do treinamento dos professores e a profissionalização do ensino eram um microcosmo de suas ideias. Como o preâmbulo da lei estadual regulando o ensino normal em Minas Gerais ressaltava,

> [a reforma só pode ser alcançada] ... no dominio do ensino normal, matriz do ensino primario, que somente pela renovação e o reajustamento do primeiro poderá ser renovado no seu espírito e reajustado nos seus termos.[18]

Para os reformadores, os professores existentes simbolizavam esse atraso com seu clientelismo, falta de treinamento profissional

---

[17] LOURENÇO FILHO. A Escola de Professores do Instituto de Educação. *Arquivos do Instituto de Educação 1*, n°1, p.15-6, 1934.

[18] CAMPOS, F. *Regulamentos do ensino normal do Estado de Minas Gerais (Decreto n° 9.450 de 18 de fevereiro de 1930).* Belo Horizonte: Imprensa Oficial de Minas Gerais, 1930. p.3.

O QUE ACONTECEU COM OS PROFESSORES DE COR DO RIO? **165**

ou mesmo educação geral, e o imerecido ar de elite que assumiam. Esses eram os professores que ensinavam em escolas que "ainda 'dormiam sua sesta colonial'", comentou Azevedo.[19] No lugar desses professores do atraso, os reformadores buscavam um corpo moderno, que se coadunasse com a imagem de uma elite moderna treinada cientificamente, muito bem-educada, refletindo as normas mais rigorosas de saúde, temperamento e inteligência, e dotada de um senso corporativo de identidade e classe social semelhante ao dos militares. Mário de Brito, diretor da escola secundária do Instituto de Educação (responsável pelos critérios de filtragem e seleção dos professores aspirantes), capturou o espírito da transformação quando declarou: "para novos métodos, seria imprescindivel novo pessoal de execução".[20]

Quando esses reformadores saíram a modernizar o Brasil reinventando a educação, nenhum dos ingredientes de sua fórmula podia ser encontrado em casa. Como as elites brasileiras haviam feito ao longo dos séculos, eles foram fazer compras no mercado internacional de ideias. Embora os brasileiros em busca do moderno ainda se voltassem à Europa, na década de 1920 passaram a olhar cada vez mais para os Estados Unidos também. As teorias genéticas e eugênicas britânica e alemã, os modelos criminológicos italianos e os esquemas franceses para medir inteligência eram todos consumidos por uma emergente classe de cientistas e cientistas sociais preocupados com o estabelecimento e o gerenciamento de uma ordem "natural" para sua sociedade. Influentes cientistas sociais dos Estados Unidos, como o educador John Dewey e o psicólogo Lewis Terman,

---

[19] AZEVEDO, A formação do professorado e a reforma, p.494.
[20] BRITO, M. de. A admissão à escola secundária. *Arquivos do Instituto de Educação 1*, n°1, p.27, 1934.

166 DIPLOMA DE BRANCURA

também criaram teorias e práticas que os reformadores educacionais do Brasil devoravam.[21]

Durante sua gestão, Anísio Teixeira transformou a escola normal do Rio no Instituto de Educação, uma instituição inspirada no Teachers College da Universidade de Columbia em Nova York, onde acabara de completar seu mestrado. A reorganização efetuada por Teixeira na escola normal combinou a tradição da elite brasileira de importar as ideias que estruturavam suas instituições com o crescente desejo das elites e instituições nos Estados Unidos de exportar seu pensamento educacional e científico social. O Teachers College da Universidade de Columbia era o primeiro destino nos Estados Unidos para educadores brasileiros. Com a ajuda de um milhão de dólares doados por John D. Rockefeller, o Teachers College abriu seu Instituto Internacional em 1923 a fim de recrutar educadores estrangeiros para estudar nos Estados Unidos.[22] As ambições desse programa estavam a apenas um passo do imperialismo do início do século. O diretor do Instituto Internacional, Paul Monroe, havia ajudado na criação do sistema escolar nas Filipinas, enquanto membros de sua equipe haviam trabalhado em outra recente aquisição norte-americana, Porto Rico, ou na abertura de escolas cristãs na China. Eles projetavam o treinamento de uma elite educacional internacional "destinada a ocupar posições estratégicas em seus país natal".[23]

---

[21] Ver ROSS, D. *The Rise of American Social Science*. Cambridge: Cambridge University Press, 1991; e (Ed.) *Modernist Impulses in the Social Sciences*. Baltimore: Johns Hopkins University Press,1994; e GOULD, *The Mismeasure of Man*.

[22] CREMIN, L. A.; SHANNON, D. A.; TOWNSEND, M. E. *A History of Teachers College, Columbia University*. Nova York: Columbia University Press, 1954. p.77.

[23] Carta de James E. Russell a Wycliffe Rose, 18 dez. 1932. In: FLEISCH, B. D. *The Teachers College Club: American Educational Discourse and the Origins of Bantu Education in South Africa, 1914-1951*. 1995. 24p. (Ph.D. diss.) – Columbia University.

O QUE ACONTECEU COM OS PROFESSORES DE COR DO RIO? 167

O Instituto Internacional facilitava a integração de estrangeiros nos programas do Teachers College, ao mesmo tempo que lhes fornecia um panorama da educação nos Estados Unidos. Os alunos seguiam um Curso Fundamental que incluía visitas a escolas públicas. Parte desse programa era uma viagem a escolas ligadas ao Teachers College em Baltimore, Washington e no segregado sul.[24] Entre 1920 e 1959, 86 educadores brasileiros estudaram no Teachers College – um número superior ao dos educadores de qualquer outro país latino-americano. Dezenas desses alunos matricularam-se na década de 1920.[25] A vasta maioria dos alunos era de mulheres solteiras, o que reflete o grau em que o ensino se tornou um meio para as mulheres brasileiras afirmarem sua independência econômica e profissional.

O esforço do Instituto Internacional em disseminar os métodos e as ideias da educação norte-americana em outros países não poderia ter sido mais eficaz do que em seu relacionamento com Anísio Teixeira. Depois que Teixeira retornou ao Brasil e assumiu a diretoria do sistema escolar do Rio, implantou uma série de reformas espelhadas em suas experiências em Columbia. A reestruturação da escola normal como um Instituto de Educação nos moldes do Teachers College foi central em seu programa. Ele desenvolveu uma escola elementar experimental no Instituto como a Horace Mann School do Teachers College. Com o fim de preparar candidatos para a Escola de Professores do Instituto, Teixeira organizou também uma escola secundária altamente seletiva. Com efeito, ele havia sido tão influenciado por sua experiência em Columbia que Lois Williams, um norte-americano que ele recrutara para dirigir a educação física no Rio, disse

---

[24] *Teachers College Report of the Dean for the Year Ending June 30, 1928.* Columbia University Teachers College Archive, 40.

[25] *Students from Other Lands in Attendance at Teachers College to Date of Spring 1959.* Columbia University Teachers College, 2.

168 DIPLOMA DE BRANCURA

a Teixeira "você é, realmente, mais norte-americano do que eu, e mais atualizado?!", devido a seu entusiasmo pelo uso da expressão "swell".[*][26]

Teixeira completou a remodelação do Instituto de Educação atraindo o psicólogo educacional Manoel Lourenço Filho para dirigi-lo. Lourenço Filho, o primeiro psicólogo educacional do Brasil, era professor da escola normal em São Paulo, onde acabara de criar um teste para determinar a maturidade intelectual das crianças ao entrar na escola. Esse teste permitiu que os funcionários das escolas distribuíssem os alunos de modo eficaz e científico na hierarquia educacional. Azevedo, Teixeira e Lourenço Filho trabalharam em equipe, traçando planos para seu novo sistema escolar e criando campanhas educativas nacionais. Eles planejaram uma ampla frente política que influenciou os artigos sobre educação na Constituição de 1934, mas também atraíram uma reação negativa da Igreja Católica, que se sentia ameaçada pelas escolas laicas.

Em 1932, o ano em que a reestruturação que Teixeira e Lourenço Filho efetuaram no Instituto de Educação se completou, os educadores progressistas haviam formado uma associação livre chamada Pioneiros da Escola Nova e lideravam um movimento educacional progressista nacional que reformou os sistemas escolares em todo o país. A Escola Nova que eles criaram se estendeu muito além de suas gestões no sistema escolar do Rio. Os testes e as medidas de Lourenço Filho foram usados no mínimo até 1957. Em 1958, a reforma de Anísio Teixeira das escolas do Rio se tornou a base da legislação nacional sobre educação, a Lei de Diretrizes e Bases em Educação.

---

[*] Expressão coloquial norte-americana de apreciação; "muito bom!", "beleza!". (N.T.)

[26] Carta de Lois Williams a Anísio Teixeira, 19 jan. 1934. Arquivo Anísio Teixeira, CPDOC, pi32.01.06.

O QUE ACONTECEU COM OS PROFESSORES DE COR DO RIO?   169

A marcha da profissionalização

Quando Azevedo, Teixeira e Lourenço Filho deram uma forma definitiva ao Instituto de Educação e aos padrões de treinamento dos professores, aproveitaram-se de uma onda de profissionalização que viera crescendo desde o final do século XIX, quando a maioria dos estados fundara escolas normais para treinar os professores que povoavam suas nascentes escolas públicas. A importância inicial dessas escolas normais para a educação foi limitada. Elas originalmente preencheram o vácuo criado pela quase ausência de educação secundária pública deixada pelo Império (1822-1889), fornecendo uma educação secundária clássica suplementada por alguns cursos de pedagogia. No início do século, um grau secundário era suficiente para ensinar na escola elementar em qualquer parte do Brasil.

À medida que os teóricos raciais deslocaram suas análises sobre a natureza da raça da base biológica para a cultural, o treinamento de professores ganhou maior urgência. De repente, brasileiros degenerados podiam ser redimidos por meio da saúde e da educação. Como os professores precisariam ser capazes de orientar a redenção, precisariam ter acesso aos recursos técnicos e profissionais necessários. Desde a década de 1920, novos professores passaram a ter, cada vez mais, o equivalente a um grau no secundário obtido por meio do estudo especializado de ciências sociais, como psicologia e sociologia, além de campos de estudo mais explicitamente eugênicos, como higiene e puericultura (a ciência do cuidado pré e pós-natal, baseada na teoria eugênica de que um cuidado especial durante a gestação pode amenizar deficiências geneticamente acumuladas).

A primeira tentativa de fortalecer o treinamento de professores foi feita em 1917 por um dos principais eugenistas, Afrânio Peixoto, quando dirigiu o Departamento de Instrução Pública do Rio de Janeiro. Peixoto foi um dos principais expoentes no campo da medicina legal no Brasil e ajudou a popularizar a escola criminológica

170 DIPLOMA DE BRANCURA

italiana de antropologia e estudo da raça. É revelador que, assim que a degeneração racial passou a ser vista como uma condição adquirida e remediável, um médico e pioneiro da medicina legal passasse a dirigir o principal sistema escolar da nação, e um eugenista tenha dado os primeiros passos importantes rumo à profissionalização do ensino. Peixoto via o ensino e, consequentemente, o treinamento de professores como responsabilidades femininas. Segundo o próprio Peixoto,

> Diretor de instrução que fui, nunca considerei sem desdém os raros rapazes que se matriculavam nas escolas normais. São falidos, que antecipadamente capitularam diante da vida, num país em que as utilidades masculinas oferecem compensações másculas. As mulheres que aspiram ao magistério são o escol do sexo.[27]

A reforma de Peixoto separou a educação secundária do ensino pedagógico na escola normal do Rio e transformou a pedagogia em um campo de estudo pós-secundário. Antônio de Sampaio Dória, diretor do ensino público em São Paulo, aplicou a mesma reforma nas escolas normais de seu estado em 1920. Dória também instituiu o estágio para estudantes do curso normal e estendeu o conteúdo pedagógico de uma educação normal para três anos. Durante a década que se seguiu, os reformadores em São Paulo, Minas Gerais, Paraná e Pernambuco delinearam o treinamento profissional de professores, que em geral envolvia três anos de estudo além do nível secundário.[28]

A reforma definidora do ensino normal foi executada em Minas Gerais pelo secretário estadual do interior, Francisco Campos, que

---

[27] LOPES, E. M. T. Júlio Afrânio Peixoto. In: FÁVERO e BRITTO (Eds.). *Dicionário de educadores no Brasil*, p.323.

[28] LOURENÇO FILHO, A Escola de Professores do Instituto de Educação, p.16-7.

O QUE ACONTECEU COM OS PROFESSORES DE COR DO RIO? **171**

logo ganhou destaque nacional como ideólogo-chefe do governo Vargas. Campos organizou o Ministério da Educação e Saúde Pública em 1930, foi o autor da Constituição corporativista do Estado Novo em 1937 e implementou-a como ministro da Justiça até 1942. Logo após ser sugado para a política nacional na esteira da Revolução de 1930, Campos implementou uma reforma que elevou o ensino normal ao nível de ensino universitário, copiando os Estados Unidos e a Europa. Campos argumentava que as escolas normais deviam "[destinar-se] exclusivamente à ciência e à prática de technicas pedagógicas".[29]

Um aspecto curioso da reforma de Campos, principalmente considerando-se seu flerte posterior com o fascismo, é sua pesada influência de ideias norte-americanas. Em seu prefácio à reforma, Campos utilizou terminologia não traduzida do inglês, como "training", "tests" e "syllabus", e citou revistas norte-americanas repetidas vezes. Mais surpreendente ainda era seu interesse pela filosofia progressista da "Escola Nova" de John Dewey, dado que poucos anos mais tarde os aliados nacionalistas católicos de Campos iriam perseguir e lutar pela prisão dos seguidores de Dewey rotulando-os de comunistas. Com efeito, na reforma Campos referiu-se a Dewey mais do que a qualquer outro educador.[30] A influência do pensamento pedagógico e científico-social norte-americano sobre Campos ilustra a emergência da dominância intelectual e científica dos Estados Unidos.

Campos importou práticas tayloristas para observar e avaliar o ensino. Ele também instituiu estudos científico-sociais como base do treinamento de professores, explicando que

o ensino normal não é uma propedeutica intellectual, um simples instrumento de iniciação e de cultura geral; elle visa, sobretudo,

---

[29] CAMPOS, *Regulamento do ensino normal de Minas Gerais*, p.9.
[30] Ibidem.

172 DIPLOMA DE BRANCURA

antes de tudo, à acquisição de uma technica psychologica, de uma technica intellectual e de uma technica moral.

Esse programa incluiu biologia, significando, de modo amplo, puericultura e higiene, os estudos eugênicos que eram cada vez mais utilizados para aperfeiçoar a raça. Mas o trivial básico do programa era a psicologia educacional e infantil. Para Campos, negligenciar a psicologia era como "não ensinar aos futuros professores a linguagem em que elles têm de se entender com os seus mestres".[31] A reforma Campos tornou-se o paradigma do treinamento de professores sobre o qual os outros projetos de escola normal nos anos Vargas se desenvolveram. Anísio Teixeira reconheceu o trabalho de Campos quando transformou a escola normal do Rio de Janeiro no Instituto de Educação. O programa de Campos estabeleceu definitivamente o treinamento de professores como uma forma de educação superior, fundada no estudo de ciências sociais. Os estagiários – em sua maioria mulheres – educados na escola normal de Minas Gerais depois de 1930 estavam entre os primeiros brasileiros a receber aprendizagem formal em psicologia. Mais ainda, eles foram talvez as únicas pessoas fora da comunidade médica treinadas a lecionar sobre higiene e puericultura.

Da Escola Normal ao Instituto de Educação

A escola normal do Rio de Janeiro passou por uma reforma entre 1927 e 1934 nas mãos de dois dos principais educadores do Brasil, Fernando de Azevedo e Anísio Teixeira. A reforma estendeu a profissionalização além do programa de Campos em Minas Gerais, objetivando não apenas treinar professores na capital mas também

---

[31] Ibidem, p.9, 18.

servir de modelo para a nação. A nova instituição foi concebida como um filtro entre o público e a política educacional: restringia o treinamento de professores a um grupo de mulheres cada vez mais de elite e dava-lhes o treinamento técnico e a sociabilização necessários para se identificarem com os paradigmas científico-sociais e em lugar das comunidades a serem educadas. O novo Instituto de Educação reforçou os obstáculos enfrentados por brasileiros de cor tanto na educação quanto no emprego.

Quando Fernando de Azevedo – sociólogo que foi um dos primeiros líderes da Sociedade de Eugenia de São Paulo – iniciou sua reforma da educação pública na capital, uma de suas primeiras iniciativas foi mudar a escola normal do centro da cidade para um suntuoso novo prédio no bairro tradicional da Tijuca.[32] A localização do prédio e sua elaborada semelhança com um colégio jesuíta ajudou a promover a nova imagem da escola normal como uma instalação mais acessível à elite (ver Figura 3.8). Simultaneamente, Azevedo continuou a institucionalização do treinamento pedagógico como ensino pós-secundário e introduziu um programa de sociologia influenciado por John Dewey, Emile Durkheim e Edouard Claparéde.

A mais ampla transformação da escola normal ocorreu quando Anísio Teixeira reestruturou-a como Instituto de Educação. Ele dividiu o Instituto em escola elementar para o ensino de estudantes, uma Escola de Professores em nível universitário e uma escola secundária que preparava alunos para a Escola de Professores. O treinamento de professores incluía biologia, pedagogia, sociologia e psicologia, esta última instituída por Manoel Lourenço Filho. Teixeira justificava:

> Não se tratava, sómente, de elevar esse preparo ao nivel univer-
> sitario para dar ao professor a cultura basica necessaria à largueza

---

[32] STEPAN, *The Hour of Eugenics*, p.64.

Figura 3.8. O prédio neocolonial da escola normal, completado em 1930. Coleção Augusto Malta, MIS, Secretaria de Estado de Cultura e Esporte do Rio de Janeiro, 127s/f008971.

de vistas e à comprehensão exacta do mundo contemporaneo... Era indispensavel que sobre esse edificio de cultura geral se erguesse o da nova cultura profissional e scientifica do mestre."[33]

O programa secundário e pós-secundário incluía não apenas técnicas científico-sociais, mas também refletia o novo nacionalismo. Os alunos estudavam trabalhos manuais e cantos corais nacionalistas a fim de adquirir amor pelo trabalho e pela nação que se considerava faltar entre as elites. Como Azevedo explicou: "o que importa, no entanto, acima de tudo, é o cultivo do sentimento

---

[33] TEIXEIRA. O sistema escolar do Rio de Janeiro, D.F.: Relatório de um ano de administração. *Boletim de Educação Pública 1*, n°4, p.353, 1932.

patriótico".[34] Desenvolveram-se cursos de educação física, higiene e puericultura. Os alunos aprendiam normas eugênicas para poder ensiná-las: os cursos "[dariam] conhecimentos aos alunos da orientação da Educação Física dentro de um plano baseado em um continuo aperfeiçoamento físico, mental, moral e social".[35] Os reformadores imaginaram o Instituto de Educação como uma vitrine da reforma e da pesquisa educacionais para todo o país. Ao longo da década que se seguiu, o programa do Instituto foi adotado pelos estados de São Paulo, Pernambuco, Espírito Santo, Alagoas, Maranhão, Amazonas, Pará, Paraíba e Sergipe. O Instituto atraiu muitos dos principais educadores do Brasil para sua equipe e fundou a pesquisa sociológica e psicológica, primeiro com o objetivo de adaptar testes e procedimentos estrangeiros às condições domésticas. O Instituto começou também a publicar sua própria revista, *Arquivos do Instituto de Educação*, e fundou uma biblioteca de pesquisa.

A revista e a biblioteca de pesquisa permitem uma leitura íntima dos procedimentos do Instituto, revelando quatro níveis em que os professores de cor aspirantes poderiam ser marginalizados. Primeiro, os três anos adicionais de estudo colocavam a carreira fora do alcance dos aspirantes mais pobres. Segundo, uma bateria de exames de admissão baseados em rígidos critérios acadêmicos, físicos, estéticos e psicológicos estabelecia padrões hostis para a admissão. Terceiro, os alunos do Instituto eram rotineiramente avaliados por seus colegas de classe, o que colocava os membros de uma minoria não branca sob o olhar regulador subjetivo de seus colegas brancos. Finalmente, menos da metade dos alunos formados na escola secundária

---

[34] VIDAL, D. O exercício disciplinado do olhar: Livros, leituras e práticas de formação docente no Instituto de Educação do Distrito Federal.1995. 52p. (Ph.D. diss.) – Universidade de São Paulo.

[35] RODRIGUES, M. de Q. Educação física: Programa do curso normal do Instituto de Educação. *Revista de Educação Pública 2*, n°2, p.247, 1944.

176 DIPLOMA DE BRANCURA

era admitida na Escola de Professores, o que estreitava ainda mais os canais e reforçava os critérios profissionalizantes para ser contratado como professor da Prefeitura. Não há provas de que a exclusão racial fosse deliberadamente pretendida por essas políticas. Não obstante, Teixeira era claro a respeito da agenda por trás da série de barreiras apresentadas pelo Instituto:

> o objetivo de preparar *elites* technicas equivalentes ou superiores às dos demais paizes [criou a] necessidade de uma verdadeira pesquiza de talentos e de intelligencias privilegiadas.

Os critérios de seleção e promoção do Instituto examinavam continuamente os alunos ao longo dos oito anos do curso. Eles só podiam entrar na Escola de Professores a partir da escola secundária, e só podiam ser admitidos na escola secundária no primeiro ano. Transferências não eram permitidas. Teixeira procurou criar uma "fina flor" de educadores, treinados no Instituto e especializados no exterior, pois acreditava, desde seus anos em Nova York, que "a riqueza das nações passou a se medir pela riqueza de intelligencia e de pensamentos dos seus *leaders* scientificos e industriaes".[36] O próprio conceito de elites que ele usou para definir seu modelo educacional foi importado dos Estados Unidos: em seu texto sobre a reforma de 1932, Teixeira manteve as palavras "leaders" e "elites" em inglês e em itálico.

O ritual principal de reengenharia social do Instituto de Educação era o exame de admissão. Este era um grande evento público em que geralmente vários milhares de candidatos se apresentavam para ser admitidos em uma classe de cerca de duzentos. Embora o ensino já houvesse se tornado em grande escala uma profissão feminina, o

---

[36] TEIXEIRA, O sistema escolar do Rio de Janeiro, p.361.

O QUE ACONTECEU COM OS PROFESSORES DE COR DO RIO? **177**

Instituto reforçou a disciplina de gênero admitindo no início não mais do que 10% de homens em uma classe, e logo em seguida admitindo apenas mulheres. Depoimentos sugerem que os poucos homens admitidos passavam por maus bocados: segundo uma fonte,

> tivemos um, mas nós inventamos que era bailarino do Teatro Municipal. O pobre sofreu horrores com a minha turma ... ele teve que abandonar porque era muito fraco. Não aguentou. Nós pintamos tanto com ele ... Tornamos a vida dele tão infeliz que ele acabou saindo. Desistiu. Não foi ser professor.[37]

Os critérios de admissão filtraram o acervo de candidatos de outras formas, também. Os candidatos tinham de ter entre doze e dezesseis anos de idade, o que colocava a admissão e a carreira de professor fora do alcance de estudantes que houvessem interrompido os estudos para trabalhar ou por outros motivos. A parte acadêmica do exame era tão rigorosa que os candidatos bem-sucedidos muitas vezes passavam um ano em cursos preparatórios diários em alguma das várias escolas particulares, o que, mais uma vez, colocava a admissão fora do alcance das classes populares.[38] Mas só notas altas nos exames acadêmicos não eram o bastante: a essas notas somavam-se os resultados do Teste Alfa, um exame psicológico desenvolvido nos Estados Unidos para testar recrutas do Exército para a Primeira Guerra Mundial, e o qual durante anos serviu como "a primeira fonte para estudos de diferenças de capacidade étnicas, raciais e geográficas nos Estados Unidos".[39] Para Mário de Brito, que

---

[37] OLIVEIRA, H. S. de. Entrevistada por Vidal, "Exercício disciplinado do olhar", p.28.

[38] ENÉAS, Z. S. *Era uma vez no Instituto de Educação*, p.27.

[39] TUDDENHAM, R. citado em HANEY, W. Validity, Vaudeville, and Values: A Short History of Social Concerns Over Standardized Testing. *American Psychologist 10*, n°36, p.1022, 1981.

178 DIPLOMA DE BRANCURA

foi diretor da escola secundária do Instituto de Educação que administrava o processo de admissão, os testes de inteligência ajudavam a selecionar "os mais capazes".[40] Embora o processo de admissão fosse composto por uma barreira de testes acadêmicos e de inteligência, o primeiro estágio das admissões era um exame de saúde eliminatório. Como explicava Brito:

> Tendo em vista não ser do domínio da práctica corrente, mesmo entre as pessoas abastadas, o hábito dos exames periódicos de saúde, destinados mais a prevenir do que a remediar as suas perturbações, decidiu-se iniciar a seleção com o exame médico, que atingiria, assim, a quantos requeressem admissão; os benefícios de tal exame, como simples advertência ou como providência indispensavel e inadiável em certos casos, não ficaria adstrito, por esta fórma, ao número relativamente reduzido dos alunos aceitos após as provas de inteligência e de preparo, constituindo-se, ao contrário, em centro irradiador de educação higiênica e sanitária para alguns milhares de individuos, dado que a propaganda que os mesmos representam para a consecução dêsse objetivo atúa também nos pais e demais pessoas das famílias dos candidatos.[41]

A observação de Brito ilustra a extensão em que as preocupações eugênicas com a saúde pública e a higiene orientavam o pensamento a respeito das admissões no Instituto. Reflete também a pressuposição dos diretores do Instituto sobre a classe social dos candidatos, observando que as normas do exame e da saúde eugênica se aplicavam até os ricos. Além de definirem os padrões físicos e

---

[40] BRITO, A admissão e a escola secundária, p.31.
[41] Ibidem, p.28.

O QUE ACONTECEU COM OS PROFESSORES DE COR DO RIO? **179**

de saúde dos futuros professores, o exame era um espetáculo público que projetava a imagem de uma hierarquia social medicamente meritocrática.

O exame médico era um ritual elaborado que celebrava normas eugênicas de saúde. Primeiro, abria-se uma ficha que incluía uma fotografia e a impressão do polegar para confirmar a identidade. O responsável legal pelo candidato apresentava uma declaração assinada sobre as doenças e cirurgias anteriores do candidato. O exame começava com uma verificação por parte de uma enfermeira da aparência do candidato vestido e do estado de sua pele. Seguia-se a medição da altura, peso e capacidade pulmonar do candidato, efetuada não por uma, mas por duas enfermeiras, que verificavam e autenticavam o julgamento uma da outra "verificando-se destarte, aí, como em tudo o mais, rigorosa responsabilidade individual pelo serviço executado". Depois das medidas e do exame da aparência do candidato, um médico examinava o sistema circulatório e respiratório, enquanto outro avaliava a visão e a audição, e um terceiro verificava os ossos e o sistema nervoso, assim como a higiene dental.[42] A Figura 3.9 ilustra a execução de um conjunto de exames biométricos efetuados na escola vocacional para mulheres Rivadávia Corrêa.

As normas de peso e altura dos candidatos seguiam um ideal eugênico restrito. Alguns professores que se formaram nesse período lembram-se de colocar pesos em sua roupa de baixo ou comer grandes quantidades de manteiga em desesperados esforços de última hora para se encaixarem nos critérios.[43] Se brasileiros de cor, ou outros, objetaram quanto aos critérios adotadas para admitir candidatos no Instituto, nenhum registro restou. Entretanto, membros da Frente Negra de São Paulo reclamaram que exigências de altura como

---

[42] Ibidem, p.29.
[43] ENÉAS, *Era uma vez*, p.28; VIDAL, Exercício disciplinado do olhar, p.88.

180 DIPLOMA DE BRANCURA

aquelas utilizadas pelo Instituto eram utilizadas pela Guarda Civil, a força policial da cidade, como um obstáculo arbitrário para impedir candidatos de cor de se juntarem à Guarda. A imprensa afro-brasileira de São Paulo denunciou a má vontade da Guarda em admitir candidatos de cor, até que a Frente Negra obteve do próprio Getúlio Vargas a admissão de duzentos homens de cor na guarda.[44] Um jornal afro-brasileiro, *O Clarim d'Alvorada*, criticou o processo de seleção da Guarda declarando que

> as unicas condições que o governo pode exigir para que um homem, de mais de vinte e um anos, possa servir na Guarda Civil são: idoneidade moral, robustez física e instrucção regular. A altura já é uma exigência passivel de crítica.[45]

Um militante da Frente Negra lembrou-se de que "[eles] exigiam do negro uma certa altura, sabíamos que era só para nos impedir".[46]

Ao todo, cada candidato era individualmente examinado por três enfermeiras e três médicos, que registravam suas observações no formulário de exame de saúde para admissão, que incluía a fotografia do candidato e a impressão de seu polegar, um reflexo dos procedimentos criminológicos que estavam sendo cada vez mais utilizados pelas autoridades. Muitos dos julgamentos eram estéticos. O exame médico buscava barrar candidatos que não preenchiam o tipo físico ideal, e fotografias dos alunos do Instituto das décadas de 1930 e 1940 mostram um corpo de alunos bastante homogêneo em sua aparência (ver Figura 3.10). Quer os candidatos fossem admitidos preenchendo rígidos padrões médicos, quer o prêmio de consolação

---

[44] LUCRÉCIO, F. In: BARBOSA, *Frente Negra*, p.55.
[45] A Cor e a Guarda Civil. *O Clarim d'Alvorada*, 14 jul. 1929, p.1.
[46] LUCRÉCIO, F. In: BARBOSA, *Frente Negra*, p.55.

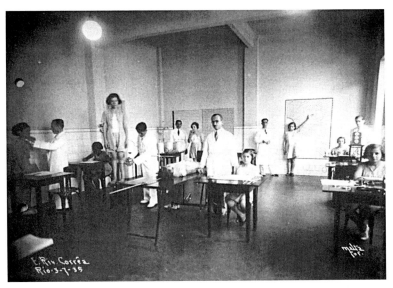

Figura 3.9. Exames biométricos na Escola Rivadávia Corrêa, 1935. Coleção Augusto Malta, MIS, Secretaria de Estado de Cultura e de Esporte do Rio de Janeiro, 127j/f009154.

fosse "disseminar normas médicas e higiênicas" em sua comunidade após um fracasso no exame, sua experiência com o exame de saúde reforçava as normas eugênicas.

Ser admitido na escola secundária não garantia o ingresso na profissão. Dos duzentos alunos formados pela escola secundária a cada ano, menos da metade era admitida na Escola de Professores. Aqueles admitidos não o eram apenas pelo desempenho acadêmico, mas eram selecionados com base "[em suas] condições de saúde, temperamento e inteligência". A saúde era medida pelo desempenho nas aulas de educação física, nas quais os alunos passavam por "exames periódicos de robustez". Lourenço Filho explicou que a habilidade de medir temperamento e inteligência eram o motivo

182 DIPLOMA DE BRANCURA

pelo qual a educação secundária tinha de ser cursada, do início até o fim, no Instituto.[47]

Como os objetivos eugênicos satisfeitos por esses critérios geralmente igualavam brancura e robustez, os poucos alunos de cor que chegavam à escola secundária enfrentavam um obstáculo adicional para entrar na Escola de Professores. As fotografias de bailes de formatura durante as décadas de 1930 e 1940 confirmam isso: os formandos eram, quase sem exceção, brancos e muito bem-vestidos (ver Figura 3.2). O anuário de 1942 do Instituto possuía fotografias de 171 formandos, dos quais apenas dois eram homens. Apenas doze dos formandos (7% da classe) ostentavam leves características fenotípicas aparentemente afrodescendentes – ou seja, uma pele levemente mais escura ou cabelo levemente mais crespo do que seus colegas. Essa porcentagem coincidia com a das mulheres que descreviam a si mesmas como educadoras públicas ou funcionárias públicas pretas ou pardas no Censo de 1940 no Rio de Janeiro.[48]

O processo de seleção foi tão bem-sucedido na defesa das qualidades ideais do novo professor que Brito lamentou que, em 1934, a escola secundária tivesse admitido um número de alunos menor do que as vagas abertas. Brito extraiu duas conclusões dessa situação. A primeira, que tantos candidatos eram inadequados que o Instituto foi forçado a "[recorrer] a uma eliminação em grande escala", que nos anos futuros as condições seriam diferentes, à medida que "os interessados se forem convencendo da inutilidade da tentativa a que se entregam". Segundo, Brito achava que o sistema escolar precisava continuar a promover a imagem do ensino como uma carreira, "de

---

[47] Instituto de Educação (Notícia mandada elaborar pelo Departamento de Educação para uma publicação sobre "O Sistema Educacional do Rio de Janeiro, Distrito Federal"). *Arquivos do Instituto de Educação 1*, n°1, p.5, 10, 1934. In: LOURENÇO FILHO, A Escola de Professores, p.19.
[48] IBGE. *Censo Demográfico – População e Habitação*, p.26-9.

Figura 3.10. Alunos no Instituto de Educação, 1943. *Revista de Educação Pública 1*, n°. 2, p.276, 1943.

modo a atrair para o Instituto tão sómente aqueles candidatos com as necessárias condições para o desejado êxito".[49] Com efeito, o Departamento de Educação e o Instituto se esforçaram ao máximo para promover uma identidade pública profissional, de classe média, para os professores.

Professores como uma "classe defensora"

Em seu relatório anual de 1933 sobre o Instituto, Lourenço Filho descreveu em termos gloriosos a participação dos alunos em uma série de cerimônias cívicas e nacionalistas. Exibições de educação física, por exemplo, refletiam "a disciplina geral das classes, [e] a

---

[49] BRITO, A admissão e a escola secundária, p.32.

184 DIPLOMA DE BRANCURA

boa disposição que apresentavam os alunos".[50] Disciplina, nacionalismo e motivação eram três das bases da nova profissionalização promovida pelo Instituto, formando um componente fundamental para a aceitação da reforma educacional pelas elites políticas. Em consequência, um momento de impropriedade durante a demonstração de educação física do final do ano foi tão escandaloso que Brito apresentou sua demissão diante do incidente, sentindo que falhara em preservar a imagem pública do Instituto.

Segundo Brito, as cerimônias do final do ano "giravam, principalmente, em torno da educação física, não apenas para incentivá-la, como porque só assim a tarefa seria visivel". A exibição de educação física demonstrava tanto a disciplina quanto o resultado do movimento eugênico na criação de uma raça "mais saudável". No dia da exibição, no entanto, tudo deu errado. Como a exibição era um evento público, a escola havia requisitado a presença da Guarda Municipal para controlar a multidão. Mas o contingente de guardas que chegou com duas horas de atraso foi descrito como "simplesmente ridículo". A ausência da polícia nas portas resultou em uma "invasão do edifício por populares". O Instituto estava tão lotado que "a simples locomoção era penosa dentro do edifício".[51]

A falta de segurança e as multidões de classe baixa simplesmente armaram o palco para a controvérsia. O instrutor de dança, que Brito descreveu a Teixeira como possuidor de "um temperamento pouco vulgar que a referida Professora apresenta, como é de seu conhecimento direto", fez que os alunos executassem uma dança que foi "reputada inconveniente" pelo público oficial presente ao evento. Em outra apresentação dirigida pelo mesmo instrutor, uma das alunas

---

[50] "A escola primária do Instituto de Educação – relatório do ano 1933". Arquivo Lourenço Filho, CPDOC, Instituto de Educação (0482).

[51] Carta de Mário de Brito a Anísio Teixeira, 12 dez. 1933. Arquivo Anísio Teixeira, CPDOC, 33.12.05 (0672).

O QUE ACONTECEU COM OS PROFESSORES DE COR DO RIO? 185

da Escola de Professores (e monitora da disciplina) improvisou um número escandaloso. A aluna executou uma dança "agitada" considerada ainda mais "imprópria" pelo fato de ela não estar usando sutiã. Houve dois aspectos do comportamento dos dançarinos que geraram escândalo. O primeiro foi a imagem de mulheres vestidas de modo impróprio dançando no Instituto, que cultivava uma imagem severa de decoro. O segundo foi a natureza "agitada" da dança, já vista como uma preocupação em relação ao instrutor "um tanto vulgar". Tudo isso diante do pano de fundo de uma segurança inadequada e "classes populares" lotando a augusta instituição. A descrição de Brito é indireta e não dá uma noção precisa dos eventos ocorridos, embora, pela sua carta de demissão, seja seguro concluir que o evento foi percebido por Brito e provavelmente Teixeira como grave. Em outro nível, o significado do que Brito disse é muito claro: a descrição de uma dança sensual, agitada, por mulheres indecentemente vestidas diante de uma plateia de populares lembra Carnaval. Independentemente da cor das pessoas envolvidas, a imagem do Instituto e, portanto, sua missão corriam o risco de descer de volta ao ponto da negritude.

O escândalo que se seguiu criou precisamente o efeito oposto ao que se desejava com aquelas exibições. Funcionários do Instituto queriam mostrar a harmonia e a disciplina dos corpos dos alunos, moldados pela educação ordenada e hierárquica que recebiam nos saguões do prédio em estilo de colégio jesuíta. Em vez disso, uma multidão apinhada e turbulenta assistiu a uma exibição indecente de jovens dançarinas seminuas. Para tornar as coisas piores, esse escândalo veio menos de dois meses depois da expulsão de uma aluna de dezoito anos da Escola de Professores por distribuir folhetos da Federação Vermelha dos Estudantes – "essa agremiação era sabidamente comunista".[52] Alegações de que as mulheres do

---

[52] "Conselho Nacional de Educação". Sessão de 27 de outubro de 1937. Arquivo Lourenço Filho, CPDOC, Conselho Nacional de Educação (0368).

186 DIPLOMA DE BRANCURA

Instituto eram comunistas ou estavam sendo influenciadas por ideias comunistas reforçaram os nacionalistas católicos que eram contra a Escola Nova.

Apresentações de cantos corais nacionalistas e exibições disciplinadas de educação física fundiam o progressismo da Escola Nova com os mais vastos projetos nacionalistas e disciplinares do Estado. Tais apresentações criaram o espaço político para outras reformas. Mas as exibições de final de ano renderam acusações de que os alunos do Instituto estavam sob a influência do comunismo. Em um ambiente político nacional conflituoso, em meio ao qual os reformadores se batiam cada vez mais acirradamente contra a Igreja Católica, tais incidentes foram desastrosos. Os conservadores católicos procuraram nas práticas do Instituto provas de pensamento ou comportamento subversivos. A dança forneceu tal exemplo, e a presença de literatura esquerdista na biblioteca do Instituto forneceu outro.

Declarando que

entre as deficiências de material didáctico neste Instituto, uma das mais impressionantes é a que revela a Biblioteca do estabelecimento. Basta lembrar que a quase totalidade dos volumes que possui é de obras editadas antes de 1890,

Anísio Teixeira lançou um ambicioso programa de aquisição de livros. As novas aquisições da biblioteca e seu uso refletiam mudanças no projeto educacional do Instituto. Livros de psicologia, sociologia e filosofia dominaram as aquisições, e a circulação de livros de sociologia saltou de 77 para 3.033 entre 1932 e 1933. Muitos textos fundamentais estavam disponíveis quer em espanhol, quer em traduções efetuadas por Lourenço Filho, Anísio Teixeira e outros educadores brasileiros. A maioria dos livros em espanhol era traduções do inglês, pois os alunos achavam mais fácil ler em espanhol. Notável entre os padrões de circulação de livros era o declínio da

O QUE ACONTECEU COM OS PROFESSORES DE COR DO RIO? 187

influência francesa. Como explicou Lourenço Filho, "quebrava-se, decididamente, o velho padrão francês, de formação do magistério no ramo dos estudos primários".[53]

Mas esse extenso programa de aquisição de livros também fez que livros politicamente polêmicos muitas vezes fossem apresentados como prova da subversão esquerdista que os conservadores católicos acusavam os Pioneiros da Escola Nova de propagar. Em 1935, o Instituto recebeu um conjunto de livros sobre a União Soviética. Entre eles, *A nova Rússia*, *A educação na União Soviética* e *A cultura intelectual da URSS*.[*] Cuidando para evitar controvérsia, Lourenço Filho pediu pessoalmente ao diretor da biblioteca central para remover os livros porque "tais obras não podiam figurar na Biblioteca do Instituto, razão pela qual não foram nela catalogados". Uma das bibliotecárias do Instituto, Margarida Castrioto, ainda assim utilizou a breve presença desses livros como prova de uma conspiração de professores comunistas no Instituto para matar Vargas. Em maio de 1936, a bibliotecária denunciou à Delegacia Especial de Segurança Política e Social (Desps) o que acreditava serem encontros comunistas em um café próximo, incluindo entre os frequentadores Raja Gabaglia, diretor do Colégio Pedro II; Afrânio Peixoto, diretor da Universidade do Distrito Federal; Delgado de Carvalho, professor de sociologia no Instituto e no colégio e Celso Kelly, diretor do sistema escolar do estado do Rio.[54]

---

[53] Citado em VIDAL, Exercício disciplinado do olhar, p.147-59. Teixeira chegava a doar para a biblioteca o salário que ganhava no Instituto de Educação para lecionar sociologia.

[*] Segundo Clarice Nunes, tais livros eram *A nova Rússia*, de Henri Barbusse, *Em guarda*, de Máximo Gorki, *A educação na Rússia Soviética*, de S. Fridman e *A cultura intelectual da URSS*, de W. Posner. (N.T.)

[54] "Conselho Nacional de Educação". Sessão de 27 out. 1937. Arquivo Lourenço Filho, CPDOC, Conselho Nacional de Educação (0368).

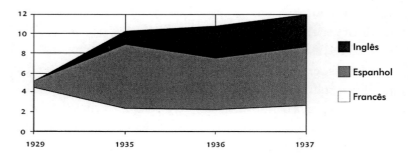

Gráfico 3.1 Porcentagem de livros em línguas estrangeiras circulando na biblioteca do Instituto de Educação entre 1929 e 1937. Fonte: VIDAL, D. G. O exercício disciplinado do olhar: livros, leituras e práticas de formação docente no Instituto de Educação do Distrito Federal. 1995. 158 p. Tese (Doutorado) – Feusp/Universidade de São Paulo.

Apesar da implausibilidade dessas acusações, a Desps iniciou uma investigação. Sentindo o perigo dessas alegações, Lourenço Filho tentou antecipar-se à Desps convidando o chefe dessa delegacia a instalar um escritório no Instituto para investigar. Diante desse convite, os investigadores ocuparam durante um mês o que se tornou

> uma espécie de "extensão" da Delegacia de Segurança Política. Na presença de Lourenço Filho, um escrivão e duas testemunhas, [funcionários] foram convidados, em dias sucessivos, para prestar depoimentos ...[55]

A estratégia de Lourenço Filho foi divulgar o mais amplamente possível que o Instituto, "sob minha direção, tem sido contra as ideias communistas". Em resposta às subsequentes acusações de atividade subversiva, Lourenço Filho pôde assegurar que

---

[55] NUNES, C. Anísio Teixeira: a poesia da ação. 1991. 306p. Tese (Doutorado) – Pontifícia Universidade Católica do Rio de Janeiro.

O QUE ACONTECEU COM OS PROFESSORES DE COR DO RIO?   **189**

o Sr. Chefe da Segurança Política enviou ao Instituto um investigador de sua confiança, que lá trabalhou por mais de um mês, tudo perquirindo e esquadrinhando. O mesmo policial realizou investigações completas sobre a vida de alguns professores, funcionários e a minha propria.[56]

O único indício de atividade comunista desencavado depois de um mês de investigação foi que o jovem que operava o mimeógrafo havia assistido a um encontro da Aliança Nacional Libertadora. Não há registro de que alguma ação tenha sido tomada contra ele, nem sobre o destino da bibliotecária que inventou o conjunto de acusações a muitos dos principais educadores da cidade e seus patrões no Instituto.

Questões de nacionalismo e disciplina eram facas de dois gumes no Instituto. Por um lado, eram ferramentas manipuladas por opositores da Escola Nova para questionar a lealdade de educadores e às vezes de estudantes. Por outro, o principal objetivo do Instituto era a preparação de um corpo profissional de professores que transcendia a política, mas que também refletia um conjunto de valores de classe e socialmente conservadores. Com esse fim, os educadores se esforçavam para criar paralelos entre o trabalho de professores e médicos, e para forjar elos entre professores e oficiais do Exército. Tanto dentro quanto fora do Instituto, os futuros professores eram preparados para assumir o papel de defensores da raça e da ordem social. A relação entre ensino e medicina ressaltava os propósitos eugênicos de ambas as disciplinas:

> Medicina e educação, unidas pelos mesmos methodos e pelos mesmos problemas ... No esforço de prevenir em vez de remediar,

---

[56] "Conselho Nacional de Educação". Sessão de 27 out. 1937. Arquivo Lourenço Filho, CPDOC, Conselho Nacional de Educação (0368).

190 DIPLOMA DE BRANCURA

de dirigir em vez de corrigir, de provêr em vez de completar, posteriormente, toda a medicina e toda a educação se vêm transformando em uma higiene do côrpo ou de espirito.[57]

Além de reforçar a imagem do ensino por meio da comparação com a medicina, o papel social e *status* dos professores eram mantidos por uma escala de salários semelhante à dos oficiais militares iniciantes e um conjunto de atividades projetado para que houvesse maior fraternização entre professores e oficiais. O Instituto de Educação e a Escola Militar promoviam conjuntamente diversos eventos cívicos e sociais. Entre os principais, havia uma programação regular de danças para os alunos do normal e os cadetes. Casamentos entre professoras e oficiais militares eram comuns. Uma das poucas alunas de cor a se formarem no Instituto na década de 1940, Umbelina de Mattos, era filha de um dos oficiais do Exército de mais alta patente no período, Baptista de Mattos. Ela se lembra de ter inaugurado sete escolas no Amazonas enquanto seu marido, um engenheiro do Exército, também de cor, trabalhava no projeto da rodovia Transamazônica na década de 1970.[58]

Os professores eram também o assunto de revistas que promoviam seu *status* e renovavam suas técnicas pedagógicas, e eram o público-alvo de um programa diário de rádio, a *Hora do Professor*, transmitido pela estação PRD-5 da cidade. De forma geral, recursos

---

[57] Documento não assinado, Arquivo Anísio Teixeira, CPDOC, pi31/36.00.00 (0699).

[58] Umbelina de Mattos, entrevistada por Jerry Dávila, 23 jul. 1999. Como filha de Baptista Mattos, o oficial negro de patente mais alta no Exército brasileiro, a presença de Umbelina de Mattos como mulher de cor no Instituto de Educação durante o Estado Novo ilustra em parte a ascensão de outro tipo de poder social paralelo à tecnicização científico-social: o poder militar. Na época, o Departamento de Educação, o Instituto de Educação e diversos cargos importantes no sistema escolar do Rio de Janeiro estavam ocupados por oficiais militares.

O QUE ACONTECEU COM OS PROFESSORES DE COR DO RIO? 191

consideráveis eram investidos na definição do papel e da identidade dos professores. Eles eram identificados com a medicina, uma das profissões masculinas de maior prestígio. Eles eram ensinados a se identificar com os militares e, em sua remuneração, tinham uma situação social equivalente à dos oficiais iniciantes, constituindo-se em uma "classe defensora". Dada a autonomia com que os professores orientavam suas classes e a importância dada à educação como o "meio de salvação pública", nas palavras de Getúlio Vargas, construir um corpo de professores que se identificasse com a ideologia oficial e os valores estabelecidos era fundamental para a construção da nação. O próprio Vargas discursava nas cerimônias de formatura do Instituto de Educação, além de fazer visitas informais (Figura 3.11).

Durante o Estado Novo, os elos entre o Instituto, os professores e os militares foram reforçados pela nomeação de oficiais militares como diretores do Instituto. Os alunos do Instituto de Educação na década de 1940 muitas vezes eram filhos de oficiais, como Umbelina de Mattos. A chegada de oficiais militares ao Departamento de

Figura 3.11. Getúlio Vargas no Instituto de Educação, 1943. *Revista de Educação Pública 1*, n°3, p.393, 1943.

192   DIPLOMA DE BRANCURA

Educação e ao Instituto de Educação transferiu os padrões de clientelismo e promoção dos círculos militares para todo o sistema. Uma aluna da escola normal relatou como a rede clientelista militar entrou em ação para que ela obtivesse o emprego que queria. Os professores iniciantes tinham de lecionar por dois anos nos subúrbios, mas, segundo declarou a aluna da escola normal, "eu morria se tivesse pegado zona rural". Então seu pai, um oficial, interveio, como ela explica:

Ouviu falar no Jonas Correia, professor do Colégio Militar? Ele foi Secretário da Educação. Como o comandante do Colégio Militar era amigo nosso, o comandante pediu, na mesma hora fui posta ... Eu fui chamada ao Departamento pelo Jonas Correia para escolher escola: "meu comandante indicou a senhora"... E eu fui à escola do Alto [da Boa Vista] de carro com meu pai. Papai tinha carro oficial. A tal coisa do militarismo ... Papai chegou lá, aquele "homão", de 1,85m, fardado ... Ele dava todo o apoio, os pais eram assim ... o paternalismo todo, perfeito. E a diretoria quando viu aquele carro parado veio à porta. Soldado dirigindo. Eu fui assim tratada, você não queira saber. Aí foi o jardim de infância, eu me dei muito bem com a diretora e, eu não sei por que, tomei gosto por aquilo. Talvez por causa disso, quem sabe porque ela me deu apoio. Ela me valorizava, não sei se por mim ou pela situação de meu pai ... Daí fui em frente. [59]

Considerações finais

O que aconteceu com os professores de cor? Eles perderam terreno na maré crescente das ciências sociais, modernização, tecnicização e

---

[59] B., entrevistada por Barreto, Contribuição para a história da escola pública, p.120.

profissionalização. É interessante constatar que a experiência dos professores de cor sugere que as hierarquias sociais brasileiras se tornaram menos flexíveis à medida que as instituições públicas se tornaram mais racionais e sistemáticas. As instituições públicas e as políticas sociais erigidas nas ondas da construção da nação da República e dos anos Vargas normalizaram as hierarquias sociais. As complexas redes de políticas tecnocráticas fixaram lugares e papéis sociais em termos de raça, classe e gênero. Escrevendo códigos sociais em linguagem técnica e científica, educadores e administradores evitaram falar em raça. Sua linguagem psicológica, sociológica e médica forneceu o tom claro da modernidade e da objetividade. O resultado pernicioso dessa fé acrítica na ciência e no profissionalismo foi o desenvolvimento de um sistema escolar cada vez mais excludente em suas práticas de treinamento e contratação, e cada vez mais discriminatório em seu modo de tratar os alunos. Digna de nota nessas práticas era a ausência de linguagem explicitamente racial contra a qual pudesse se formar uma oposição: a marginalização era encoberta sob um verniz de profissionalismo e tecnicismo.

Eram o Departamento de Educação e o Instituto de Educação do Rio de Janeiro instituições racistas? A definição brasileira desse termo coincide com o conceito de crime de ódio violento nos Estados Unidos, implicando a ocorrência de uma ação deliberada e violenta de intolerância. Sob essa definição, a resposta seria "não". Todavia, as ações dos administradores do sistema escolar eram hostis à integração racial. Desde a década de 1920, uma barreira de cor desceu sobre o sistema escolar, refletindo mais do que a cegueira dos administradores ao efeito de suas políticas.

Os educadores e os administradores expressaram confiança acrítica nos fundamentos científico e científico-sociais das novas políticas. Mas essas verdades científicas eram, na realidade, apenas uma nova forma de expressar antigos julgamentos subjetivos a

194 DIPLOMA DE BRANCURA

respeito de raça e classe – julgamentos que custaram muito para a comunidade afrodescendente: políticas aparentemente técnicas e objetivas distinguiam brasileiros de cor, o que resultou em uma perda de oportunidades profissionais para os adultos e limitadas oportunidades educacionais para as crianças.

Os reformadores viam a educação pública como a chave para a modernidade, e equiparavam modernidade à brancura. Como explica Kim Butler:

> os fatores econômicos e políticos que estorvavam os afro-brasileiros na abolição tinham concomitantes sociais e culturais que se mostraram igualmente desvantajosos. Os estereótipos do povo e da cultura africanos como 'selvagens' são antitéticos às noções da elite de progresso e desenvolvimento baseados em modelos europeus.[60]

Os testes psicológicos dos candidatos à escola normal e escolares forneceram provas empíricas que sustentavam essa crença. Quanto mais aplicadamente os reformadores utilizavam novos critérios científico-sociais para regular o sistema educacional, mais obstáculos e julgamentos subjetivos eram colocados no caminho dos brasileiros de cor.

Na educação, a equação entre brancura e modernidade era simples: as escolas públicas empurrariam o Brasil para a frente ajudando as crianças a se livrarem de hábitos herdados que Fernandes chamava de "anomia". Professores de cor, ou vindos das classes baixas, eram percebidos como mediadores inadequados nesse processo.

---

[60] BUTLER, *Freedoms Given, Freedoms Won*, p.33. Para ler mais sobre o relacionamento entre a brancura e a modernidade no Brasil, ver também o ensaio de HANCHARD, M. Black Cinderella? Race and the Public Sphere in Brazil. *Public Culture 7*, n°1, p.165-85, 1994; LESSER, *Negotiating National Identity*; e ANDREWS, R. *Blacks and Whites in São Paulo, Brazil, 1988-1988*.

O QUE ACONTECEU COM OS PROFESSORES DE COR DO RIO? **195**

Como um conjunto crescente de mulheres brancas e ricas procurava emprego como professoras desde a década de 1920, o sistema escolar simplesmente teve de enfrentar o desafio de filtrar candidatos socialmente indesejados – os "homens e mulheres comuns" descritos por Teixeira. As mulheres elegantemente vestidas que aparecem nas fotografias dos bailes de formatura do Instituto de Educação nas décadas de 1930 e 1940 representavam a modernidade triunfante. Enquanto isso, alunos de cor reunidos em classes para alunos repetentes eram a prova científica do atraso e da degeneração dos afrodescendentes.

As ferramentas e as técnicas que tornaram essa divisão possível foram emprestadas de um Estados Unidos racialmente segregado. Educadores brasileiros como Isaías Alves eram abertamente críticos do modelo norte-americano de democracia, que via como um promotor da mediocridade. Outros, como Anísio Teixeira, eram acríticos da sociedade ou da democracia norte-americana como interpretada por John Dewey, e viam esses sistemas como o modelo para a construção de um Brasil moderno. Mas os Estados Unidos que eles conheciam estavam longe de ser um país democrático: enquanto estudavam em Columbia, Teixeira e Alves excursionaram por escolas segregadas no sul dos Estados Unidos, algumas delas se desenvolviam sob os diretos auspícios do Teachers College.

Educadores como Azevedo, Lourenço Filho, Alves e Teixeira eram – e por meio de suas obras continuam a ser – intelectuais amplamente respeitados, sobretudo pelo alcance de sua visão. Eles foram os líderes educacionais responsáveis por impulsionar a organização e a expansão das instituições educacionais públicas do Brasil. Mas, ao interpretarem a sociedade norte-americana e buscarem modelar as instituições brasileiras em suas equivalentes norte-americanas, por que deixaram de examinar mais explicitamente as dinâmicas raciais das duas sociedades? Pelo menos um aluno sul-africano em Columbia fez isso: declarou que as iniciativas do Teachers College

196 DIPLOMA DE BRANCURA

eram "muito facilmente combinadas com a vontade de manter o Negro 'em seu devido lugar'".[61]

Embora os reformadores educacionais nunca tivessem reconhecido especificamente o papel da raça em suas políticas, suas políticas refletiam os valores raciais predominantes. Quanto mais sistemáticos suas escolas e métodos eram, mais estreita a rede de valores modernistas se tornava. Pela visão reformista, a seleção e o treinamento bem-sucedido de professores significavam a seleção de mulheres brancas, de classe média. Sua aprendizagem consistia tanto na imersão em ideias científico-sociais quanto sua socialização pública em uma "classe defensora". A extensão em que a brancura veio a ser equiparada ao sucesso no Instituto de Educação no treinamento de professores é mais bem ilustrada por uma conversa ocorrida no Instituto em 1995, quando eu estava efetuando pesquisas para este trabalho.

Os grafites nas paredes do Instituto, a mobília da década de 1930 quebrada nas salas desmentiam a história do Instituto como um lar de gerações de educadores e cientistas sociais que buscavam transformar e modernizar o Brasil. Mais de setenta anos depois que a escola normal foi reorganizada como Instituto de Educação, a educação pública está firmemente presa a tudo o que os reformadores tentaram apagar. Os professores são mal treinados e mal pagos. As crianças saudáveis e ricas em geral frequentam as escolas particulares, ou às vezes religiosas, e até pais que moram nas favelas lutam para colocar suas crianças em escolas privadas. Embora o Instituto de Educação ainda treine professores e sua escola secundária ainda seja procurada como uma das melhores escolas públicas na cidade, muitos de seus alunos são de cor, como muitos dos professores do sistema escolar da cidade, que raramente ganham mais do que 300 dólares por mês. Será que o Instituto de Educação declinou por causa da entrada de

---

[61] MURRAY, V., citado em FLEISH, The Teachers College Club, p.56.

O QUE ACONTECEU COM OS PROFESSORES DE COR DO RIO? 197

pessoas pobres e de cor? Ou será que o declínio do Instituto afastou seu tradicional grupo de alunos privilegiados e brancos?

Durante um dia de pesquisa na biblioteca do Instituto, conversei com uma professora branca, ao lado de uma máquina fotocopiadora perto do pátio da escola.. Ela apontou para um grupo de meninas de cor que brincavam no pátio e disse: "Esta instituição realmente decaiu. Não era assim antes. Agora há muitas pessoas que não deveriam estar aqui". Para essa professora, cuja identidade estava fortemente enraizada no Instituto de Educação – ela lecionava lá, havia estudado lá e sua mãe havia estudado lá antes dela —, culpar os afrodescendentes das classes baixas pelo declínio do Instituto ilustra a extensão em que as crenças dela sobre raça e classe conflitavam com sua fé no mérito e no progresso.

Para a mulher de cor que operava a fotocopiadora, a história era diferente: ela reconhecia que o Instituto era uma porta de entrada para o mundo profissional e via as dificuldades que aqueles alunos de cor tinham de superar a fim de conquistar aquela oportunidade. A operadora da fotocopiadora manteve um silêncio deferente, mas, quando a professora saiu, não deixou de dizer: "A professora não sabe do que está falando. Essas meninas lutaram muito para chegar aqui. Todos esses alunos se esforçaram muito para terem o que têm". Pelo menos durante essa conversa, os valores de mérito e objetividade científica permaneceram em conflito com a questão de integração racial no Brasil.

4

Educação elementar

Entre 1931 e 1935, Anísio Teixeira efetuou uma das mais amplas reformas educacionais nas escolas da cidade do Rio. Teixeira reuniu os paradigmas do nacionalismo eugênico, da análise estatística, da profissionalização e do racionalismo científico para criar uma fórmula e dirigir um programa de educação elementar universal no Rio de Janeiro. A reforma expandiu rapidamente o número de escolas, levando programas de saúde e educação aos subúrbios e atacando o núcleo das reconhecidas deficiências da nação – o estado de degeneração e de inadequação eugênica e moral que se acumulou entre os pobres na periferia das cidades. As escolas eram mais fortemente atreladas a um "sistema" administrativo, e o Departamento de Educação era cada vez mais governado pelos princípios de racionalismo científico emprestados da indústria. Seguindo o novo enfoque estatístico, o Departamento de Educação iniciou um plano de expansão que levou novas escolas aos subúrbios em rápido crescimento. Centenas de professores recém-treinados pelo Instituto de Educação nas teorias e nas práticas científico-sociais mais modernas foram enviados a essas escolas a fim de cumprir os desafios de criar educação universal.

200   DIPLOMA DE BRANCURA

Embora o treinamento de professores fosse alardeado como a chave da reforma educacional, tanto a estrutura quanto a operação do sistema em si e, é claro, a condução real dos programas de educação e saúde também foram transformados. A extensão da reforma de Teixeira, e sua insistência na laicidade da educação pública, atraiu muitos críticos. Em 1935, os adversários de Teixeira ganharam força política para expulsá-lo, com muitos de seus auxiliares, do sistema escolar. Mas a sucessão de religiosos e oficiais militares conservadores que vieram a dirigir o sistema escolar da cidade na década seguinte continuou a executar o esquema de reformas de Teixeira, e o fizeram com surpreendentemente poucas alterações, além da introdução da educação religiosa. Apesar de Teixeira ter iniciado a reforma, ela foi concluída por seus adversários, o que reflete o consenso duradouro entre conservadores e progressistas sobre os paradigmas técnicos e científicos que deveriam governar a educação. Olhar para a reforma de Teixeira significa olhar para a corrente predominante na educação pública brasileira no século XX no momento em que se formou com base em paradigmas raciais, nacionalistas e científicos, no início do século.

A escola na encruzilhada

Em 1933, o Departamento de Educação abriu uma escola no quinto andar do prédio no centro do Rio que abrigava o jornal *A Noite*. A Escola Municipal Vicente Licínio foi uma instituição de transição, de vida curta que, no entanto, marcou a chegada de paradigmas educacionais da Escola Nova e a saída da população residencial do centro, empurrada para os subúrbios do norte e oeste. As práticas relatadas ao Departamento de Educação pela diretora da escola refletem o modo pelo qual as teorias eugênicas moldaram a educação pública. As experiências ilustram também a conturbada intersecção

EDUCAÇÃO ELEMENTAR   201

entre políticas que espelhavam normas de raça, classe e gênero e o público ao qual essas políticas eram dirigidas.[1]

À medida que a população residencial do centro da cidade era empurrada para os subúrbios pelas reformas urbanas, as escolas que serviam a essa população foram sendo fechadas. O reduzido corpo estudantil de três escolas foi acomodado no prédio de A Noite e, embora a diretora reclamasse da falta de adequação do local como escola, reconhecia também que, como a população a quem a escola servia vinha diminuindo, aquela instalação também desapareceria. Apesar de a escola representar um capítulo que se encerrava na história das comunidades que moravam no centro da cidade do Rio, era uma das primeiras escolas criadas sob as diretrizes da Escola Nova introduzidas por Anísio Teixeira na reforma que ele iniciou em 1931. Do ponto de vista do pessoal e do material, a Escola Vicente Licínio era um desastre. Sofria com a escassez de professores, e durante os dois primeiros meses do ano escolar, os professores eram transferidos de uma escola para outra enquanto o quadro docente do Departamento de Educação era distribuído pela cidade. Em consequência, a diretora observou, "raros não foram os dias em que a escola era apenas um deposito de crianças".[2] Outras dificuldades incluíam a falta de carteiras – apenas duzentas para 557 alunos divididos entre

---

[1] "Relatório apresentado pela diretora da escola Vicente Licínio (3-8) ao Exmo. Sr. Superintendente da 3ª circunscrição de ensino elementar, 1933". Arquivo Anísio Teixeira, FGV/CPDOC, pi33.00.00 (3/293). O nome do diretor não foi incluído no relatório. Como discutido no Capítulo 2, a renovação urbana e o mercado imobiliário em expansão vertiginosa forçaram os pobres a saírem em massa dos bairros centrais. Esses trabalhadores pobres assentaram-se, em sua maior parte, nas Zonas Norte e Oeste da cidade, que eram ligadas ao centro pela ferrovia. Levar novas escolas àquela população foi o principal e mais bem-sucedido objetivo da administração de Teixeira.

[2] Ibidem.

os turnos matutino e vespertino. Além do mais, as carteiras eram todas de mesmo tamanho, embora os alunos variassem entre sete e catorze anos. A diretora também queixava-se da falta de quadros--negros, ressaltando que algumas salas tinham menos de um metro quadrado de quadro-negro.

Quando a escola funcionava, lecionava apenas para alunos até o terceiro ano. Na melhor das hipóteses, os alunos da Escola Vicente Licínio aprendiam as primeiras letras. Além de seus limitados objetivos pedagógicos, a escola concentrava-se em hábitos de saúde e higiene, que visavam a tornar os alunos eugenicamente adequados. A diretora explicou que pedia doações aos comerciantes locais para comprar escovas de dentes, pastas de dentes, toalhas, sabonetes e pentes para as crianças, porque não fazia sentido ensinar esses hábitos sem os meios de colocá-los em prática. A Escola Vicente Licínio, como a maioria de outras da cidade, desenvolveu um "pelotão da saúde" formado por alunos mais velhos cuja tarefa era monitorar o estado de higiene de seus colegas (ver Figura 4.1). Esses alunos mais velhos eram também encarregados de ensinar aos mais jovens como escovar os dentes, limpar os ouvidos e outras tarefas de higiene pessoal. A responsabilidade dos alunos pela higiene era típica da abordagem da Escola Nova sobre o aprendizado ativo. Confiava-se a um aluno de cada classe o registro da presença em sala em um quadro pregado no corredor sob o título "Vir à escola é um prazer". A turma que apresentava a maior frequência mensal recebia a bandeira do Brasil durante um mês.

Grande parte do relatório da diretora refere-se a relações entre os pais e a escola. A diretora considerava um árduo desafio acostumar os pais ao elevador do quinto andar da escola, descrevendo os primeiros dias do ano escolar como atrapalhados por mães ansiosas que insistiam em levar as crianças pessoalmente até as salas de aula. A diretora relatou: "Satisfazendo, com solicitude, os pedidos de informação e, não raro, fazendo demonstrações practicas, foi-me possível

EDUCAÇÃO ELEMENTAR **203**

normalizar a situação". O desafio de trabalhar com pais ia além dos elevadores. A diretora contou que havia adiado a criação de uma associação de pais e mestres até que fosse criada uma cultura educacional adequada por meio de encontros particulares e de um dia semanal de abertura da escola a visitas para "prepara-los, educa-los para uma posterior e eficiente organização dos pais".

No final do ano, ela declarou:

> Reconhecendo que a direção só desejava o bem estar e o melhor rendimento do aluno, só encontrei dificuldades quando o motivo era, de fato, irremovvvel pela situação economica precaria da familia.[3]

O relatório da diretora sobre a Escola Vicente Licínio ilustra a convergência de três aspectos críticos da educação pública no Rio de Janeiro na década de 1930: a natureza precária do sistema escolar em expansão; o destaque dado aos programas de saúde e higiene, que eram uma extensão do pensamento racial e eugênico; e uma relação em que os funcionários da escola tratavam os pais como ignorantes e incapazes de tomar decisões básicas sobre a educação de seus filhos sem a tutela da escola. A diretora justificava esse último ponto, a respeito do despreparo dos pais, aludindo à sua pobreza. À medida que o sistema escolar se expandia, a precariedade da educação pública diminuía, dando lugar a tendências paternalistas como as que dominavam o relatório da Escola Vicente Licínio.

Este capítulo explora as relações entre raça, gerenciamento científico e paternalismo na educação elementar, focalizando a reforma realizada por Anísio Teixeira entre 1931 e 1935. Esta análise começa com um estudo da Reforma Teixeira e as circunstâncias que ela

---

[3] Ibidem.

Figura 4.1. Membro do pelotão de saúde de uma escola ensinando os alunos a lavar o rosto, 1931. Coleção Augusto Malta, MIS, Secretaria de Estado de Cultura e de Esporte do Rio de Janeiro, 127m/f009282.

enfrentou. Essa reforma pode ser dividida em três pontos: expansão e racionalização sistemática do sistema escolar; implementação de critérios psicológicos, eugênicos, médicos e higiênicos para avaliação e adoção de critérios de avaliação para distribuir os alunos pelo sistema em expansão.

Educação pública na década de 1920

O sistema escolar cuja chefia Anísio Teixeira assumiu em 1931 era o maior do Brasil e havia passado por uma série de reformas nas mãos de intelectuais de renome nacional, desde Afrânio Peixoto, em 1917, até Fernando de Azevedo, em 1927. Essas reformas expandiram muito pouco o sistema escolar, e voltaram-se principalmente para a reorganização administrativa e a profissionalização do ensino. Em 1931, o sistema escolar elementar tinha capacidade para 85 mil alunos, com outros 45 mil frequentando escolas particulares. A capacidade da escola pública era, na verdade, levemente menor em 1931 do que havia sido em 1923.[4] Anísio Teixeira estimava que o número de crianças entre seis e doze anos na cidade fosse de 196 mil, ou seja, mais de 60 mil crianças (quase um terço) não tinham acesso a nenhum ensino público, mesmo com muitas escolas funcionando em turnos matutino, vespertino e noturno.

Quem era excluído? O cronista fotográfico da cidade, Augusto Malta, forneceu uma pista em uma crítica improvisada do padrão de expansão das escolas na década de 1920. Em junho de 1925, Malta foi enviado para fotografar a inauguração da Escola General Mitre, na base da favela do Morro do Pinto, perto do centro da cidade. Lá fotografou um grupo inteiramente branco de alunos, bem-vestidos com seus uniformes brancos engomados (ver Figura 4.2). Da mesma forma, professores e funcionários brancos e bem trajados cercavam os alunos. Mas, ao lado dessa fotografia, na mesma pasta no arquivo de Malta, está outra – tirada do lado de fora da Escola General Mitre após a inauguração. Essa foto mostra crianças, muitas delas afrodescendentes, muitas delas descalças, em pé do lado de fora da escola e olhando com curiosidade para o evento. Uma nota de Malta

---

[4] LIMA, A. O problema do prédio escolar, p.80.

Figura 4.2. Inauguração da Escola Municipal Uruguay, 1925. Coleção Augusto Malta, MIS, Secretaria de Estado de Cultura e de Esporte do Rio de Janeiro, 127u/f009741.

Figura 4.3. Um contingente do Morro do Pinto que não vai à escola? Comentário de Augusto Malta sobre a inauguração da Escola General Mitre. Coleção Augusto Malta, MIS, Secretaria de Estado de Cultura e de Esporte do Rio de Janeiro, 127u/f009742.

EDUCAÇÃO ELEMENTAR 207

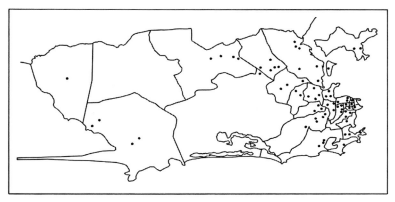

Mapa 4.1 Localização dos prédios escolares municipais em 1930. *Fonte*: SAMPAIO, N. de. Plano regulador das construções escolares (Anexo ao relatório do Diretor Geral de Instrução Pública). *Boletim de Educação Pública* 1, n°1, p.376, 1932.

está escrita ao pé da fotografia: "Um contingente do Morro do Pinto que não vai à escola? ..."

A flagrante discrepância entre a cor e a aparência dos alunos dentro da Escola General Mitre e aqueles fora dela reflete a escassez de oportunidades educacionais até a década de 1920. Como a escola estava localizada perto do centro da cidade, ricos e pobres, negros e brancos estavam física, embora não socialmente, próximos uns dos outros. Outra forma de olhar para a disparidade no acesso é ver onde se localizavam as escolas da cidade. Como mostra o Mapa 4.1, as escolas da cidade estavam concentradas ao redor do centro e nos bairros nobres adjacentes ao centro e na Zona Sul. Nos subúrbios, onde a maior parte dos habitantes da cidade – os pobres e em geral não brancos – morava, as escolas públicas eram raras. Nas favelas, não havia escolas até a década de 1930. O sistema escolar também alugava prédios para usar como escolas, embora não haja registros de sua quantidade ou localização. Críticas referentes a prédios alugados –

208 DIPLOMA DE BRANCURA

como palacetes decadentes alugados por famílias ricas para a Prefeitura por preços excessivos – sugerem, a se confiar em depoimentos, que essas fossem localizadas nos bairros mais ricos.

A Reforma Anísio Teixeira

Quando Anísio Teixeira retornou de seu mestrado no Teachers College da Universidade de Columbia, em 1931, o sistema político Republicano do Brasil acabava de ser derrubado por Getúlio Vargas e a Aliança Liberal, com seus apoiadores nacionalistas. Uma pessoa-chave nos eventos que levaram à Revolução de 1930 foi o médico progressista Pedro Ernesto Batista, recompensado com uma nomeação como interventor do Rio de Janeiro.[5] Pedro Ernesto, como era conhecido, inaugurou um governo reformista que se distinguiu pelo esforço em desenvolver uma autonomia política para a cidade (que estava sob a tutela do governo federal); o desenvolvimento de uma política de base populista e a extensão de serviços sociais, como escolas e clínicas de saúde comunitárias (ver Figura 4.4). Pedro Ernesto foi o primeiro prefeito a tentar integrar os subúrbios pobres e favelas na rede de serviços sociais e organização política. Em 1931, sob recomendação do autor nacionalista Monteiro Lobato (que escrevera as histórias de Jeca Tatu, as quais ajudaram a popularizar o modelo ambiental de degeneração racial), Pedro Ernesto contratou Anísio Teixeira e deu-lhe extenso mandato para reinventar o sistema escolar da cidade.

Alguns meses depois, Teixeira lançou seu plano para reformar o sistema escolar público do Rio de Janeiro. Teixeira consolidou os

---

[5] Para uma análise da administração e programa político de Pedro Ernesto Batista, ver CONNIFF, M. *Urban Politics in Brazil*.

EDUCAÇÃO ELEMENTAR 209

Figura 4.4. Bertha Lutz, então deputada suplente na Câmara Federal candidata a deputada federal, e o prefeito Pedro Ernesto inaugurando uma escola na favela Morro de São Carlos, 1934. Coleção Augusto Malta, MIS, Secretaria de Estado de Cultura e de Esporte do Rio de Janeiro, 127p/f009442.

ganhos passados na profissionalização dos professores, iniciou um ambicioso programa de construção de escolas e introduziu uma série de inovações inspiradas em sua experiência nos Estados Unidos. O plano de reforma apresentado no início de 1932 baseava-se não apenas nas teorias educacionais progressistas de John Dewey mas também no fordismo e no taylorismo como meios para racionalizar o ensino e a administração, além dos testes de inteligência de Lewis Terman, que organizavam as crianças em grupos.

Fordismo é o termo empregado para descrever atividades e fluxos de trabalho que se seguiram ao sistema de linha de produção criado por Henry Ford. Taylorismo é uma filosofia de produção industrial

210 DIPLOMA DE BRANCURA

baseada no "gerenciamento científico", formulada nos Estados Unidos por Frederick Winslow Taylor. As ideias de Taylor foram publicadas em 1911 sob o título *Princípios do gerenciamento científico*, e, segundo Peter Winn, na época da Primeira Guerra Mundial, "tornaram-se práticas padrão no setor industrial moderno dos Estados Unidos, adotadas como uma estratégia para reduzir os custos do trabalho e controlar a força de trabalho".[6] Sob o plano de Teixeira, o sistema escolar atingiria todas as crianças da cidade aplicando "racionalização sistemática" à educação pública.[7] Os professores seriam treinados e supervisionados sob métodos científicos, e as escolas seriam alugadas conforme estudos de demografia estatística. Os alunos seriam classificados e agrupados homogeneamente de acordo com seu desempenho em exames de inteligência e maturidade.

Como a filosofia social de Dewey, popularizada no Brasil por Anísio Teixeira, o taylorismo e o fordismo tornaram-se lemas da modernidade. A emergência do racionalismo científico como uma filosofia social promovida pelas instituições públicas ocorreu quase simultaneamente no sistema escolar do Rio de Janeiro e entre os principais industriais de São Paulo. Como discutiu Barbara Weinstein, a poderosa Federação das Indústrias do Estado de São Paulo (Fiesp) adotou programas educativos e sociais "visando a racionalizar o meio industrial tanto dentro quanto fora das fábricas".[8] O psicólogo Lourenço Filho, que dirigiu o Instituto de Educação e implantou os testes de maturidade e inteligência usados para avaliar alunos em escolas do Rio, também participou de projetos de

---

[6] WINN, P. A Worker's Nightmare: Taylorism and the 1962 Yarur Strike in Chile. *Radical History Review 58*, p.4-34, 1994. Para uma discussão sobre a disseminação da aplicação do tailorysmo na indústria de São Paulo, ver WEINSTEN, *For Social Peace in Brazil*, p.4-7.

[7] TEIXEIRA, O sistema escolar do Rio de Janeiro, p.314.

[8] WEINSTEIN, *For Social Peace in Brazil*, p.114.

EDUCAÇÃO ELEMENTAR 211

racionalização do trabalho e foi membro do influente Instituto de Organização Racional do Trabalho (Idort).

Além de expandir o sistema escolar e racionalizar sua administração, Teixeira procurou transformar o sistema escolar em um farol do progresso e da inovação científico-social para o restante do Brasil. Ele converteu a escola normal em um Instituto de Educação criado conforme o modelo do Teachers College de Columbia. Além de suas responsabilidades como secretário da Educação reformista, Teixeira lecionava sociologia no Instituto e promovia as obras de Dewey, que ele mesmo traduziu para o português e publicou. Teixeira também instituiu um programa de bolsas para professores estudarem no exterior, como Dewey fizera recentemente. Uma revista chamada *Boletim de Educação Pública* foi criada para divulgar a reforma do Rio em todo o país.

Uma das inovações de maior alcance foi a criação do Instituto de Pesquisas Educacionais (IPE), com ênfase especial em sua seção de Ortofrenia e Higiene Mental, dirigida pelo antropólogo Arthur Ramos, e sua seção de Antropometria, chefiada por Bastos D'Avila. Juntos, os departamentos do IPE empregavam muitos dos principais intelectuais que estudavam a raça e formavam a vanguarda dos estudos raciais, e o ativismo do Instituto ajudou a manter as teorias e práticas antropológicas, médicas e psicológicas – a espinha dorsal da eugenia – unidas e interligadas com os programas do Departamento de Educação. Ao longo da reforma de Teixeira, o conceito nacionalista eugênico de saúde esteve solidamente casado à escola pública: "por intermedio da escola, pressente o nosso povo que deve ser dado a ele o certificado de saude, intelligencia e de caracter, imprescindivel para seu concurso à vida moderna", declarou Teixeira.[9]

A reforma Anísio Teixeira, de 1932, seguiu a vertente do nacionalismo brasileiro adotada por Alberto Torres. A linguagem de

---

[9] *Decreto n° 3.810, Organização do Instituto de Educação do Rio de Janeiro, 21.*

212 DIPLOMA DE BRANCURA

Teixeira ecoava as críticas de Torres à sociedade brasileira: o sistema escolar existente servia apenas para eliminar alguns alunos, excluindo--os de uma semielite parasita que estava arruinando o país. A preparação acadêmica que os alunos recebiam na escola ou expulsava-os ou preparava-os para se tornarem estéreis burocratas. Teixeira rejeitava as aspirações de mobilidade social que levavam as pessoas às escolas, dizendo que as pessoas deviam se adaptar à classe em que nasceram em vez de "[ganhar] o gosto das apparencias, dos ornamentos da vida letrada, e se tornarem descontentes com o trabalho honesto".[10]

O que, então, Teixeira achava que as escolas deviam ensinar? Elas deviam ensinar as crianças a "viver melhor". Isso significava, primeiro, aprender noções de saúde e higiene (afinal, não havia nada mais importante do que aperfeiçoar a raça); tornarem-se trabalhadores motivados e eficientes, e desenvolver hábitos de autoaperfeiçoamento, como habilidades de leitura e crítica. Os obstáculos a esse programa incluíam não apenas o currículo existente mas também os pais, que sonhavam que seus filhos pudessem um dia se tornar doutores. "Os paes vivem, rudemente, a ocupação diaria: a profissão, os habitos de casa e de sociedade, a propria comprehensão da vida nunca lhes fizera vêr possibilidades de progresso dentro da propria classe se por acaso fossem mais instruidos, mais educados", declarou Teixeira.[11]

Para Teixeira, como para a diretora da Escola Vicente Licínio, os pais eram um obstáculo à educação das crianças. Em consequência, Teixeira concebeu um sistema escolar que resistia a pressões populares, e administrava a educação pública por meio dos princípios científicos e técnicos emprestados dos Estados Unidos. As decisões eram feitas pela análise estatística de testes de inteligência, exames médicos e pesquisas demográficas. O novo sistema escolar dividia-se em quatro

---

[10] TEIXEIRA, O systema escolar do Rio de Janeiro, p.311.
[11] Ibidem, p.309.

departamentos: Curricular, Matrícula e Frequência, Promoção e Classificação de Alunos e Prédios e Aparelhamentos Escolares. Esses departamentos respondiam diretamente a Teixeira, que definia seu próprio papel como de um "organizador, condutor e racionalizador" da administração, estabelecendo sua orientação política e orientando e corrigindo a administração das escolas e a avaliação das crianças.

No novo sistema de Teixeira, o conhecimento estatístico aumentava o controle administrativo sobre as escolas, porque, com informações municipais processadas por um escritório central, as políticas municipais podiam ser aplicadas a um "systema escolar, e não um agglomerado de escolas funccionando independentemente". Mas construir um perfil estatístico do sistema educacional da cidade e de seus alunos levava tempo. Em seu relatório de 1932, Teixeira lamentou que o Serviço de Matrícula e Frequência (ou SMF) tinha dificuldades para construir seu mapa estatístico porque "[os dados antes de 1932 eram] incompletamente elaborados, ficando aquém das inducções que lhes deviam constituir o principal objectivo orientador". Teixeira lembrou também da resistência à centralização da administração baseada em indução estatística. Segundo sua opinião, o projeto do SMF mostrará "[frutos] que serão ainda maiores quando estiverem completamente vencidos os obices ainda opostos pelo antigo estado de cousas às necessidades de direção centralizada".[12]

Construir mais escolas: o serviço de prédios e aparelhamentos escolares

Quando Teixeira tomou posse, quase um terço das crianças da cidade entre seis e doze anos não estava frequentando a escola. Isso não era uma escolha pessoal: os sistemas escolares público e particular

---

[12] Ibidem, p.317.

214 DIPLOMA DE BRANCURA

estavam lotados. Como observou Teixeira, muitas das escolas existentes eram piores do que não ter escola alguma. Poucos dos 79 prédios de propriedade da Prefeitura haviam sido projetados para ser escolas. Quase uma centena de outras escolas funcionava em prédios alugados. Quer alugados, quer de propriedade da Prefeitura, a maioria desses prédios eram ex-residências. A Prefeitura assumia sua posse como um favor político ou porque precisava de uma escola em uma área específica, e não por causa de sua adequação como escola. Como indicou Teixeira, a decisão de adquirir esses prédios baseava-se em "solicitações individuaes attendidas sem outros motivos de preferencia além do calor e da insistencia persuasiva dos solicitantes".[13] As aulas eram dadas em espaços atulhados que outrora haviam sido quartos de dormir. Muitas careciam de iluminação ou ventilação adequadas (características consideradas essenciais para o meio ambiente eugênico que as escolas pretendiam oferecer).[14]

Teixeira encarregou Nereu de Sampaio, diretor do Serviço de Prédios e Aparelhamentos Escolares (Spae), de desenvolver um plano de reconstrução e expansão da base física do sistema escolar. Conforme a orientação tecnocrática da nova administração, Sampaio apresentou seu plano demonstrando que sua fundamentação era estatística. Com efeito, o texto do plano iniciava-se com um cabeçalho intitulado "estatísticas", acrescido da observação: "O estudo de um plano regulador das construcções escolares só poderá ser baseado em estatísticas".[15] O relatório prosseguia avaliando "tecnicamente" diferentes conjuntos de dados demográficos para determinar a necessidade de escolas nos bairros da cidade e estimar a taxa de crescimento da população em idade escolar.

Sampaio delineou um plano para condenar quase metade das 79 escolas de propriedade do município, e para construir 74 novas escolas

---

[13] Ibidem, p.326.
[14] SAMPAIO, N. de. Plano regulador, p.384.
[15] Ibidem, p.371.

durante uma década. O plano reconhecia os altos custos de construir todas as escolas ao mesmo tempo, e foi apresentado como um esquema para as administrações subsequentes utilizarem a fim de continuar a expandir o sistema escolar à medida que os recursos o permitissem. Ecoando a preocupação de Teixeira de proteger o programa contra pressões públicas, o tecnocrata Sampaio ressaltou que

> para essa formula será indispensavel que o plano tenha a força de um decreto e os escudeiros da guarda, tal como o plano de remodelação da cidade. O Conselho de Educação deverá formar uma comissão de defeza do plano ...[16]

Sampaio declarou confiantemente que

> com a defesa do plano, serão possiveis as soluções de todos os problemas technicos, tais como a distribuição da matricula, a fiscalização da frequencia, a ordenação das classes pelos quocientes mensaes, a organização efficiente dos serviços de educação física, saúde e obras peri-escolares.[17]

Durante a administração Teixeira, 29 novas escolas foram construídas, e estas transformaram a face da educação no Rio. A maioria das escolas foi construída nos bairros mais pobres das zonas norte e suburbanas, e aquelas construídas em bairros ricos, como Copacabana, também se destinavam aos moradores mais pobres. Em Copacabana, os milhares de filhos de empregadas domésticas e outros empregados do setor de serviços eram atendidos por duas escolas em pequenos espaços alugados, que atingiram um número total de matrículas de 850 alunos apenas com a introdução de três turnos.

---

[16] Ibidem, p.395.
[17] Ibidem, p.391.

216 DIPLOMA DE BRANCURA

Como observou Sampaio, a escassez de escolas para essas crianças era ainda maior do que nos subúrbios.[18]

Como mostra o Mapa 4.1, antes de 1930 a maioria das escolas se concentrava na área central da cidade.[19] Em contraste, o Mapa 4.2 mostra como Teixeira espalhou as escolas pelos bairros mais pobres e com maior proporção de afrodescendentes. Eram esses bairros os que haviam crescido mais rapidamente no período entre guerras, e também os lugares onde os serviços municipais eram mais escassos. Esse programa de fechamento de escolas e novas construções provocou um notável aumento no número de espaços disponíveis, rapidamente ocupados por crianças que nunca haviam tido acesso à escola. Entre 1932, quando o programa começou, e 1935, quando Teixeira foi expulso, as matrículas aumentaram de 84.539 para 106.707 (ver Gráfico 4.1).[20]

Enéas Silva, o principal arquiteto de Teixeira, resumiu o projeto de suas escolas em três palavras: "saúde, higiene, economia".[21] As escolas forneciam serviços de saúde, transmitiam mensagens sobre saúde e higiene por meio dos alunos a suas famílias e vizinhos, serviam como centros cívicos para rituais nacionalistas e transmitiam uma mensagem arquitetônica a todos os que passavam por elas, e mais ainda aos que entravam por suas portas. Durante o Estado Novo, o estilo simples mas moderno das escolas ecoava o estilo político profissional e distante do sistema – as paredes sem enfeites do exterior não forneciam formas culturais de referência, nem imagens

---

[18] Ibidem, p.376.

[19] O Mapa 4.1 mostra apenas construções escolares de propriedade da Prefeitura. Em virtude da falta de dados, ele não indica as localizações de dezenas de prédios ou salas alugadas usadas como escolas temporárias.

[20] LIMA, A. O problema do prédio escolar, p.80.

[21] Citado em OLIVEIRA, B. S. de. *A modernidade oficial:* a arquitetura das escolas públicas do Distrito Federal (1928-1940). 1981. 200p. Tese (Doutorado) – FAU/Universidade de São Paulo.

EDUCAÇÃO ELEMENTAR   217

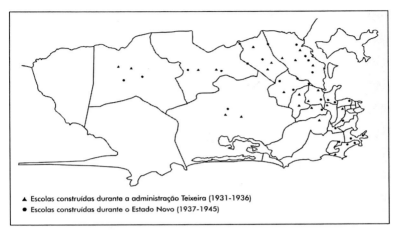

▲ Escolas construídas durante a administração Teixeira (1931-1936)
● Escolas construídas durante o Estado Novo (1937-1945)

Mapa 4.2 Escolas no Rio de Janeiro antes de 1930. *Fontes*: LIMA, A. O problema do prédio escolar no Distrito Federal. *Cultura Política 1*, n°5, p.80, 1941; SENA, J. C. da C. Observações estatísticas sobre o ensino público municipal. *Revista de Educação Pública 2*, n°4, p.697, 1944.

que pudessem dar a um passante uma ideia de posse e, portanto, controle sobre o prédio.

Em contraste, a aparência *art déco* altamente estilizada das escolas padronizadas construídas por Teixeira era rica em mensagens simbólicas a alunos, professores e o público em geral. Sua aparência cheia de curvas seguia a linguagem visual moderna e cosmopolita dos filmes de Hollywood. Os prédios eram internacionalistas e, no entanto, serviam como uma quebra visual com o passado. Projetados para parecerem vagamente com os mais modernos navios transatlânticos, com suas janelas em forma de claraboia e frente semelhante a uma proa, os prédios evocavam sonhos do futuro industrial do Brasil (Figura 4.5).[22]

---

[22] Para uma análise detalhada do estilo arquitetônico das escolas de Teixeira, ver OLIVEIRA, A modernidade oficial.

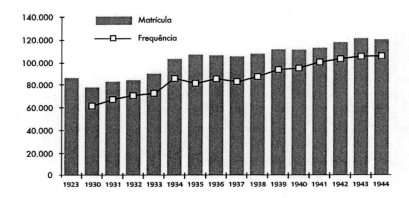

Gráfico 4.1 As matrículas e a frequência no Rio de Janeiro em 1923 e de 1930 a 1944. Fontes: LIMA, A. O problema do prédio escolar no Distrito Federal. *Cultura Política 1*, n°5, p.80, 1941; SENA, J. C. da C. Observações estatísticas sobre o ensino público municipal. *Revista de Educação Pública 2*, n°4, p.697, 1944.

Como Teixeira muitas vezes argumentava, a cidade do Rio era a vanguarda da modernização do Brasil, e eram as escolas que construiriam esse Brasil moderno. A linguagem arquitetônica delas transmitia essas convicções. Os prédios das escolas evocavam o futuro que estava sendo criado dentro de suas paredes. Em contexto, o estilo *art déco* diferenciava-as ainda mais das escolas anteriores, porque o antecessor de Teixeira, Fernando de Azevedo, escolhera o estilo neocolonial para as escolas construídas durante sua administração, e as que antecediam as dele haviam sido projetadas em estilo neoclássico, ou mesmo Tudor.

Entretanto, mais do que diferenciar os prédios e ecoar a mensagem modernista do programa educacional de Teixeira, as escolas incorporavam elementos que facilitavam o gerenciamento de alunos, classes e professores, e transmitiam imagens de disciplina e hierarquia. As janelas eram amplas o bastante para permitir que a luz do sol e o ar fresco entrassem nas classes, mas eram altas demais para

EDUCAÇÃO ELEMENTAR **219**

permitir que os alunos olhassem para fora da sala. Assim, a atenção fixava-se no professor ou nas atividades de classe. Os corredores eram projetados para facilitar a observação taylorista das classes:

> Sem espaços mortos, sem espaços perdidos ... até os mínimos detalhes esses prédios ofereciam um nível de economia e conforto expressos na seguinte porcentagem de eficiência [em termos do volume do espaço da escola usado para o ensino], nunca atingida por quaisquer outras escolas no mundo: instrução: de 68 a 72 por cento.[23]

Os arquitetos das escolas ecoavam a adesão intensa de Teixeira à lógica estatística, projetando prédios estatisticamente eficientes em seu custo, resultado educacional, exercício de autoridade e condições de higiene e saúde. Por exemplo, as janelas eram orientadas para que permitissem "entre 20 e 30 velas por pé".[24] Essas escolas eram um exercício de controle. O Brasil moderno que seu exterior promovia devia ser alcançado assegurando a autoridade centralizada, planejada, sobre cada instante na escola, da quantidade de luz natural estatisticamente calculada até a observação ritualística de professores e alunos, e até a obsessão com higiene.

Psicologia diferencial no serviço de avaliação e promoção

Em 1932, Anísio Teixeira juntou um Serviço de Testes e Escalas (STE) no Instituto de Pesquisas Educacionais ao Serviço de Promoção e Classificação de Alunos (SPCA), ambos encarregados de

---

[23] Citado em OLIVEIRA, A modernidade oficial, p.194.
[24] SILVA, E., citado em OLIVEIRA, A modernidade oficial, p.194.

Figura 4.5. Escola Municipal da Saudade, 1934, mostrando uma construção típica da administração Teixeira. Coleção Augusto Malta, MIS, Secretaria de Estado de Cultura e de Esporte do Rio de Janeiro, 127u/foo9706.

formular testes para selecionar alunos e dividi-los entre as salas de aula da cidade segundo seu potencial avaliado. Ele explicava:

> O Serviço de Promoção e Classificação de Alunos foi outro creado por força da moderna exigencia de estudos systematizados e applicação de processos technicos, sobretudo de *tests* de intelligencia e de escolaridade. Em uma grande organização de "ensino em massa", ha classes a dar maior homogeneidade, outras a augmentar a acceleração, outras a retardar a marcha do ensino. Todo o conjunto de medidas destinadas a ajustar o ensino ao individuo exige para sua applicação proveitosa contróle centralizado e systematico.
>
> Esse orgão technico de promoção e classificação (SPCA), unido ao Serviço de Testes e Escalas, embora seja um de administração

EDUCAÇÃO ELEMENTAR **221**

e controle e o outro de elaboração e estandardização ... constitue orgão fundamental para a direcção do ensino.[25]

Com essa declaração, Teixeira inaugurou uma era de testes e medidas no Brasil. Exames psicológicos e físicos semelhantes àqueles usados para classificar criminosos, loucos e outros "degenerados" eram agora aplicados fora das clínicas para decidir o lugar de cada aluno na escola. Ao fazer isso, Teixeira provocou o surgimento de uma complexa tradição em que corpos estudantis heterogêneos eram avaliados por meio de medidas científicas codificadas em termos raciais e de classe. Depois que Teixeira foi afastado em 1935, o sistema de avaliação continuou a crescer em sofisticação. Ao longo da década de 1940, os educadores continuaram a experimentar e aplicar métodos de medição e divisão de alunos. Com os exames psicológicos adotados para avaliar novos alunos, os educadores aplicavam padrões médicos e higiênicos. Juntos, esses critérios seguiam de perto a teoria eugênica dominante de que os fatores ambientais se acumulavam como deficiências hereditárias.

O principal instrumento de classificação de alunos ingressantes era o Teste ABC, desenvolvido por Lourenço Filho. Esse teste, empregado amplamente no Rio e em São Paulo, era um instrumento de "psicologia diferencial", ou seja, o estudo de diferenças de aptidão mental. O teste media o preparo do estudante para aprender a ler e escrever, definido como "maturidade educacional". Em síntese, aqueles que já conseguiam identificar e escrever as palavras nomeando um grupo de objetos em um quadro – carro, chave, gato, mão e rádio, por exemplo – e haviam desenvolvido habilidades motoras para desenhar padrões geométricos eram classificados como "maduros". O teste favorecia alunos cujos pais eram alfabetizados e podiam lhes

---

[25] TEIXEIRA, O systema escolar do Rio de Janeiro, p.324.

222 DIPLOMA DE BRANCURA

ensinar as primeiras letras em casa. Entre esses, aqueles que podiam ter nomes de artigos de luxo, como carro, rádio ou maçã, entre suas primeiras palavras, classificavam-se melhor.

O Teste ABC, cujo código refletia distinções de classe, servia como espinha dorsal não só do sistema de avaliação que segregava os escolares da cidade mas também de extensos estudos científicos para explicar os maus desempenhos. As próprias conferências de Lourenço Filho dadas no Instituto de Educação ressaltavam que as diferenças de "maturidade educacional" estavam ligadas a fatores hereditários e ambientais.[26] Lourenço Filho acreditava que esses testes tornavam o sistema escolar democrático, porque todo aluno tinha a oportunidade de demonstrar suas aptidões. No entanto, a confiança em que a capacidade de aprendizado de uma ciência podia ser medida empiricamente baseava-se em ciências ainda fortemente empenhadas em um esforço de entender e enfrentar a suposta inferioridade racial dos brasileiros de cor.

Por meio desses testes, o sistema escolar alcançou dois objetivos fundamentais, embora aparentemente incongruentes. Por um lado, os exames estabeleciam distinções entre alunos, atribuindo privilégios intelectuais a alguns e aplicando os rótulos distróficos de doente, rebelde, não inteligente ou imaturo aos outros. Políticas de testes e medidas reificavam a crença na diferença inerente e hereditária entre os indivíduos. Por outro, os educadores cuidavam desses alunos a quem classificavam como inadequados, inserindo-os no tecido cultural, social e econômico da nação ao atacarem essas diferenças. No fim das contas, não importava quão progressistas fossem seus esforços, os educadores perpetravam as desigualdades sociais institucionalizando pressupostos baseados em classe e raça. As políticas escolares integravam e segregavam os alunos ao mesmo tempo.

---

[26] "Psicologia Educacional – Curso de Didática". Arquivo Lourenço Filho, CPDOC, PROG (0493).

A psicologia diferencial era nova no Brasil. Embora medidores de inteligência como a Escala de Binet (também chamada de "Teste de Q.I.") fossem conhecidos na comunidade médica e científica, havia pouca experiência com avaliações psicológicas fora das clínicas psiquiátricas e estabelecimentos de medicina legal. Alguns dos primeiros experimentos com psicologia diferencial no Brasil foram efetuados em 1928 por Lourenço Filho, que posteriormente publicou os fundamentos lógicos e as diretrizes de seu Teste ABC, que se tornou a medida mais amplamente utilizada no Brasil durante décadas. No entanto, fora do pequeno grupo de psicólogos que trabalhavam com ele na escola normal em São Paulo, apenas um grupo pequeno de educadores, muitos dos quais egressos do Teachers College de Columbia, sabiam como implementar ou avaliar tais medidas.

Fora do Rio de Janeiro e de São Paulo, havia dois outros centros no Brasil onde testes de inteligência foram testados. No Recife, em 1925, o psicólogo Ulisses Pernambucano organizou um Instituto de Psicologia no sistema escolar, com o objetivo de criar medidas de inteligência. No Instituto de Psicologia, Pernambucano desenvolveu um teste de inteligência para selecionar candidatos à escola normal estadual, como seria feito no Instituto de Educação do Rio na década de 1930.[27] A Reforma Francisco Campos na educação pública de Minas Gerais também incluiu um departamento de psicologia aplicada que fazia experiências com testes de inteligência. Em 1929, ele convidou a exilada russa Helena Antipoff, pesquisadora do Laboratório de Psicologia de Edouard Claparède na Universidade de Genebra, para chefiar o programa. Antes de sair da Rússia após a revolução, Antipoff desenvolvera uma teoria de "inteligência civilizada", que sustentava que as crianças eram influenciadas por seu meio

---

[27] MEDEIROS, J. A. Ulisses Pernambucano de Mello Sobrinho. In: FÁVERO; BRITTO (Eds.). *Dicionário de educadores no Brasil*, p.472.

224 DIPLOMA DE BRANCURA

ambiente. Em Minas Gerais, ela desenvolveu um sistema para medir inteligência a fim de dividir os alunos em "classes homogêneas" com base em suas habilidades, como era feito no Rio de Janeiro e em São Paulo. Antipoff também propôs "ortopedia mental" para crianças que iam mal nos testes, e introduziu o uso do termo "excepcional" em lugar de "retardado" para descrever crianças com deficiências de aprendizado.[28]

No Rio de Janeiro, Anísio Teixeira iniciou o mais amplo experimento com testes de inteligência e avaliação recrutando Lourenço Filho para dirigir o Instituto de Educação e Isaías Alves para chefiar o novo STE e lecionar psicologia no Instituto. Alves, que estudou com Teixeira no Teachers College, começou a adaptar vários exames de inteligência e maturidade, desde o Teste ABC de Lourenço Filho até o Teste Coletivo de Inteligência de Terman e a Escala de Inteligência Binet (ou Q.I.). Notavelmente, a palavra utilizada universalmente por Alves, Lourenço Filho e outros para os exames psicológicos que instituíram era *test* (ou, às vezes, *teste*). Essa transliteração ilustra a extensão em que ambos os educadores treinados nos Estados Unidos, como Teixeira e Alves, e educadores treinados no Brasil, como Lourenço Filho e Campos, baseavam-se em teorias pedagógicas importadas dos Estados Unidos. De setenta citações nas orientações do Teste ABC de Lourenço Filho, 45 vinham de fontes norte-americanas.[29]

---

[28] CAMPOS, R. H. de F. Helena Antipoff. In: FÁVERO; BRITTO (Eds.). *Dicionário de educadores no Brasil*, p.241. Ver também CAMPOS, R. H. de F. *Conflicting Interpretations of Intellectual Abilities among Brazilian Psychologists and Their Impact on Primary Schooling*. 1989. (Ph.D. diss.) – Stanford University.

[29] LOURENÇO FILHO, M. B. *Testes ABC para a verificação da maturidade necessária à aprendizagem da leitura e da escrita*. 6. ed. (1933). São Paulo: Melhoramentos, 1957. Embora esses testes fossem aplicados acriticamente

EDUCAÇÃO ELEMENTAR **225**

Como diretor do STE, Alves via como sua responsabilidade reforçar uma ordem social em erosão ancorando-a à ciência: o sistema escolar devia ser organizado para reconhecer "o valor social de crianças brilhantes".[30] Alves achava que a psicologia diferencial mitigaria o exagerado igualitarismo que ele notara durante seus tempos nos Estados Unidos. Ele explicava:

> Se a democracia deve ser a forma de governo da sociedade – e isso parece incontestavel, a despeito da subversao da ordem que se nota em quasi todos os paizes – ella precisa basear-se em nova ordem educacional, que dê, aos mais capazes, opportunidade para subir a postos de orientação.
>
> O grave embaraço que se tem oferecido à democracia é a falsa noção da igualdade, baseada em valores sociaes e economicos, tão forte na historia politica e educacional dos Estados Unidos durante todo o século XIX.
>
> Naquele paiz, o governo foi sempre resultado do suffragio e participou da mediania dos cidadãos que se formaram na intensa vida de igualdade que se formou na fronteira, onde patrão e empregado, marido e mulher, entregues à lucta contra o indio, os perigos da floresta semeada do typho ou da malaria e à lucta pelo ouro, não podiam pensar na selecção social que se evidencia ainda hoje na sociedade francesa, tão estavel e tão imbuida de cultura ...
>
> Homens criados na vida agraria da America olhavam receosos para as nações sedimentadas da Europa, e a escola devia ser um

---

no Brasil, em 1930 o teste de Terman e outras medidas foram abertamente questionadas nos Estados Unidos. O teste de Terman foi criticado, por exemplo, pelo renomado jornalista Walter Lippman em seus ensaios *Mystery of the A Men* e *The Abuse of Tests*. Ver HANEY, "Validity, Vaudeville, and Values", p.1023.

[30] ALVES, I. Testes collectivos de inteligência (Terman Group Test) e sua aplicação nas escolas públicas. *Boletim de Educação Pública 1*, nº 1, p.397, 1932.

226 DIPLOMA DE BRANCURA

centro de ação socializante em que crianças de todos os gráos de riqueza recebessem a mesma instrução.

Desse modo a escola havia de desenvolver a mediocridade, ou seja, o nivelamento de todas as capacidades no plano medio.[31]

Alves oferecia sua tese do "limite" para sustentar sua hipótese de que

todos os grupos humanos apresentam uma distribuição normal de individuos, de capacidade intellectual extremamente differenciada que exige orgãos especiaes nos sistemas de instrucção, a fim de se aproveitarem todas as actividades no sentido do progresso social e economico.

Por meio da ciência, ele pôde definir essa diferenciação natural, e o sistema escolar pôde então aplicar uma ordem científica à população em crescimento explosivo da capital federal.

Alves efetuou um teste experimental em 1932, repetindo o Teste ABC de 1928 de Lourenço Filho em 1.879 alunos, e o Teste Coletivo de Inteligência de Terman em 7.060 alunos. Alves tabulou e analisou os resultados por raça e classe social, algo que Lourenço Filho resistira a fazer em sua pesquisa de 1928, explicando que "não chegamos a concluir, em nossas próprias pesquisas iniciais, à falta de dados suficientes, nas diferentes idades, relativas a meninos pretos, quanto à diferença por brancos, pretos e pardos". Embora a amostra de Alves também incluísse poucas crianças de cor, ele não hesitou em tirar extensas conclusões sobre "diferenças significativas entre as medidas obtidas nos grupos branco e preto".[32]

---

[31] ALVES, I. Testes coletivos de inteligência, p.397.
[32] LOURENÇO FILHO. *Testes ABC*, p.84.

Os resultados do teste de Terman por categoria racial são mostrados nos Gráficos 4.2, 4.3 e 4.4. Dos alunos que efetuaram o Teste ABC, 14% eram mulatos e 8% eram negros. Dos 7.060 alunos que fizeram o Teste Coletivo de Inteligência de Terman, apenas 3% eram negros e 13% eram mulatos. O motivo pelo qual Alves dispunha de tão poucos alunos de cor para avaliar era que seus testes eram realizados na escola elementar do Instituto de Educação e na Escola Argentina, ambos no bairro rico da Tijuca. Dos 7.060 alunos, dois foram classificados como negros e ricos e 16 foram classificados como mulatos e ricos. Em contraste, 487 brancos se adequavam a esse padrão.

Em 1934, um novo diretor de testes e medidas, J. P. Fontenelle, iniciou a aplicação anual do Teste ABC a todos os alunos que entravam no primeiro ano. Fontenelle fora um médico ativo no movimento em defesa da saúde pública e saneamento durante a década de 1920. Seus testes, aplicados em 22.400 alunos, confirmaram a tendência estabelecida por Alves dois anos antes: os alunos brancos obtinham pontuações mais altas (com 3,5 pontos), seguidos pelos

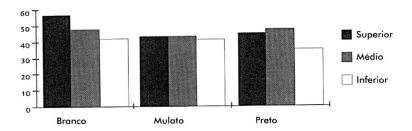

Gráfico 4.2 Pontuações no Teste Coletivo de Inteligência de Terman no Rio de Janeiro, 1932. (Nota: "Superior", "Médio" e "Inferior" referem-se à classe dos alunos. Pontuações mais altas são melhores.) *Fonte:* ALVES, I. Testes coletivos de inteligência (Terman Group Test) e sua aplicação nas escolas públicas. *Boletim de Educação Pública 1*, n°1, p.421, 1932.

228 DIPLOMA DE BRANCURA

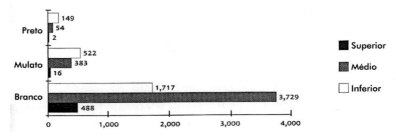

Gráfico 4.3 Origem racial de alunos testados no Teste Coletivo de Inteligência de Terman em 1932. *Fonte*: ALVES, I. Testes coletivos de inteligência (Terman Group Test) e sua aplicação nas escolas públicas. *Boletim de Educação Pública 1*, n°1, p.421, 1932.

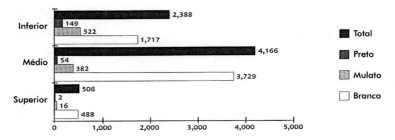

Gráfico 4.4 Origem de classe de alunos testados no Teste Coletivo de Inteligência de Terman em 1932. *Fonte*: ALVES, I. Testes coletivos de inteligência (Terman Group Test) e sua aplicação nas escolas públicas. *Boletim de Educação Pública 1*, n°1, p.421, 1932.

mulatos (3,4) e, finalmente, pelos negros (3,3).[33] Alves e Fontenelle mostraram pouca relutância em utilizar a raça como categoria de análise de suas medidas, e todas as pontuações do Teste ABC e do Teste Coletivo de Inteligência de Terman refletiram a estratificação

---

[33] Ibidem, p.86.

EDUCAÇÃO ELEMENTAR 229

da sociedade brasileira. No Teste Coletivo de Inteligência de Terman, os alunos ricos e brancos obtinham quase o dobro da pontuação dos negros pobres (57 pontos comparados a 35 pontos), enquanto o Teste ABC colocava os brancos no topo, os negros na base e os mulatos como categoria intermediária.

Quando Alves escreveu sobre a "capacidade intellectual extremamente differenciada" dos alunos, definia a diferença pela raça e pela classe. A cor da pele de uma criança ou o brilho da riqueza apenas confirmavam o que os testes mostravam. Para educadores como Alves, os testes padronizados estabeleciam distinções entre alunos que espelhavam diferenças mais amplas na sociedade brasileira. Eles pensavam em raça e classe como condições sociais semelhantes, e usavam os termos quase de modo intercambiável para definir as deficiências. Alves e Fontenelle empregavam definições de classe e raça a fim de definir as diferenças inatas que os programas de testes que eles projetavam iam medir: ser pobre ou não branco explicava deficiências no desenvolvimento.

Medidas na Escola General Trompowsky

Em 1935, o relatório da diretora da Escola General Trompowsky mostra como testes e medidas eram aplicados nas escolas.[34] Ao longo da reforma de quatro anos de Anísio Teixeira, as escolas foram reorganizadas para acomodar salas de aula "homogêneas" separadas. A homogeneização, o termo que os educadores utilizavam em suas avaliações, dividia os alunos segundo linhas de aptidão medidas pelos testes. Nesse relatório, contudo, a diretora da Escola Trompowsky mostrou explicitamente como medidas de classe social eram

---

[34] "Escola General Trompowsky". Arquivo Anísio Teixeira, CPDOC, pi35.00.00.

230   DIPLOMA DE BRANCURA

misturadas a pontuações de testes para organizar os alunos. A escola funcionava em dois turnos, cada um com três seções de alunos de primeiro ano que a diretora definia como abastados, pobres ou muito pobres. As expectativas que os professores tinham sobre esses alunos, e o modo pelo qual eles eram ensinados, variava de acordo com a sala de aula e a classe social.

Os alunos abastados eram divididos em duas turmas avançadas. Essas crianças eram jovens, em geral com seis ou sete anos de idade, e submetidas a um programa acelerado. Como haviam obtido boa pontuação no Teste ABC, os professores ensinavam-os a ler. No final do ano, o desempenho desses alunos era descrito como "muito bom – todos estão lendo". Seu desempenho não era de surpreender: aqueles eram alunos-modelo, recebendo a educação-modelo da Escola Trompowsky.

No outro extremo estavam os alunos classificados como "muito pobres". Todos tinham mais de nove anos de idade e haviam repetido o primeiro ano, muitos deles pela terceira vez. Eles eram descritos pelo seu Q.I. de médio para baixo e por seu mau comportamento: eram "muito instáveis, irrequietos e agressivos". Uma das turmas foi bem: a professora relatou que a maioria aprendera a ler. A outra professora descreveu seus alunos como "medíocres, com maus resultados". Em ambas as classes de alunos muito pobres, a diretora relatou que os alunos "deviam ter tido muito treinamento em tarefas manuais, mas a escola só está sendo equipada para esses cursos este ano", revelando expectativas sobre o futuro dessas crianças e o caminho educacional que deveriam seguir (Figura 4.6).

Como as duas turmas de alunos "pobres" mostram, não é de surpreender que os alunos das classes baixas fossem instáveis e repetissem constantemente. Os alunos pobres entravam na escola com a mesma idade que os ricos, entre seis e sete anos de idade, mas não eram ensinados a ler. Em vez disso, seus professores viam seu primeiro ano como um tempo de ajuste à escola. Como uma das

EDUCAÇÃO ELEMENTAR 231

Figura 4.6. Alunos confeccionando figuras de criados negros no curso de tarefas manuais, 1929. Coleção Augusto Malta, MIS, Secretaria de Estado de Cultura e de Esporte do Rio de Janeiro, 127m/foo9299.

professoras declarou, o objetivo da classe era "facilitar a adaptação à vida escolar. Não havia a preocupação de ensinar". Naturalmente, essas crianças precisavam repetir o primeiro ano, porque não lhes haviam ensinado nada em seu primeiro ano de escola.

Como os professores devotavam pouca energia para ensinar essas crianças a ler quando elas iniciavam a escola, suas pressuposições seguravam os alunos pobres no primeiro ano, fazendo-os ficarem inquietos e deixarem a escola ou, finalmente, aprenderem a ler no mesmo tempo que as crianças mais remediadas passavam para o terceiro ano. Se ficassem na escola, eles seriam deslocados e estigmatizados como lentos ou crianças-problema. O enfoque da Escola Nova de Teixeira exigia que a escola se adaptasse à "realidade social" de sua comunidade, mas essa realidade era definida por meio de pressuposições inquestionadas sobre raça e classe.

Com práticas de medidas como as da Escola General Trompowsky aplicadas aos alunos em todo o sistema escolar, o número de alunos pobres avançando para os anos mais adiantados era baixo. Em 1932, em todo o sistema escolar público do Rio, mais da metade das crianças classificadas como pobres estava no primeiro ano, como mostra o Gráfico 4.5. O Gráfico 4.6 demonstra a baixa porcentagem de crianças que progrediam na escola. Embora o quarto ano tivesse menos de 10% das crianças pobres do primeiro ano, tinha quase a metade das crianças de classe média e ricas que haviam entrado no primeiro ano. As crianças mais privilegiadas tinham muito maior probabilidade de permanecerem na escola tempo o bastante para colherem os frutos de sua educação. As crianças pobres geralmente não passavam do primeiro ano, e apenas raramente chegavam ao terceiro ou quarto anos.

O Teste ABC, cujo uso foi exemplificado pela diretora da Escola Trompowsky, era aplicado anualmente a todos os alunos que entravam no sistema escolar, e usado para dividi-los entre classes e às

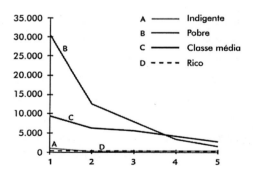

Gráfico 4.5 Alunos no sistema escolar do Rio de Janeiro, por raça e classe social. *Fonte:* TEIXEIRA, A. O sistema escolar do Rio de Janeiro, D.F.: Relatório de um ano de administração. *Boletim de Educação Pública 1*, n°4, p.324, 1932.

EDUCAÇÃO ELEMENTAR 233

vezes entre escolas. Em 1943, a diretora do Serviço de Ortofrenia, Ofélia Boisson Cardoso, levou ao ar uma série de palestras sobre administração e avaliação do Teste ABC no programa a *Hora do Professor*, na estação de rádio da prefeitura, a PRD-5. As palestras de rádio, que tratavam das instruções escritas para o teste que seria administrado a alunos recém-matriculados, nos dão uma ideia da filosofia do sistema escolar em relação à diferenciação entre alunos. Em sua primeira palestra no rádio, Cardoso explorou a relação entre inteligência natural e meritocracia. Ela começou ressaltando que o teste devia ser entendido "à luz da *igualdade dos homens* perante a lei, baseada no reconhecimento dos mesmos direitos e deveres para qualquer cidadão, conceito êsse que se firma na moral cristã, aceita e seguida por nós brasileiros". Entretanto, ela se baseava na "bagagem hereditária de cada um dêsses elementos mais ou menos profundamente trabalhada pelas influências de meios diversos".[35] Em outras palavras, todos eram iguais exceto em relação às deficiências que haviam herdado.

Cardoso prosseguiu explicando como os resultados dos testes deviam ser usados para organizar classes homogêneas. Refletindo a maturidade e a sofisticação que o sistema de medidas atingiu durante sua primeira década, Cardoso rejeitou como rudimentares simples testes de Q.I. e julgamentos de classes sociais. Ela reconhecia que, na idade em que as crianças entravam na escola, sua inteligência era complexa demais para ser medida de modo tão simples. Em vez disso, a "maturidade intelectual" de uma criança, como definida pelo Teste ABC, seria relacionada a seu nível de nutrição e taxa de crescimento, como determinados por um índice empregado pelo Serviço

---

[35] CARDOSO, O. B. Curso de especialização em problemas de primeira série — organizado pela Secretaria Geral de Educação e Cultura para o magistério primário no 2º semestre de 1943. *Revista de Educação Pública* 1, nº4, p.576, 1943.

Antropométrico. Juntos, eles determinarariam o "nível mental" da criança.
Por que, então, teriam as crianças um desempenho ruim? Para Cardoso, era porque

> a população infantil que freqüenta nossas escolas primárias é quase tôda oriunda de grupos sociais económicamente inferiores. A má alimentação, quantitativa e qualitativamente, e as condições antihigiênicas de habitação originam estados de anemia, pre-tuberculose, adenopatia, subnutrição, os quais podem ser, em apreciável percentagem, responsáveis pelo baixo rendimento nessas classes.

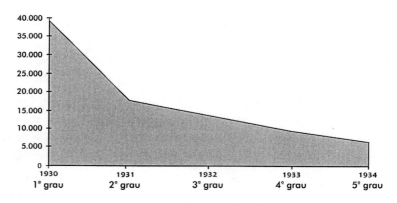

Gráfico 4.6 Número de primeiranistas em 1930 que passaram para anos mais avançados. (Observação: este gráfico mostra os alunos que levaram apenas um ano para completar cada ano escolar. Posteriormente, a taxa de repetência diminuiu, mas apenas levemente: em 1930, os quintanistas constituíam 4,6% dos estudantes do ensino elementar, e em 1935 constituíam 6,3%.)
Fonte: TEIXEIRA, A. *Educação pública:* sua organização e administração. Rio de Janeiro: Oficina Gráfica do Departamento de Educação do Distrito Federal, 1934. p.131.

EDUCAÇÃO ELEMENTAR 235

Além de problemas médicos, a pobreza "coloca a criança na mais franca promiscuidade, patenteando-lhe, deformada por vezes, tôda a brutalidade da vida, desencadeia um tipo de problemas psíquicos de perturbação de caráter". Ela concluiu a aula ressaltando que não havia uma causa única, e sim um "conjunto de causas ... tendo sua origem na sociedade e na hereditariedade".[36] Como outros educadores, Cardoso juntava raça e classe à teoria eugênica de que a degeneração era tanto hereditária quanto acumulada.

Enquanto a diretora da Escola Trompowsky e o diretor do Serviço de Ortofrenia enfatizavam as classes sociais na divisão dos alunos, os pesquisadores da Seção Antropométrica do IPE privilegiavam a raça em sua análise do desenvolvimento do aluno. Em 1935 – o mesmo ano do relatório da Escola Trompowsky – Bastos D'Avila, diretor do Serviço Antropométrico, relatou a implementação da *ficha antropométrica* do desenvolvimento físico de cada aluno. Esse registro permitiu que os biométricos do Departamento de Educação medissem as "diferenças no desenvolvimento de indivíduo a indivíduo" e possibilitou ao serviço estudar as relações entre raça, etnicidade e meio ambiente entre as crianças da cidade.[37] Pelo menos durante a década seguinte, essa pesquisa forneceu bases para aplicação de critérios médico-pedagógicos para medidas que eram usados com testes de aptidão psicológica.

No decorrer da década de 1930, a classificação que Teixeira introduziu expandiu-se a partir do Teste ABC para incluir outros critérios eugênicos. Em 1936, Bastos D'Avila explicou o modo pelo qual as três seções do IPE (Antropometria, Ortofrenia e Higiene Mental, e Testes e Medidas) trabalhavam juntas. Segundo ele:

---

[36] Ibidem, p.587, 590.
[37] "Secção de Antropometria", 16 out. 1936. Arquivo Lourenço Filho, CPDOC, IPE (0010).

236 DIPLOMA DE BRANCURA

a Secção de Antropometria estuda o *habito* do escolar (seu desenvolvimento físico) e assinala o tipo em que se cataloga, fornece informes seguros sobre seu *temperamento*, enquanto deixa à Seção de Ortofrenia a parte que interessa ao *caracter* e à de *Tests*, que se prende à *inteligencia*: completa-se destarte harmonicamente e integralmente o estudo do escolar pelas quatro faces que o delimitam na concepção de Pende.[38]

Nicola Pende era um dos líderes da escola italiana de criminologia na virada do século. A declaração de D'Avila mostrava como a medição de alunos no sistema escolar inspirava-se na medicina legal.[39]

Com o Teste ABC e as pontuações de Q.I., o registro do aluno incluía a "ficha antropométrica" medindo seu desenvolvimento físico e fenotípico, assim como uma "ficha de ortofrenia e higiene mental", criada pela seção chefiada pelo antropólogo Arthur Ramos. Em um texto similar ao relatório de D'Avila sobre antropometria, Ramos explicou que a "ficha de ortofrenia" seguia o padrão dos registros utilizados em clínicas psicológicas nos Estados Unidos e na Alemanha – registros reunidos no auge da eugenia mendeliana naqueles países.[40]

O desenvolvimento e o potencial educacionais de um aluno eram avaliados por meio de um conjunto de registros baseados em ampla coleção de medidas médicas e científico-sociais, que iam do Teste Coletivo de Inteligência de Terman à Escala de Binet de Q.I., ao Teste ABC de Lourenço Filho, às facetas do caráter humano de Pende

---

[38] Bastos D'Avila a Lourenço Filho, 16 abr. 1936. Arquivo Lourenço Filho, CPDOC, IPE (0042).

[39] Ver PENDE, N. *Scienzia Dell'Ortogenesi*. Bergamo: Instituto Italiano D'Arti Grafiche, 1939.

[40] Arthur Ramos a Lourenço Filho, 18 abr. 1936. Arquivo Lourenço Filho, CPDOC, IPE (0044).

EDUCAÇÃO ELEMENTAR   237

e enfoques de higiene mental e ortofrenia adaptados dos nazistas alemães. Essas medidas refletiam a extensão em que os educadores emprestavam ideias dos Estados Unidos e da Europa: todas as ferramentas analíticas eram estrangeiras, com exceção do Teste ABC. Essas medidas também refletiam o padrão da eugenia como praticado no Brasil: desenvolvimento físico, caráter, inteligência e temperamento podiam ser quantificados e manipulados – eram formas de avaliar deficiências e traçar caminhos para tratá-las.

Visões de raça higiênicas, sociológicas e psicológicas, uma visão estatística do mundo e racionalismo científico combinaram-se para criar um sistema de ensino público dirigido de cima a baixo segundo paradigmas modernos. Esses valores combinavam uma origem comum em discussões sobre ideologia racial e identidade nacional com um senso europeu e norte-americano de tecnicismo; tudo isso se somava e atuava conjuntamente com bastante facilidade no sistema escolar. Mais ainda, essas práticas modernas fizeram que o discurso original sobre raça e identidade fosse aplicado à política educacional e às práticas escolares. A vida cotidiana das escolas do Rio, a começar da decisão sobre onde colocar um aluno até atividades tão cotidianas e privadas como escovar os dentes e lavar as mãos, era efetuada em uma lógica solidamente enraizada no discurso sobre raça. Práticas diferentes nas próprias escolas e no sistema como um todo reforçavam uma a outra em sua expressão de valores raciais.

Um ensaio escrito durante o Estado Novo em uma publicação do Departamento de Educação retratou bem a síntese de raça, medicina, nacionalismo e nacionalidade ao explicar a necessidade e a viabilidade de um programa de ortodontia para os alunos. O ensaio traçou o perfil do tratamento ortodôntico de uma aluna de uma escola elementar, apresentando-a como: "Dylma de Carvalho – Escola Manoel Bonfim – 10 anos, cor branca, 1,32 m, 26 quilos de pêso, mal alimentada e pobre. Aspecto geral, não obstante, bom. Brasileira.

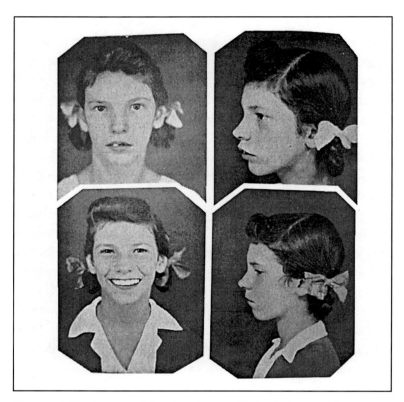

Figura 4.7. "A aluna de escola primária aos cuidados do Centro Odontológico Escolar em seu estado primitivo e depois de ser convenientemente tratada, reintegrada em todas as suas funções normais". Comentário em uma fotografia da *Revista de Educação Pública 1*, n°1, p.42, 1943.

Oclusão má".[41] O autor detalhava o problema de Dylma de Carvalho, má oclusão dos dentes frontais, e o tratamento de custo compensador que ela recebera, sugerindo que o tipo de serviço que

---

[41] Condições de serviços odontológicos para alunos pobres. *Revista de Educação Pública 1*, n°1, p.40, 1943.

ela recebera poderia ser economicamente aplicado de forma mais geral a alunos com graves problemas ortodônticos. Não há registro de que isso se tenha tornado uma prática amplamente disseminada durante a era Vargas.

O que é significativo neste caso, contudo, é a linguagem empregada para definir a situação da aluna e o papel do sistema escolar ao remediá-la. Embora isso não tivesse nenhuma justificação em seu caso médico, o formato de registro médico da descrição da menina incluía uma menção à sua cor, local de nascimento e classe social. Juntas, essas observações transformavam o relatório em uma declaração não apenas sobre a condição pessoal de Dylma de Carvalho, nem sobre os escolares da cidade, mas sobre a nação. Que ela fosse branca não a impedira de ter caído na degeneração, que se acumulava porque ela era pobre, subnutrida e fora criada pelo pai desde o falecimento da mãe. O texto da legenda da fotografia tornava sua degeneração ainda mais clara referindo-se a seu "estado primitivo". O tratamento médico deu a ela dentes "normais", que lhe permitiram ser "reintegrada". O ensaio relatava o resultado final de Dylma sendo capaz de levar "uma vida normal, feliz, como a de outras meninas de sua idade".

O sistema escolar poderia atuar sobre as deficiências dos brasileiros, empregando a ciência médica e social de modo racional e eficiente em termos de custos. Apesar de Teixeira haver criado o arcabouço do sistema e montado várias de suas partes, ele ganharia sua plena coesão – e Dylma de Carvalho ganharia sua ortodontia exemplar, financiada pelo Estado – nas mãos dos oficiais militares, durante o Estado Novo.

5

A Escola Nova no Estado Novo

Novembro de 1935 foi um mês de levante e repressão no Brasil. Os nacionalistas que haviam lutado juntos na década de 1920 e na Revolução de 1930 derivavam para campos cada vez mais antagônicos, ancorados em seus extremos pelo Partido Comunista do Brasil e a fascista Ação Integralista Brasileira. Quando jovens oficiais de esquerda rebelaram-se no Rio e no Nordeste, desencadeando, na manhã de 27 de novembro, a chamada Intentona Comunista, um levante orientado pela União Soviética, o aparelho de segurança de direita já havia recebido denúncias e se mobilizou rapidamente para reprimir os insurgentes. Imediatamente após, líderes da esquerda e supostos comunistas de todo o Brasil foram presos ou deportados. No Rio, a Delegacia Especial de Segurança Policial e Social (Desps), chefiada pelo simpatizante do nazismo Filinto Müller, prendia professores universitários, líderes de sindicatos e outros simpatizantes tidos como esquerdistas. Getúlio Vargas recorreu a poderes emergenciais que dariam dois anos mais tarde no Estado Novo.

Nos meses que se seguiram ao levante comunista, Anísio Teixeira e parte de sua equipe foram expulsos do Departamento de Educação. Alguns foram presos. Francisco Campos, que havia sido o organizador

242 DIPLOMA DE BRANCURA

e primeiro-ministro do Ministério da Educação e Saúde (MES), foi nomeado para suceder Teixeira. Como Campos era o mais poderoso ideólogo de direita no círculo de Vargas, o prefeito populista Pedro Ernesto Batista o escolheu na esperança de que ele salvasse seu governo da repressão anticomunista. Francisco Campos passou sua gestão esboçando a Constituição autoritária e corporativista do Estado Novo e, após sua proclamação, em novembro de 1937, assumiu o Ministério da Justiça a fim de pôr o documento em prática.

Em fevereiro de 1936, Paschoal Lemme, diretor de educação profissional e técnica (daqui em diante referido como ensino vocacional) do Departamento de Educação, acreditou que havia sobrevivido à onda de perseguição, já que sua nomeação fora confirmada por Francisco Campos. Mas, à medida que o círculo se fechava ao redor do prefeito Pedro Ernesto, os cursos vocacionais oferecidos pelo Departamento de Educação para os apoiadores sindicalistas do prefeito passaram a servir para acusar Pedro Ernesto de ter simpatias comunistas. Lemme tornou-se um alvo. Segundo Lemme, depois de um longo dia entrevistando candidatos para um cargo no Departamento de Educação, ele se virou para receber a última pessoa sentada nos bancos do lado de fora de seu escritório, um homem que se identificou como inspetor da Desps. Seu encontro iniciou-se de modo agradável: o agente da Desps disse que, como via que Lemme estava ocupado, esperaria até o fim do dia para falar com ele. Quando chegou a hora, o agente convidou Lemme a dar um passeio até a sede da Desps para responder a algumas perguntas. Cansado, Lemme sugeriu que pegassem um táxi. Ele foi interrogado sobre os cursos vocacionais para sindicatos e acabou sendo detido por razões políticas por diversas vezes nos 16 meses seguintes. Em suas memórias, ele ironizou ter pago pela corrida que o deixaria preso.[1]

---

[1] LEMME, P. *Memórias*. Rio de Janeiro: Cortez/Inep, 1988. p.241, v.2. O relato de Lemme de seus meses na cadeia com influentes intelectuais

A ESCOLA NOVA NO ESTADO NOVO 243

Embora até aqui esta narrativa tivesse se concentrado nos momentos importantes da criação de políticas e práticas racializadas sob um processo bastante tranquilo de reforma educacional, a experiência e a história de Paschoal Lemme neste capítulo invertem essa perspectiva. A transição da educação pública no Rio de progressista à direitista e amplamente militarizada foi, na superfície, um dos momentos mais turbulentos da história da educação brasileira. Entretanto, sob as controvérsias políticas e ideológicas, as políticas que lidavam com raça, racionalização, ciência e profissionalização permaneceram, de modo geral, intactas. A importância interna e a influência da raça não foi desafiada ou renegociada. Com efeito, a conflituosa política educacional reforçou ainda mais o modelo nacionalista eugênico e técnico de educação, formando linhas de batalha entre progressistas e conservadores que duraram por mais de meio século, mas que se desviaram de qualquer debate significativo sobre o papel da raça na educação pública.

No espaço político, a perseguição de Lemme revela-se uma ironia ainda mais importante do que sua amargura por ter pago o táxi. Diferentemente de outros educadores, depois de seu tempo na cadeia Lemme se tornou um severo crítico da tecnicização, da adoção sem questionamento dos valores norte-americanos e do desrespeito pelas implicações raciais da política educacional. Ele relatou que, depois de estudar na Universidade de Michigan em 1939, começou a perceber que a educação progressista de Dewey privilegiava uma visão homogênea de classe média que ignorava "a história violenta dos índios, dos negros, dos imigrantes e do movimento operário".[2] Lemme

---

dissidentes, assim como sua participação em uma universidade na prisão montada em 1935 por detentos que davam palestras em suas áreas de especialidade, além de cursos de educação geral para detentos com menos educação, é um impressionante sinal de vida sob a repressão da era Vargas.

[2] Ibidem, p.127.

244 DIPLOMA DE BRANCURA

também passou a encarar os testes de inteligência como um sistema injusto que objetivava desenvolver hierarquias sociais. Essas críticas foram expressas depois das reformas educacionais e da saída de Teixeira do sistema escolar. A única dissensão da época em relação ao tecnicismo de Teixeira que Lemme notou foi uma resistência em nome de alguns professores do Instituto de Educação à excessiva importação de terminologia em inglês.[3]

Embora as críticas de Lemme à reforma de Teixeira parecessem ter sido únicas e posteriores às próprias reformas, elas vão ao âmago das implicações racializadas do programa de Teixeira. Essa crítica não foi, de modo algum, submetida a debate em 1935 ou durante o Estado Novo, e Lemme foi preso, na verdade, por sua participação em programas educacionais projetados por sindicalistas aliados ao prefeito Pedro Ernesto. Depois que foi libertado, Lemme trabalhou como inspetor escolar no estado do Rio de Janeiro e, em 1938, tornou-se pesquisador do então recém-formado Instituto Nacional de Estudos Pedagógicos (Inep). Segundo o biógrafo de Lemme, este saiu do Inep em 1942 porque discordava do tecnicismo da visão educacional de Lourenço Filho. Radicalizado por sua experiência como prisioneiro (depois de 1945, Lemme tornou-se ativo no Partido Comunista do Brasil) e discordando do tecnicismo de influência norte-americana que moldava a educação brasileira, Lemme ficou isolado e foi esquecido. Ele ganhou destaque outra vez na área da educação brasileira apenas na década de 1980, quando a própria área abraçou correntes pedagógicas marxistas.[4]

As batalhas entre a Igreja e os educadores progressistas, assim como os programas educacionais executados pelos oficiais militares que detinham todos os principais cargos do Departamento de

---

[3] Ibidem, p.130.
[4] BRANDÃO, Z. Paschoal Lemme. In: FÁVERO; BRITTO (Eds.). *Dicionário de educadores no Brasil*. p.426-34.

A ESCOLA NOVA NO ESTADO NOVO   **245**

Educação durante o Estado Novo, mostram a falta de consenso em certas áreas da política educacional. Mas os novos administradores continuaram a trabalhar utilizando os esquemas de Teixeira (que já incluíam muitas das medidas nacionalistas e disciplinares abraçadas pelo Estado Novo) com apenas duas exceções: a introdução da educação religiosa nas escolas e a reintrodução de uma prática paternalista de atender a pedidos populares de favores e intercessões no sistema escolar. Essa última prática contrariava diretamente o racionalismo científico, o tecnicismo e a profissionalização defendidas pelos progressistas, mas, não obstante, colocava o sistema escolar mais em contato com as correntes dominantes de populismo e o paternalismo das políticas sociais da época e, em um sentido limitado, tornava as escolas mais atentas ao público.

O que o Estado Novo mudou na vida dos brasileiros, ou na organização do país? O que esse momento histórico significou em termos da institucionalização do discurso racial? O Estado Novo lançou-se à construção de prédios, mas, pelo menos no caso da educação, o regime apenas deu uma nova face ao nacionalismo eugênico do Brasil. Até os aspectos que mais caracterizavam o Estado Novo – como o nacionalismo em efervescência; a mobilização da juventude em cerimônias públicas, que ecoavam as do fascismo europeu; e a implementação de políticas públicas que impediam tanto a mobilização popular quanto a participação política – tudo isso foi plantado nos anos entre a elevação de Vargas ao poder em 1930 e o advento do Estado Novo. O Estado Novo foi um ponto de mudança na história brasileira? Com certeza ele deu maior visibilidade às práticas e ideais que haviam emergido nas décadas anteriores e continuou a expansão e a consolidação dessas práticas. Assim, o sistema de ensino público do Rio tornou-se mais paternalista, o papel da raça tornou-se mais fixo e as ligações entre educação, raça e nacionalismo, mais evidentes.

A importância desse período está em como a Igreja e os militares ratificaram os aspectos técnicos da educação pública e deram

246   DIPLOMA DE BRANCURA

sequência a eles ao mesmo tempo que forjavam um antagonismo duradouro em relação às políticas dos educadores progressistas. A Igreja e os militares substituíram Teixeira e outros, mas continuaram a nutrir-se tanto do espírito quanto da direção da educação pública estabelecida por esses educadores e, ao fazê-lo, essas instituições transformaram as políticas educacionais da Escola Nova no novo *status quo* educacional. Os líderes da Igreja e militares foram importantes para cimentar valores raciais em virtude do modo pelo qual definiram sua oposição, ou seja, estabelecendo uma dualidade entre educação conservadora e progressista e desviando a atenção dos elementos de tecnicização mais diretamente moldados pelo pensamento racial.

Escola Nova
Heitor Villa-Lobos

No estádio do Vasco da Gama, no Rio – o maior do Brasil –, 40 mil alunos em uniformes azuis e brancos cantavam em uma, duas ou quatro vozes hinos sobre a pátria, a raça e Vargas:

> So-mos soldados pequeninos,
> Fortes na luta do ver
> Nos-sas conquistas e destinos,
> Va-mos a pátria oferecer.
> Marcha soldadinho, contente e feliz
> Co-lhe no caminho, O amor do teu Paiz.[5]

---

[5]   VILLA-LOBOS, H. *Canto orfeônico:* marchas, canções e cantos marciais para educação consciente da "Unidade de Movimento". Rio de Janeiro: E. S. Mangione, 1940. v.1

A ESCOLA NOVA NO ESTADO NOVO 247

Essas mobilizações da juventude pontuavam o calendário nacionalista: por exemplo, o Dia da Raça (5 de setembro), Dia da Independência (7 de setembro), Proclamação da República (15 de novembro) e Proclamação do Estado Novo (10 de novembro). O estádio como cenário, evocando as multidões retratadas por Leni Riefenstahl em seus documentários da Alemanha nazista, era a ponta do iceberg – os cantos eram aprendidos no currículo musical regular, as apresentações eram ensaiadas durante semanas e apresentações menores pontuavam o calendário das escolas.

A visão dessas mobilizações da juventude, a ideia de uma multidão cantando a uma só voz os temas nacionalistas e o calendário que representavam foram elementos que forjaram uma das mais imediatas imagens do autoritarismo e protofascismo do Estado Novo. Paradoxalmente, embora essas apresentações alimentassem o simbolismo e a cultura do Estado Novo, elas haviam-se originado do projeto educacional progressista de Teixeira, sob a liderança do compositor Heitor Villa-Lobos. Villa-Lobos iniciou sua carreira no ensino musical no sistema escolar do Rio, em 1933. Nacionalista, disciplinarista e pedagogicamente moderno, o programa de ensino musical de Villa-Lobos uniu tanto as aspirações educacionais de progressistas como Teixeira quanto a visão autoritária do Estado Novo.

Desde a reforma de Teixeira de 1932, os cantos orfeônicos nacionalistas haviam-se tornado uma das bases da educação pública no Rio, e Teixeira recrutou Villa-Lobos para desenvolver esse programa. Cantaram-se hinos como o "Hino ao Sol do Brasil", "Brasil Unido", "Soldadinhos" e "Saudação a Getúlio Vargas".[6] Gustavo Capanema e Getúlio Vargas eram convidados regulares dessas comemorações cívicas e, depois da proclamação do Estado Novo, as apresentações se tornaram uma das pedras angulares do culto à

---

[6] VILLA-LOBOS, *Canto orfeônico*, p.23.

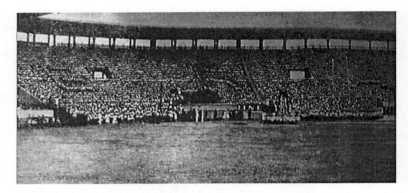

Figura 5.1. Vista do Estádio do Vasco da Gama no 7 de setembro de 1942, Dia da Pátria. Trinta mil crianças de escola primária do Distrito Federal compareceram. Comentário em uma fotografia da *Revista de Educação Pública* 1, n°2, p.179-80, 1943.

personalidade de Vargas. Tais apresentações corais eram preparadas para datas históricas-chave ou para a visita de ilustres dirigentes estrangeiros, como o coordenador de Assuntos Interamericanos dos Estados Unidos, Nelson Rockefeller, em 1943.

Villa-Lobos concebia o programa de cantos orfeônicos como um agente de sociabilização: "Com seu enorme poder de coesão, criando um poderoso organismo coletivo, ele integra o indivíduo no patrimônio cultural da Pátria".[7] Canções e práticas nacionalistas eram vistas como um meio de disciplina social. Como explicou Villa--Lobos, "em Arte, não há *liberdade* alguma sem o controle estrito e severo da *consciência*, da capacidade de distinguir o certo do errado".[8]

Entretanto, com a disciplina e o nacionalismo, qualquer tentativa de definir e implantar uma cultura musical era cheia de

---

[7] VILLA-LOBOS, H. Educação Musical. In: *A presença de Villa-Lobos*. Rio de Janeiro: Museu Villa-Lobos, 1991. p.8, v.13.
[8] Ibidem, p.2.

A ESCOLA NOVA NO ESTADO NOVO   249

implicações raciais. Era claro que Villa-Lobos via seu programa musical como um instrumento para a aculturação europeia de alunos não brancos e para a preservação da disciplina social em escolas onde alunos de diversas raças conviviam cada vez mais. O aluno presumivelmente branco imaginado por Villa-Lobos aprendia não apenas

> os bons ensinamentos dos mestres, [mas] também, às vezes, certos hábitos e costumes dos alunos rebeldes, geralmente influenciados pelo meio da sua vida doméstica ou por hereditariedade, [embora a escola do Brasil deva ser] o templo destinado a desenvolver a alma, cultivar o amor à beleza, compreender a fé, respeitar os sentimentos alheios, preocupar-se com todas as qualidades e virtudes de que mais depende o progresso da humanidade.[9]

Villa-Lobos contrapunha a brancura – definida pelo progresso, pela beleza e pela virtude – à negritude, que personificava a rebelião, os maus hábitos e os problemas de hereditariedade. Seu programa musical era uma alegoria educacional, disciplinar e nacionalista da jornada que se afastava da negritude, passava pela mistura de raças e chegava à brancura. Um dos traços que Villa-Lobos acreditava que deveria ser deixado de lado eram os ritmos "obstinados" e "inconscientes" executados durante o Carnaval. Ele lamentava o fato de que esse entusiasmo não fosse projetado no ato de cantar o "Hino Nacional". Mas acreditava que a transição dos ritmos de rua para hinos cívicos cantados vigorosamente poderia ser alcançada pelo "exercício constante de marchas e cantos marciais", que não apenas aguçavam a capacidade musical da população mas "despertavam um maior interesse cívico por coisas patrióticas".[10] Os cantos orfeônicos eram

---

[9]   Ibidem, p.12.
[10] VILLA-LOBOS, *Canto orfeônico*, p.1.

250 DIPLOMA DE BRANCURA

a ponte entre um passado africano indisciplinado e um futuro brasileiros branco e ordenado.

Um hino curto composto por Villa-Lobos em 1937 ilustra a marcha do progresso musical e cultural que ele imaginava. O hino, chamado "Regozijo de uma Raça", foi composto para dois coros, um identificado como africano, o outro como *mestiço*. O coro africano não podia ser mais simples ou menos sofisticado. Eram três sílabas, repetidas constantemente: "A ... iu ... ê / A ... iu ... ê". O coro mestiço era mais complexo, mas ainda repetitivo: "Chumba Tuma á-ê-ma / Chumba Tuma á-ê-ma / Chumba Tuma á-ê-ma / Chumba Tuma á-ê-ma / Can-ja can-jê rê-tu-ba! Can-ja can-jê – rê-tu-ba!"[11] As letras tornavam-se cada vez mais sofisticadas à medida que a voz cultural passava do estilo africano para o europeu, mas permaneciam primitivas em sua repetição simplista.

Escrevendo sobre a "raça em formação", Villa-Lobos explicou: "Tratava-se de preparar a mentalidade infantil para reformar, aos poucos, a mentalidade coletiva das gerações futuras".[12] Villa-Lobos planejava criar uma nova estética nacional que, entre outras coisas, fosse hostil à cultura afro-brasileira. Ele não tentou apagar as expressões culturais africanas e indígenas do Brasil – ao contrário, ganhou fama especificamente por celebrar o "folclore" brasileiro e inserir elementos africanos e indígenas em suas composições clássicas. Mas a estrutura que implantou na educação musical pressupunha a perspectiva de um homem branco olhando para as culturas africana e indígena como artefatos populares e vestígios do passado.

Desde a reforma de Teixeira em 1932, os alunos do sistema escolar do Rio costumavam passar seis horas por semana estudando o programa de educação musical elaborado por Villa-Lobos, que era o chefe do Serviço de Educação Musical e Artística. Já em 1934, os

---

[11] Ibidem.
[12] VILLA-LOBOS, H. Educação Musical, p.8.

A ESCOLA NOVA NO ESTADO NOVO 251

principais oficiais federais, inclusive o presidente Vargas, assistiam às apresentações corais de Villa-Lobos. Era tal o apelo dessas reuniões que, em 1938, o ministro Capanema convidou Villa-Lobos para organizar e dirigir a Superintendência de Educação Musical e Artística (Sema) dentro do MES. Nos últimos tempos do Estado Novo, a Sema treinou professores de música a fim de disseminar o programa de cantos orfeônicos para outras regiões. Esses encontros corais ocorriam até 11 vezes por ano e incluíam até 40 mil alunos, segundo um relatório preparado por Sílvio Salema, que sucedeu a Villa-Lobos quando este foi para o ministério federal.

Como os alunos reagiam a esses encontros? Em alguns casos, os pais impediam os filhos de participarem, argumentando que o processo de reunir tantos alunos de toda a cidade era caótico. Na ausência de indícios específicos de que houvesse oposição moral ou política aos eventos e suas mensagens, essas justificativas de ausência talvez pudessem ser lidas como uma rejeição velada. Por outro lado, o relato desses eventos feito por Norma Fraga, mulher de cor que deles participou na década de 1940, sugere que as mensagens políticas e nacionalistas não eram captadas por pelo menos alguns dos participantes. Norma Fraga adorava os eventos; eles eram um momento de folga da escola e da rua. Todos os seus colegas participavam, todos cantavam – "o negócio era bonito", comentou ela.[13]

Para Norma Fraga, o Dia da Raça comemorava a juventude:

> Dia da Raça, porque raça entre aspas, porque né, que raça brasileira né? O que é que quer dizer isso? ... é uma expressão totalmente errada, porque não tem raça nisso, mas era chamado Dia da Raça ... isso era da cabeça dos ideólogos do Estado Novo, com um modelo fascista.

---

[13] Norma Fraga, entrevistada por Jerry Dávila, 13 jul. 2000.

252   DIPLOMA DE BRANCURA

Em vez disso, para Fraga aquele era um dia da juventude, por causa das reuniões musicais no estádio do Vasco da Gama, que contavam com a presença de Vargas, "Chefe da Nação". Fraga adorava os eventos pela música e as multidões:

> Eu achava ótimo aquele negócio de ir para o Campo de Santana aprender a marchar, uma atração minha de adolescente, então eu lá queria saber o que é que era raça, se era raça, se era preta, se era branca, se era ... eu queria era participar daquelas comemorações que eu achava o maior barato.

Ainda assim, ela admitiu que alguns dos alunos "devia já haver alguns que detestavam, [porque] era mais ou menos obrigatório".[14]

Comunismo e catolicismo

Para além da continuidade nos componentes racial e nacionalista da educação, sérias disputas políticas e filosóficas fervilhavam. A principal era o conflito entre os Pioneiros da Escola Nova e os defensores da ressurgente Igreja Católica quanto ao lugar da instrução religiosa nas escolas públicas. Para os pioneiros, não havia lugar para a instrução religiosa nas instituições públicas laicas. Para os ativistas católicos da década de 1930, uma escola pública sem instrução religiosa não estava educando. Essa divergência, que surgiu na discussão sobre os artigos relativos à educação na Constituição de 1934, escalou a um nível de briga política ferrenha, em que os ativistas católicos acusaram, com sucesso, educadores da Escola Nova de serem comunistas e de se oporem ao programa de educação religiosa e moral como uma salvaguarda da "paz social" no Brasil.

---

[14] Ibidem.

A ESCOLA NOVA NO ESTADO NOVO   253

Tabela 5.1 Eventos musicais nacionalistas, 1932-1942

Data	Localização e evento	Número de alunos
24 de outubro de 1932	Estádio do Fluminense Futebol Clube	18.000
19 de novembro de 1933	Largo do Russel (Dia da Bandeira)	2.000
26 de novembro de 1933	Estádio do Fluminense Futebol Clube (Dia da Música)	9.000
7 de setembro de 1934	Escolas do 9º. Distrito (Dia da Pátria)	8.238
7 de setembro de 1934	Largo do Russel (Dia da Pátria)	7.000
7 de setembro de 1934	Campo do São Cristóvão (Dia da Pátria)	7.238
8 de novembro de 1934	Teatro Municipal (Cultura e Amizade entre as Nações)	800
15 de novembro de 1934	Estádio do Botafogo (Proclamação da República)	1.500
19 de novembro de 1934	Largo do Russel (Dia da Bandeira)	3.000
7 de julho de 1935	Estádio do Vasco da Gama (Congresso de Educação)	30.000
16 de agosto de 1935	Instituto de Educação (Concerto educativo)	1.200
22 de agosto de 1935	Instituto de Educação (Concerto educativo)	1.300
29 de agosto de 1935	Teatro João Caetano (Concerto educativo)	1.200
7 de setembro de 1935	Esplanada do Castelo (Dia da Pátria)	30.000
15 de setembro de 1935	Conferência Pan-Americana da Cruz Vermelha	2.000
10 de outubro de 1935	Teatro João Caetano (Concerto educativo)	700
19 de novembro de 1935	Largo do Russel (Dia da Bandeira)	3.000
19 de julho de 1936	Homenagem ao presidente da República	1.500
7 de setembro de 1936	Esplanada do Castelo (Dia da Pátria)	25.000
24 de setembro de 1936	Audição para intercâmbio com o Coro dos Meninos de Viena	1.200
10 de outubro de 1936	Teatro João Caetano (Festival da Criança)	1.200
17 de outubro de 1936	Teatro Municipal (Cruzada Nacional da Educação)	1.200
19 de novembro de 1936	Esplanada do Castelo (Dia da Bandeira)	8.000
27 de novembro de 1936	Praça Mauá (Recepção ao presidente Roosevelt)	2.000

254 DIPLOMA DE BRANCURA

Tabela 5.1 Eventos musicais nacionalistas, 1932-1942 (*continuação*)

Data	Localização e evento	Número de alunos
13 de maio de 1937	Teatro Municipal (Apresentação do Teatro dos Estudantes)	1.000
7 de setembro de 1937	Esplanada do Castelo (Dia da Pátria)	35.000
10 de outubro de 1937	Teatro Municipal (Semana da Criança)	1.400
11 de novembro de 1937	Inauguração da estátua ao Marechal Deodoro	1.200
27 de novembro de 1937	Largo do Russel (Festival da Bandeira e missa)	1.500
17 de novembro de 1938	Instituto de Educação (Concerto educativo)	1.000
19 de novembro de 1938	Largo do Russel (Dia da Bandeira)	900
30 de novembro de 1938	Concerto Educativo (sem menção de local)	800
7 de setembro de 1939	Estádio do Vasco da Gama (Dia da Pátria)	30.000
19 de abril de 1940	Escola 20-13 (Aniversário do presidente)	–
7 de setembro de 1940	Estádio do Vasco da Gama (Dia da Pátria)	40.000
10 de novembro de 1940	Palácio Presidencial (Aniv. do Estado Novo)	10.000
5 de setembro de 1941	Dia da Raça	5.000
7 de setembro de 1941	Estádio do Vasco da Gama (Dia da Pátria)	30.000
5 de setembro de 1942	Campo de Santana ao Palácio Tiradentes (Parada da Juventude)	4.000
7 de setembro de 1942	Estádio do Vasco da Gama (Dia da Pátria)	30.000
12 de outubro de 1942	Palácio Presidencial	7.000

Fonte: RIBEIRO, S. S. G. Documentação das grandes demonstrações cívico--orfeônicas realizadas pela Secretaria de Educação e Cultura. *Revista de Educação Pública 1*, nº2, p.184-5, 1943.

Quais eram as raízes da oposição católica à educação leiga? Maria Yedda Linhares, que dirigiu duas vezes o sistema escolar municipal do Rio de Janeiro na década de 1980 e o sistema escolar estadual no início da década de 1990, iniciou sua carreira na educação na capital no final da década de 1930. Ela trabalhou com Anísio Teixeira quando

A ESCOLA NOVA NO ESTADO NOVO **255**

ele retornou ao cenário da educação nacional após 1945. Linhares interpreta o ativismo católico no Brasil como um vestígio do anticlericalismo europeu no século XIX. Depois da derrota da França na guerra Franco-Prussiana, a França expulsou suas ordens religiosas, fechou escolas religiosas e instituiu a educação pública universal, livre e laica em nível nacional. Muitas das ordens expulsas se instalaram no Brasil. Em alguns casos, indivíduos ricos que haviam antes enviado seus filhos para estudarem na Europa financiaram a imigração de membros das ordens religiosas. As irmãs dessas ordens abriram escolas para crianças de elite. Essas escolas queriam competir com as da Europa e, naturalmente, lecionavam em francês.[15]

A chegada dessas ordens religiosas e a criação das escolas religiosas de elite coincidiram com o zênite do anticlericalismo no Brasil. A Constituição Republicana de 1891 tirou da Igreja Católica o *status* de igreja oficial do Brasil e estabeleceu a base legal para a criação de escolas públicas laicas. Na década de 1930, a Igreja Católica e seus aliados leigos conservadores iniciaram uma campanha para restaurar a Igreja e seus valores na vida pública brasileira em geral, e na educação pública em particular. Desde a intervenção do cardeal Sebastião Leme em favor de Vargas na Revolução de 1930, o regime Vargas manteve uma porta aberta para a Igreja e seus ativistas. O ministro da Educação Capanema, em especial, via sua posição como derivada do apoio da Igreja, e as políticas educacionais nacionais refletiam sua gratidão. Em nível local, a Câmara Municipal do Rio de Janeiro contava, durante a administração de Teixeira, com um padre populista

---

[15] Maria Yedda Linhares, entrevistada por Jerry Dávila, 17 jul. 2000. Ver também WEBBER, E. *Peasants into Frenchmen: The Modernization of Rural France, 1870-1914.* Stanford: Stanford University Press, 1976; e NEEDELL, J. D. *A Tropical Belle Epoque: Elite Culture and Society in Turn-of-the-Century Rio de Janeiro.* Cambridge: Cambridge University Press, 1991.

256 DIPLOMA DE BRANCURA

e vários conservadores católicos. Por causa do interesse da Igreja na educação, alguns dos principais educadores da cidade, como Isaías Alves e Jonathas Serrano, eram fortes aliados da campanha católica. A Igreja e os ativistas católicos encontraram cerrada oposição de muitos dos Pioneiros da Escola Nova. Os sociólogos Fernando de Azevedo e Anísio Teixeira, em especial, resistiram firmemente à introdução de educação religiosa nas escolas públicas. Apesar de suas raízes católicas – Teixeira chegara a entrar em um seminário —, eles viam a educação religiosa como dogmatismo. Encaravam a Igreja Católica como um predador que explorava a suposta ignorância dos alunos. Cada vez mais, Teixeira via suas escolas supostamente modernas e científicas como uma barreira entre um público imaturo e uma Igreja que representava "a superstição e ... confessado obscurantismo".[16] Em consequência, Teixeira assumiu para si a missão de combater o crescente interesse dos católicos nas emergentes instituições de educação pública em vez de compactuar com ele. Esse limite estabelecido por Teixeira transformou-o em um conveniente bode expiatório para os nacionalistas católicos.

Os pioneiros viam a convenção constituinte de 1933 como uma oportunidade de inscrever suas reformas na política educacional nacional. O "Manifesto dos Pioneiros da Escola Nova" de 1932 expôs sua agenda. Teixeira e Azevedo cuidaram da distribuição do manifesto em todos os estados da nação; de suas respectivas bases no Rio e em São Paulo, eles o divulgaram na imprensa a fim de criar um "ambiente" para suas ideias.[17] O manifesto alcançou dois de seus objetivos: a filosofia educativa da Escola Nova se tornou conhecida em todo o Brasil, e quase todos os seus princípios foram incluídos

---

[16] "A agressividade do obscurantismo". Arquivo Anísio Teixeira, CPDOC, pi31/36.00.00 (0684).

[17] Carta de Fernando de Azevedo a Anísio Teixeira, 12 mar. 1932. Arquivo Anísio Teixeira, CPDOC, 31.12.27.

nos artigos sobre educação na Constituição. Ainda assim, os custos dessas vitórias foram altos. Muitos apoiadores católicos da filosofia educativa da Escola Nova deixaram o movimento, a educação religiosa foi incluída na Constituição e uma batalha educacional altamente politizada se iniciou.[18]

Teixeira resistiu a instituir a educação religiosa no sistema escolar do Rio. Ele interpretava o texto constitucional de modo muito livre, criando um programa de instrução opcional em que os pais apresentavam por escrito um pedido de educação religiosa, que era dada em um horário após as aulas normais por um professor do sistema escolar e não por um padre ou um orientador leigo nomeado pela Igreja. Essa meia medida provocou ataques dos vereadores da cidade e transformou Teixeira em alvo.

Da ratificação da Constituição de 1934 em diante, Teixeira, Azevedo e outros membros progressistas da Escola Nova viram-se cada vez mais isolados em um ambiente político hostil. Os conservadores católicos aferraram-se a elementos de seus programas – especialmente o não estabelecimento de um programa de educação religiosa mais extenso – como prova de que os Pioneiros da Escola Nova eram comunistas que estavam minando a cultura e a sociedade brasileiras. Embora os ataques católicos à Escola Nova se concentrassem na educação religiosa, essa questão e as acusações de que Teixeira e outros eram comunistas faziam parte de um esforço mais

---

[18] Sobre a divisão política entre a Igreja e os educadores progressistas a respeito da educação religiosa, ver SCHWARTZMAN et al., *Tempos de Capanema*; HORTA, *O hino, o sermão e a ordem do dia*; CONNIFF, *Urban Politics in Brazil*; SARMENTO, *Pedro Ernesto*; e CARVALHO, M. M. C. de. *Molde nacional e forma cívica: Higiene, moral e trabalho no projeto da Associação Brasileira de Educação, 1924-1931*. 1996. Tese (Doutorado) – Feusp/Universidade de São Paulo.

258 DIPLOMA DE BRANCURA

amplo dos líderes católicos para cunhar um novo papel político para si como defensores da ordem social.

Alceu Amoroso Lima, diretor da influente organização lobista católica, o Centro Dom Vital, escreveu ao ministro Capanema em 1935 para pedir a remoção de Teixeira e definir a relação entre Igreja, Estado e paz social proposta pelos conservadores católicos.

> Consentirá o governo em que ... sob a sua proteção, se prepare uma nova geração inteiramente impregnada dos sentimentos mais contrários à verdadeira tradição do Brasil e aos verdadeiros ideais de uma sociedade sadia? ... Eis porque lhe escrevo estas linhas, resumindo nossa conversa de ontem, para lhe dizer da grande inquietação que nos assalta nesta hora, e do que esperamos do patriotismo dos nossos dirigentes para a defeza do patrimonio moral do Brasil e do seu futuro como nacionalidade cristã.

Amoroso Lima prosseguia pedindo a substituição de Teixeira por homens

> de toda confiança *moral* e capacidade *technica* (e não a sectarios como o diretor do Departamento Municipal de Educação)? tudo são tarefas que o governo deve levar adiante immediata e infatigavelmente, pois delas depende a catholicidade das instituições e a paz social.[19]

Um aspecto curioso da carta é que foi dirigida por um líder leigo católico ao ministro da Educação federal para atacar um sistema

---

[19] Carta de Alceu Amoroso Lima a Gustavo Capanema, 16 jun. 1935. Arquivo Gustavo Capanema, CPDOC, "Correspondência", GC/LIMA, Alceu Amoroso (0066).

A ESCOLA NOVA NO ESTADO NOVO   259

escolar local. A decisão de conservar ou remover Teixeira estava nas mãos do interventor da cidade, Pedro Ernesto, não do ministro Capanema. A oposição local cresceu também na Câmara Municipal, por parte de representantes da Liga Eleitoral Católica, principalmente Olímpio de Mello, padre populista de Bangu, subúrbio do oeste da cidade. Um dos líderes desse movimento, Átila Soares, apresentou uma proposta em maio de 1935 requisitando a implementação da educação religiosa. A disputa legislativa rapidamente mesclou-se a confrontos políticos mais amplos surgidos entre a direita e a esquerda. Teixeira e outros defensores progressistas da Escola Nova viram-se cada vez mais isolados politicamente, e acusados com uma frequência cada vez maior de praticar o comunismo.[20] No calor do debate municipal sobre a medida, Soares telegrafou a Teixeira, declarando

pezames pela sua nefasta ação bolchevisante no departamento de educação. A nação brasileira não poderá ficar à mercê de inimigos insidiosos como você, cujo objectivo é desmantelar e esphacelar o que ella tem de mais precioso? a paz social.[21]

A oposição rebelou-se até mesmo dentro da liderança do sistema escolar. Isaías Alves, que desenvolvera o programa de testes de inteligência no sistema escolar do Rio depois de ter estudado no Teachers College de Columbia, também acusou os líderes da Escola Nova de serem comunistas. Em 1937, em um ataque ao diretor do Instituto de Educação, Lourenço Filho, Alves afirmou que

bolchevismo é muito difícil encontrar num educador ... mas bolchevizante o educador o é involuntáriamente, todas as vezes

---

[20] CONNIFF, *Urban Politics in Brazil*, p.146, 149.
[21] Citado in SARMENTO, *Pedro Ernesto*, p.61.

260 DIPLOMA DE BRANCURA

que enfraquecer o sentimento de patriotismo, de religião, de ordem domestica, de disciplina social.[22]

Entre 1934 e 1937, Alves participou do movimento fascista Integralista e, durante o Estado Novo, ele dirigiu o sistema educacional do estado da Bahia. Os líderes da Escola Nova – Azevedo, Teixeira e Lourenço Filho – defenderam-se por meio de estratégias diferentes. Lourenço Filho foi o mais bem-sucedido, permanecendo na posição de liderança: uma análise da situação política o levou a introduzir a educação religiosa no Instituto e, apesar das acusações de seus rivais de que era comunista, Lourenço Filho foi promovido à chefia do instituto de pesquisa educacional do governo federal, o Inep. Em seu relatório anual de 1936 sobre o Instituto, Lourenço Filho escreveu que

> a execução da legislação do ensino religioso, neste Instituto, deu-se na conformidade das instrucções do Exmo. Sr. Secretário Geral, sem qualquer dificuldade, e em perfeita harmonia de vistas com as autoridades da Igreja.

Os pais tinham a opção de não matricularem os filhos, mas 84% das crianças se matriculavam nas aulas. Talvez porque a educação religiosa refletisse os valores de classe dos alunos que entravam no Instituto, ou talvez porque entendessem a importância da educação religiosa para a facção ascendente na política educacional nacional, quase todos os normalistas da Escola de Professores do Instituto se matricularam no programa.[23]

---

[22] "Conselho Nacional de Educação". Sessão de 27 out. 1937. Arquivo Lourenço Filho, CPDOC, Conselho Nacional de Educação (0368).

[23] "Relatório do ano 1936". Instituto de Educação. Arquivo Lourenço Filho, CPDOC, Instituto de Educação (0529).

A ESCOLA NOVA NO ESTADO NOVO 261

Além dessa discussão sobre a educação religiosa, Lourenço Filho enfatizou programas nacionalistas e cívicos na escola. Ele chegou a anexar ao relatório o texto de uma carta de José Duarte, secretário da Liga de Defesa Nacional, descrevendo a participação dos alunos da escola secundária do Instituto nas atividades do Dia da Bandeira, 19 de novembro. Duarte escreveu:

> As alunas desse Instituto formaram com um contingente elevadíssimo, bem disciplinadas, marchando garbosamente e irrepreensíveis nos seus uniformes brancos, que espelhavam a diafanidade de seu otimismo e a pureza do seu amor ao Brasil.[24]

A reimpressão dessa carta sobre o comportamento disciplinado e patriótico dos alunos foi o toque final em um relatório que enfatizava os programas religiosos, disciplinados e nacionalistas da escola.

Em seu relatório do ano seguinte, Lourenço Filho ressaltou mais uma vez a participação dos alunos do Instituto em eventos nacionalistas. Esses incluíam as paradas do Dia da Bandeira e do Dia da Independência, a apresentação de hinos nacionalistas nas visitas dos governantes da Itália e do Uruguai, assim como demonstrações de educação física e corais orfeônicos nacionalistas. Embora tais demonstrações ocorressem durante os anos de Teixeira e mesmo antes disso, elas haviam assumido uma importância maior no ambiente social corporativista do final da década de 1930, quando simbolizaram os supostos elos entre o regime Vargas e a alma brasileira. Preenchendo as elevadas expectativas quanto à participação nesses eventos, Lourenço Filho e o Instituto de Educação mantinham sua autonomia em outras áreas de políticas e práticas.

Embora Fernando de Azevedo trabalhasse com Teixeira na liderança do movimento pela Escola Nova progressista, ele foi poupado

---

[24] Ibidem.

262   DIPLOMA DE BRANCURA

do impacto da perseguição política sofrida por Teixeira. Em grande parte, seu trabalho como diretor da escola normal da cidade de São Paulo o distanciava do centro das pressões políticas. Ainda assim, a educação religiosa foi usada por oponentes para minar seu programa progressista de educação. Escrevendo "de irmão para irmão, como um combatente que aproveita uns momentos de repouso na sua trincheira", Azevedo descreveu o retrocesso em uma carta de 1933 a Teixeira. Ele explicou:

> Já vê você que são indicios inilludiveis de uma reacção conservadora ... que tem por objectivo declarado a "volta à tradição" (reacção contra as reformas Lourenço Filho e Fernando Azevedo) e, como fins não confessados, mas notórios, a reação pessoal contra o grupo do "Manifesto". Ouço dizer que o actual diretor prometeu instituir o ensino religioso nas escolas, introduzir a cadeira de religião nas escolas normaes ... e promover uma reacção contra o pensamento não só *anti-cahtolico* mas *acahtolico* ou suspeito.[25]

Azevedo apontava para a linguagem codificada de um "retorno à tradição" como um meio de atacar o projeto educacional progressista. Essa linguagem surgia frequentemente tanto em reportagens de jornal quanto nos registros do sistema escolar durante o Estado Novo.

Anísio Teixeira recebeu o impacto da reação católica. Por diversos motivos, na frase de Michael Conniff, Teixeira virou um para-raios. Ele era "pedante e desdenhava os políticos", não prestava os favores políticos que outras elites influentes lhe pediam, era intransigente na questão da educação religiosa e tornou-se um franco defensor do prefeito Pedro Ernesto quando sua coalizão de governo se fragmentou e radicalizou. Teixeira não tinha talento como político,

---

[25] Carta de Fernando de Azevedo a Anísio Teixeira, 26 ago. 1933. Arquivo Anísio Teixeira, CPDOC, 33.8.26 (0340).

A ESCOLA NOVA NO ESTADO NOVO 263

mas a raiz de suas dificuldades estava também na importância do sistema escolar do Rio de Janeiro. Pelo fato de ser o sistema escolar da capital federal, estava diretamente ligado à política nacional. Como Teixeira, os conservadores católicos viam o sistema escolar como um modelo para a nação.[26] Um exemplo da intransigência de Teixeira foi sua rejeição ao pedido do barão da imprensa Assis Chateaubriand para que Teixeira nomeasse uma de suas protegidas como professora do quarto ano. Ela possuía o diploma da escola normal, mas não completara o tempo de experiência exigido para ser nomeada para o quarto ano. Teixeira respondeu ao pedido de Chateaubriand:

> Communico-lhe que me foi de todo impossivel atender ao seu pedido relativamente ao aproveitamento de D. Ermelinda Martins Mendes ... Tendo a sua recomendada apenas 451 dias de serviço, ficou muito aquem dos 500 primeiros lugares ... Esperando poder servil-o noutra opportunidade, cumprimento attenciosamente.[27]

Os registros não sugerem que essa oportunidade tenha surgido. Recusar favores a homens tão poderosos quanto Chateaubriand pode ter ajudado os processos de profissionalização e racionalização sistemática, mas certamente não aliviou o isolamento crescente de Teixeira.

Teixeira levou essa falta de tato à sua luta com a Igreja Católica, a quem se referia como a "Inquisição".[28] O ex-seminarista via como sua missão proteger seus alunos do dogmatismo supersticioso que a Igreja representava. Ele refletia:

---

[26] CONNIFF, *Urban Politics in Brazil*, p.149.

[27] Carta de Anísio Teixeira a Assis Chateaubriand, 10 mar. 1932. Arquivo Anísio Teixeira, CPDOC, 32.02.17 (0450).

[28] Memorando sem data, "Produção Intelectual". Arquivo Anísio Teixeira, CPDOC, 31/35.00.00 (0681).

264 DIPLOMA DE BRANCURA

Os estudos modernos de antropologia e sociologia, paradoxalmente, deram um novo impeto a preconceitos filosoficos e religiosos de que já nos julgavamos livres. Neste nosso tempo tão marcado pela ciencia, pela invenção e pela modificação da vida pelo homem, tão cheio de prodigios humanos que qualquer deles sozinho faria de quem o possuisse na antiguidade nada menos que um deus, como se explica que tenham ressurgido, com foros de aceitabilidade e mesmo com agressividade, tantos sistemas de superstição e de confessado obscurantismo?[29]

Sua decidida recusa de aceitar a educação religiosa deu à Igreja o alvo em seu esforço de construir seu papel como defensora da "paz social", e isso custou a ele a chefia do programa que organizara com tanto esforço.

De 1933 em diante, ficou cada vez mais claro para aqueles que o cercavam que a posição de Teixeira como chefe do sistema escolar do Rio estava se tornando politicamente insustentável. O estatístico federal Freitas buscou uma saída para Teixeira dividindo as diretorias dos serviços educacional e agrícola, conservando ambas. Com essa barganha – aprovada pelo ministro da Agricultura Juarez Távora, mas rejeitada pelo ministro da Educação Washington Pires (1932-1934) –, Freitas iria dirigir o serviço de estatísticas agrícolas enquanto Teixeira dirigiria o programa de estatística educacional. Freitas explicou o plano mais tarde a Azevedo:

Quando ha tempo senti que a situação do Anísio já se estava tornando difícil à testa do Departamento de Educação, tentei concorrer para que êle se transferisse para um outro sector de atividade, menos em evidência, é certo, mas de onde a sua poderosa atuação

---

[29] "A agressividade do obscurantismo". Arquivo Anísio Teixeira, CPDOC, pi31/36.00.00 (0684).

A ESCOLA NOVA NO ESTADO NOVO   265

se pudesse tambem irradiar vitoriosa sôbre toda a vida educacional da Republica.[30]

Freitas emergiu como o interlocutor entre o governo federal cada vez mais conservador e autoritário e os educadores progressistas. Embora sua estratégia para salvar Teixeira tivesse falhado e deixado-o "seriamente ameaçado, aquí, de ficar reduzido à imobilidade ou de ser obrigado a pedir exoneração", Freitas continuou a mediar as tendências cada vez mais divergentes. Por um lado, ele estava profundamente empenhado na educação pública. Por outro, acreditava em um Estado forte e saudava o desvio rumo ao autoritarismo. Apesar de não ter conseguido salvar Teixeira do "dissabor de penosas surpresas", ele conseguiu atrair Lourenço Filho para a direção do Inep em 1938, e convenceu Fernando de Azevedo a escrever o clássico *Cultura brasileira* como introdução ao Censo da década de 1940. Mesmo em 1936, depois de Teixeira estar exilado no estado de sua família, a Bahia, Freitas escreveu:

> Mas não perdi ainda a esperança, senão de me fazer substituir pelo Anísio, ao menos atraí-lo ... para o campo da estatística, onde ele brilhará mais tranquilamente, e sem deixar de servir à educação nacional.[31]

Apesar do ambiente político cada vez mais hostil, Teixeira levou suas reformas em frente e fincou pé em relação à educação religiosa. Mas o vínculo apontado entre a educação laica e o bolchevismo pelos conservadores católicos serviu como pretexto para a remoção de Teixeira e sua equipe após o fracassado golpe comunista de no-

---

[30] Carta de Mário Augusto Teixeira de Freitas a Fernando de Azevedo, 2 jan. 1936. Coleção Freitas, AN, AP 48, Caixa 11, Pasta 32.

[31] Ibidem.

266 DIPLOMA DE BRANCURA

vembro de 1935. Poucos dias após a Intentona, Teixeira apresentou sua carta de demissão e refugiou-se na segurança do estado de sua família, a Bahia. Ele explicou que tentara evitar os conflitos de classe criados pela urbanização e industrialização, resolvendo as "tremendas perplexidades do momento histórico que vivemos". Perguntava, retoricamente, "que outra alternativa se abre para a pacificação e conciliação dos espiritos?"[32]

Com a saída de Teixeira o sistema escolar perdeu muitos de seus talentosos intelectuais e administradores. Alguns, como Paschoal Lemme, foram presos. Alguns saíram por vontade própria. Em 1º de dezembro, um grupo de auxiliares de Teixeira pediu demissão em protesto por sua saída. Sua demissão foi acompanhada por uma carta que dizia: "Dr. Anisio Teixeira se manteve absolutamente alheio a qualquer ideologia politica subversiva da ordem constitucional, exclusivamente voltado à cultura nacional, pela educação e só com a educação".[33] Embora outros, como Lourenço Filho e J. P. Fontenelle, tivessem permanecido em seus cargos, o agrupamento de educadores da Escola Nova que tentou criar um modelo de sistema escolar baseado no mérito, no acesso democrático e em uma pedagogia moderna se desfez ao mesmo tempo que o Brasil dava um passo decisivo rumo à ditadura autoritária.

Do exílio no estado da Bahia, Teixeira escrevia a um diplomata norte-americano, pedindo ajuda para acabar com o "fascismo

---

[32] Esboço escrito à mão da carta de renúncia de Anísio Teixeira a Pedro Ernesto.

[33] A carta foi assinada por Afrânio Peixoto, ex-reitor da Universidade do Distrito Federal, que havia sido organizada por Teixeira; A. Carneiro Leão, ex-diretor do Departamento de Educação do Rio; Roberto Marinho de Azevedo, diretor da Escola de Ciências da Universidade do Distrito Federal; Gustavo Lessa, diretor do Instituto de Pesquisas Educacionais; Mário de Brito, diretor da Escola Secundária do Instituto de Educação; Paulo Ribeiro, chefe da Divisão de Prédios e Aparelhamentos Escolares; e Celso Kelly, secretário de Educação do estado do Rio de Janeiro. Arquivo Anísio Teixeira, CPDOC, 35.12.01 (0919).

A ESCOLA NOVA NO ESTADO NOVO 267

embotado" que era o Estado Novo. Ele descreveu o "experimento da democracia por meio da educação no Brasil que havia sido tentado sem muito sucesso no Rio de Janeiro", e lamentou que: "você tenha visto a real face do Brasil moderno – um fascismo corrompido e dos mais degradantes ... que está dando vida e forma às nossas mais censuráveis potencialidades".[34] Enquanto isso, o sistema escolar que Teixeira reformara recebeu Francisco Campos como seu novo diretor.

A Reforma Dodsworth

Depois das tumultuosas batalhas para controlar o governo da cidade, que resultaram na prisão de Pedro Ernesto em maio de 1936 e em uma breve e instável gestão do padre Olímpio, Getúlio Vargas escolheu Henrique Dodsworth, um obscuro administrador, para dirigir a cidade. Segundo Conniff, Dodsworth foi "escolhido por Vargas para estabilizar e se possível despolitizar a administração local enquanto as conspirações para o Estado Novo prosseguiam".[35] Embora Dodsworth houvesse tido posições anti-Vargas no passado – sua ficha na Desps de Filinto Müller o descrevia como "revolucionário em 1932, ao lado de São Paulo" –, ele havia sido deputado federal por muito tempo e sempre se identificara com as facções políticas mais conservadoras na cidade.[36]

Dodsworth tinha uma longa carreira como médico e educador, tendo trabalhado como inspetor escolar, professor de física e química e, finalmente, diretor do Colégio Pedro II. Dodsworth formou-se

---

[34] Rascunho de carta sem data de Anísio Teixeira ao diplomata norte-americano Barnette. Arquivo Anísio Teixeira, CPDOC, 36/45.00.00 (0952).

[35] CONNIFF, *Urban Politics in Brazil*, p.150-2.

[36] Dossiê de Henrique Dodsworth. Coleção Filinto Müller, CPDOC, Biografias.

268 DIPLOMA DE BRANCURA

na Faculdade de Medicina do Rio de Janeiro em 1916 e, como muitos dos principais eugenistas, conciliava as carreiras de educador e médico. Por exemplo, em 1920 ele foi enviado à Europa pelo Ministério da Justiça para estudar métodos e programas para escolas secundárias, e em 1925 foi delegado brasileiro no Terceiro Congresso Sul-Americano de Microbiologia, Patologia e Higiene em Buenos Aires. Em seu retorno de Buenos Aires, tornou-se professor catedrático de física no Colégio Pedro II e atuou como diretor da escola diurna de 1931 a 1933. Sua gestão no colégio foi caracterizada pela introdução de um curso de cantos orfeônicos nacionalistas; a criação do cargo de inspetor de saúde, para cuidar dos registros de saúde e higiene dos alunos e o estabelecimento de uma política de controle sobre o comportamento dos alunos fora da escola, por meio de códigos disciplinares do colégio.[37]

O interesse inicial de Dodsworth na educação residia principalmente no ensino secundário, que era, de modo geral, ministrado por escolas particulares, servindo quase exclusivamente a crianças de famílias privilegiadas. Sua administração como educador foi semelhante à sua administração geral – caracterizou-se pelo aumento da eficiência e alcance do sistema, em vez de rever a orientação teórica ou pedagógica das escolas. Sua filosofia educacional parece ter sido moldada em grande parte por sua viagem à Europa e seu trabalho como inspetor em escolas. Em seu relatório de 1920 ao Ministério da Justiça, Dodsworth comparou a educação europeia e a brasileira:

Consideremos, agora, o que se passa no Brasil. O ensino primario é subordinado à Municipalidade e ministrado em escolas publicas, exclusivamente frequentadas por crianças pobres,

---

[37] Henrique Dodsworth: Traços biográficos. *Revista de Educação Pública 2*, nº3, p.340, 1944. DODSWORTH, H. *Relatório, 1932-1933, do Externato do Colégio Pedro II*. Rio de Janeiro: Imprensa Nacional, 1933.

A ESCOLA NOVA NO ESTADO NOVO   269

muito mais para que os pais se vejam livres durante o dia do que propriamente para receberem uma educação aproveitavel, e que depois de terem formado nas paradas collegiaes das datas civicas e de saberem cantar o hynno nacional, desertam a escola para a ella nunca mais voltarem. As crianças das classes mais favorecidas da fortuna e que geralmente vão constituir o corpo de alunos dos estabelecimentos secundarios e mais tarde dos superiores, estudam particularmente em collegios sem inspecção do governo, que na maioria, para não dizer na totalidade, são fundados sem o intuito de proverem a uma educação, primaria ou secundaria efficientes, mas com a idéia remuneradora e mercantil de "prepararem para os exames officiaes".[38]

Dodsworth via os problemas como paralelos. A educação privada se destinava a dar aos alunos os benefícios exigidos por sua situação social superior: "Os alunos não estudam: fazem exames". Enquanto isso, o ensino público treinava alunos pobres a serem vistos e não ouvidos – a executar o "Hino Nacional" e aparecerem em formações disciplinadas em paradas cívicas. Mas, em ambos os casos, as escolas fracassavam em sua missão de ensinar.

A Reforma Henrique Dodsworth, lançada em 1944, foi a primeira reorganização substancial do ensino no Rio desde a Reforma Teixeira, mais de uma década antes. Entretanto, ao contrário dos reformadores anteriores, Dodsworth não alterou de modo significativo a filosofia educacional do sistema escolar. Em vez disso, reforçou o aprendizado vocacional e institucionalizou os valores morais definidos pelos conservadores católicos. A não ser por essas mudanças, a Reforma Dodsworth continuou a expansão e a orientação

---

[38] Henrique Dodsworth: Traços biográficos. *Revista de Educação Pública 2*, nº3, p.340, 1944. DODSWORTH, H. *Relatório, 1932-1933, do Externato do Colégio Pedro II*. Rio de Janeiro: Imprensa Nacional, 1933.

270   DIPLOMA DE BRANCURA

pedagógica do sistema escolar introduzido por Teixeira. A nova estrutura vocacional dividiu a educação primária em dois estágios de três anos. O primeiro estágio "visará a educação integral das crianças". Isso significava alfabetizar e desenvolver habilidades básicas, além da consciência nacionalista. O segundo estágio era pré-vocacional, fornecendo "a iniciação ao trabalho, adaptada às solicitações econômicas e sociais de cada região".[39]

A reforma ecoava o apelo de Alberto Torres por uma força de trabalho organizada, treinada e bem-disposta:

> Uma das necessidades mais imperativas da educação nacional consiste, sem dúvida, em despertar nas novas gerações a consciência do valor e da dignidade do trabalho manual,

explicou o diretor da educação primária, coronel Jonas Correia.[40] A ênfase de Dodsworth sobre "valores espirituais e tradições nacionais", contudo, desviava-se do trabalho de Teixeira e Azevedo. A retórica sobre tradição, argumentava Azevedo, era linguagem cifrada contra os aspectos modernos, sociais, da Escola Nova.[41] Os jornais elogiavam a reforma como uma "expressão da moderna pedagogia social", alcançando "fins" adaptados à realidade social por "meios" desenvolvidos por Azevedo e Teixeira.[42] Com efeito, a imprensa ressaltou a ligação entre a reforma de Henrique Dodsworth e as de Teixeira e Azevedo:

---

[39] CORREIA, J. Reorganização do ensino primário do Distrito Federal: exposição de motivos do Decreto n° 7.718, de 5 de fevereiro de 1944. *Revista de Educação Pública 2*, n°1, p.103, 1944.

[40] Ibidem, p.103-4.

[41] Carta de Fernando de Azevedo a Anísio Teixeira, 26 ago. 1933. Arquivo Anísio Teixeira, CPDOC, 33.8.26 (0340).

[42] Expressão da moderna pedagogia social. *A Noite*, 26 fev. 1944, republicado na *Revista de Educação Pública 2*, n°1, p.335, 1944.

A ESCOLA NOVA NO ESTADO NOVO   271

O Sr. Jonas Correia não quebrou a tradição e, mesmo reformando, êle soube respeitar o cerne da estrutura que se vai consolidando e expandindo com crescente vigor.[43]

Essa era uma Escola Nova sem a laicidade polêmica de Teixeira. Ainda assim, ela preservava as inovações técnicas e pedagógicas da Escola Nova: baseava-se na filosofia educacional de Lourenço Filho e assemelhava-se a ela. De fato, as reportagens tanto do *Jornal do Brasil* quanto de *A Noite* aludiam à adesão da reforma à psicologia educacional. Mais ainda, *A Noite* republicou uma entrevista com Lourenço Filho, que expressava "muita satisfação" pela reforma e comparava-a a seu próprio trabalho.[44]

A educação nas mãos dos militares

A reforma educacional de Dodsworth, como seu governo da cidade, foi pragmática. Ele evitou iniciativas ousadas, fez os sistemas existentes funcionarem de modo mais eficiente e manteve as políticas da cidade fora dos holofotes nacionais. Dodsworth escolheu oficiais militares para sucederem Francisco Campos como diretor do Departamento de Educação e Lourenço Filho como diretor do Instituto de Educação. Os militares que preencheram os cargos administrativos mais altos na educação emprestaram ao sistema escolar o tom disciplinar e nacionalista do Estado Novo. Mas, de modo geral, esses oficiais não desviaram significativamente o sistema escolar da direção que lhe fora dada por Teixeira e Lourenço Filho.

---

[43] Educação Primária. *Jornal do Brasil*, 27 abr. 1944, republicado na *Revista de Educação Pública 2*, n°1, p.338, 1944.

[44] Expressão da moderna pedagogia social, *A Noite*, p.335.

272 DIPLOMA DE BRANCURA

Depois que Francisco Campos completou seu trabalho de redação da Constituição do Estado Novo e deixou o Departamento de Educação do Rio, Dodsworth nomeou o coronel Pio Borges para dirigir o sistema escolar. Entre as reformas de Borges inclui-se a abolição da educação clássica nas escolas secundárias vocacionais da cidade. Isso havia sido uma inovação de Teixeira, que oferecia a alguns alunos das poucas escolas vocacionais da cidade um grau equivalente ao das escolas secundárias clássicas particulares que preparavam as elites para as universidades. Os currículos clássicos haviam sido implementados apenas em algumas escolas vocacionais antes da demissão de Teixeira – curiosamente, duas das três eram escolas femininas, o que, com o Instituto de Educação, dava às mulheres uma vantagem em termos de oportunidades educacionais.[45]

Fechar esses programas eliminava a única oportunidade de uma educação pública clássica fora do Instituto de Educação e do Colégio Pedro II. Com essa mudança, a escola secundária do Instituto teve seu nome alterado para Colégio do Instituto de Educação. A mudança do nome resolveu a incoerência de haver apenas uma escola pública secundária dando diplomas reconhecidos na universidade.[46]

Borges também reestruturou a administração do sistema escolar criando o Departamento de Educação Nacionalista (DEN) em 1940. O DEN consolidou a educação física, os cantos orfeônicos e a educação moral e cívica. Isso racionalizou a administração dos componentes mais abertamente nacionalistas, eugênicos e disciplinares do currículo de Teixeira de 1932. Chefiado por outro oficial, o tenente-coronel Moacyr Toscano, o trabalho do DEN era preparar

---

[45] Carta de Edgar Pereira da Silva a Getúlio Vargas, 24 set. 1941. Coleção Henrique Dodsworth, AGC, Caixa 15 – *Educação, 1939-1945* (11418).

[46] Colégio do Instituto de Educação. *Revista de Educação Pública 1*, n°1, p.143, 1943.

A ESCOLA NOVA NO ESTADO NOVO 273

uma geração em que o espírito cívico, os sentimentos morais, a fortaleza da alma e a pujança de vigor físico sejam capazes de influir, eficazmente, na manutenção da Paz, na preservação das conquistas da ciencia e na garantia da vida e do progresso do Brasil.[47]

Sob a gestão de Borges, mais outro oficial, o coronel Jonas Correia, dirigiu o Departamento de Ensino Primário. Correia, antigo professor do Colégio Militar, tornou mais eficientes os programas de nutrição, saúde e higiene das escolas, coordenou o tratamento médico e dentário em todo o sistema e estudou os níveis nutricionais dos alunos para adaptar o almoço nas escolas. Jonas Correia substituiu Pio Borges como diretor do sistema escolar em 1942. Sua administração levou a mobilização do tempo de guerra para as escolas. A entrada do Brasil na Segunda Guerra Mundial forneceu uma oportunidade para promover o nacionalismo entre os alunos e exigir disciplina da parte deles. Por exemplo: as escolas ecoavam o apelo de Vargas de que todos os cidadãos deviam contribuir para a vitória do Brasil por meio de sua "Disciplina, Aplicação, Discrição e União".[48] Nas escolas, a guerra foi um veículo para a transmissão das lições do Estado Novo. E, sob essas circunstâncias, a presença de oficiais militares na administração de escolas civis ressaltava as exigências nacionalistas e disciplinares da época.

Correia transformou os programas eugênicos em um sistema mais coerente, que não apenas buscava o desenvolvimento saudável das crianças, como também utilizava avaliações sobre sua saúde na avaliação acadêmica do aluno, assim como pretendiam fazer os testes padronizados, dando uma orientação "médico-pedagógica" à classi-

---

[47] Comemoração do aniversário do Departamento de Educação Nacionalista. *Revista de Educação Pública 1*, n°1, p.136-7, 1943.

[48] Ibidem, p.137.

274 DIPLOMA DE BRANCURA

ficação e distribuição dos alunos.[49] A filosofia médico-pedagógica chegou ao extremo de segregar alunos ou removê-los das escolas. A suposição de que crianças doentes podiam prejudicar a saúde de crianças saudáveis separava as mais ricas e mais brancas de suas colegas mais pobres e muito vezes mais escuras. Os testes de saúde agora se juntavam aos de inteligência e maturidade para fornecer as bases sob as quais se implementava a segregação nas escolas do Rio. Os alunos pobres costumavam ser "reconhecidos como doentes (sífilis, parasitas, adenopatia, anemia), antissociais em seu comportamento devido a razões hereditárias ou culturais e indiferentes à educação".[50] A sistematização desses julgamentos como base para a distribuição de alunos contornava explicitamente a diferenciação por classe ou raça, mas produzia o mesmo efeito.

Durante o Estado Novo, análises de raça, saúde e desempenho educacional acompanhavam os programas de testes e medidas. Os resultados dessas análises foram compartilhados com educadores no Rio de Janeiro e em todo o Brasil por meio da *Revista de Educação Pública*. Esses ensaios revelam uma tendência constante de identificar o mau desempenho educacional com pobreza, desnutrição, inadequação cultural e raça. O enfoque analítico adotado por esses pesquisadores revelava a extensão em que um sistema educacional baseava suas medidas de desempenho e mérito em normas estabelecidas pelo movimento eugenista, que, por sua vez, baseava-se em hierarquias de raça e classe. Em última análise, o sistema escolar vestia a estratificação social dominante em roupagem científica.

---

[49] *Fon-Fon*, p.20, 1941. Coleção Henrique Dodsworth, AGC, Caixa 15 – *Educação, 1939-1945* (04106).

[50] NUNES, C. A escola redescobre a cidade: reinterpretação da modernidade pedagógica no espaço urbano carioca, 1910-1935. Niterói: UFF, 1993. p.130.

A ESCOLA NOVA NO ESTADO NOVO   275

Os oficiais militares continuaram os programas de testes e medidas e, à medida que esses programas atingiam a maturidade, os
pesquisadores educacionais começaram a examinar os padrões de
mau desempenho que o sistema de medidas revelava. Uma questão
chamou-lhes a atenção: por que os alunos – como os alunos de nove
anos de idade que continuavam no primeiro ano na Escola General
Trompowsky – repetiam tanto? Seus dados mostravam que, dos
cem mil alunos das escolas públicas, 33 mil repetiam a cada ano.[51]
Esse problema ocupou a agenda dos pesquisadores educacionais
na década de 1940. Alguns grupos de alunos apresentavam mau
desempenho constantemente nos testes ou na escola. Qual era a
causa desse mau desempenho? Seria desnutrição? Saúde ruim?
Fatores ambientais? Seria cultural? Ou hereditário?

O consenso do Congresso Médico-Pedagógico nacional, ocor-
rido em São Paulo em 1941, foi o de que a repetição de ano era
sintoma de doença. Seguindo a correlação eugênica entre saúde e
capacidade intelectual, os educadores buscavam soluções médicas
para problemas acadêmicos. O coronel Pio Borges, secretário da
Educação do município durante os primeiros anos do Estado Novo,
dividiu o sistema escolar em 15 Distritos Médico-Pedagógicos
(DMPs). Como explicou o diretor do Departamento de Educação
Primária, coronel Jonas Correia:

> O problema, como está equacionado, é, assim, médico-peda-
> gógico. De fato, aprenderá sempre mal as matérias do currículo
> escolar, a que fica obrigado, portador de doenças ou ... com dentes
> cariados ou infeccionados.[52]

---

[51] ROMERO, Medicina e educação, p.360.
[52] *Fon-Fon*, p.20, 1941. Coleção Henrique Dodsworth, AGC, Caixa 15 – *Educação, 1939-1945* (04106).

276 DIPLOMA DE BRANCURA

Ele se vangloriou de que o sistema escolar do Rio era a mais completa expressão no Brasil da união entre educação e medicina. A nova rede de DMPs analisava e tratava os motivos biológicos, higiênicos e médicos para o mau desempenho. Os alunos eram avaliados não apenas em seu desempenho acadêmico, mas quanto a seu estado de saúde e nutrição. Correia vangloriava-se do enfoque médico-pedagógico chamando-o de "uma solução brasileira para um problema brasileiro". O problema estava na possibilidade de as crianças doentes serem admitidas nas escolas da cidade. Esses

> inúmeros meninos doentes, atacados de molestias seríssimas, lograram ingressar nos nossos estabelecimentos, e estavam constituindo ora um motivo de perigo à saúde dos colegas, ora um objeto de escárneo dos seus companheiros.[53]

Mau desempenho na escola era relacionado à doença. Os alunos que iam mal nas provas eram encaminhados ao médico do DMP.

Em 1942, alunos do 5º DMP, que cobria os bairros da Zona Sul do Rio, foram divididos em categorias de aprovados, aprovados por margem mínima e não aprovados. Os alunos não aprovados eram enviados para a clínica médica situada no Colégio Cócio Barcelos, em Copacabana, com suas fichas psicológicas e suas mães. Lá o aluno passava por uma avaliação médica que incluía a verificação de sua higiene mental e ambiente social. Se a mãe não acompanhasse a criança, o secretário da escola visitava a casa da criança

> a fim de colher os dados relativos à habitação, ao meio de vida, ao grau de pobreza, de higiene, ao *modus vivendi* familiar etc. dados

---

[53] Ibidem.

A ESCOLA NOVA NO ESTADO NOVO **277**

êsses indispensáveis para avaliação das causas do desajustamento da criança.[54]

Todos esses alunos recebiam uma ficha especial de "Criança--Problema", registrando os diversos tratamentos administrados, assim como suas condições de vida, hábitos nutricionais e vida familiar. Segundo Antônio Maria Teixeira e E. Corrêa de Azevedo, autores do relatório sobre o 5º DMP, uma análise dessas fichas de "Criança--Problema" revelou que a maioria das crianças desajustadas era subnutrida. Eles explicaram que a principal razão dessa subnutrição era o "binômio pobreza + ignorância".[55] Um ciclo vicioso parecia existir: como os alunos eram subnutridos demais para aprender, ficavam ignorantes como seus pais, que, por sua vez, não sabiam como alimentá-los corretamente. Por trás do leite reforçado que essas crianças recebiam, havia um conjunto de pressuposições e julgamentos que culpava a pobreza e a ignorância da família por suas deficiências.

Se os médicos do 5º DPM identificavam subnutrição no elegante bairro de Copacabana, as condições em regiões mais pobres do Distrito Federal eram consideravelmente piores. Em relatório de 1944 intitulado "Desenvolvimento Cefálico e Subnutrição", Joaquim Thomaz, do Serviço Antropométrico, descrevia o estado de subnutrição de alunos na região extremo-oeste, semirrural de Guaratiba. Eram filhos de agricultores pobres e iletrados e, em geral, portadores de parasitas endêmicos na região. Segundo Thomaz, metade das crianças era subnutrida e, em consequência, estagnavam em seu aprendizado. Ele descreveu-as como "repetentes contumazes,

---

[54] TEIXEIRA, A. M.; AZEVEDO, E. C. de. Escolares e desajustados (considerações sôbre o relatório do 5º D.M.P., Relativo a 1942). *Revista de Educação Pública 1*, nº3, p.325, 1943.

[55] Ibidem.

278 DIPLOMA DE BRANCURA

com cinco, seis anos na primeira série, com baixo índice de fadiga e Q.I. inferior ao normal".[56]

Thomaz chegou a uma curiosa conclusão sobre o papel da raça quando confrontado à subnutrição e às doenças endêmicas. Ele explicou que, como em outros estudos do Serviço Antropométrico, a avaliação desses alunos revelava um grau maior de subnutrição entre crianças brancas do que em negras, com um número intermediário entre os "mestiços". Thomaz sugeriu que, sendo todos os fatores iguais, as crianças negras "[têm] maior resistência ... às condições do meio, às intempéries, à parca alimentação etc."[57] Argumentando que os negros estavam mais bem adaptados à pobreza, Thomaz implicitamente identificava a negritude à miséria. Pior ainda, sua análise – como muitas outras do Serviço Antropométrico – desqualificava o alto nível de desempenho educacional de estudantes de cor reduzindo-os a uma melhor adaptação à miséria.

Estado Novo no Instituto de Educação

O Instituto de Educação também foi dirigido por um oficial militar que continuou a trajetória iniciada pela reforma de 1932. Em 1939, o coronel Arthur Rodrigues Tito, instrutor da Escola Militar, foi nomeado em substituição a Lourenço Filho quando este saiu para dirigir o Inep. Como os outros militares no sistema escolar, ele não tinha treinamento pedagógico, mas havia feito carreira na instrução militar. A biografia oficial de Tito na história do Instituto de 1954 descreveu-o assim: "Energico mas afavel, manteve uma disciplina louvavel, sem usar dos métodos prussianos, e das alunas, teve gran-

---

[56] THOMAZ, J. S. Desenvolvimento cefálico e subnutrição. *Revista de Educação Pública 2*, n°4, p.593, 1944.

[57] Ibidem, p.595.

A ESCOLA NOVA NO ESTADO NOVO 279

de simpatia".[58] Ter oficiais chefiando o sistema escolar significava mais do que colocar homens leais e conservadores em cargos-chave: introduzia valores militares e nacionalistas. Uma ex-estudante lembra-se de que "o toque da alvorada soava e todos se reuniam".[59]

No próprio Instituto de Educação, a militarização e o ar nacionalista, disciplinar do Estado Novo se introduziram no dia a dia. Uma publicação de 1941 da Sociedade Literária do Instituto de Educação, *Instituto*, revela a extensão em que o fenômeno político que foi o Estado Novo infiltrou-se na cultura escolar. Entre as fotografias de alunos brancos do curso normal postados em pé, em formação militar e segurando bandeiras, havia artigos elogiando Vargas e discutindo o "momento de efervescência nacional".[60] Apenas o primeiro número da revista foi preservado na biblioteca do Instituto, e não se sabe com clareza se outros números foram publicados. Também não se sabe o grau em que este único número revela a cultura dos alunos do Instituto, ou se reflete apenas as exigências ideológicas do regime. Qualquer que seja o caso, *Instituto* ecoava a ideologia oficial que prevalecia no sistema escolar e nas administrações do Instituto.

Um artigo discutia a revisão do hino do instituto. Sob instruções do coronel Tito, Theobaldo Recife, professor de educação moral e cívica, trocou a letra original do hino de 1886 por uma nova letra refletindo valores da época e um tom mais apropriado às grandes comemorações cívicas em moda. O último refrão do hino resume perfeitamente o novo significado: "Do mais puro civismo a centelha / Todo o nosso Instituto ilumina; / E a grandeza da Patria se espelha /

---

[58] SILVEIRA, A. B. da. *História do Instituto de Educação*. Rio de Janeiro: Secretaria Geral de Educação e Cultura, 1954. p.106-7.

[59] A., entrevistada por Barreto, "Contribuição para a história da escola pública", p.111.

[60] Palavras de apresentação e de fé. *Instituto 1*, nº1, p.2, 1941.

280 DIPLOMA DE BRANCURA

No divino esplendor da doutrina".[61] Recife descreveu sua inspiração ao compor o novo hino:

> São, entretanto, palavras que meu coração ditou quando o pensamento se me voltava para essa plêiade magnífica de jovens estudiosos, esforçados e conscientes, futuros professores, colaboradores preciosos que hão de ser, do aperfeiçoamento espiritual e moral do Brasil de amanhã.[62]

Como o hino da escola, o Dia da Bandeira, comemorado pelos estudantes no Rio há décadas, adquiriu uma nova linguagem simbólica, evocativa do fascismo. *Instituto* descreveu o Dia da Bandeira de 1941 com as seguintes palavras: "Homenageando a Bandeira do Brasil, simbolo sagrado desta terra, abençoada por Deus, sentimos dentro em nosso peito, pulsar mais fortemente, um desejo intenso e sincero de elevar até aos píncaros da gloria esta Patria que tanto adoramos". O diretor do Instituto, coronel Tito, assim como o secretário de Educação, coronel Borges, estavam presentes, com outras "figuras de destaque do governo". A autoridade de posto mais elevado, o coronel Borges, ergueu a bandeira do Brasil, efetuando a seguir

> o ato de incineração da Bandeira, o qual foi realizado pelas alunas do Centro Cívico Benjamin Constant, que, tendo à frente a sua presidente, conduziram a tocha acesa ao local da pira, onde outras alunas haviam depositado a antiga bandeira do Instituto de Educação.[63]

Quando alunos do Instituto queimaram a bandeira da escola, eles reviveram uma cerimônia de 1937, quando Getúlio Vargas presidiu a queima das bandeiras dos estados em uma pira enquanto a bandeira

---

[61] O Hino do Instituto de Educação. *Instituto 1*, n°1, p.8, 1941.
[62] O Hino do Instituto. *Instituto 1*, n°1, p.9, 1941.
[63] O Dia da Bandeira. *Instituto 1*, n°1, p.14, 1941.

A ESCOLA NOVA NO ESTADO NOVO 281

nacional brasileira era erguida. Encenada na esteira da proclamação do Estado Novo, a cerimônia no Largo do Russel (onde ocorriam as maiores apresentações corais) simbolizava o fim do federalismo sob um regime de união nacional. Como Daryle Williams explica,

> quando os aliados civis, militares e eclesiásticos de Vargas viram os símbolos de soberania regional em chamas, deram seu apoio ao ataque do Estado sobre elementos que a sociedade brasileira considerava ameaçadores. Elites regionais inflexíveis, comunistas, republicanos liberais, judeus e imigrantes não aculturados suportariam o impacto de um ataque mais amplo a grupos que não se conformavam à visão que o regime possuía da sociedade brasileira.[64]

Como indicado pela cerimônia que levou o ritual da queima da bandeira para o pátio do Instituto de Educação, o Instituto continuou um modelo para a educação nacional, mas não exatamente da forma como Teixeira, Azevedo e Lourenço Filho haviam concebido. Vargas apropriou-se dele como um palco do qual se dirigia à nação para falar de questões de educação. Em 1943, Vargas foi o paraninfo da cerimônia de colação de grau do Instituto. Sua presença elevou o prestígio da Escola de Professores e dos professores e tornou sua cerimônia de colação de grau um púlpito do qual se discutiam valores sociais. Referindo-se ao ensino como "sacerdócio", Vargas falou sobre como os professores iriam

> ensinar o que é Pátria, Família, Sociedade; temperar os ânimos para as luzes maiores; incutir a coragem cívica; estabelecer as normas salutares do trabalho e da disciplina.[65]

---

[64] WILLIAMS, *Culture Wars in Brazil*, p.10.

[65] Discurso de paraninfo com que o presidente Getúlio Vargas se dirigiu aos professorandos de 1943, no Instituto de Educação, no ato de colação de grau. *Revista de Educação Pública 1*, nº4, p.471, 1943.

282 DIPLOMA DE BRANCURA

Vargas encomendou a Dodsworth a construção de vinte novas escolas. Ele também tratou do papel das mulheres, contrastando o ideal de mulher doméstica que executava os serviços do lar com trabalhos como a enfermagem, o ensino, o trabalho no campo ou nas fábricas. Vargas declarou que as mulheres acompanhavam os homens na construção da sociedade moderna, concluindo: "Temos ainda de vencer tremendos obstaculos. Mas quaisquer que sejam êles, é preciso não descuidarmos a instrução, onde a mulher encontra ocupação digna e permanente".[66] Finalmente, ele prometeu um dia promover um congresso nacional de professores. O discurso da colação de grau não foi só dirigido aos professorandos, foi também gravado pela PRD-5, a estação de rádio do sistema escolar, e distribuído a escolas de todo o país.[67]

O discurso de Vargas em 1943 representou o auge do autoritarismo nacionalista no Instituto. Apenas um ano depois, o secretário de Educação Correia fez um discurso de colação de grau que refletia uma profunda mudança ideológica. Ele lembrou a Vargas a sua promessa não cumprida de 1943, sobre um congresso nacional de professores. Mais surpreendentemente ainda, usou a palavra "democracia" quatro vezes em seu breve discurso. Correia citou a reforma educacional do ministro britânico da Educação, Butler:

> Se a finalidade da democracia consiste em tornar mais rico e cheio de possibilidades cada membro da comunidade, é evidente que cada um desses membros deve receber a melhor e mais completa educação que o govêrno lhe possa proporcionar.

Descrevendo o papel da educação na democracia, Correia ressaltou a importância dos professores na realização da transição.

---

[66] Ibidem.

[67] Gravado o discurso de paraninfo do presidente Getúlio Vargas. *Revista de Educação Pública 2*, n°2, p.330, 1944.

A ESCOLA NOVA NO ESTADO NOVO **283**

Embora os professores fossem um "silencioso mas eficaz auxiliar do governo" no início da guerra, Correia disse-lhes que eles precisavam se unir na construção de ideias de "justiça e liberdade, de paz e progresso".[68]

Quando Vargas foi deposto, em agosto de 1945, o governador do Rio caiu em seguida. Em dezembro, Dodsworth e todos os seus assessores no sistema escolar haviam sido depostos. O sistema escolar voltou ao programa que fora estabelecido nos anos de Teixeira. Em dezembro, o novo interventor federal, Philadelpho Azevedo, nomeou Fernando Antonio Raja Gabaglia secretário da Educação. O geógrafo Raja Gabaglia havia sido diretor do Colégio Pedro II durante o Estado Novo.

Na cerimônia de posse de Raja Gabaglia, o coronel Jonas Correia falou do esforço de sua administração para reorganizar o sistema escolar "em bases modernas e de respeito às tradições do Brasil".[69] Mas esses ideais ressoavam como o epílogo de uma era que passara. Naquele mesmo mês, o coronel Tito foi substituído como diretor do Instituto por Francisco Venâncio Filho, professor de filosofia que durante anos havia-se identificado com a ala mais progressista da Escola Nova. Um dos primeiros eventos patrocinados por ele no Instituto foi uma homenagem a Fernando de Azevedo, em que um retrato de Azevedo como Pioneiro da Escola Nova foi inaugurado.[70]

As reformas feitas por Teixeira, Azevedo e Lourenço Filho estabeleceram os termos progressistas do debate. Os extremos

---

[68] Discurso pronunciado pelo Secretário de Educação e Cultura, Cel. Jonas Correia, no Instituto de Educação, paraninfando a segunda turma de professorandas de 1944. *Revista de Educação Pública 3*, n°1, p.695, 1945.

[69] Ibidem.

[70] Homenagem ao professor Fernando de Azevedo no Instituto de Educação. *Revista de Educação Pública 3*, n°4, p.698, 1945.

284 DIPLOMA DE BRANCURA

nacionalistas, autoritários e disciplinares atingidos durante o ápice do Estado Novo refletiram as exigências impostas sobre a educação pela Igreja Católica, os militares e os segmentos conservadores da comunidade. Mas esses extremos não eram incompatíveis. Foram os progressistas que criaram muitos dos mecanismos nacionalistas e disciplinares empregados durante o Estado Novo. Sem a base dos cantos orfeônicos, da educação física, dos programas de higiene e dos sistemas de medidas, os arquitetos do Estado Novo não teriam alinhado o sistema escolar às suas cores de modo tão completo e em um espaço tão curto de tempo. Os testes e as classificações eugênicos, psicológicos, médicos e higiênicos institucionalizados por Teixeira também permaneceram, de modo geral, intactos.

Por outro lado, sob a tutela dos oficiais militares o sistema escolar do Rio acelerou o ritmo da construção de escolas iniciada por Teixeira, e teve um cuidado especial em construí-las nas regiões mais pobres da cidade. Essas escolas também continuaram a servir como locais de implantação de programas de bem-estar social em áreas onde o alcance das políticas públicas era mais fraco, fornecendo almoço nutritivo e, ao menos em uma base limitada, tratamento médico e dentário. Com efeito, o sistema escolar estava tão empenhado em atender à demanda por educação que apelava seguidamente ao Instituto de Educação em busca de professores, contratando alunos antes de se formarem. Em 1945, quando havia uma carência de 15 mil vagas nas escolas públicas, o sistema obteve Cr$ 1.688.000,00 (US$ 101.686) do governo federal para colocar as crianças para as quais não havia espaço em escolas públicas em escolas particulares.[71]

---

[71] S.G.E.C. Instruções N.2. *Revista de Educação Pública 3*, n°3, p.409, 1945.

Estratégias populares e educação pública

A tutela da educação pública por oficiais militares era coerente com um dos aspectos centrais da reforma Teixeira – a importância atribuída à defesa dos programas educacionais contra influências de pais e do público em geral. Os pais eram considerados inadequados para julgar o que era melhor para a educação de seus filhos, e considerava-se que o sistema escolar funcionava como um organismo bem afinado, racional, científico e profissional. De fato, o autoritarismo do Estado Novo confiava substancialmente na suposição de que as melhores e mais técnicas soluções para problemas naturais podiam ser aplicadas por meio da exclusão de políticas e de resistências, e essa suposição já estivera em vigor nos projetos progressistas de educação do Rio de Janeiro e de São Paulo.

Apesar disso, além de valer-se de medidas autoritárias, o Estado Novo recorria a apelos clientelistas mais tradicionais às classes populares. Getúlio Vargas convidava os pobres a lhe escreverem diretamente seus pedidos. Em resultado, cartas afluíam e eram lidas por seus auxiliares, cada pedido formando um arquivo que era encaminhado aos ministros responsáveis. Alguns dos pedidos a Vargas chegavam ao gabinete de Henrique Dodsworth, outros eram encaminhados diretamente ao prefeito Dodsworth. Atendidos ou não, os pedidos geralmente resultavam em processos oficiais: o gabinete do prefeito enviava o pedido pela hierarquia administrativa abaixo até que chegasse à autoridade responsável, cuja opinião sobre o pedido subiria novamente pela hierarquia administrativa. Não era de surpreender que o processo levasse meses. Os arquivos administrativos abertos para atender a esses pedidos permanecem guardados na Coleção Henrique Dodsworth do Arquivo da Cidade do Rio de Janeiro.

Como a demanda por educação pública constantemente superasse a oferta, é evidente que pais e alunos valorizavam e aceitavam essa educação, até certo ponto. Entretanto, a perseverança nos estudos

286 DIPLOMA DE BRANCURA

variava consideravelmente. Como os alunos eram medidos por padrões que lembravam as distinções entre raça e classe, os mais qualificados recebiam a educação mais qualificada. No outro extremo do espectro, menos de metade dos alunos da cidade passava do terceiro ano. Aparentemente, embora pais e alunos atribuíssem valor à educação pública, aqueles forçados a permanecer nos níveis mais baixos não achavam a experiência compensadora.

Esses padrões de demanda e deserção representavam os limites da aceitação pública dos programas educacionais do Rio. Entre esses extremos, havia um conjunto de estratégias por meio das quais pais e alunos buscavam uma vaga nas escolas que estavam sendo instaladas em sua comunidade. Cartas preservadas no arquivo de Henrique Dodsworth testemunham alguns desses tipos de estratégias utilizadas por pais e filhos para apropriar ou, mais comumente, apenas ter acesso às oportunidades educacionais da cidade. Geralmente, os esforços para influenciar as políticas da escola ou do sistema escolar falhavam. Em contraste, pessoas que aceitavam a autoridade da administração sobre os assuntos educativos e pediam favores ou exceções em vez de mudanças costumavam ser bem-sucedidas. Essas transações entre os pais e a administração do sistema escolar seguiam os padrões centenários de relações clientelistas.

Esses pedidos são especialmente notáveis pela linguagem empregada pelos remetentes. As cartas invariavelmente começavam com uma declaração de humildade do autor e de sua pequenez diante da autoridade endereçada: "Sou humilde ... [pai, operário ferroviário, empregada doméstica, sargento reformado]". Então o suplicante fazia o pedido – por exemplo, uma vaga na escola para o filho. Os suplicantes contextualizavam o pedido no que acreditavam serem os objetivos do governo. Esses eram, em geral, saúde e higiene, disciplina, a força da economia e a grandeza da nação. Pelo fato de seus desejos serem apresentados como complementares aos objetivos da autoridade a quem se dirigiam, as cartas valem como um teste-

A ESCOLA NOVA NO ESTADO NOVO **287**

munho da compreensão popular da agenda do regime e expõem as estratégias públicas para tirar vantagem dessa agenda.

Os pedidos são uma fonte peculiar, porque incluíam tanto a agenda dos remetentes como o uso das estratégias retóricas que eles imaginavam que fossem resultar no cumprimento do pedido. Em consequência, as cartas não indicam necessariamente crenças populares sobre a educação. Em vez disso, oferecem uma noção daquilo em que essa população achava que deveria acreditar. Como Joel Wolfe explica em sua análise dos pedidos dos trabalhadores a Vargas, os textos revelam "o modo como os trabalhadores tentavam usar componentes da retórica do regime – assim como os problemas políticos de Vargas – em seu favor".[72] Dado o modo pelo qual os redatores de pedidos manipulavam a retórica política para atingir seus fins, há poucas evidências nas cartas de rejeição pública das políticas educacionais. Nesse sentido, os pedidos parecem-se com os registros criminais analisados por Sueann Caufield, que observa:

> Vejo poucos indícios de que os indivíduos que testemunharam no tribunal rejeitassem os valores morais ou normas de gênero defendidas pela lei. No entanto, a sua 'repetição estratégica' dessas normas e valores, emprestando a frase de Judith Butler, não reproduzem a lei com exatidão.[73]

De forma similar, esses pedidos geralmente tentavam convencer os administradores do sistema escolar a mudar as políticas ou a torcê-las para acomodar o pedido do autor.

A maioria dos pedidos não bem-sucedidos era de pais ou comunidades requisitando que uma escola fosse construída no bairro. Em 1944, por exemplo, 180 moradores do bairro ferroviário da Zona

---

[72] WOLFE, J. "Father of the Poor" or "Mother of the Rich"?, p.93.
[73] CAUFIELD, *In Defense of Honor*, p.14.

288 DIPLOMA DE BRANCURA

Norte, Senador Camará, assinaram uma petição a Dodsworth requisitando a construção de uma escola no bairro com capacidade para 700 alunos. Eles se queixavam de que as escolas mais próximas ficavam a dois ou três quilômetros de distância e tinham "instalações sanitárias insuficientes e precárias". Essas escolas não tinham vagas para todas as crianças de Senador Camará que queriam frequentá-la, então algumas crianças precisavam ir a uma escola ainda mais distante, em Bangu, enfrentando "as intempéries do tempo: o frio, a chuva, o sol causticante".[74]

Os moradores de Senador Camará não procuraram o gabinete do prefeito de mãos vazias. Sua campanha para obter uma escola datava no mínimo de 1940, quando haviam assegurado a doação de vários terrenos adjacentes do construtor imobiliário dos subúrbios, Cristóvão Vieira Alves, "grande proprietário e amigo do povo desta pitoresca localidade".[75] Embora não haja mais informações sobre como, especificamente, os moradores obtiveram a cessão das terras, a linguagem em que eles descrevem Alves sugere que tenham recorrido a tradicionais apelos paternalistas. Eles propuseram ceder os terrenos para a Prefeitura, que construiria a escola e ficaria com sua propriedade – ao contrário das duas escolas mais próximas, que ficavam em prédios alugados pela Prefeitura. Os moradores já haviam resolvido o problema mais difícil que a Prefeitura enfrentava na construção de novas escolas: a indisponibilidade de terrenos livres em centros populosos. Para dar o toque final ao pedido, um dos moradores chegou a pedir ao ministro do Trabalho, Marcondes Filho, que enviasse um telegrama de apoio ao prefeito.

O Serviço de Prédios e Aparelhamento Escolares (Spae), o departamento responsável pela construção da escola, rejeitou a proposta.

---

[74] Pedido de moradores de Senador Camará por uma escola, 7 jan. 1944. Coleção Henrique Dodsworth, AGC, Caixa 108 – Educação, 1939-1945 (07596).

[75] Ibidem.

Em sua resposta ao prefeito, o diretor do Spae, Raul Penna Firme, argumentou que o terreno era muito pequeno e dois terrenos adjacentes – que não eram dos peticionários, nem do proprietário de terras Vieira Alves – precisariam ser comprados. Como mostra o mapa anexado por ele, o prédio da escola ocuparia uma área menor do que o terreno original, mas devido ao projeto do prédio (coerente com o plano homogêneo para novas construções durante a administração Dodsworth), excederia os limites do terreno disponível (ver Mapa 5.1).

Teve similar destino uma petição de um empregado de uma sociedade cooperativa, a Companhia Confiança Industrial, de fazer com que a Prefeitura rebatizasse uma escola existente em memória de Carlos Alberto de Menezes, um sindicalista. Em uma carta de 1944 a Dodsworth, a sociedade justificou seu pedido com base no apoio dele à escola. A sociedade explicou que ela fornecera tanto o

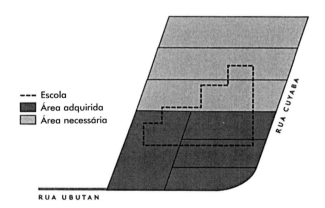

Mapa 5.1 Mapa da escola proposta em Senador Camará. (Nota: a área cinza designa o terreno adquirido pelos moradores para a escola. Dois terrenos adjacentes (em cima) seriam necessários para que a escola seguisse o projeto mostrado.) *Fonte*: Carta de Raul Penna Firme a Henrique Dodsworth, 25 maio 1944. Coleção Henrique Dodsworth, AGC, Caixa 108 – "Educação, 1939-1945", (07596).

290 DIPLOMA DE BRANCURA

terreno quanto o prédio onde a escola se situava e, desde a abertura da escola, em 1938, a sociedade havia fornecido todos os uniformes, refeições e outros materiais. Embora esse argumento parecesse convincente, o administrador que tratou da petição respondeu que a escola já fora batizada como Virginia Pinto Cidade em homenagem à primeira formanda de escola normal do Rio, e não seria rebatizada. A Prefeitura não tinha interesse em ter uma de suas escolas batizadas com o nome de um sindicalista, mesmo que o sindicato tivesse sido o responsável pela fundação e manutenção da escola.[76]

Enquanto as tentativas de mudar o modo pelo qual o sistema escolar fazia as coisas geralmente fracassavam, petições em favor de uma exceção ou favores especiais às vezes davam certo. Um exemplo foi o pedido de uma dona de casa, Felicidade Rodrigues, a Getúlio Vargas, para que seus dois filhos obtivessem vaga em uma escola vocacional. Rodrigues era analfabeta e ditou a carta a uma amiga. Como outros suplicantes, Rodrigues enfatizou sua extrema pobreza – ela e os dois filhos moravam em um único quarto em uma pensão em Laranjeiras, e ela não podia pagar uma escola para eles. Em consequência, embora os filhos tivessem onze e nove anos de idade, ainda eram basicamente analfabetos.

A estratégia de Rodrigues foi argumentar que, sem educação, os filhos seriam um prejuízo para a sociedade. Ela explicou que, enquanto ela trabalhava o dia todo, eles "perambulavam pelas ruas", uma situação que "não poderá mais perdurar, pois não [quero ver meus] dois filhos encaminhados na malandragem". Analfabetos e dados ao vício, essas crianças seriam uma vergonha não apenas para sua mãe, mas "prejuizos para a Nação, pois, por certo, quando homens,

---

[76] Carta da Companhia Confiança Industrial a Henrique Dodsworth, 24 nov. 1944. Coleção Henrique Dodsworth, AGC, Caixa 108 – Educação, 1939-1945 (16948).

A ESCOLA NOVA NO ESTADO NOVO **291**

serão dois elementos que pouco produzirão, e merce de Deus? não sejam elles criminosos".[77]

A solução, sugeriu Rodrigues, era internar as crianças em uma escola vocacional. Isso iria

[salvaguardar] os interesses sagrados do Paiz, tal o de criar uma geração nova preparada e apta a enfrentar as duras contingencias da vida e trabalhar pelo engrandecimento, cada vez maior, do Brasil.

O gabinete de Vargas remeteu a carta a Dodsworth que, por sua vez, a enviou ao superintendente da escola. O diretor de educação vocacional permitiu que as crianças fossem matriculadas no Colégio Cardeal Leme. Felicidade Rodrigues conseguiu colocar seus filhos na escola apelando para o Estado como um patrono, uma estratégia empregada por dezenas de cartas no arquivo de Dodsworth.

Em um caso, os suplicantes não eram pessoas de fora, mas sim professoras de uma das escolas vocacionais da cidade, a Escola Orsina da Fonseca. Elas passaram por cima da superintendente da escola e encaminharam diretamente ao prefeito um pedido de ampliação da escola, com a ocupação do primeiro andar vago do prédio da Prefeitura cujo segundo andar utilizavam. A escola vocacional abrigava tanto cursos primários para crianças mais novas quanto cursos vocacionais de datilografia, estenografia e costura para mulheres. Localizava-se em uma área central, e a maioria dos alunos eram filhos de imigrantes sírios.

As professoras ressaltaram o papel pioneiro da escola na educação de mulheres:

Na época em que foi fundada pela inclita batalhadora, professora *Leolinda Daltro*, em julho de 1910, não havia no País e, quiça,

---

[77] Carta de Felicidade Rodrigues a Getúlio Vargas, 27 jun. 1941. Coleção Henrique Dodsworth, AGC, Caixa 108 – Educação, 1939-1945 (07183).

292 DIPLOMA DE BRANCURA

na América Latina, outra instituição destinada à mulher, com as suas características técnicas, profissionais, artisticas e científicas.

No entanto, mais espaço era necessário, porque o andar ocupado pela escola estava atulhado, de modo não higiênico, o que aumentava as dificuldades para as mulheres jovens, da classe trabalhadora, que estudavam lá. O pedido foi encaminhado pelo gabinete de Dodsworth para Maria de Lourdes Cardoso, a superintendente do distrito, quem apoiou a ideia e a transmitiu ao inspetor de construções.[78] O inspetor relatou que o primeiro andar estava em condições deploráveis, mas que o espaço atulhado de modo não higiênico do segundo andar era o problema mais grave: a expansão beneficiaria a escola. Finalmente, o diretor do Spae aprovou a ideia e devolveu a petição ao gabinete do prefeito com notas de aprovação de todos os administradores responsáveis. No final das contas, o pedido foi rejeitado. O gabinete do prefeito enviou a petição aprovada para o gabinete encarregado da renovação do plano urbano. Os engenheiros da Prefeitura que estavam planejando evacuar parte do centro da cidade para construir a avenida Presidente Vargas relataram que todo o prédio onde a escola estava localizada "é atingido pelo Projeto nº 3.481 ... deverá ser demolido para a execução dos projetos elaborados".[79] A Escola Orsina da Fonseca não só não conseguiria o espaço

---

[78] "Petição sobre o Aluguel do Térreo da Escola de Ciências, Artes e Profissões Orsina da Fonseca, 13 de fevereiro de 1941". Cardoso identificou-se como uma professora da escola elementar nomeada para a fiscalização do 18º Distrito. Ela ocupava um papel não diferente do de outras mulheres que começavam a lecionar, e fora promovida a postos administrativos no sistema escolar. Coleção Henrique Dodsworth, AGC, Caixa 108 – Educação, 1939-1945 (05172).

[79] Carta de Fernando Pereira da Silva da Comissão do Plano da cidade ao secretário de Educação, 9 set. 1941. Coleção Henrique Dodsworth, AGC, Caixa 108 – Educação, 1939-1945 (05172).

A ESCOLA NOVA NO ESTADO NOVO   293

adicional como estava prestes a ser demolida sem que as professoras soubessem.

A educação continuou sendo um recurso em escassez no final do Estado Novo, apesar dos esforços constantes para expandir sua capacidade. Os termos de acesso à educação pública eram rigidamente controlados por administradores cuja ampla autonomia foi primeiro encorajada pelo positivismo de Teixeira e depois pelo autoritarismo militar. Mas na educação pública, como em qualquer sistema, havia espaço para negociação. O público respondeu à autoridade tecnocrática com estratégias de negociação que haviam funcionado durante séculos. Confiando na reprodução das relações clientelistas, as pessoas que buscavam acesso à educação enviavam pedidos aos tecnocratas. Seus apelos reconheciam o desnível de poder entre eles e a autoridade a quem se dirigiam, e identificavam um aspecto dos interesses oficiais ou agenda a que seu pedido servia. O peticionário apresentava o favor como uma forma de reforçar ou perpetuar os poderes daqueles a quem humildemente apelavam. Os administradores muitas vezes reagiam favoravelmente a esses pedidos e, nesses momentos, o sistema beneficiava a todos os envolvidos.

Esses pedidos mostram um sistema cujas características básicas haviam-se tornado um fato da vida diária para mais de cem mil alunos, milhares de professores e suas famílias. Independentemente de como essas características eram julgadas pelos participantes, as janelas abertas pelos pedidos a Dodsworth e Vargas mostram uma aceitação tácita do panorama da educação pública como um espaço governado por saúde, higiene, nacionalismo, disciplina e trabalho. Os pedidos apresentam o sistema escolar uniformemente como um conjunto de benefícios e refletem tentativas de obter ou ampliar o acesso a eles. As mesmas estratégias eram também evidentes entre a elite da educação pública, os alunos do Colégio Pedro II. Os pedidos também eram um passo atrás na técnica de gerenciamento do sistema escolar. Embora o sistema escolar não se submetesse à vontade

294 DIPLOMA DE BRANCURA

popular, ele se vergava para atender a políticas de concessão de favores. Essa foi a mudança mais profunda nas políticas educacionais entre o período de Teixeira e o Estado Novo. Uma mudança que, apesar da ostensiva tecnicização do regime ditatorial, introduziu políticas educacionais em maior conformidade com as políticas paternalistas e populistas do período.

6

Comportamento branco:
As escolas secundárias do Rio

Na manhã da quarta-feira, 13 de novembro de 1940, três alunos do Colégio Pedro II cometeram um grande erro. Quando sua turma não estava sendo vigiada, correram à janela para caçoar de uma tropa de cadetes da Escola Militar marchando pela avenida Marechal Floriano. O comandante da Escola Militar parou as tropas na rua, em frente à escola, e irrompeu no gabinete do diretor do colégio para protestar contra a insultuosa indisciplina dos alunos. De repente, instalou-se um conflito entre a Escola Militar, a academia de prestígio que treinava as "classes armadas", e o Colégio Pedro II, a escola federal modelo que por mais de um século representara o ápice da educação clássica secundária.

Segundo Wilson Choeri e Aloysio Barbosa, ambos alunos do colégio em 1940, as zombarias dirigidas aos cadetes se referiam a um momento embaraçoso envolvendo um dos cadetes em um encontro com a namorada. O cadete, trajando seu uniforme cinza e quepe imponente, levou uma amiga ao cinema MGM, que, na época, era o cinema maior, mais moderno e com melhor ar-condicionado da cidade, para assistir *E o vento levou*, que acabara de estrear no Brasil. Assim que as luzes se apagaram, o casal começou a trocar

296 DIPLOMA DE BRANCURA

carícias íntimas e, em um momento crítico, a jovem inadvertidamente roçou com a unha em uma área sensível do cadete. O cadete gritou de dor e caiu no corredor, obrigando o gerente do cinema a acender as luzes e expor seu ato. Como não havia, provavelmente, lugar mais público do que o cinema MGM, os alunos do colégio souberam do escândalo imediatamente. Quando os cadetes da Escola Militar passaram, os alunos do colégio saíram à janela e gritaram "e o vento levou" e "a unha, a unha!", imitando o grito do cadete.[1]

Durante o Estado Novo, então em pleno vigor, a desgraça do cadete e a zombaria dos alunos foram transformadas em um ato de traição. Embora os alunos tivessem, de algum modo, deixado de perceber a gravidade do fato, o diretor da escola, Fernando Antônio Raja Gabaglia, não deixou de percebê-la. Raja Gabaglia lidava habilmente com as águas traiçoeiras da política do Estado Novo. Ele era mais hábil do que Anísio Teixeira em acalmar figuras políticas, muitas vezes cedendo vagas em seu colégio como um favor e jogando seu jogo político com a confiança de um amigo pessoal da família Vargas.[2]

Raja Gabaglia reconheceu de imediato o incidente da parada como uma das maiores crises que a escola enfrentara na década desde a Revolução de 1930. Ele devia entender que em questão de horas o ministro da Guerra, Gaspar Dutra, saberia do incidente, e que o sol não iria se pôr sem um telefonema do ministro da Educação Capanema, esperando medidas para resolver o conflito entre os dois

---

[1] Wilson Choeri e Aloysio Barbosa, entrevistados por Jerry Dávila, 1º ago. 1999.

[2] Carta de Raja Gabaglia a Carlos Drummond de Andrade, 14 abr. 1942. Arquivo Gustavo Capanema, CPDOC, Correspondência, GC/GABAGLIA, F. (0466). BARROS, O. de. *Preconceito e educação no Governo Vargas (1930-1945)*. Rio de Janeiro: Colégio Pedro II, 1987. p. II.

COMPORTAMENTO BRANCO: AS ESCOLAS SECUNDÁRIAS DO RIO 297

ramos do "Estado nacional". Seu sucesso de longa data como diretor se devia a seu reconhecimento e hábil manipulação do papel simbólico da escola.

Raja Gabaglia reconheceu as preocupações do comandante e prometeu punições proporcionais à gravidade do insulto. No final da semana, publicou as mais severas punições já administradas no "Registro de Penas Disciplinares". Os três alunos que gritaram da janela foram expulsos. Os outros dezenove na sala de aula foram suspensos por seis dias, e o incidente foi registrado em suas fichas permanentes de modo que garantisse que "fato de igual natureza jamais ocorrera, a bem das tradições de educação e civismo dos nossos estudantes e da estima e atenção que todos devemos aos jovens e briosos Cadetes".[3]

Para acalmar as tensões que haviam irrompido entre o ministro da Educação e o ministro da Guerra, Raja Gabaglia enviou um relatório na segunda-feira seguinte ao ministro Capanema, detalhando as medidas punitivas da escola. Capanema encaminhou o relatório com uma carta a Dutra, que, em sua réplica, repetiu que o incidente havia sido "profundamente chocante". Além do mais, acrescentou ele,

profundamente chocante é sentirmos tão mal estreada na vida uma mocidade estudantil em que a passagem de uma força armada do Exército, conduzindo a Bandeira Nacional, ao revés de despertar ressonâncias de entusiasmo e respeito ... faz revelar atitudes de mora ou desatenção, comprovantes do despercebimento cívico prematuro de seus vazios corações.

---

[3] "Registro das Penas Disciplinares impostas aos alunos do Colégio Pedro II, 1934", registro de Rio de Janeiro, 16 nov. 1940. Arquivo do Colégio Pedro II, unidade Marechal Floriano.

298 DIPLOMA DE BRANCURA

Ele terminou a carta com a sinistra observação de que considerava o problema "sintomático indício de veladas corrosões que se processam no meio colegial".[4]

Esse incidente transformou-se em algo além de uma mera questão de indisciplina de escolares. Estavam em jogo as reputações de duas das mais importantes instituições escolares do Estado Novo. Por extensão, a imagem do Estado Novo como agente do nacionalismo e da ordem também havia sido minada. Durante o Estado Novo, uma parada de cadetes da Escola Militar era uma apresentação pública que visava a evocar os sentimentos de nacionalismo e respeito pela autoridade. Além disso, o Colégio Pedro II era a única escola no país administrada diretamente pelo governo federal, e servia como modelo para a educação secundária em todo o país. Seus alunos recebiam um diploma muito prestigiado, e eram treinados para serem futuros líderes.

Os alunos do Colégio Pedro II serem os autores de tal ato de indisciplina implicava o fracasso do Estado Novo em instilar respeito pela ordem e pela hierarquia entre a mesma juventude que um dia teria papéis privilegiados. Uma escola modelo exigia um comportamento modelo. Tais incidentes eram raros no colégio. As punições aplicadas a alunos do décimo ano registradas no "Registro de Penas Disciplinares" continham apenas um outro caso de expulsão de um aluno. Era um registro vago, mas intrigante: o aluno fora expulso por ter usado de "linguagem inconveniente" em seu exame final de "História da Civilização".[5]

O incidente atraiu uma atenção indesejada para o colégio. Entre os três alunos, uma era judia, Alda Waksmann. Isso não era incomum,

---

[4] Carta de Gaspar Dutra a Gustavo Capanema, 20 nov. 1940. Arquivo Gustavo Capanema, CPDOC, 35.10.18g (133).

[5] "Registro das Penas Disciplinares". Raja Gabaglia, 12 dez. 1939. Arquivo do Colégio Pedro II, unidade Marechal Floriano.

COMPORTAMENTO BRANCO: AS ESCOLAS SECUNDÁRIAS DO RIO 299

porque muitos dos alunos do colégio eram filhos de imigrantes europeus e do Oriente Médio. Seus pais, muitas vezes empregados no comércio, não podiam pagar uma escola secundária particular e dependiam de conseguir matrícula no Colégio Pedro II como um meio de ascensão social. Essa tendência era reforçada pela proximidade do colégio dos núcleos das comunidades judaica e do Oriente Médio – a Praça Onze e o Saara.

Apenas um mês após os alunos terem sido expulsos, e possivelmente devido ao nome judaico incluído entre eles, o ministro Capanema exigiu de Raja Gabaglia uma lista com todos os alunos judeus da escola. Mais do que isso, revogou a política do diretor de não marcar exames durante feriados judaicos, como o Yom Kippur. A tolerância da escola quanto a um calendário não cristão ia contra a política cultural de homogeneidade do Estado Novo. Daquele momento em diante, apenas feriados oficialmente sancionados seriam observados na escola modelo. Embora os documentos referentes à ordem de Capanema e a resposta de Raja Gabaglia não mencionem os motivos de Capanema para elaborar uma lista de alunos judeus do colégio ou para revogar os acordos sobre os feriados judaicos, a época em que isso ocorreu sugere a possibilidade de que Capanema tenha tentado aplacar os militares e criar uma impressão de severidade em relação ao colégio.

Raja Gabaglia objetou quanto à listagem de alunos judeus e eliminação dos feriados não cristãos no colégio. Ele replicou que não havia como fornecer uma lista de alunos judeus porque a escola não mantinha registro das crenças dos alunos. Em vez disso, forneceu a Capanema uma lista de alunos com nomes "aparentemente judaicos", totalizando pouco mais de 5% dos alunos. A maioria dos nomes eram portugueses – por exemplo, Monteiro, ou Carvalho –, o que sugeria que famílias brasileiras de prestígio possuíam origens judaicas. Em sua carta, Gabaglia argumentou que a presença de judeus e o acordo sobre os feriados judaicos não minava, de modo algum,

300 DIPLOMA DE BRANCURA

a *brasilidade* do colégio. Ele citou recente visita e elogio do arcebispo como prova de que "as tradições católicas do Brasil nada sofrem no Colégio". Finalmente, listou judeus ilustres formados pelo colégio, inclusive um general do Exército. Raja Gabaglia sempre foi capaz de neutralizar desafios à sua lealdade ao regime, ou à lealdade da escola ao regime, e esse incidente não foi exceção. Depois de sua recusa a Capanema, não há registro de nenhuma outra ação ministerial relativa à presença de judeus ou estudantes estrangeiros no colégio.[6]

Educação secundária

Tanto os educadores da Escola Nova que trabalhavam no sistema escolar da cidade quanto os diretores da escola modelo federal, o Colégio Pedro II, se esforçaram a seu modo para acabar com as dicotomias das oportunidades educacionais. O Colégio Pedro II era uma escola pública secundária administrada diretamente pelo governo federal como um modelo para orientar as escolas secundárias particulares da nação. Historicamente uma das escolas secundárias de maior prestígio e mais seletivas do Brasil, o Colégio redefiniu sua missão educacional e tornou-se um modelo de educação secundária popular. A escola dobrou de tamanho criando um turno noturno, começando a admitir meninas (e educá-las com o mesmo currículo dos meninos) e renunciando a suas modestas taxas para que todos que demonstrassem mérito e motivação pudessem frequentá-la, independentemente de sua condição financeira. Essas mudanças tornaram o colégio uma instituição única para sua época e o modelo para as escolas públicas secundárias da nação.

---

[6] Carta de Raja Gabaglia a Gustavo Capanema, 14 dez. 1940. Arquivo Gustavo Capanema, CPDOC, 35.10.18g (136).

COMPORTAMENTO BRANCO: AS ESCOLAS SECUNDÁRIAS DO RIO   301

Sob a direção de Anísio Teixeira e Joaquim Faria Góes – ambos formados no Teachers College de Columbia e admiradores do sistema educacional secundário norte-americano –, as escolas vocacionais também procuravam harmonizar as contradições. Teixeira queria acrescentar um currículo clássico semelhante ao do colégio a todas as escolas. Dessa forma, os alunos tinham escolha entre uma educação clássica e outra vocacional, e os alunos de escolas vocacionais ainda recebiam uma educação academicamente reforçada. Além disso, elementos da cultura do ensino secundário norte-americano, como sociedades extracurriculares, jornais de estudantes e autogoverno foram introduzidos.

O projeto de Teixeira falhou. A falta de espaço e recursos impediu os cursos clássicos de serem introduzidos, exceto em duas das escolas – e aquelas em que ele foi incluído cobravam por esses cursos clássicos. Como as verbas para a expansão do sistema escolar se destinavam sobretudo à educação primária, apenas uma nova escola secundária foi construída. A capacidade aumentou apenas modestamente e, no final da era Vargas, apenas alguns milhares de alunos estavam matriculados nas escolas vocacionais secundárias da cidade. Finalmente, os aspectos da cultura estudantil norte-americana, especialmente o autogoverno, foram abandonados em meio a críticas gerais de incitação à anarquia, lutas de classe e comunismo. No final da administração de Teixeira, pouco havia sido feito para a construção do sistema escolar público secundário na cidade.

A lição a ser tirada das reformas da década de 1930 era que esforços para elevar o prestígio, *status* e poder de instituições de classe baixa, como as escolas vocacionais, eram rejeitados por segmentos conservadores da sociedade como subversivos e anárquicos. Em contraste, esforços para expandir o acesso da elite a instituições como o Colégio Pedro II eram louvados. O que estava em jogo eram concepções opostas quanto ao fluxo de poder em uma sociedade democrática. Se democracia significava transferir o poder a grupos

302 DIPLOMA DE BRANCURA

subalternos, era inaceitável. Por outro lado, permitir que grupos subalternos compartilhassem da ordem social existente reforçava e validava as hierarquias da nação. Com efeito, jovens da classe operária crescente e dos bairros pobres competiam agressivamente e se aplicavam febrilmente para aproveitar as oportunidades que o colégio oferecia para compartilhar no gerenciamento da ordem social. O registro da participação de alunos na escola reflete o esforço de milhares de jovens tentando se aproveitar dos recursos disponibilizados pelo regime. Os alunos do Colégio apoiavam os lemas de disciplina social, nacionalismo e etnicidade propagados durante a era Vargas porque acreditavam que esses lemas eram a chave para a admissão nos quadros da elite. Um exame da cultura estudantil no Colégio revela a adoção coletiva do regime e de sua promessa de oportunidades crescentes.

"Seminário da Nacionalidade"

Fundado em 1937 no prédio de um antigo orfanato franciscano, o Colégio era uma das joias da coroa imperial. Era um campo de recrutamento para a burocracia imperial. Era também um dos lugares favoritos de Dom Pedro II, que não apenas assistia às cerimônias de formatura como às vezes frequentava suas aulas. Com o advento da República, a missão da escola mudou. Permaneceu como uma escola masculina de elite, mas, sob a reforma federal da educação de Benjamin Constant, tornou-se a escola padrão para as escolas secundárias particulares da nação – tanto seculares quanto da Igreja. Para terem seus diplomas validados, as escolas secundárias tinham de adotar o currículo do Colégio Pedro II.[7]

---

[7] Para um estudo do Colégio Pedro II durante a República, ver NEEDELL, J. *A Tropical Belle Époque.*

COMPORTAMENTO BRANCO: AS ESCOLAS SECUNDÁRIAS DO RIO   303

Durante o Império e a República, a escola ensinou muitos dos líderes do Brasil. Entre os que se formaram lá, encontramos os presidentes Rodrigues Alves, Nilo Peçanha, Hermes da Fonseca e Washington Luis.[8] Um diploma do colégio foi o primeiro passo para muitos dos mais importantes políticos, figuras militares e homens de negócios. Seu papel de prestígio como escola padrão fez do Colégio Pedro II um dos principais estabelecimentos de ensino no país. Ser professor catedrático significava orientar o ensino em uma dada matéria em todo o país. Além disso, os salários eram bons – normalmente equiparados ao salário de coronéis do Exército. Os professores eram classificados em três níveis: *catedráticos*, as maiores autoridades em sua disciplina; *livre-docentes*, permanentes; e *assistentes*, contratados por um período fixo. A competição pela cátedra era acirrada.

Entre os *catedráticos* estavam alguns dos principais educadores da época. No final da década de 1920 e início da de 1930, os quadros da escola incluíam Jonathas Serrano, Henrique Dodsworth, Raja Gabaglia, Carneiro Leão, Francisco Venâncio Filho e Delgado de Carvalho que, em 1927, foi o professor de inglês que organizou e dirigiu a primeira cadeira de sociologia no colégio e era o diretor da escola durante a Revolução de 1930.[9]

Jonathas Serrano foi o autor de dois dos mais difundidos livros didáticos secundários de história, *História da civilização* e *Epítome de história do Brasil*. Foi também influente membro do Instituto Histórico e Geográfico e da Comissão Nacional do Livro Didático, que, na década de 1940, revisou todos os textos secundários impressos no Brasil para compilar uma lista de livros reconhecidos pelo

---

[8] SEGISMUNDO, F. *Excelências do Colégio Pedro II*. Rio de Janeiro, Colégio Pedro II, 1933. p.91.

[9] Ibidem, p.31.

304 DIPLOMA DE BRANCURA

MES. Serrano foi também influente em círculos católicos e atuou como um dos poucos interlocutores entre a Igreja e a Escola Nova. Henrique Dodsworth foi professor de matemática e dirigiu a escola de 1931 a 1933, tornando-se mais tarde interventor do Rio. Carneiro Leão, proeminente *escolanovista* (defensor da Escola Nova de Dewey e Teixeira) que dirigiu e reformou o sistema escolar do Rio entre 1922 e 1926, lecionava francês. Francisco Venâncio Filho, outro *escolanovista*, lecionava filosofia e dirigiu o Instituto de Educação no fim do Estado Novo. Venâncio Filho, Delgado de Carvalho, Carneiro Leão e Raja Gabaglia lecionaram também no Instituto de Educação. O Instituto e o Colégio eram as duas escolas mais importantes não só da cidade como da nação.

Os livros didáticos escritos pelos professores do Colégio eram sucesso quase garantido. Dado o custo da impressão e o pequeno número de escolas secundárias, os livros adotados pelo Colégio muitas vezes eram os únicos textos disponíveis. A maioria dos livros didáticos da República estampava a frase "Adotado pelo Colégio Pedro II" sob o título. Essa frase era às vezes substituída pela frase "do Colégio Pedro II" sob o nome do autor, um uso que na década de 1930 era restrito ao colégio e ao MES, permitindo apenas a catedráticos usarem o nome da escola em suas publicações, e negando aos professores visitantes, substitutos ou assistentes o título de muito prestígio e muito bem remunerado.

A situação mudou quase imediatamente após a chegada de Vargas ao poder. O novo MES assumiu a responsabilidade pelo currículo das escolas secundárias nacionais. Os pré-requisitos para os cursos foram desenvolvidos pelo ministro Francisco Campos na reforma de 1931, que tem seu nome, depois submetidos ao Congresso para serem transformados em lei. A Reforma Campos ignorou a maior parte do sistema educacional da nação, afetando apenas as escolas secundárias clássicas. Ela substituiu a ênfase formal sobre as matérias clássicas que havia perdurado durante o Império e deu nova ênfase às

COMPORTAMENTO BRANCO: AS ESCOLAS SECUNDÁRIAS DO RIO 305

ciências, a fim de preparar as elites para atenderem as exigências técnicas e tecnológicas da nação em modernização.[10]

Assim, com a ascensão de Vargas ao poder, o Colégio Pedro II assumiu ainda outro papel. Ele continuou sendo uma escola modelo, mas o significado de "modelo" mudou. Despojada de seu papel de orientadora do currículo nacional, tornou-se o modelo simbólico do que uma escola devia fazer, de como os alunos deviam se comportar e a que deviam aspirar. Como o diretor da escola durante os anos Vargas, Raja Gabaglia, declarou na cerimônia de 150º aniversário da escola, em 1937, que o Colégio Pedro II era o "seminário da nacionalidade".[11]

O novo papel do Colégio era característico das políticas da era Vargas, especialmente em seus anos de autoritarismo. No ambiente político de corporativismo das décadas de 1930 e 1940, os alunos dessa escola representavam os alunos de todas as escolas, e a escola simbolizava tudo o que podia ser alcançado com os recursos educacionais da época. Ela alardeava ter a melhor equipe de professores da nação, e seu diploma continuava a ser o padrão contra o qual todos os outros eram comparados. O ministro da Educação nunca perdeu as cerimônias de formatura do Colégio e seus salões eram o palco de importantes discursos sobre política de educação, nacionalismo ou raça.

O papel inerentemente político do Colégio não passava despercebido de seus alunos e professores. Mesmo motivados e disciplinados, eles não deixavam de reagir às correntes políticas mais amplas da época. Em 1932, por exemplo, durante a revolta constitucionalista que colocou São Paulo contra o governo federal em árdua batalha em defesa da democracia constitucional, os alunos do Colégio ergueram a bandeira de São Paulo na janela de esquina

---

[10] BARRETO, Contribuição para a história da escola pública, p.20.

[11] Ibidem, p.II.

306 DIPLOMA DE BRANCURA

da escola, que dava para a avenida Marechal Floriano. Incidentes periódicos de antagonismo dos professores do Colégio em relação ao regime foram registrados pelo MES, que mantinha a escola sob estrito controle. Característico do estado de segurança nacional que Vargas presidiu depois de 1934, tanto a Desps de Filinto Müller quanto o MES tinham informantes entre os alunos e os professores do Colégio. Segundo um aluno, "o Colégio era espionado amplamente".[12] Em 1941, por exemplo, o capitão Batista Teixeira, da Desps, informou Raja Gabaglia sobre uma iminente manifestação estudantil contra as taxas de matrícula das escolas secundárias vocacionais da Prefeitura e o Colégio Pedro II. Teixeira contou a Raja Gabaglia que a Desps acreditava que "o movimento dos estudantes é secretamente orientado por elementos comunistas", e ordenou a Raja Gabaglia que proibisse os alunos de participarem da demonstração. Raja Gabaglia rejeitava esse tipo de interferência na escola. Ele respondeu que seus alunos não eram responsáveis pela manifestação e insistiu que "no Colégio ... reina perfeita disciplina, não existindo no referido estabelecimento nenhum elemento perturbador ... os alunos do Colégio Pedro II são todos norteados pelos altos princípios cívicos em boa hora difundidos pelo benemérito Chefe da Nação".[13]

A autonomia dos *catedráticos* era um problema para o MES. Um documento anônimo enviado a Capanema discutia a existência de uma facção anti-Vargas entre os professores da escola. O informante anônimo acusava: "O Colégio Pedro II é atualmente um ninho de descontentamento com o governo. Nele se fala alto e bom som contra o regime de renovação do Brasil, dos seus governantes, e em especial

---

[12] SEGISMUNDO, *Excelências do Colégio Pedro II*, p.58.
[13] Carta de Raja Gabaglia a Gustavo Capanema, 10 nov. 1941. Arquivo Gustavo Capanema, CPDOC, 41.10.11 (290).

COMPORTAMENTO BRANCO: AS ESCOLAS SECUNDÁRIAS DO RIO   307

do presidente Vargas e sua digna esposa ... basta conviver poucos dias no meio dos professores do Colégio-Padrão ... para sentir, imediatamente, a repulsão deles por tudo quanto diz respeito ao governo". O informante escreveu que os recentes episódios da Escola Militar e dos feriados judaicos caracterizava o desprezo que os catedráticos da escola mostravam em relação às prioridades do regime. Ele insistia em que a única solução era contratar professores "por contrato [enquanto bem servirem]".[14]

A autonomia dos professores e alunos vinha de vários fatores. A educação secundária permanecia sobretudo um espaço da elite e, assim, maior liberdade intelectual era tolerada. A presença de Raja Gabaglia era também um importante baluarte da autonomia: ele enfrentou várias vezes não apenas crises institucionais e ideológicas, mas também todos os tipos de ataques pessoais – acusações de que era pederasta, um réptil, fascista ou anticatólico.[15] Sobrevivendo a esses ataques, mostrou ter pulso firme sobre a delicada situação política da escola. Quando necessário, invocou sua proximidade à família Vargas. Mas a defesa que ele invocava com mais frequência era a sua insistência de que os alunos do Colégio eram modelarmente disciplinados e nacionalistas. O comportamento dos alunos do Colégio era um dos principais motivos pelos quais a escola desfrutava desse raro grau de autonomia institucional tão próximo aos centros do poder político. Atos de indisciplina eram muito raros e, quando ocorriam, eram punidos com severidade. A cultura estudantil refletia uma aceitação entusiástica e a aprovação da agenda política e ideológica do regime Vargas, testemunhada nos jornais estudantis, atividades escolares e atividades extracurriculares.

---

[14] BARRETO, Contribuição para a história da escola pública, p.3.

[15] Carta de Antônio Figueira de Almeida a Gustavo Capanema, 28 out.1942. Arquivo Gustavo Capanema, CPDOC, 35.10.18g (184).

308 DIPLOMA DE BRANCURA

De olho no prêmio: alunos do Colégio

A existência de um corpo estudantil no Colégio que tinha muito a ganhar com o regime Vargas era sintomática das mais amplas transformações na sociedade brasileira que antecederam a Revolução de 1930. A mudança da escola refletiu uma evolução no papel da educação em processo desde a década de 1920. Quando a escola foi organizada como "escola padrão" no final do século XIX, 80% dos brasileiros eram analfabetos. A educação secundária era um privilégio disponível apenas para uma pequena elite. O estudo de Mário Augusto Teixeira de Freitas de 1946 com pessoas de 24 anos de idade mostrou que em todo o Brasil apenas 4% haviam completado o ensino secundário.[16]

Na década de 1920, as mudanças no significado da educação estavam registradas nas matrículas da escola. O Colégio começou a aceitar mulheres e a atender a um público mais popular. Tanto a educação pública quanto a particular se expandiram, e a rede de escolas secundárias particulares em expansão absorveu um número crescente de crianças da elite. Diferentemente do sistema escolar público, muitas das escolas particulares eram bastante conservadoras. Em 1933, durante o debate sobre a educação na convenção constitucional, por exemplo, o conservador Sindicato dos Educadores Brasileiros fez campanha contra "a propaganda de professores mal-orientados ... [agindo] contra os elementos perniciosos que, até então, eram tolerados no exercício de cargos de importância ao lado do govêrno". Esse ataque, dirigido contra os Pioneiros da Escola Nova, contou com o apoio de 39 escolas particulares, muitas delas católicas.[17]

---

[16] FREITAS, T. de. "Revelações dos números no terreno social (1946)". Coleção Freitas, AN, AP 48, Caixa 55, Pasta 15.

[17] Centro de Cultura e Civismo: Sindicato dos Educadores Brasileiros. *Rio Ilustrado*, edição especial, Homenagem às Classes Conservadoras, 1940.

COMPORTAMENTO BRANCO: AS ESCOLAS SECUNDÁRIAS DO RIO   309

À medida que os estudantes de elite do Colégio migravam para as escolas particulares, suas vagas eram ocupadas por crianças de classe média e da classe operária. Suas famílias se beneficiavam da escola como um caminho viável para a ascensão social dos filhos, matriculando-os no Externato, ou no turno diurno do Colégio, que também mantinha um Internato. O Externato era o principal componente das duas escolas, mas o Internato compartilhava os mesmos professores e currículo. Era menor, continuava sendo exclusivamente masculino e atendia tanto a alunos de fora do Rio quanto da própria cidade. A escolha do Internato de permanecer exclusivamente masculino caracterizou a crescente divisão entre as escolas.

O Internato era uma espécie de orfanato para crianças de famílias de elite que haviam perdido um ou ambos os pais. Era uma instituição mais conservadora, cuja identidade e pedagogia mudaram pouco no decorrer do século, uma diferença que foi se tornando mais pronunciada até o fechamento do Internato, depois de um incêndio no início da década de 1960. A essa altura, ele continuava sendo uma pequena escola para meninos, enquanto o Externato possuía quatro filiais coeducacionais na cidade.

O anuário de 1936 do Internato reflete a cultura conservadora, de elite, que a escola manteve nos anos Vargas (ver Tabela 6.1). Metade dos alunos eram descritos como "ama com ardor o Brasil", "é patriota exaltado", "será um grande cientista" ou "imagina-se Capitão [o] Blood".[*18] O anuário registra também a tristeza de dois alunos por não se terem tornado militares devido a deficiências de visão ou "circunstâncias contrárias".[19] Os alunos eram encaminhados para carreiras militares pelos diretores do Internato. Como o diretor

---

[*] Filme de 1935, protagonizado pelo ator Errol Flynn. (N.T.)
[18] "Turma de 1936 – Colégio Pedro II – Internato". Arquivo do Colégio Pedro II, unidade São Cristóvão.
[19] Ibidem.

310 DIPLOMA DE BRANCURA

Clóvis Monteiro indicou em seu relatório sobre a escola a Capanema em 1943, os alunos do Internato "ainda agora estão a sair para o funcionalismo público, para o comércio, para as industrias, para as escolas superiores e, sobretudo, para as nossas classes armadas".[20] Apenas um dos alunos do anuário possuía traços claramente identificáveis de afrodescendente. Aloísio Nóbrega, órfão, era descrito na mais fulgurante linguagem utilizada para qualquer aluno. Sua descrição dizia:

> Aloísio é a mais notável personalidade da nossa turma. Dotado de brilhantíssima inteligência e rara cultura geral, impôs-se desde logo à admiração e respeito dos colegas. É uma grande alma, sonhadora, de extrema bondade e paciência, feita para viver num mundo melhor do que êste ... Foi, durante todo o curso secundário o aluno mais destacado da classe, obtendo as melhores notas em todas as provas ...[21]

Nobrega foi representado como um negro excepcional, uma construção que simultaneamente ofusca e reitera o preconceito.

Em contraste, no decorrer da década de 1920 o Externato desempenhou cada vez mais o papel de grande escola pública secundária. As taxas eram baixas comparadas às das escolas particulares. No início da década de 1930, o Colégio cobrava uma taxa anual equivalente ao salário mínimo de um mês. Mesmo famílias mais pobres podiam pagar a escola, e para aqueles que eram pobres demais havia outros recursos disponíveis. Muitos alunos pagavam as taxas em

---

[20] MONTEIRO, C. de R. *Relatório do Diretor do Colégio Pedro II – Internato, ao Excelentíssimo Senhor Ministro da Educação e Saúde, Relativo aos anos de 1938 a 1943.* Rio de Janeiro: Colégio Pedro II, 1944.
[21] "Turma de 1936 – Colégio Pedro II – Internato". Arquivo do Colégio Pedro II, unidade São Cristóvão.

COMPORTAMENTO BRANCO: AS ESCOLAS SECUNDÁRIAS DO RIO 311

Tabela 6.1 Classe de formandos do internato, 1936

Aluno	Local de Nascimento	Pais	Carreira
Aloísio Nóbrega	Estado do Rio de Janeiro	Ambos mortos	Direito
Albano Gouvea da Rocha	Estado do Rio de Janeiro	Médicos	Medicina
Alberto Chanon	Distrito Federal	Pai morto	Militar
Egas Moniz A. de Barros	Minas Gerais	Moram no Rio	Medicina
Ernesto Bandeira de Luna	Distrito Federal	Pai morto	Academia Militar
Eurico de Oliveira Assis	São Paulo	Pai morto	Químico industrial
Fernando R. de Alencar	Rio Grande do Sul	Administrador	Academia Militar
Germano Valente	Estado do Rio de Janeiro	Vivos	Academia Naval
Hervé Berlandez Pedrosa	Estado do Rio de Janeiro	Vivos	Escola de Guerra
Jesus Bello Galvão	Maranhão	Pai morto	Academia Militar
José Benedicto de Oliveira	Minas Gerais	Vivos	Escola de Minas
José Maria Pinto Duarte	Distrito Federal	Ambos mortos	Militar
José Marques Nogueira Filho	Distrito Federal	Vivos	–
Luís Felipe A. de Barros	Minas Gerais	Moram no Rio	Academia Militar
Luís Fernando G. Labouriau	Distrito Federal	Médico. Pai morto	Agronomia
Luiz Edmundo C. Marcondes	Estado do Rio de Janeiro	Médico	Engenharia Naval
Marcondes G. de Oliveira	Minas Gerais	Pai morto	Militar
Moyses Chanon	Distrito Federal	Pai morto	Academia Militar
Muricy Alves Peçanha	Estado do Rio de Janeiro	Pai morto	Agronomia
Nelson de Barros Galvão	São Paulo	Pai morto	Engenharia
Nelson Ranucci Peres	Distrito Federal	Vivos	Academia Naval
Nelson de Salles Pereira	Estado do Rio de Janeiro	Pai morto	Químico Industrial
Newton de Oliveira Ribeiro	Distrito Federal	Vivos	Engenharia Militar
Olindo Mury Knust	Estado do Rio de Janeiro	Vivos	Químico industrial
Orlando Pereira do E. Santo	Distrito Federal	Pai morto	Academia Militar
Thyrso da Silva Gomes	Itararé, SP	Pai médico	Academia Militar
Zilmar Pontes Ramos	Paraíba	Pai médico	Engenharia Naval

Fonte: "Turma de 1936 – Colégio Pedro II, Internato". Arquivo do Colégio Pedro II, unidade São Cristóvão.

312   DIPLOMA DE BRANCURA

prestações mensais. Muitos outros recebiam bolsas. Raja Gabaglia expandiu o número de bolsistas e intervinha pessoalmente cada vez que um aluno matriculado pedia bolsa, verificando suas necessidades financeiras e distribuindo paternalisticamente os benefícios. Ele também procurava doações de comerciantes para um fundo a fim de comprar uniformes, sapatos, livros e material para as crianças mais pobres.[22] Uma aluna que recebeu bolsa e materiais observou que a ajuda era dada discretamente, a fim de evitar a estigmatização dos alunos que a recebiam e, assim, minimizar a importância da diferença social na escola.[23]

O Colégio tornou-se cada vez mais um dos poucos mecanismos de mobilidade social pela educação disponíveis na cidade. A escola abraçava esse papel, aumentando o tamanho das classes e oferecendo cursos noturnos. Em 1933, a escola havia esgotado a capacidade física de seu prédio original, tendo já dividido os alunos em turnos matutino e vespertino. O único jeito de atender à demanda crescente era abrir um turno noturno. Como o diretor Henrique Dodsworth explicou,

> sendo o Colégio Pedro II o estabelecimento secundário que cobra as menores taxas e oferecendo, ao mesmo tempo, as melhores condições de ensino, a afluência de candidatos à matrícula no 3º turno estaria, de antemão, assegurada.

As classes noturnas fizeram o número de matrículas na escola aumentar de 1.457 para 1.947. No final da década, o Colégio aglomerava 2.500 alunos em suas salas lotadas.[24] Naqueles anos, ele se

---

[22] BARRETO, Contribuição para a história da escola pública, p.I-II.

[23] Maria Cecília Teixeira, entrevistada por Jerry Dávila, 13 jul. 2000.

[24] DODSWORTH, *Relatório, 1932-1933*; "Relatório Sucinto de Ocorrências e Atividades Verificadas no Externato do Colégio Pedro II (Período de Novembro de 1930 a Novembro de 1940)". Arquivo Gustavo Capanema, CPDOC, 35.10.18g (130).

COMPORTAMENTO BRANCO: AS ESCOLAS SECUNDÁRIAS DO RIO 313

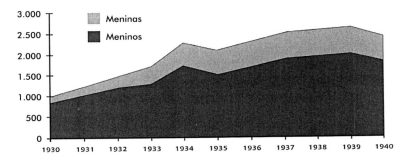

Gráfico 6.1 Matrículas no Colégio Pedro II, Externato, 1930-1940. *Fonte*: "Relatório sucinto de ocorrências e atividades verificadas no *Externato do Colégio Pedro II*, 1940)". Arquivo Gustavo Capanema, CPDOC, 35.10.18g (130).

transformou de um pequeno seminário masculino em uma instituição de educação em massa, para ambos os sexos.

Na época da Revolução de 1930, 14% dos alunos do Externato eram mulheres. Em 1934, esse número subiu para cerca de 25%, permanecendo assim até 1940 (ver Gráfico 6.1). Embora as mulheres continuassem sendo minoria entre os alunos, a instituição era plenamente mista. A não ser pelas aulas pré-militares e de educação física, os alunos dividiam as mesmas classes e currículo. Os registros de matrícula dos alunos de quinto ano em 1931 e do segundo ano de 1932 revelam a diversidade dos alunos do Colégio. A classe de quinto ano, que iniciara seus estudos nos últimos anos da República, caracterizava a transformação da escola em uma instituição mais representativa social e economicamente. Alunos dos subúrbios, áreas habitadas quase totalmente pelas classes pobres e trabalhadoras, compreendiam 25% do total de alunos. Além disso, um terço de todos os alunos estudava gratuitamente, não pagando sequer uma taxa simbólica. Essa tendência rumo a um conjunto de alunos mais pobre e suburbano acelerou-se com o tempo, como revela a pesquisa de 1932

314 DIPLOMA DE BRANCURA

com aqueles que haviam ingressado na época da Revolução de 1930. O número de alunos dos subúrbios aumentou de um quarto para um terço da classe. Uma aluna, Odette Ferreira da Silva, era da favela do Morro do Pinto. Quando ela nasceu, em 1917, a ideia de uma garota de favela frequentar o Colégio Pedro II devia parecer impossível. Com efeito, o Morro do Pinto havia sido o local onde fora feito o comentário do fotógrafo Augusto Malta sobre crianças que não tinham acesso à escola (ver Capítulo 4). Mais do que isso: a família dela pagava a taxa integral. Talvez não houvesse uma representação proporcional no Colégio, mas sua diversidade socioeconômica era extraordinária para a época.[25]

O fato de alunos de todas as partes da cidade – e, portanto, de todas as classes sociais – frequentarem o Colégio não significava que a escola fosse de fácil acesso. No Rio, apenas um décimo das crianças que se matriculavam completava seus estudos elementares. Entre aqueles que completavam a escola elementar, poucos iam para a escola secundária, devido à escassez de escolas públicas com taxas acessíveis. Aqueles que queriam entrar no Colégio Pedro II precisavam passar por um rigoroso exame e competir por poucas vagas. Todos os anos, a escola aumentava em tamanho, mas não era possível acompanhar o ritmo da demanda. Em 1933, por exemplo, de mil candidatos, 717 foram admitidos.[26]

Para muitos, a dificuldade em frequentar o Colégio apenas começava com a matrícula. Para os alunos que vinham dos subúrbios, uma longa viagem de trem pelas linhas da Central do Brasil ou da Leopoldina era um ritual diário que podia levar mais de duas horas. Na estação chuvosa, os alunos de regiões como Jacarepaguá, Bento Ribeiro e Bangu tinham de atravessar estradas sujas alagadas a pé indo de suas casas para a estação de trem, e só então iniciavam a viagem de duas horas até o centro da cidade. Apesar dos sacrifícios

---

[25] Ibidem.
[26] DODSWORTH, *Relatório, 1932-1933*.

COMPORTAMENTO BRANCO: AS ESCOLAS SECUNDÁRIAS DO RIO   315

que faziam para chegar à escola, assim que chegavam os uniformes e a aparência dessas crianças tinham de estar limpos, asseados e adequados. Além disso, o código disciplinar da escola se aplicava uniformemente aos alunos, não importava quando e onde estivessem usando seus uniformes. A mera dificuldade de ir para a escola pode explicar por que, em 1942, dois alunos atacaram um motorista de bonde. Newton de Oliveira, aluno do segundo ano, foi imediatamente detido pela polícia e levado até a escola, enquanto Nelson Romar foi mais tarde identificado na escola pelo motorista. Raja Gabaglia suspendeu os dois por seis dias por comportamento "irregular e fortemente prejudicial ao bom nome do Colégio Pedro II".[27]

Atos de indisciplina eram raros. A cada ano, poucos incidentes eram relatados no "Registro de Penas Disciplinares". Eram, em geral, incidentes menores, como a suspensão de um aluno do noturno, Euler Cruz, por "estar fazendo 'parede' e não permitir que os outros colegas assistam às aulas".[28] No geral, os alunos tinham boa autodisciplina e aproveitavam a oportunidade de educação que lhes era oferecida. A maioria permanecia na escola para completar seus estudos, porque nesse estágio as recompensas tangíveis da formatura eram um poderoso atrativo. Os alunos da era Vargas vinham de ambientes economicamente mistos, mas compartilhavam a intenção de tirar proveito de sua educação.

Raça no Colégio Pedro II

Apesar dos esforços dos diretores do Colégio para expandirem o acesso à escola, os obstáculos que os alunos de cor enfrentavam nas escolas

---

[27] "Registro das Penas Disciplinares". Raja Gabaglia, 12 dez. 1939. Arquivo do Colégio Pedro II, unidade Marechal Floriano.

[28] Ibidem.

316 DIPLOMA DE BRANCURA

elementares da cidade faziam que poucos chegassem ao Pedro II. Norma Fraga, uma mulher de cor que frequentou o colégio entre 1942 e 1947, lembrou-se da presença de apenas outra aluna de cor em sua turma. Todos os professores eram brancos, embora alguns monitores de disciplina e alguns funcionários da escola fossem de cor.[29] O fato de o Colégio Pedro II ser uma instituição quase totalmente branca não significava que a raça não fosse importante no funcionamento ou na cultura da escola. Também não significava que a importância da raça fosse sentida apenas pelos ocasionais alunos de cor que o frequentavam. A cultura do Colégio refletia as relações entre raça, nacionalidade e disciplina que caracterizavam a cidadania e a ascensão social na era Vargas.

Exemplares de dois jornais estudantis mostram como alguns alunos do Colégio reproduziam a ideologia de elite sobre eugenia e a criação da "raça". A edição de outubro de 1932 do jornal *Pronome* foi dedicada à "Semana Anti-Alcoólica". A começar de 3 de outubro, a "Semana Anti-Alcoólica" foi uma campanha nacional para atrair a atenção para os males do álcool e propagandear a adoção de uma "Lei Seca", trazendo a proibição do álcool dos Estados Unidos para o Brasil. Como o editorial do *Pronome* expressou: "Não quis a directoria de *Pronome* deixar de passar esse ensejo para demonstrar que também ella deseja cooperar pela eugenia de nossa raça, o que nunca irá adiante se não conseguirmos a abolição da venda de bebidas alcoolicas no nosso paiz".[30]

Todos os artigos detalhavam os efeitos perniciosos do álcool não apenas sobre a pessoa que bebia, mas sobre a progenitura e a raça. A questão foi lançada acompanhada de imagens, metáforas e teses extraídas dos movimentos higienista e eugenista. O jornal relacionava

---

[29] Norma Fraga, entrevistada por Jerry Dávila, 13 jul. 2000.
[30] A Semana antialcoólica. *Pronome 4*, n°21 (7 out. 1932). Arquivo do Colégio Pedro II, unidade Marechal Floriano.

COMPORTAMENTO BRANCO: AS ESCOLAS SECUNDÁRIAS DO RIO **317**

o alcoolismo à tuberculose e reproduzia a declaração do influente higienista Belissário Penna de que o álcool era o "demônio da humanidade". Empregando a linguagem dos eugenistas, o jornal argumentava que "sob todos os aspectos, físico, moral e psíquico, o alcool destrói e degrada o homem. Sua maléfica ação não repercute apenas no indivíduo: transmite-se à Espécie".[31]

O primeiro número de *O Arauto*, publicado em abril de 1931, deu a mesma perspectiva a um conjunto maior de tópicos. O nome dos editores do jornal, Lício de Carvalho, Seme Jazbik, Alfredo Tranjan e Jacob Goldberg, encarnava as influências estrangeiras e judaicas que alarmaram Capanema, mas o conteúdo do jornal deve ter deixado o ministro mais tranquilo. Por exemplo, o jornal ajudou a moldar uma identidade corporativista para os alunos que era complementar ao papel da escola como modelo: "Destinado a defender os interesses da classe estudantil, e, principalmente, os interesses dos jovens alunos do Colégio Pedro II".[32] A ideia de uma classe estudantil ecoava a ordem social corporativista promovida pelo regime Vargas, em que os direitos do indivíduo vinham de seu *status* como membros de um grupo. Isso visava a despolitizar a população, limitando a voz política a canais oficialmente reconhecidos. Assim, trabalhadores de um tipo de indústria eram representados por um único sindicato diante do Ministério do Trabalho, e a liderança desse sindicato concentrava toda a voz política de seus membros. *O Arauto* adotou uma voz semelhante em defesa de todos os estudantes, e dos estudantes do Colégio em particular.

Os tipos de questões levantadas por *O Arauto* ilustram a linguagem conservadora e assimilacionista empregada pelos alunos do

---

[31] Effeitos do alcoolismo. *Pronome 4*, n°21 (7 out. 1932). Arquivo do Colégio Pedro II, unidade Marechal Floriano.

[32] MONTEIRO, M. O Arauto. *O Arauto I*, n°1 (15 abr. 1931). Arquivo do Colégio Pedro II, unidade Marechal Floriano.

318 DIPLOMA DE BRANCURA

Colégio. A principal questão levantada pelo jornal era a demanda por instalações e cursos para educação física na escola. Em quatro números, a educação física foi o assunto de três artigos individuais e um editorial. A reforma das escolas secundárias de Francisco Campos em 1931 tornava a educação física obrigatória, mas, refletindo o frequente descompasso entre as políticas federais e a prática, nenhum curso havia sido implantado no Colégio. Os alunos que escreviam para *O Arauto* empregavam todo o arsenal do discurso eugenista em seus esforços para que a escola providenciasse instalações para educação física e atletismo. O seu apelo por educação física reflete o quanto os alunos do Colégio estavam familiarizados com os argumentos eugenistas, mesmo quando a educação física estava se tornando parte da agenda educacional federal.

No primeiro número de *O Arauto*, os alunos pediram a contratação de um instrutor de educação física, argumentando que os alunos da escola tinham "muito fraco desenvolvimento físico". Embora houvesse exceções, "a grande maioria, porém, é constituida por meninos franzinos, de capacidade thoraxica reduzida, costas abauladas, e alguns até formando corcunda. Isto em gente que estuda e que amanhã será uma das forças vitaes da Pátria, é profundamente constritador!" Capacidade torácica era uma das medidas antropométricas padrão pelas quais a vitalidade eugênica era avaliada. É notável que tais termos técnicos da ciência da eugenia houvessem se tornado lugar-comum entre esses alunos.[33]

Os alunos argumentavam que a falta de atividade física durante o dia escolar impedia que as refeições inadequadas que eles faziam em casa fossem adequadamente digeridas. O resultado era que seus colegas "ficam fracos, enfezados ... e vão mais tarde dar razão a quem diga que o Brasil é um vasto hospital". Ecoando o grito de guerra

---

[33] Instrução física no Colégio Pedro II. *O Arauto I*, n°1 (15 abr. 1931). Arquivo do Colégio Pedro II, unidade Marechal Floriano.

COMPORTAMENTO BRANCO: AS ESCOLAS SECUNDÁRIAS DO RIO 319

higienista e eugenista de décadas anteriores, os alunos cobravam medidas eugênicas em seu favor. Seu argumento em favor da educação física também adotou a tendência comum de apontar para as nações mais desenvolvidas: "Nós relegamos a um plano inferior a educação physica e, no entanto, a educação física constitue problema vital nos paizes mais adiantados no mundo".[34]

O segundo número de *O Arauto* tratava da mensagem corporativista, descrevendo a "solidariedade a uma obra patriótica ... apoiada pelos nossos colegas". A mensagem corporativista estava imbuída de incipiente identidade de geração. O editorial introdutório declarava que

a geração moderna, dynamica, realizadora, não deve, nem pode, desmerecer desta confiança que, na época corrente, lhe é dada e que constitue o resultado da moderna evolução. E não seriam os alunos do tradicional Colégio Pedro II, legítimo padrão do ensino nacional, que iriam depreciar esta confiança.[35]

O editorial ecoava o otimismo desencadeado pela Revolução de 1930, que ocorrera seis meses antes. Os jornalistas estudantes viam a si mesmos como os agentes dinâmicos da modernização da nação, e identificavam-se como o produto da revolução.

Esse segundo número tratou novamente da questão da educação física. A seus prévios argumentos o segundo número acrescentava o endosso à ideia, expresso pelos alunos do Colégio como um todo:

Autorizava-nos esta insistencia o interesse que o nosso ultimo trabalho ... despertou no seio dos nossos colegas. Formidável numero

---

[34] Ibidem.
[35] Editorial, *O Arauto I*, n°2 (4 maio 1931), 1. Arquivo do Colégio Pedro II, unidade Marechal Floriano.

320   DIPLOMA DE BRANCURA

de alunos ... deram-nos seu apoio integral e incondicional na campanha em prol do restabelecimento da educação corporal no Colégio.

Os alunos aplaudiram o ministro Campos por tornar a disciplina obrigatória, e voltaram-se à revolução como outra razão em favor da educação física:

Lembre-se, Sr. Diretor, de que é o primeiro dirigente do Colégio após a Revolução. Sendo a Revolução uma obra da degeneração e reconstrucção e sendo V. Excia. o delegado a executar esta obra no Colégio, compete-lhe reconstruir e regenerar o Colégio, moral e material, e physicamente.[36]

Os alunos do Colégio não só eram versados nas teorias eugenistas, como também relacionavam os temas do nacionalismo, da eugenia e da educação de um modo que evocava o discurso político da elite. A educação física foi o tema mais recorrente do jornal. No quinto número, os editores relataram que o diretor da escola, Delgado de Carvalho, concordara que "[o] desenvolvimento intelectual depende do físico", mas que a escola carecia de instalações de atletismo". *O Arauto* continuou sua campanha, consultando o dr. Oliveira Santos, "nosso grande amigo, um dos principais elementos do mundo esportivo, vice-presidente do Flamengo", sobre o potencial de construção de instalações de atletismo em um terreno adjacente à escola. Santos respondeu que o terreno adjacente daria uma boa quadra de basquete, que, por sua vez, também seria adequada a outras atividades físicas educativas.[37]

---

[36] Instrucção physica no Collegio Pedro II. *O Arauto I*, nº2 (4 maio 1931). Arquivo do Colégio Pedro II, unidade Marechal Floriano.

[37] Instrucção physica no Collegio Pedro II. *O Arauto I*, nº3 (1º set. 1931). Arquivo do Colégio Pedro II, unidade Marechal Floriano.

COMPORTAMENTO BRANCO: AS ESCOLAS SECUNDÁRIAS DO RIO   **321**

O diretor Delgado de Carvalho prometeu buscar dinheiro para uma quadra de basquete, e o jornal previu, com otimismo, que "breve poderemos praticar oficialmente os esportes, como se faz nos institutos de ensino dos paizes mais adiantados do mundo".[38] Alguns anos depois, uma quadra de basquete foi construída no terreno identificado pelos alunos. A quadra foi o principal projeto de construção efetuado na escola durante a era Vargas. O relatório do diretor sobre a administração da escola de 1930 a 1940 apontou como motivo para o estabelecimento da educação física "o Movimento de 1930", ecoando o apelo emitido por *O Arauto* nove anos antes.[39]

O jornal também relatou as atividades do curso de treinamento pré-militar na escola. Um artigo sobre o juramento de fidelidade à bandeira despertou o comentário de que "aos novos reservistas no Externato Pedro II, *O Arauto* apresenta seus sinceros parabéns" e ostentava a reimpressão do texto do discurso de convocação que chamava os estudantes a "amar a Pátria e a família, a fim de tornar o Brasil grandioso e forte".[40] Temas nacionalistas como esse eram recorrentes, e as atividades dos alunos no curso pré-militar eram um assunto regular do jornal.

Um dos poucos anúncios publicados em *O Arauto* foi o de uma conferência sobre eugenia: "No curso dos Estudos Brasileiros do Centro Nacionalista, o Sr. M. Pinto realiza a dissertação preambular ao estudo da Eugenia, tendo já analisado as teorias de Mendel sobre hereditariedade".[41] Esse anúncio é curioso, já que anuncia uma pa-

---

[38] Ibidem.

[39] "Relatório Sucinto de Ocorrências e Atividades Verificadas no Externato do Colégio Pedro II (Período de Novembro de 1930 a Novembro de 1940)". Raja Gabaglia. Arquivo Gustavo Capanema, CPDOC, 35.10.18g (130)

[40] CPII. *O Arauto 1*, nº2 (4 maio 1931), 1. Arquivo do Colégio Pedro II, unidade Marechal Floriano.

[41] Ibidem.

322 DIPLOMA DE BRANCURA

lestra sobre genética mendeliana, que, segundo Nancy Stepan, "tendia a ser marginalizada até o final da década de 30".[42] É, portanto, notável que os alunos do Colégio Pedro II estivessem entre os poucos brasileiros versados não só nos aspectos técnicos das teorias eugênicas dominantes, mas também nas contratendências do movimento. É também notável que o anúncio presumisse que estudantes do secundário, mesmo em um colégio de elite, se interessassem em assistir a palestras sobre Mendel, hereditariedade ou eugenia, bem como que os organizadores da palestra buscassem a presença de alunos.

A impressão que os jornais dos alunos dá é de que os alunos do colégio viviam em um meio ambiente intelectual, social e cultural impregnado de discurso racial eugenista e nacionalista bastante similar ao que caracterizava os discursos mais eruditos científicos, médicos e intelectuais sobre "raça" no Brasil. Independentemente de sua classe de origem, os alunos do Colégio eram, por sua mera presença na instituição, convidados a assumir o papel de construtores da nação. Eram convidados para palestras sobre os alicerces científicos da eugenia, publicavam jornais e dialogavam sobre a necessidade de ferramentas de eugenia em sua escola. Pelo menos alguns alunos, como os que escreveram em *O Arauto* e *Pronome*, abraçavam esse papel em todas as suas formas eugenistas, disciplinares e nacionalistas.

Práticas eugenistas também foram introduzidas na administração do Colégio, de forma semelhante ao que acontecia nas escolas públicas da Prefeitura. Em 1933, o diretor do serviço médico do Colégio, dr. Severino Gasparini, começou a manter registros da saúde dos alunos, de seus hábitos alimentares e nutrição e de seu desenvolvimento biométrico e morfofisiológico. Esses registros eram organizados "nos mesmos moldes [usados no] Exército". Seus

---

[42] STEPAN, *The Hour of Eugenics*, p.70.

COMPORTAMENTO BRANCO: AS ESCOLAS SECUNDÁRIAS DO RIO **323**

múltiplos usos também correspondiam ao trabalho feito pelo sistema escolar do Rio: "Será destinado ao inquérito e [aos] exames clínicos necessários, bem como ao registro das pesquisas de laboratório".[43] Como o conjunto de dados que podia ser coletado pelo Colégio era insuficiente para estabelecer normas de desenvolvimento, eles seriam comparados aos dados coletados pela Associação Cristã de Moços sob os mesmos métodos.

A preocupação com questões de degeneração e desenvolvimento eugênico permeavam o Colégio Pedro II. Como outros sistemas escolares, o seu serviço médico era orientado por princípios eugênicos sobre higiene, nutrição e desenvolvimento antropométrico. Em uma extensão muito maior do que nas escolas públicas da Prefeitura, os alunos eram fluentes nas correntes e contracorrentes da eugenia. Os cursos de educação física no Colégio eram tão claramente eugenistas quanto aqueles das escolas públicas da Prefeitura, mas seu desenvolvimento surgiu mais devido a pressões dos alunos do que por diretrizes federais. Além disso, a defesa da educação física feita pelos estudantes foi expressa corretamente na linguagem eugênica e nacionalista que era empregada nos círculos de elite.

Os discursos de degeneração e eugenia logicamente iam além da cultura estudantil e da saúde escolar – eram um importante elemento do currículo escolar; figuravam com destaque nos livros didáticos que os professores do Colégio escreviam e entravam nas competições pelas *cátedras*, quando estas ocorriam. Dois dos mais ilustres professores da escola, Raja Gabaglia e Jonathas Serrano, eram também autores dos principais livros didáticos de geografia e história. Os dois principais livros de Jonathas Serrano, *História da civilização* e *Epítome de história do Brasil* adotavam uma perspectiva nacionalista, católica e eurocêntrica.

---

[43] DODSWORTH, *Relatório, 1932-1933.*

324 DIPLOMA DE BRANCURA

A quinta edição de a *História da civilização*, publicada em 1939, tratava de civilizações não europeias apenas como um fenômeno da era pré-moderna. A era moderna era uma progressão eurocêntrica de organização nacional e desenvolvimento tecnológico, culminando com um discurso de Franklin Roosevelt em 1933 sobre a necessidade da paz mundial e a ascensão do fascismo na Itália. Serrano descrevia o fascismo em tons simpáticos:

Em dez para onze anos o fascismo ergueu na Itália a potência respeitavel, com exército, marinha e aviação de primeira ordem, entusiasmo extraordinário pelo desenvolvimento de todos os recursos do país e um sentimento de orgulho e admiração pelo homem que realizou transformação tão surpreendente.

O livro termina com uma citação de Mussolini: "A Pátria não é uma ilusão: é a maior, a mais humana, a mais pura das realidades".[44]

---

[44] SERRANO, J. *História da civilização (em cinco volumes, para o curso secundário).* 5. ed. Rio de Janeiro: F. Briguet & Cia., 1939. p.209. A reforma Campos de 1931 acabou com a separação entre as disciplinas de história universal e história do Brasil criando uma única disciplina chamada ou de história universal, ou de história da civilização. Essa disciplina devia dar preferência à história brasileira em um contexto da história mundial. O principal texto usado para essa disciplina era o de Serrano, dividido em cinco volumes (um para cada ano da educação secundária). O primeiro volume, citado, era uma introdução geral que não discutia o Brasil. Recorria a biografias de figuras ilustres, seguidas por breves discussões dos contextos históricos dos eventos de que haviam participado. A intenção era estimular o interesse do aluno pela história. Em anos posteriores, os livros foram divididos em períodos de tempo explorados em grande profundidade temática e com a história brasileira em posição de destaque. Uma década depois, a Reforma Capanema (1942) dividiu novamente as disciplinas de história brasileira e história mundial, dando preferência à história brasileira.

COMPORTAMENTO BRANCO: AS ESCOLAS SECUNDÁRIAS DO RIO 325

Esse tom conservador e nacionalista se transmitiu à *Epítome de história do Brasil*, que retirou muito do conteúdo de história do Brasil dos cinco volumes de *História da civilização*. Esse livro baseou-se amplamente na experiência histórica católica e portuguesa. A seção sobre escravidão e influência africana não apenas reflete a perspectiva europeia da obra como mostra o grau de penetração dos estereótipos e imagens sentimentais do passado escravocrata do Brasil na educação brasileira durante os mesmos anos em que Freyre as sintetizou em suas obras clássicas.

Em todo o livro, os afrodescendentes eram encarados como um objeto exótico, estranho ao leitor (a quem o narrador imaginava como branco). A seção intitulada "A contribuição do negro em nosso meio" citava a imagem da mãe preta como "um fato comovente de nossa história doméstica e social". Com a mãe preta, o texto mencionava outras influências:

As crendices, as superstições, o amor da música e da dansa, certa "negligência creoula", resignação heroica na miséria, concepção fatalista e leviana da vida, imprevidência unida ao trabalho ? tais, entre outras, as qualidades boas ou menos felizes que herdamos dos negros.[45]

Os afrodescendentes eram tratados como um elemento do passado, dos quais o autor e os leitores brancos herdaram certas características de preguiça e superstição que ecoavam a teoria de Arthur Ramos sobre a natureza pré-lógica da cultura afro-brasileira.

Serrano também apresentava uma imagem romantizada da escravatura. Reconhecia a violência da escravatura apenas para estabelecer que a forma como os africanos "amontoados sem higiene"

---

[45] SERRANO, J. *Epítome de história do Brasil*. 3. ed. (1933). F. Briguet & Cia., 1941. p.164.

326 DIPLOMA DE BRANCURA

resultava em sua degeneração. Feito isso, ele rapidamente passava a redimir o comportamento dos senhores de escravos: "É justo, entretanto, reconhecer que no Brasil o negro foi em geral, mais feliz ou menos desgraçado que noutros países, inclusive as colônias norte-americanas. Muitas vezes o escravo se tornava querido dos senhores e sobretudo das crianças". Além disso, argumentava ele, a tradição católica e as leis portuguesas permitiam a instrução religiosa, o batismo e até mesmo o casamento.[46]

Serrano glorificava o regime escravista brasileiro e relegava os afrodescendente a papéis históricos anacrônicos: "O negro veio retemperar a raça branca que se trasladou para a América. A raça histórica em formação incontestavelmente lucrou muito com o sangue africano".[47] Essa passagem continha o duplo sentido de que os trabalhadores negros ajudaram a forjar a nação e de que o sangue negro misturado ao do europeu dominante reforçou-o e adaptou-o à sua nova civilização tropical. O antropólogo Roquette Pinto trabalhou com Serrano em alguns de seus livros didáticos, influência evidente na ideia de que a miscigenação contribuiu para a saúde da nação.

A abolição foi, naturalmente, tratada por Serrano como um movimento branco de caridade. Depois de uma litania sobre a legislação sobre tráfico escravo e uma discussão do processo gradual de abolição, o capítulo sobre escravatura e influências afro-brasileiras se encerra com uma série de perguntas. Como apresentada por Serrano, a abolição foi o resultado de um despertar cívico da parte de brancos que apenas tangencialmente incluiu ou afetou os escravos. As perguntas são indicativas do papel passivo que Serrano atribuiu aos afrodescendentes:

---

[46] Ibidem, p.160.
[47] Ibidem, p.174.

COMPORTAMENTO BRANCO: AS ESCOLAS SECUNDÁRIAS DO RIO 327

I   Comparar o elemento indígena e o africano e mostrar a importância de cada um em nossa história.

II   Provar, com exemplos, que a campanha abolicionista foi sustentada por elementos de grande valor em nossas letras.

III Apreciar as consequências da abolição total do cativeiro em nosso país, não só para os senhores, como também para os próprios escravos emancipados.[48]

Para Serrano, e como um elemento característico dos principais livros didáticos de escolas secundárias no Brasil, os afrodescendentes eram marginalizados como estereótipos unidimensionais, como uma presença do passado e um povo que assistia a seu próprio destino de uma das últimas fileiras. As perguntas formuladas por ele desviavam os alunos da resistência escrava e estimulavam uma leitura tanto da escravidão quanto da abolição centradas na experiência histórica dos brancos livres.

Como católico e nacionalista, Serrano fazia copiosos elogios ao regime Vargas. Descrevia a Revolução de 1930 como "o maior e mais importante [movimento] da nossa história política". Os alunos das escolas secundárias eram informados de que a administração Vargas era uma combinação de vontade nacionalista e gênio político:

> O presidente Getúlio Vargas soube ... aumentar cada vez mais o seu prestígio pessoal, dentro e fora do Brasil, sabendo unir energia e serenidade, prudência e destemor, escolhendo auxiliares dedicados e capazes, revelando-se um administrador de excepcional envergadura.

Ele louvava Vargas pelos avanços nas políticas sociais e organização nacional, por fortalecer o Exército e pelo compromisso de

---

[48] Ibidem, p.175-6.

328   DIPLOMA DE BRANCURA

visitar todas as regiões do país para entender o Brasil como um todo. Ao fazer isso, Serrano ecoava Alberto Torres.[49] Refletindo a mudança nas tendências políticas, a passagem final do livro tratava do pan-americanismo. Um discurso de Vargas ressaltava os objetivos comuns das nações americanas, mencionava que a ideia de um "sistema americano" remontava a José Bonifácio e louvava o diplomata Rio Branco por tê-lo compreendido. Os alunos aprendiam que o pan-americanismo também era uma tradição brasileira. Esse tema de encerramento do livro publicado em 1941 representa uma drástica ruptura em relação ao elogio a Mussolini publicado na edição de 1939 de *História da civilização*. À medida que as tendências políticas da era Vargas mudavam, os principais livros didáticos acompanhavam.[50]

A ideologia racial era apenas um pano de fundo nos livros de Serrano. Era clara quando ele discutia temas como a escravatura e a abolição, mas notavelmente ausente como um fator na formação da nação, seu progresso econômico e recente modernização. O Brasil que Serrano retratou em *Epítome...* não era diferente da África que ele descrevera em *Civilização...*: as duas páginas sobre a África tratavam exclusivamente dos exploradores europeus Stanley e Livingstone, não fazendo sequer uma referência a indivíduos, culturas ou nações africanas. Além disso, as únicas duas páginas sobre a África integravam um conjunto de duas páginas sobre a exploração dos desabitados Polos Norte e Sul, ressaltando a marginalidade da África na história da civilização.[51] A existência de africanos na África era apenas um pano de fundo desbotado para as aventuras dos europeus. De modo similar, os afrodescendentes eram prota-

---

[49] Ibidem, p.235-6.
[50] Ibidem, p.242.
[51] SERRANO, J. *História da civilização*, p.197.

COMPORTAMENTO BRANCO: AS ESCOLAS SECUNDÁRIAS DO RIO 329

gonistas passivos da escravidão e da abolição, e elementos invisíveis para o restante da história e da cultura brasileiras.

No livro didático de geografia *Leituras geográficas*, em contraste, Raja Gabaglia abordava de modo direto a questão da degeneração ambiental e climática. O capítulo intitulado "Clima e Salubridade" explorava a prevalência das ideias de degeneração tropical no ensino europeu. Tais noções de males tropicais, sugerindo que os climas de certas latitudes representavam uma ameaça constante à saúde e à civilização, eram apresentadas por Raja Gabaglia como um mito pelo qual a Europa pagava econômica e culturalmente:

> A facil e justificada superioridade que cada um se atribui à custa dos outros, o medo das viagens, as informações apressadas e fantasistas são os culpados desse erro inveterado, que já produziu, e ainda causa, à mesma Europa, sérios prejuízos coloniais, consideráveis perdas economicas, pelas prevenções e faltas decorrentes dessa lenda.[52]

Em *Leituras...*, Raja Gabaglia fornecia aos alunos ferramentas críticas para analisar tanto ideias sobre clima e degeneração quanto para ponderar sobre a relevância dos conhecimentos europeus para a situação brasileira. Ele extraiu trechos de obras importantes sobre clima e degeneração para demonstrar a evolução do debate. O livro começava com a descrição de Buckle do Brasil como um paraíso verde que era tão luxuriante quanto inabitável: "No meio desta pompa, desse esplendor da natureza, não há lugar para o homem". Mas, como Raja Gabaglia explicou, assim que os argumentos de que o Brasil era inabitável se revelaram ridículos, os preconceitos se voltaram para outros aspectos.[53]

---

[52] GABAGLIA, F. A. R. *Leituras geográficas (para o ensino secundário)*. Rio de Janeiro: F. Briguet & Cia., 1933. p.116.
[53] Ibidem, p.117.

330 DIPLOMA DE BRANCURA

O Brasil passou de inabitável a insalubre, mas o argumento da insalubridade era "falso como os outros". Citando *Higiene*, de Afrânio Peixoto, Raja Gabaglia defende a tese de que "[a] noção sanitária de clima" era outro mito, porque doenças como o cólera e a tuberculose não discriminam entre climas. Não havia algo como doenças tropicais, segundo Peixoto, "existem apenas doenças evitáveis, contra as quais a higiene tem meios de defesa e de agressão".[54]

Gabaglia citou trechos de *The Climate Factor*, do geógrafo da Universidade de Yale Ellsworth Huntington, como exemplos de sua visão de degeneração nos trópicos. Segundo Huntington, "o calôr relaciona-se de modo importante com o caráter". Sua visão era de que

as pessoas que viveram longo tempo em países tropicais – missionários e, administradores coloniais – sabem que, si a religião, a educação e um bom governo trazem grande benefício aos nativos, em nada pode sobrepujar o efeito do clima. A força de vontade, o engenho, a confiança em si mesmo dos habitantes de climas mais tonificantes, só podem ser ali obtidos por processos tão lentos que duram séculos.

Em contraste, "em clima fortificante o ser-se honesto, sóbrio, senhor de si mesmo é mais facil ... tais indivíduos [desses climas] serão provavelmente inventivos, promotores de melhoramentos, realizadores de reformas". Mas Huntington também afirma que os povos nascidos em países tropicais não eram inerentemente inferiores. Ao contrário, quando se encontra um venezuelano de caráter forte, essa pessoa é muito mais impressionante do que alguém de caráter semelhante em, digamos, Nova York, dadas as enormes dificuldades que ele precisou superar: "Assim os nossos Estados do Sul

---

[54] Ibidem, p.119.

COMPORTAMENTO BRANCO: AS ESCOLAS SECUNDÁRIAS DO RIO 331

merecem maior renome pelas suas realizações do que os do Norte".[55] Na década de 1930, Ellsworth Huntington tornara-se um referencial para enfatizar o fracasso das ideias estrangeiras para explicar a realidade nacional.

As Escolas Vocacionais secundárias do Rio de Janeiro

O Colégio Pedro II era um espaço privilegiado no Brasil da era Vargas. Os alunos que desafiavam as regras disciplinares, nacionalistas do regime enfrentavam severas punições. Por outro lado, a recompensa pelo comportamento correto era a participação em uma elite que recebia a educação secundária de maior prestígio na nação e uma quase garantida admissão no ensino superior. Wilson Choeri, Aloysio Barbosa, Norma Fraga e Cecília Teixeira foram todos estudar na Universidade do Brasil. Em geral, os alunos do Colégio conservavam o espírito do Pedro II como um "seminário da nacionalidade" adotando a linguagem eugênica que prevalecia nos círculos oficiais. Os alunos do Colégio Pedro II eram admitidos como parceiros, e esperavam sê-lo, na defesa de valores e hierarquias sociais; os alunos das escolas vocacionais secundárias recebiam poucas condições de ascensão social.

A ideia de sociedade democrática empregada pela equipe de Anísio Teixeira exigia que todos os cidadãos recebessem a educação necessária para desenvolver "consciência e capacidade de progresso pessoal".[56] Isso significava que as escolas secundárias vocacionais deviam ser complementadas com disciplinas clássicas, bem como que os alunos que frequentavam as escolas secundárias vocacionais

---

[55] Ibidem, p.193.

[56] GÓES, F. *Esboço para o ensino secundário.* Rio de Janeiro: Oficina Gráfica do Departamento de Educação, 1935. p.21.

332 DIPLOMA DE BRANCURA

do Rio deviam ter também a opção de receber um diploma secundário clássico. Mas, para os adeptos da Escola Nova, construir uma sociedade democrática por meio da educação não significava apenas apagar as diferenças entre a educação vocacional e intelectual, mas reverter séculos de uma cultura do trabalho e noções de hierarquia condicionadas pela instituição da escravidão.

Para os diretores do Colégio Pedro II, construir uma sociedade democrática significava ampliar o acesso aos tradicionais portões para o *status* e o privilégio. Em contraste, nas escolas vocacionais da Prefeitura, o desenvolvimento de currículos clássicos tanto para complementar o curso vocacional quanto para competir com ele atacava a dicotomia clássica que vigorava no trabalho e na educação. Os conservadores viam isso como uma medida radical. Eles toleravam − e até encorajavam − a expansão das oportunidades educativas de cima para baixo, como no Colégio Pedro II, porque os resultados em termos de disciplina estudantil e desenvolvimento da identidade de classe não ameaçavam as hierarquias tradicionais. Mas eles viam a expansão das oportunidades de baixo para cima como uma inversão anárquica da hierarquia: um meio de dar poder a classes perigosas. A reação deles às reformas implementadas na escola comercial da Prefeitura, a Escola Amaro Cavalcanti, ressalta a ameaça que as ideias norte-americanas de democracia social criavam para sua visão da ordem social brasileira.

Em 1930, o Rio possuía menos de uma dúzia de escolas vocacionais. Essas escolas ensinavam artes básicas como carpintaria, trabalho em metal, confecção de chapéus e produção gráfica. Uma inspeção nesses programas indicou que suas instalações eram totalmente inadequadas − as máquinas estavam ultrapassadas e inadequadamente distribuídas entre as escolas. Uma escola "tem estado até hoje em condições de pouca eficiência", enquanto outra foi descrita como "[em] condições precárias, de absoluta ineficiência ... se propôs a sua extinção". Nenhuma recebeu uma avaliação favo-

COMPORTAMENTO BRANCO: AS ESCOLAS SECUNDÁRIAS DO RIO 333

Tabela 6.2 Escolas públicas vocacionais (técnicas e profissionais) secundárias no Rio de Janeiro em 1940

Escola	Tipo de Curso	Alunos	Formato
Amaro Cavalcanti	Comercial	Mista	Externato
Bento Ribeiro	Vocacional	Feminina	Externato
João Alfredo	Vocacional	Masculina	Internato
Orsina da Fonseca	Vocacional	Feminina	Internato e Externato
Paulo de Frontin	Vocacional/Clássica	Feminina	Externato
Rivadávia Corrêa	Vocacional/Clássica	Feminina	Externato
Santa Cruz	Vocacional/Clássica	Mista	Externato
Souza Aguiar	Vocacional	Mista	Externato
Visc. de Cairu	Vocacional/Clássica	Masculina	Externato
Visc. de Mauá	Vocacional/Agrícola	Masculina	Internato e Externato

Fonte: INEP. *Oportunidades de educação na capital do país (Informações sobre as escolas e cursos para uso de pais, professores e estudantes)*. Rio de Janeiro: Imprensa Nacional, 1941. p.58-64; TEIXEIRA, A. *Educação Pública*: sua organização e administração. Rio de Janeiro: Oficina Gráfica do Depto. de Educação do Distrito Federal, 1935. p.149.

rável.[57] Como mostram as Tabelas 6.2 e 6.3, em 1930 essas escolas lecionavam para um total de um pouco mais de três mil alunos, e esses alunos eram educados de modo deficiente.

Essas escolas – ineficientes, pequenas e desorganizadas – mal podiam ser consideradas um sistema escolar secundário. Cada uma tinha uma constituição diferente. A escola comercial, Amaro

---

[57] TEIXEIRA, O sistema escolar do Rio de Janeiro, p.349.

334 DIPLOMA DE BRANCURA

Tabela 6.3 Matrículas em escolas públicas vocacionais secundárias, Rio de Janeiro

Escola	1931	1934	1942
Amaro Cavalcanti	782	770	610
Bento Ribeiro	292	285	542
João Alfredo	292	323	275
Orsina da Fonseca	220	302	604
Paulo de Frontin	478	544	326
Rivadávia Corrêa	414	477	521
Santa Cruz	–	260	224
Souza Aguiar	180	237	263
Visc. de Cairu	187	182	305
Visc. de Mauá	221	416	933
Total	3.066	3.796 (+ 24%)	4.603 (+ 21%)

Fonte: INEP. *Oportunidades de educação na capital do país (Informações sobre as escolas e cursos para uso de pais, professores e estudantes)*. Rio de Janeiro: Imprensa Nacional, 1941. p.58-64; TEIXEIRA, A. *Educação Pública:* sua organização e administração. Rio de Janeiro: Oficina Gráfica do Depto. de Educação do Distrito Federal, 1935. p.149.

Cavalcanti, atraía um corpo estudantil misto, incluindo alunos ricos de Copacabana e Botafogo com alunos pobres do centro e dos subúrbios. Enquanto isso, três internatos serviam basicamente como orfanatos, o que, para o diretor do ensino secundário, Faria Góes, prejudicava o programa de reforma. Ele se queixava:

A tentativa de matricular alunos de classes sociais um pouco mais altas envolve quasi uma ofensa à família. Pôr meu filho em

COMPORTAMENTO BRANCO: AS ESCOLAS SECUNDÁRIAS DO RIO   335

escola profissional? Numa escola destinada aos órfãos ou aos filhos da minha empregada?.[58]

Na virada do século, as escolas vocacionais eram escolas técnicas para meninos, assim como escolas de aperfeiçoamento para meninas de baixos recursos financeiros que aprendiam crochê, costura e outras habilidades "femininas". Décadas de negligência incapacitaram a maioria das escolas a fornecer mais do que um atendimento de assistência social básico, como o "sopão da escola".[59] Como Faria Góes lamentava:

> A escola povoada daqueles alunos é por vezes um espetáculo de tristeza, pela desnutrição das crianças, pré-tuberculosas muitas, de físico mofino e deformado quasi todas. O nível mental dessas crianças é, naturalmente, um reflexo desse estado psíco-social.[60]

Quando o Departamento de Educação ampliou a missão das escolas vocacionais, instituiu novos critérios para admissão. Os candidatos tinham de passar por exames de admissão nos moldes dos rigorosos exames utilizados para a escola secundária do Instituto de Educação, e precisavam ter completado o ensino elementar (embora os internatos continuassem a fornecer alguma educação elementar, preservando seu papel de assistência social para um pequeno número de crianças desprovidas). Só a exigência de um diploma de ensino elementar já significava que menos de 10% dos alunos iniciando a escola elementar seriam qualificados. Mas provavelmente o maior obstáculo para frequentar uma das escolas secundárias da Prefeitura era que o número de vagas disponíveis durante a década

---

[58] GÓES, *Esboço para o ensino secundário*, p.20.
[59] TEIXEIRA, O sistema escolar do Rio de Janeiro, p.348.
[60] GÓES, *Esboço para o ensino secundário*, p.19.

336 DIPLOMA DE BRANCURA

de 1930 (entre 3 e 5 mil) tornava a própria existência das escolas irrelevante diante dos cem mil adolescentes morando na cidade. As escolas secundárias cresceram em tamanho, mas não drasticamente. Uma nova escola foi instalada em 1934 em um dos prédios do matadouro de Santa Cruz. Mas essa foi a única nova escola pública secundária fundada no Rio durante a era Vargas. Em algumas outras existentes a capacidade foi aumentada e, em pouco mais de uma década, 50% mais estudantes foram matriculados em tempo integral nas escolas vocacionais da Prefeitura. O número total de alunos matriculados nas dez escolas vocacionais em 1942 era um pouco inferior à soma total do Colégio Pedro II e da escola secundária do Instituto de Educação. Essas escolas não eram apenas modelos nacionais – ofereciam a maioria das opções disponíveis no ensino público secundário na capital federal. Em contraste, a Prefeitura oferecia tão pouco em termos de ensino secundário que era quase desprezível. Suas escolas vocacionais eram mais um exercício de filosofia educacional do que centros de aprendizagem para os moradores da cidade.

Embora a administração Teixeira não tivesse conseguido expandir o sistema educacional vocacional, a expansão escolar teria significado

acima de tudo, satisfazer a necessidade democrática de oferecer o máximo de oportunidades educativas ao brasileiro e, por outro lado, dar às differentes classes e ocupações um sentido de equivalencia de identidade e de prestigio social.

Os alunos teriam uma escolha entre estudos clássicos e vocacionais, e os alunos do curso vocacional teriam o nível cultural elevado pelos cursos clássicos também. A ideia chocou-se contra a divisão tradicional entre o ensino vocacional e o clássico, que espelhava a distinção social entre trabalho manual e intelectual. Segundo Teixeira, esses dois sistemas educacionais secundários

COMPORTAMENTO BRANCO: AS ESCOLAS SECUNDÁRIAS DO RIO **337**

differentes nos seus objectivos sociaes e culturaes [são] por isso mesmo instrumentos de uma estratificação social e uma separação de classes visceralmente anti-democráticas.[61]

Para Faria Góes, diretor do ensino secundário, o problema da educação pública secundária na década de 1930 remontava aos inícios da colonização, quando a população indígena se mostrara uma força de trabalho inassimilável aos sistemas de trabalho forçado, os colonos brancos se esquivavam do trabalho e os africanos foram introduzidos como os produtores da colônia. A cultura do trabalho foi permanentemente afetada pela introdução dos escravos africanos:

> O trabalho foi ... trabalho escravo. A condição infamante do negro escravizado tinha que comunicar ao trabalho braçal, que lhe pertencia, caracteristicas sociais impagaveis.

O desenvolvimento social e econômico da nação esteve ligado à exploração dos africanos, e a cultura do trabalho improdutivo que a escravidão desenvolveu: "O trabalho pertenceu ao escravo antes. Hoje se transfere aos que foram pobres, de origem humilde, aos menos capazes".[62]

Faria Góes explicou que a abolição não resolveu o problema, gerando, em vez disso, maior desorganização social e econômica. Ecoando Alberto Torres, Faria Góes lamentava que

> com a sua ultima etapa, a da abolição total, faziamos ruir, com uma penada, um sistema multi-centenario de trabalho do paiz, toda a base econômica de um povo ... o preto deslumbrava-se com a liberdade.

---

[61] TEIXEIRA, O sistema escolar do Rio de Janeiro, p.343-4.
[62] GÓES, *Esboço para o ensino secundário*, p.19.

338 DIPLOMA DE BRANCURA

A prosperidade nacional dependia da "valorização do trabalho do homem brasileiro". Mas as instituições educacionais da República fracassaram nesse objetivo:

> A República, que surgiu quando se substituiu a escravatura negra pela do analfabeto, não pôde impedir que se mantivesse a velha divisão, em duas castas, para cuja manutenção, por paradoxo, a propria instrução passou a concorrer.[63]

Faria Góes reconhecia que a abolição não significava nenhuma mudança real na experiência dos afrodescendentes bem como que o sistema educacional, em vez de ajudar a eliminar as diferenças, ajudou a mantê-las. O sistema escolar vocacional reformado deveria valorizar o trabalho manual, estimular o pensamento crítico entre os alunos e construir cidadanias. Os formados nas escolas vocacionais não estariam executando trabalho de escravos, nem trabalhando como tais. Seriam, em vez disso, trabalhadores especializados e cidadãos educados – uma classe que romperia a dicotomia de séculos entre senhor e escravo, intelectual e serviçal. Nem todos os trabalhadores deveriam pertencer a essa classe, mas sim uma elite de trabalhadores. Faria Góes explicava:

> Não pretendemos dar aos cursos industriais e comerciais feição preparatória específica para os que desejam constituir a elite dos homens de ciência ou de pensamento da nação, mas objetivamos preparar a elite daqueles a quem cabe elaborar a riqueza material do paiz.[64]

---

[63] Ibidem, p.15, 17.
[64] Ibidem, p.29.

COMPORTAMENTO BRANCO: AS ESCOLAS SECUNDÁRIAS DO RIO **339**

O principal objetivo da campanha de elevar a educação vocacional era dotar as escolas de cursos clássicos que suplementassem o treinamento vocacional ou fornecessem a possibilidade de seguir uma plena educação clássica na escola. Em 1934, a carência de recursos e professores, assim como as limitações das instituições físicas, impediu que os cursos clássicos fossem oferecidos a não ser em duas das escolas. Na Paulo de Frontin e na Rivadávia Corrêa, ambas escolas femininas, professores da escola secundária do Instituto de Educação davam cursos clássicos à noite.

Nessas escolas vocacionais, os cursos eram suplementados com cursos clássicos e de educação física e higiene (que estavam, com efeito, sendo incorporados gradualmente a todas as escolas). Esses programas de forte cunho eugenista eram especialmente dirigidos a estudantes do sexo feminino:

A mulher, casada ou solteira, qualquer que seja sua profissão, carece, indubitavelmente, muito mais do que o homem, de conhecimentos de Higiene – com especialidade da Higiene alimentar – fator importantíssimo (e infelizmente descurado) de aperfeiçoamento ou decadencia da raça.

Entre os cursos de higiene para mulheres, destacava-se o tema da puericultura:

não pode a mulher prescindir da noções mais importantes da Puericultura, sob pena de se verem aniquilados todos os esforços despendidos a bem da infancia e do futuro da Nação.[65]

Embora todas as alunas nessas duas escolas femininas (cerca de mil ao todo) se beneficiassem com a introdução de cursos clássicos

---

[65] Ibidem, p.111.

340 DIPLOMA DE BRANCURA

em seus programas vocacionais, as moças que desejassem obter o diploma clássico credenciado pelo MES precisavam pagar pelos estudos. Essas escolas não recebiam verbas elevadas como o Instituto de Educação, e o sistema escolar não podia custear esses dois programas. Teixeira lamentava: "Foi necessária uma taxa especial, a ser cobrada dos alunos que desejassem seguir o regime de legislação federal, para atender ao pagamento da fiscalização".[66]

Em 1940, a taxa de matrícula para os programas vocacionais era de Cr$ 15, enquanto a taxa para o programa clássico era de Cr$ 263 maior do que o salário mínimo mensal na indústria. Mesmo o curso vocacional custava mais do que vários dias de salário industrial, mas um trabalhador têxtil que recebesse esse salário teria de gastar mais do que o salário de um mês para matricular sua filha no programa clássico das escolas públicas da Prefeitura, uma taxa que não incluía os custos de livros e outros materiais.[67] Provavelmente apenas as filhas de trabalhadores já especializados podiam pagar pela educação secundária. Apagar as divisões entre o trabalho manual e intelectual não era tão fácil.

O que resultou da reforma, pelo menos no princípio, foi uma maior disparidade nas oportunidades educacionais entre meninos e meninas. Nas escolas secundárias da Prefeitura, os meninos já estavam em desvantagem devido às regras que sustentavam que eles não podiam constituir mais do que 10% do corpo estudantil do Instituto

---

[66] TEIXEIRA, O sistema escolar do Rio de Janeiro, p.347.

[67] INEP. *Oportunidades de educação na capital do país (Informações sobre as escolas e cursos para uso de pais, professores e estudantes)*. Rio de Janeiro: Imprensa Nacional, 1941. p.60; WOLFE, J. *Working Women, Working Men: São Paulo and the Rise of Brazil's Industrial Working Class, 1900-1955*. Durham: Duke University Press, 1993. p.104. Segundo Wolfe, em 1940 o salário mínimo mensal em São Paulo era Cr$ 220 (cerca de US$ 13). Arquivo Filinto Müller, CPDOC, Relatórios chp.SIPS Pasta 1, "A indústria do livro, Considerações Gerais", 21 nov. 1938.

COMPORTAMENTO BRANCO: AS ESCOLAS SECUNDÁRIAS DO RIO 341

de Educação. As escolas vocacionais masculinas ficaram para trás no desenvolvimento de seus programas clássicos em virtude de uma combinação de falta de espaço e recursos. Em 1940, apenas uma das escolas vocacionais masculinas e uma das mistas haviam sido adaptadas para oferecer os cursos clássicos. Além disso, as matrículas somadas das quatro escolas vocacionais femininas (2.096) ultrapassavam, em 1942, as das escolas masculinas (2.000). Mesmo nas escolas mistas, havia mais mulheres matriculadas do que homens (489 a 340).[68]

Os estudantes de sexo masculino estavam em desvantagem no ensino secundário no Rio. Talvez fosse coincidência que as únicas duas escolas vocacionais que possuíam vagas para novas classes fossem escolas femininas. Entretanto, mesmo nas mistas, as mulheres predominavam, formando 60% do corpo estudantil. Um menino adolescente no Rio que não pudesse pagar por uma escola secundária particular tinha duas opções para continuar sua educação. Podia competir por espaço no Instituto, mas dificilmente seria bem-sucedido; se fosse admitido, seria ridicularizado pelas meninas para quem a escola havia sido projetada. Podia também se matricular em um dos cursos vocacionais, onde havia cerca de 2.300 outros meninos matriculados. Ou podia competir por uma vaga no Colégio Pedro II ou no Colégio Militar. O sistema escolar da Prefeitura não ajudava muito.

Por que havia mais meninas nas escolas da Prefeitura, e mais e melhores oportunidades para as meninas nas escolas? O sistema escolar tratava a educação secundária como uma prioridade distante. Isso tornava escassos os recursos para as escolas secundárias, com a notável exceção do Instituto, que, por sua vez, produzia os professores para as escolas primárias. O professorado era uma profissão

---

[68] CHIABOTTO, Y. Ensino técnico-profissional no Distrito Federal: movimentos dos estabelecimentos e aproveitamento registrado no ano de 1942. *Revista de Educação Pública 1*, n°3, p.363, 1943.

342 DIPLOMA DE BRANCURA

feminina, e a tendência rumo ao desenvolvimento profissional das mulheres se transmitiu a outros programas da escola secundária. Os professores dos cursos clássicos das escolas vocacionais geralmente eram professores (ou professores aposentados) do Instituto, que se dedicavam a ensinar mulheres. Os professores e os administradores viam maior necessidade de educação clássica para as mulheres porque a maioria dos trabalhos especializados e técnicos ia para os homens. Os trabalhos industriais disponíveis para mulheres, como a manufatura têxtil, eram trabalhos não especializados e de baixa remuneração, que não exigiam educação especializada nem compensavam financeiramente tal educação. As opções no comércio, administração e governo que se abriam para as mulheres exigiam habilidades desenvolvidas por meio da educação secundária clássica, e o Departamento de Educação se esforçou para atender a essa necessidade. Os homens tinham mais opções de emprego e oportunidades em trabalhos manuais.

Embora as grandes reformas curriculares, assim como a expansão da rede de escolas, fossem estorvadas pelas limitações financeira e espacial enfrentadas pelo sistema, algumas reformas da cultura escolar foram tentadas. Essas reformas aumentaram a consciência cívica, desenvolveram noções de responsabilidade social e profissional e elevaram o prestígio do aprendizado. Por exemplo, a Escola Bento Ribeiro, feminina, "entretém várias instituições sociais escolares e peri-escolares, e a policia escolar feita pelas próprias alunas".[69] Os alunos tornavam-se responsáveis por sua autodisciplina, noção que era tolerada no Instituto de Educação e no Colégio Pedro II; mas em escolas que atendiam a alunos de classe baixa, esses exercícios de autonomia, autoridade interna e autodisciplina eram rotulados de subversivos ou mesmo totalmente anárquicos.

---

[69] TEIXEIRA, O sistema escolar do Rio de Janeiro, p.348.

COMPORTAMENTO BRANCO: AS ESCOLAS SECUNDÁRIAS DO RIO   343

Autonomia estudantil na Escola Amaro Cavalcanti

A escola onde a experiência de autonomia estudantil foi executa-da em maior extensão, e onde o projeto de autonomia estudantil terminou fracassando, foi a Escola Comercial Amaro Cavalcanti. Na Amaro Cavalcanti, os conselhos estudantis eram organizados e encarregados da administração de muitas das funções da escola. Esses conselhos supervisionavam a disciplina dos alunos, enco-rajavam os que estavam ficando para trás e desenvolviam cursos suplementares e atividades extracurriculares. Como descreve a historiadora Clarice Nunes, os conselhos

> transformavam os estudantes em elementos mobilizados, eleito-res e elegíveis dentro da escola, conhecedores de um conjunto de problemas que os surpreendiam e enriqueciam sua experiência de vida.[70]

O programa de autonomia estudantil na escola foi desenvol-vido por Anísio Teixeira e Francisco Venâncio Filho, baseado em modelos norte-americanos de *self-government* (autogoverno) estudantil. A Amaro Cavalcanti era um meio controlado para o ex-perimento. Sua diretora, Maria Junqueira Schmidt, era uma influente educadora e seguidora da filosofia da Escola Nova de Dewey (e de Teixeira). Até mesmo os críticos do programa de autogoverno reconheceram que ela era "tão justamente sensível às questões de ordem e polidez".[71] Apesar das críticas dos adversários, o objetivo do projeto não era a anarquia: a escola mantinha uma série de mo-nitores de disciplina e tanto o conselho estudantil quanto o jornal

---

[70] NUNES, Anísio Teixeira, p.294.
[71] "Escola Técnica Amaro Cavalcanti", documento sem data. Arquivo Anísio Teixeira, CPDOC, pi32/36.00.00.

344 DIPLOMA DE BRANCURA

dos estudantes tinham suas atividades supervisionadas por conselheiros do quadro de professores.

A experiência de autogoverno foi conduzida em uma escola que era mais socialmente dinâmica do que as outras. A Amaro Cavalcanti era uma escola comercial que cobrava por seus cursos regulares, e a taxa mais alta era a do curso de contabilidade. Em 1940, o exame de admissão custava Cr$ 15, a taxa era de Cr$ 50 e, para os alunos que pretendiam completar os estudos de contabilidade, o diploma custava Cr$ 300, mais do que um salário mínimo mensal.[72] Embora fossem concedidas algumas bolsas e alguns livros, uniformes e materiais fossem distribuídos gratuitamente, a escola atendia a uma clientela financeiramente estável, ainda que modesta, que ia de adolescentes de classe média de Copacabana e Botafogo até crianças mais pobres do centro da cidade e dos subúrbios do norte.

Apesar disso, a experiência durou pouco mais do que dois anos marcados por polêmicas. Quando foi encerrada, em 1935, o autogoverno se tornara outra brecha no programa de reforma de Teixeira. Uma carta de renúncia não assinada de um dos monitores de disciplina da escola denuncia a ilusão sob a qual o autogoverno operava. O monitor argumentava que "a escola, como não pode deixar de ser, reflete as vibrações da sociedade, e nosso Brasil participa presentemente da crise que abala o mundo", a experiência de autogoverno radicalizava os alunos e incitava a anarquia.[73]

O monitor acreditava que o autogoverno bem executado funcionaria se os alunos tivessem uma tradição de responsabilidade social. Na Europa, por exemplo, o autogoverno era implementado com

---

[72] INEP, *Oportunidades de educação*, p.60.

[73] "Escola Técnica Amaro Cavalcanti", documento sem data. Arquivo Anísio Teixeira, CPDOC, pi32/36.00.00. As citações dos parágrafos seguintes também vêm desse documento.

COMPORTAMENTO BRANCO: AS ESCOLAS SECUNDÁRIAS DO RIO   345

segurança porque suas escolas estavam "ainda preocupadas na formação de elites, deixando a educação das massas num descaso calculado". As nações europeias nunca permitiriam o autogoverno entre as classes mais baixas porque isso resultaria "muito justamente [nas] mais terríveis explosões". O monitor ressaltava que o autogoverno não era adequado a alunos que não vinham de classes de elite, e citava a observação de um presidente da Universidade de Harvard de que "não pode haver dúvida de que a autoridade tem que ficar, em ultima instancia, com os funcionários escolares".

Para o monitor, o programa de autogoverno da Amaro Cavalcanti não atendia a essas condições. Os alunos vinham de classes sociais mistas e, portanto, incompatíveis, e a administração perdera o controle. O conselheiro do jornal dos estudantes deixava de revisar a edição antes que fosse impressa e distribuída, e as medidas disciplinares do outro monitor eram frouxas. Os mecanismos disciplinares que tornavam possível tal autonomia haviam fracassado em seu policiamento. Em resultado, o monitor afirmava: "Excusei-me de continuar a collaborar na questão disciplinar por descordar da maneira excessivamente branda, ao meu vêr, por que puniu a incorreção do jornalzinho".

Um dos motivos para o fracasso do autogoverno e a radicalização dos alunos, afirmava o monitor, eram as influências sociais externas à escola, que os doutrinavam na "tactica da desordem". Os alunos supostamente levavam influências radicais de sua casa e comunidades para dentro da escola. O monitor argumentava que o autogoverno poderia funcionar se os alunos utilizassem as noções de responsabilidade social e cívica que aprendiam na escola, e não as que aprendiam nas ruas:

> Será prudente não ensaiar ... o regime de anarquia para alcançar o ideal novo de disciplina ... não abusemos do regime da liberdade, não o apresentemos prematuramente.

346 DIPLOMA DE BRANCURA

Para o monitor, esses estudantes não eram maduros o suficiente para ter liberdade.

Finalmente, a carta apresentava a impropriedade de efetuar tal experimento em um ambiente em que alunos de diferentes classes sociais interagiam. Na Amaro Cavalcanti:

> Se reflectem amplamente os contrastes de classes da sociedade, vindo a menina e a mocinha de pae rico de Copacabana e Botafogo, que se zanga e se torna malcreada se D. Schmidt veta judiciosamente a exhibição de collares, brincos, anneis e batons, *rouge* e cosméticos, roçar sua desattenção (pois para ella a Amaro se limita a uma *'school of snobbery'*, como chamam os criticos estadunidenses à 'Phllips Exeter', à 'Phillips Andover' e outras) com a menina e a mocinha pauperrimas a quem o director, fazendo ginástica de aproveitamento de verbas e da bôa vontade de fornecedores, teve de fornecer roupas e calçado. Nesse ambiente salada-*de-fructas*-pot-pourri, os frutos só podem mostrar a impraticabilidade, não tinham outra coisa a fazer senão atestar o ridiculo do self-government. Acho uma farsa a 'autonomia' nas escolas das sociedades em luta de classes. Nas sociedades em luta de classes a autonomia poderá, quando muito, ser experimentada em escolas de frequencia limitada e seleccionada.

Essa carta de protesto e renúncia era uma crítica especialmente relevante à experiência porque o autor era um administrador responsável pela disciplina na escola. Além disso, ele estava obviamente a par das tendências educacionais e do debate sobre o autogoverno nos Estados Unidos e na Europa, e reconhecia o conceito de luta de classes. Em suma, era uma pessoa de dentro do sistema que sentia que a escola estava derivando para a anarquia. A autonomia estudantil naquele ambiente levava as tensões externas para dentro da escola, em vez de fomentar uma autoridade interna disciplinada com base

COMPORTAMENTO BRANCO: AS ESCOLAS SECUNDÁRIAS DO RIO 347

na escola. Era precisamente a doutrina da Escola Nova que a escola fosse um microcosmo da sociedade que, aos olhos desse monitor disciplinar, tornava o autogoverno impraticável. Em 1935, Maria Junqueira Schmidt deixara a escola. As noções de disciplina do novo diretor colidiram com a cultura estudantil da Amaro Cavalcanti, e o líder dos estudantes, Antonio Houaiss, expressou o descontentamento da escola com o estilo da nova diretora. A diretora expulsou Houaiss. Em resposta, os alunos da Amaro Cavalcanti fizeram uma passeata pedindo a volta de seu líder. A diretora recusou e os alunos permaneceram em greve. Finalmente, o próprio Anísio Teixeira encontrou Houaiss. Clarice Nunes descreve o encontro:

> Anísio recebeu-o com serenidade e sobriedade. Ouviu-lhe os motivos e os de que era intérprete. Emocionaram-se ambos. O adolescente chorou.[74]

Teixeira decidiu readmitir o aluno e transferir o novo diretor. O desafio à autoridade venceu, mas à custa do mecanismo que a permitia. Nunes continua:

> O preço desse gesto, que garantia ao estudante remediado o prosseguimento dos estudos, [com] cujos gastos a família não poderia arcar naquela conjuntura, foi o abandono do *self-government*.[75]

A experiência de autogoverno tornou-se, no final, apenas mais um ponto para os críticos conservadores e católicos atacarem a administração de Teixeira.

---

[74] NUNES, Anísio Teixeira, p.298.
[75] Ibidem.

348 DIPLOMA DE BRANCURA

Estender o acesso a instituições de elite, como ocorreu no Colégio Pedro II, era aceito pelas elites. Elevar o *status* de uma instituição essencialmente das classes baixas, por outro lado, era subversivo. A escola Amaro Cavalcanti derrubou limites de classe, inverteu hierarquias e colocou os controles da disciplina social justamente nas mãos das pessoas para quem a disciplina era projetada. Para Teixeira, uma sociedade democrática exigia que tais coisas fossem possíveis, e ele tratava os alunos com um senso de responsabilidade social. Para o monitor de disciplina da escola, a responsabilidade social desses alunos não existia ainda e, portanto, a experiência jamais seria bem-sucedida. Para críticos externos, a experiência de autogoverno não foi senão um passo deliberado rumo à anarquia e ao comunismo.

O declínio e o renascimento do ensino público secundário

Assim que Teixeira foi expulso do sistema escolar, pouca atenção foi dirigida à escola pública secundária. As reformas que ele iniciou avançaram apenas pela inércia institucional – uma escola vocacional masculina acrescentou o currículo clássico e as matrículas cresceram em mais 25%, como nos anos de Teixeira. Mas as escolas secundárias da Prefeitura foram basicamente ignoradas até 1941, quando o diretor do Departamento de Educação, coronel Pio Borges, eliminou os cursos clássicos oferecidos pelas escolas vocacionais, dizendo que estava ajudando a colocar as escolas em "bases seguras e realistas", concentrando-as no principal objetivo do treinamento industrial e comercial.[76] Borges retirou o sistema escolar público do ensino clássico

---

[76] Carta do coronel Pio Borges a Henrique Dodsworth, 6 nov. 1941. Coleção Henrique Dodsworth, AGC, Caixa 15 – Educação, 1939-1945 (11418).

COMPORTAMENTO BRANCO: AS ESCOLAS SECUNDÁRIAS DO RIO 349

secundário. Para enfatizar essa questão, a escola secundária do Instituto de Educação foi rebatizada como Colégio do Instituto de Educação, caracterizando-a essencialmente como uma escola particular mantida pela Prefeitura.

Durante o restante da era Vargas, os únicos cursos clássicos públicos oferecidos na maior cidade do Brasil foram os do instituto (agora exclusivamente feminino) e do Colégio Pedro II. A virtual eliminação do ensino público secundário criou um movimento de pressão pública para a fundação de novas escolas secundárias. Uma carta ao prefeito Henrique Dodsworth, enviada em maio de 1945 por Ricardo Teixeira, capitão do Exército que morava nos subúrbios, expõe essa demanda pública. Como oficial do Exército, ele serviu de porta-voz para os moradores do Realengo, que fizeram uma petição à Prefeitura para que construísse um "Ginásio Municipal (curso primário e secundário) na Estação Magalhães Bastos" em um terreno que eles haviam recebido como doação do Exército para esse propósito.[77]

O capitão Teixeira explicou que tal escola era necessária porque

atualmente centenas de crianças dos subúrbios (Deodoro até Santa Cruz e Nova Iguaçu) estão com os seus estudos paralisados por deficiência de transportes, por grandes despesas em viagens estafantes, por falta de vagas, excessivo preço cobrado por colégios particulares etc.

Como dizia ele, toda a região suburbana era desprovida de escolas públicas secundárias. Teixeira acrescentou: "Vossa Excia. pode avaliar o grande benefício que dêste ato resultará em favor de centenas de crianças que serão os homens de amanhã". A carta era

---

[77] Carta do capitão Ricardo Teixeira da Costa et al. a Henrique Dodsworth, 18 maio 1945. Coleção Henrique Dodsworth, AGC, Caixa 15 – Educação, 1939-1945.

350 DIPLOMA DE BRANCURA

acompanhada das assinaturas de 108 moradores de Realengo, que endossavam Teixeira como seu porta-voz porque, diziam eles, "ele conhece as dificuldades que enfrentamos para educar, mesmo no curso primário, os nossos filhos".[78]

Como era habitual, a carta de Teixeira iniciou um processo administrativo, encaminhado ao chefe do 13º Distrito Educacional, Secundino Ribeiro Júnior. Em julho de 1945, dois meses depois que a petição foi enviada ao prefeito, Ribeiro também a endossou, confirmando as condições que os peticionários descreviam e destacando que "não me posso furtar de aplaudir àqueles que, como os signatários deste pedem a realização de uma obra de grande alcance social". Ribeiro percebeu o potencial propagandístico de atender ao pedido popular, argumentando que

> como na atual administração tudo se tem feito em prol das crianças, quer quanto à parte sanitária, quer quanto à pedagógica, estou certo [de] que os signatários verão aquela sua aspiração realizada e com grande gáudio desta Chefia.[79]

Era preciso mais do que o entusiasmo de Ribeiro para construir uma escola. Em meio ao caminho ascendente até o Departamento de Educação, a carta enfrentou a oposição de Luiz Palmeira, diretor do Departamento de Ensino Técnico, que explicou ao prefeito que não tinha nada contra a Prefeitura manter cursos secundários, desde que eles não fossem dados em escolas vocacionais, por causa dos "resultados negativos que foram obtidos com a experiência levada a efeito na administração Anísio Teixeira". Ele escreveu:

---

[78] Ibidem.

[79] Memorando de Secundino Ribeiro Júnior a Henrique Dodsworth, 7 jul. 1945. Coleção Henrique Dodsworth, AGC, Caixa 15 – Educação, 1939-1945 (07243).

COMPORTAMENTO BRANCO: AS ESCOLAS SECUNDÁRIAS DO RIO 351

Quanto, porém, à pretensão dos moradores de Estação Magalhães Bastos ..., não vejo razão pela preferência, quando outras zonas bem populosas da cidade mereciam, também, ser atendidas.[80]

Esses pareceres preliminares sobre a petição levaram três meses para serem reunidos. Da escrivaninha de Palmeira, a petição subiu ao gabinete do secretário de Educação, Jonas Correia, enfrentando ainda mais atrasos. Embora a morosidade do aparelho burocrático fosse muitas vezes enervante, nesse caso em particular o tempo foi um poderoso aliado. Antes que a petição pudesse ser rejeitada sumariamente, Getúlio Vargas foi removido do poder, e em pouco tempo o governo foi trocado.

O novo prefeito, Philadelpho de Azevedo, escolheu o diretor Raja Gabaglia do Colégio Pedro II como novo secretário da Educação. Raja Gabaglia deu nova perspectiva ao insignificante programa secundário do sistema escolar. Quatro meses depois que Palmeira rejeitou a petição, Raja Gabaglia apresentou ao prefeito Azevedo uma resposta retroativa: "A pretensão dos requerentes já foi atendida com a recente criação dos dois ginásios da Prefeitura".[81]

A nomeação de Raja Gabaglia como secretário da Educação do Rio iniciou uma nova era na educação pública da cidade. Sua experiência no Colégio Pedro II lhe ensinara que

o ginásio, ministrando o ensino básico, pós-primário, é imprescindível ao adolescente que carece de um fundamento inicial

---

[80] Memorando de Luiz Palmeira a Henrique Dodsworth, 3 ago. 1945. Coleção Henrique Dodsworth, AGC, Caixa 15 – Educação, 1939-1945 (07243).

[81] Carta de Raja Gabaglia a Philadelpho de Azevedo, 14 jan. 1946. Coleção Henrique Dodsworth, AGC, Caixa 15 – Educação, 1939-1945 (5696).

352   DIPLOMA DE BRANCURA

de cultura, com a qual poderá entregar-se a qualquer atividade profissional.[82]

Ele acreditava que a educação secundária clássica, que ele chamava *ginasial*, fosse fundamental para todas as linhas de trabalho, do intelectual ao industrial e ao agrícola. Valendo-se de sua experiência no Colégio Pedro II, iniciou sua administração com um programa de construção de ginásios em toda a cidade, criando um sistema de educação secundária universal. Desafiando as divisões de classe que haviam orientado historicamente o ensino secundário com mais eficácia do que Teixeira, Raja Gabaglia instalou os primeiros dois ginásios nas regiões mais pobres da cidade. Ele defendeu essa decisão em um artigo no periódico dos professores *Revista de Educação Pública*:

A estatística demonstra que a grande porcentagem que procura o colégio padrão, o Pedro II, pela modicidade de suas mensalidades e taxas, vem das zonas suburbana e rural. Ao administrador competia, destarte, procurar instalar os primeiros novos educandários nessas áreas; foi o que se fez.[83]

Essas duas primeiras escolas seriam parte de uma "cadeia de institutos congêneres" que seria construída em todos os subúrbios ao longo da linha ferroviária da Leopoldina, nas ilhas da Baía da Guanabara e no extremo norte da cidade.

As duas escolas iniciadas em 1945 simbolizavam para Raja Gabaglia o papel desempenhado pelo ensino secundário no desen-

---

[82]   GABAGLIA, F. A. R. Ginásios Municipais. *Revista de Educação Pública* *3*, n°4, p.489, 1945.

[83]   Ibidem, p.490.

COMPORTAMENTO BRANCO: AS ESCOLAS SECUNDÁRIAS DO RIO 353

volvimento da nação. O Ginásio Barão do Rio Branco, em Madureira, recebeu o nome do "delimitador de nossas fronteiras", enquanto o Ginásio Benjamin Constant, em Santa Cruz, foi batizado com o nome do "fundador da República". Da mesma forma como as escolas foram batizadas com o nome de duas das figuras responsáveis pela definição da nação moderna, assim também essas escolas definiam e serviam como bases do novo Brasil, construído por meio da educação. As escolas situavam-se em áreas cujos moradores "jamais poderiam pensar no ensino pós-primário". Além disso, em uma significativa ruptura com o passado (e corrigindo uma das limitações fundamentais do programa secundário de Teixeira), as escolas seriam totalmente gratuitas:

> Graças ao prefeito Philadelpho de Azevedo, a Lei Orçamentária de assegura o ensino inteiramente gratuito nos estabelecimentos da Prefeitura; essa medida, de alto têor democrático e elevado alcance social, pela primeira vez posta em prática no nosso país, aplica-se aos ginásios.[84]

---

[84] Ibidem, p.491.

Epílogo

O persistente fascínio brasileiro pela raça

*Em 500 anos de História, o Brasil construiu no trópico um
país de cultura riquíssima, colorida por uma luz toda especial nas festas,
na culinária, na música. O Brasil está entre as dez maiores economias
do mundo, e seu povo, com todas as dificuldades práticas trazidas por
diferenças de renda e de educação, aprende rápido,
exibe capacidade incomum de adaptar-se a novidades e
de contornar o desastre. Essa é uma herança positiva
que muitos pensadores da atualidade destacam ...
Vovô chegou aqui para satisfazer seus apetites carnais.
Assim, de um ponto de vista antropológico, o brasileiro sofre
de uma síndrome de bastardia, que se reflete em sua
autoimagem e na cultura que produz.*[1]

A eugenia perdeu a legitimidade científica após o final da Segunda Guerra Mundial, mas as instituições, práticas e pressuposições a que ela deu origem – na verdade, seu espírito – sobrevivem.

---

[1] EDWARD, J. Quem somos nós? *Veja*, p.103, 20 dez. 2000.

356 DIPLOMA DE BRANCURA

A ideia de uma "raça brasileira" permanece em muitas áreas da vida pública. O presidente Fernando Henrique Cardoso (1994-2002) declarou várias vezes ter um "pé na cozinha". No futebol, os fãs definem seu vínculo à equipe com alusões a uma "Raça Rubro--negra" (Flamengo) ou à "Super-Raça" (Grêmio). A ideia de uma "raça brasileira" aflorou de modo mais integral em dezembro de 2000, na forma de uma reportagem de capa de José Edward para a revista semanal de notícias, *Veja*. Na reportagem, revelou-se que

> Pesquisadores mineiros traçam o primeiro perfil genético do brasileiro e concluem: (1) somos mesmo o país da miscigenação; (2) há brancos que são geneticamente negros, e vice-versa.[2]

Segundo o repórter da *Veja*, Edward, os geneticistas brasileiros da Universidade Federal de Minas Gerais decodificaram os genomas da etnicidade brasileira e, ao fazê-lo, descobriram que antropólogos e sociólogos como Gilberto Freyre estavam certos todo esse tempo: o Brasil é o "laboratório de raças". Esse estudo genético não é a velha eugenia, contudo. *Veja* lembrou a seus leitores as dezenas de medidas eugênicas utilizadas pelos nazistas para diferenciar entre os supostos arianos e as raças inferiores (embora não faça menção a práticas similares amplamente utilizadas por educadores, pelo Exército e pela polícia no Brasil na mesma época). Aquela era uma "falsa ciência", mas, por meio da "ciência verdadeira" genética contemporânea, declarou a *Veja* com orgulho, finalmente é possível identificar as marcas genéticas de judeus e outros grupos étnicos. Empregando esses métodos, por exemplo, as análises de DNA de um neto e de uma sobrinha revelam a suposta ascendência judaica de ninguém mais do que Gilberto Freyre.

---

[2] Ibidem, p.102.

O PERSISTENTE FASCÍNIO BRASILEIRO PELA RAÇA   357

O que esse estudo significa para a compreensão da sociedade brasileira? O teste genético supostamente permite aos cientistas "estabelecer quanto de europeu (mais precisamente euroasiático) e de africano tem cada brasileiro hoje". Os resultados, naturalmente, não deixam de surpreender, da mesma forma antiga: "Sabe-se hoje que mais de 60% dos que se julgam 'brancos' têm sangue índio ou negro correndo nas veias". Segundo uma amostra estudada de 247 pessoas de todo o país, um brasileiro com todas as características externas de brancura possui o mesmo perfil genético que um puro africano. De forma similar, um brasileiro de pele escura poderia ser tão geneticamente branco quanto um descendente de europeu. O diretor do estudo, Sergio Danilo Pena, define esse paradoxo brasileiro: "No Brasil, a relação da cor da pele com o conteúdo genético das pessoas é muito pobre".[3]

Naturalmente, *Veja* aplicou a nova tecnologia para revelar a verdadeira composição genética de ilustres figuras nacionais a seus ávidos leitores! O líder conservador do senado, Antonio Carlos Magalhães, revelou-se 99,999999% branco. A princesa Paola, descendente do imperador Pedro II e tão estatisticamente europeia quanto Magalhães, ponderou sobre seu teste: "Já esperava, claro. Mas bem que gostaria de ter um pouco de mistura". Paulo Zulu e Susana Alves (a Tiazinha), ambos representantes do ideal *moreno* e ambos produtos de alguma mistura racial, revelaram-se em extremos opostos do espectro: respectivamente 99,5% africano e 99,99% europeia. Vicente Paulo Silva (Vicentinho), líder sindical da Central Única dos Trabalhadores e, segundo *Veja*, um "mulato típico", foi relevado com possuidor de origem "provavelmente moura" por parte de pai e africana por parte de mãe. Em uma curiosa expressão, *Veja* observa que a predominância de genes euro-asiáticos do lado da mãe de Vicentinho

---

[3]   Maria Yedda Linhares, entrevista a Jerry Dávila, 17 jul. 2000.

358 DIPLOMA DE BRANCURA

em recentes gerações deu a ele genes predominantemente europeus, "o que lhe dá direito a um 'diploma de branco'".[4] Embora o líder trabalhista Vicentinho possa ter herdado um distintivo genético de brancura, *Veja* também reconhece que se tornou moda entre brasileiros ricos e brancos enfatizar possíveis misturas raciais em sua ascendência:

> É comum entre os brasileiros, quando se sentem seguros, fazer brincadeiras sobre as origens familiares miscigenadas. Quando é conveniente passar uma imagem progressista ou emitir um *bon mot* em ambiente ilustrado, todo mundo tem uma "avó caçada no laço" ou um "pé na cozinha"

como afirmou há algum tempo o presidente e sociólogo Fernando Henrique Cardoso. Cardoso recusou a oferta da *Veja* de verificar sua afirmação por meio do teste da nova genética.[5] O artigo de *Veja* concluiu rechaçando as críticas à "ciência verdadeira". Citando um crítico do estudo que argumenta que com a decodificação genética "o mito da democracia racial ganhou um simulacro de suporte científico", o autor José Edward defendeu o artigo, declarando que

> a pesquisa obviamente não trata de democracia racial. Ela emprega a genética para comprovar cientificamente e quantificar os níveis de miscigenação que as ciências sociais já haviam esquadrinhado.[6]

Tanto o estudo quanto *Veja* têm tudo a ver com a ideia de democracia racial. Ambos são fundados em suposições de que raça é

---

[4] Ibidem.
[5] Ibidem, p.107.
[6] Ibidem, p.108.

uma categoria "científica" e raça tem importância. O estudo pressupõe que características raciais são fixadas geneticamente, e *Veja* reconhece que

> não é preciso ser nenhum militante dos direitos dos negros para constatar que ... no Brasil a brancura da pele continua a trazer mais vantagens do ponto de vista social e econômico.[7]

Essa "pérola" de genética popular reflete quão pouco mudou na visão de elite, científica, de raça no Brasil. Os cientistas procuram os genes de uma etnicidade brasileira da mesma forma que os estudiosos da raça debatiam a composição do "Homem Brasileiro". Os mesmos pesquisadores alegam identificar traços de ancestralidade africana entre os brasileiros sem nenhuma aparência fenotípica externa por meio de amostras de DNA, em vez de por meio do Índice Lapicque de Bastos D'Avila. Por meio da mistura de raças, o líder sindical Silva conseguiu se formar em brancura, cumprindo o potencial de branqueamento por meio da mistura com que racistas e eugenistas científicos sonhavam. A "herança" cultural brasileira que *Veja* celebra espelha os legados da cultura africana descritos nos textos de história da década de 1940: amor à comida, música e dança, assim como uma resignação heroica às adversidades. A ciência continua sendo quem dá a palavra final: confirmando o que os antropólogos e sociólogos haviam mostrado, prometendo "verdade" e definindo raça em minúsculas frações de porcentagem.

Duas suposições universais unem os eugenistas de 1930 e os geneticistas de 2000: cientistas de ambos os períodos empregavam um olhar branco e, por causa dele, trataram a brancura como o parâmetro da medida racial brasileira. Quão branco é um brasileiro?

---

[7] Ibidem.

360 DIPLOMA DE BRANCURA

Quão não branco? Pode uma pessoa negra ter brancura dentro de si? Pode uma pessoa branca ser realmente negra, enganando-nos com sua aparência? O olhar e o parâmetro que serviram como ferramentas da ciência têm guiado valores sociais brancos também. Uma vez que a brancura esteja seguramente estabelecida, a negritude ou a mistura de raças se tornam possibilidades aceitáveis – até mesmo virtudes a serem celebradas. A própria *Veja* aponta para isso quando reconhece que a moda de afirmar a miscigenação ancestral entre os brasileiros brancos de elite depende do nível de conforto que eles sintam em seu ambiente.

Veja fornece duas ferramentas conceituais fundamentais para compreender como a sociedade brasileira de elite lida com a complexa questão da raça: a ideia de ser racialmente "confortável" e a possibilidade de um "diploma de branco". O conforto aplica-se às elites predominantemente brancas, enquanto o diploma pode ser conferido a um indivíduo racialmente misto, tipicamente de classe baixa – quer "geneticamente", por meio da miscigenação, ou socioeconomicamente, quando essas pessoas assumem posições de liderança ou riqueza ("os mestiços de salão são tratados como brancos", declara *Veja*). Os valores não podem ser invertidos, contudo: a elite brasileira não ganha diploma de negro, e os não brancos sentem pressões mais do que conforto. O presidente Fernando Henrique Cardoso pode flertar com a miscigenação, o líder do Senado Magalhães pode exibir seus talismãs de candomblé em seu gabinete no Senado porque ambos são homens seguros de seus patamares de poder, situação social e brancura.

No Brasil contemporâneo, o conforto da elite branca é em parte mantido pela estrutura da educação. Como em muitas nações latino-americanas, há uma estrita divisão entre educação particular para os ricos, a classe média, e mesmo para os aspirantes à classe média, e educação pública para os pobres. Como os ricos e os pobres dificilmente convivem na escola, o convívio entre brancos e não brancos é também mensuravelmente reduzido. O sistema educacional

O PERSISTENTE FASCÍNIO BRASILEIRO PELA RAÇA   361

constrói uma distância estrutural que torna o conforto dos brancos possível, embora em algumas raras ocasiões ele entregue um diploma de branco a um aluno de escola pública. A divisão reforçada por meio da educação é somada a um salário mínimo mensal fixado em R$ 150 no ano 2000 – o salário de muitos alunos de escola pública – e a serviços sociais sufocados pelas demandas sempre crescentes criadas por migrantes de áreas rurais, onde os problemas da posse da terra continuam atolados na herança do sistema latifundiário colonial.

Embora as formas de distância social mantidas pela educação tivessem evoluído consideravelmente ao longo do século XX, três fases distintas são aparentes. No final do século, a distância é mantida por uma forma de segregação entre aqueles que dependem dos sistemas escolares públicos e aqueles que podem pagar uma escola particular. A cisão da educação em espaços públicos e privados ocorreu durante as décadas de 1960 e 1970, quando o regime militar negligenciou a educação primária e secundária enquanto esbanjava recursos em setores mais científicos – e menos políticos – da educação superior. Enquanto em meados do século os salários dos professores eram uma marca de *status* e prestígio, mesmo comparando-se com os salários dos membros das Forças Armadas, na década de 1990 os salários dos professores estavam nos níveis mais baixos da escala do emprego formal. Ilustrando a profundidade da crise do salário dos professores, Paulo Maluf, que foi tanto governador do estado quanto prefeito da cidade de São Paulo, declarou publicamente que "as professoras não são mal remuneradas, são mal casadas".[8]

No início do século, uma forma diferente de segregação dividia as crianças que tinham acesso à educação pública e aquelas que não

---

[8] Marta diz que Maluf é machista e sexista: Durante evento no centro da cidade, a candidata do PT aproveitou que a maioria dos presentes era mulheres para lembrar frases do pepebista e rebater críticas a programa de TV. *Folha de S.Paulo*, 18 out. 2000, p.13.

362 DIPLOMA DE BRANCURA

tinham, como Augusto Malta mostrou em seu provocativo comentário na fotografia da inauguração da Escola Genral Mitre em 1921 ("Um contingente do Morro do Pinto que não vai à escola?" [ver Capítulo 4]). Os reformadores da educação do início do século precisaram enfrentar um sistema escolar baseado na exclusão. No século XIX, os escravos não podiam frequentar a escola e eram, quase todos, analfabetos. Na virada do século, havia pequenas redes de escolas públicas nas capitais do estado e nas maiores cidades, mas essa rede cuidava principalmente da educação primária de crianças de famílias de recursos. Algumas instituições educacionais atendiam a crianças mais pobres, fornecendo educação vocacional a um número limitado de pobres urbanos. Como perceberam os educadores das décadas de 1920 e 1930 que tentaram transformar essas instituições em escolas secundárias que pudessem atrair jovens de diferentes classes, as escolas vocacionais construídas durante o Império e a República eram vistas pela população como pouco mais do que orfanatos para os desprovidos.

Entre os extremos da rígida exclusão do início do século e da rígida segregação socioeconômica do final do século, estende-se um momento especial na vida pública brasileira. Desde o final da Primeira Guerra Mundial, o sistema escolar do Rio de Janeiro – como outros no Brasil – foi transformado em uma instituição capaz de atrair crianças de todas as classes sociais, etnias e cores. Isso não significou que as hierarquias sociais reinantes houvessem sido invertidas ou mesmo reduzidas. Ao contrário, as raras ameaças à hierarquia social que se manifestaram nas escolas foram prontamente combatidas e forneceram pretextos para o ressurgimento conservador católico na década de 1930. O episódio da dança lasciva no Instituto de Educação, os alunos que zombaram dos cadetes no Colégio Pedro II, o colapso do autogoverno na Escola Cavalcanti e o contínuo bombardeio de acusações de comunismo contra vários educadores, tudo isso eram inaceitáveis exceções às normas do comportamento educacional.

O PERSISTENTE FASCÍNIO BRASILEIRO PELA RAÇA   363

Talvez mais do que qualquer outro exemplo, a controvérsia sobre o autogoverno da escola Amaro Cavalcanti ilustra a complexidade de manter a distância social em uma escola que lecionava a alunos de classes sociais radicalmente diferentes sob um único teto. O monitor da escola que pediu demissão em protesto contra a independência do jornal dos estudantes acreditava que sem o autogoverno a escola funcionaria de modo ordenado e disciplinado. Mas o autogoverno e a distância social não se misturavam:

> Nesse ambiente salada-de-frutas-pot-pourri os factos só podiam mostrar a impracticabilidade, não tinham outra coisa em fazer senão attestar o ridiculo do *self-government*. Acho uma farsa a "autonomia" nas escolas e sociedades em luta de classes. Nas sociedades em luta de classes a autonomia poderá, quando muito, ser experimentada em escolas de frequencia limitada e seleccionada.[9]

No momento histórico em que os educadores fizeram experiências com a ideia da *escola única* – a escola pública universal –, normas de ordem, disciplina e hierarquia precisavam prevalecer na escola.

Mas o sistema escolar público construído no período entreguerras não se baseava apenas na ordem e na disciplina. A escola elementar universal funcionava por meio de uma complexa negociação de valores de raça, classe e gênero. Essas negociações ocorriam em todos os níveis das operações do sistema escolar, do currículo à seleção de alunos, distribuição e promoção; testes e medidas; seleção e treinamento de professores; programas de saúde e higiene; eventos públicos, e até mesmo na construção de escolas e no programa de almoço escolar. O esforço de construir um sistema escolar público universal

---

[9] "Escola Técnica Amaro Cavalcanti", documento sem data, Coleção Anísio Teixeira, CPDOC, pi32/36.00.00.

364 DIPLOMA DE BRANCURA

significava reescrever valores sociais que haviam funcionado anteriormente por meio da exclusão institucional. O *status* marginal dos brasileiros pobres e não brancos mudou pouco sob esse novo arranjo, mas o modo pelo qual as instituições educacionais interagiam com as hierarquias sociais mudou de modo significativo. Os reformadores que pressionaram pela escola pública universal e remodelaram o formato e o conteúdo da educação o fizeram em um contexto social que começara a encarar a cultura e o meio ambiente, em vez da biologia, como as raízes da diferença racial. A atenção devotada à educação pública nos anos do entreguerras extraiu energia, recursos e lideranças do movimento eugenista e do movimento em defesa da saúde e da higiene, e as reformas educacionais foram propostas por muitos dos primeiros cientistas sociais do Brasil. O quadro de intelectuais e cientistas sociais de elite que encabeçou a reforma e a expansão educacionais via a escola pública como um veículo para atingir diversos objetivos que se sobrepunham. Os objetivos principais eram a criação de uma força de trabalho especializada e disciplinada, o saneamento das classes populares brasileiras, a implantação de hábitos e costumes europeus e o desenvolvimento de uma identidade nacional coerente.

Juntos, esses objetivos se somaram para criar uma agenda para o desenvolvimento nacional baseada em valores científicos e modernos. Não obstante, velhas suposições sobre raça persistiram nessa agenda. Os reformadores inscreveram seus próprios pressupostos sobre raça, cultura, gênero e saúde nas instituições que criaram. As políticas sociais reconheciam diversas formas de diferenças sociais. Algumas dessas políticas visavam a reduzir essas distinções e outras pretendiam mantê-las, mas, em qualquer dos casos, essas políticas reificavam percepções de diferença social, criando uma metanarrativa de raça que reforçava a desigualdade. Uma ordem social outrora baseada na escravidão e na monarquia foi reinventada como uma ordem baseada na ciência e no mérito, sem alterar de modo signi-

O PERSISTENTE FASCÍNIO BRASILEIRO PELA RAÇA 365

ficativo a hierarquia social. Velhas desigualdades eram vestidas em novas roupas.

O modo pelo qual um sistema escolar público lidava com raça e classe ilustra os papéis desempenhados pela ciência e o poder público no reforço da marginalização institucional da população afrodescendente. Há outras formas de entender o processo. Os intelectuais vêm, cada vez mais, estudando outras instituições públicas como a Polícia, o Exército e o sistema judiciário para dissecar a operação dos valores de raça na sociedade brasileira. Esse enfoque é crucial para entender a exclusão e a desigualdade raciais em uma sociedade como o Brasil, ou nos Estados Unidos pós-segregação, onde a discriminação predomina mas o racismo não é imediatamente aparente. Essas instituições locais revelam a operação da desigualdade com mais eficácia do que as análises mais amplas de esfera pública.

As escolas públicas do Brasil em meados do século são espaços privilegiados para tal análise, porque se encontram entre os poucos espaços públicos onde pessoas de diferentes classes e cores interagiam regularmente, mesmo que em termos estruturalmente desiguais. Este estudo levou em conta o modo pelo qual os formuladores de políticas moldaram esse espaço, assim como os tipos de limites e fronteiras que inseriram nos sistemas que criaram. Essa análise da raça nas escolas públicas do Rio de Janeiro e nas políticas educacionais brasileiras levanta diversas questões. O estudo se baseou no Rio, embora examine dados de outros estados brasileiros. As práticas educacionais diárias fora do Rio de Janeiro, especialmente em estados com maior população afrodescendente, como a Bahia, merecem consideração mais detalhada do que recebem aqui. Alguns estados, como Ceará, Amazonas e Pará, foram palco de uma ambiciosa reforma e expansão educacionais, tomando a iniciativa de desenvolver sistemas educacionais rurais.

A Bahia é um caso marcante, porque recebeu a atenção de muitos veteranos do sistema escolar do Rio. Durante os anos do Estado

366 DIPLOMA DE BRANCURA

Novo, a educação pública era chefiada por Isaías Alves, o psicólogo que instituiu os testes de inteligência no Rio e, mais tarde, flertou com o Integralismo e surgiu como feroz oponente dos reformadores da Escola Nova. Depois do colapso do Estado Novo, Anísio Teixeira voltou à vida pública como diretor do ensino público na Bahia e iniciou outra ambiciosa reforma educacional naquele estado. A reforma começou com um amplo censo do interior da Bahia para determinar a localização das escolas e decidir a respeito dos tipos de educação mais adequados a cada região do estado.

Quando o antropólogo Arthur Ramos estabeleceu as bases para o estudo das relações de raça no Brasil efetuado pela Unesco, em 1948, Teixeira propôs que a Bahia servisse como estudo de caso do projeto, tanto porque o estado possuía a maior concentração de brasileiros de cor como porque ele já tinha uma equipe montada. No final, a maior parte dos estudos foi efetuada no Rio de Janeiro e em São Paulo, vistos como os locais da sociedade futura e emergente do Brasil. Os projetos educacionais desenvolvidos no Rio de Janeiro nas décadas de 1920 e 1930 serviram como trampolim para as políticas educacionais nacionais (a Lei de Diretrizes e Bases da Educação, 1958, 1996) e para pesquisas sobre as relações de raça, não apenas aquela efetuada pelo Instituto de Pesquisas Educacionais do Departamento de Educação, mas também o trabalho posterior de Edgar Roquette Pinto e Arthur Ramos, que inspiraram o estudo da Unesco.

A reforma escolar de Teixeira na Bahia culminou com a criação de "centros educacionais" – escolas que forneciam espaço para um conjunto de aulas diurnas e noturnas, para crianças e adultos, e serviam também como um posto avançado do sistema de assistência social, oferecendo serviços de saúde e servindo como ligação com as autoridades do Estado. Esses centros inspiraram a ampla rede de Centros Integrados de Educação Pública (Cieps) criados em toda a cidade e estado do Rio de Janeiro no final da década de 1980 e início

O PERSISTENTE FASCÍNIO BRASILEIRO PELA RAÇA **367**

da década de 1990 durante o governo de Leonel Brizola. Essas escolas pré-fabricadas de concreto – com um projeto original homogêneo de Oscar Niemeyer – foram instaladas em locais de alta visibilidade, como as construídas nas décadas de 1920 e 1930. As escolas deveriam servir como centros de aprendizado, abrigando cursos primários, secundários, vocacionais e para adultos, além de fornecer serviços de saúde e sociais. As crianças carentes chegavam cedo na escola para o café da manhã e um banho, almoçavam ali e, às vezes, até ficavam para o jantar.

Maria Yedda Linhares, secretária da Educação estadual quando o projeto foi iniciado, lembrou-se da grande esperança de recriar a escola pública universal no Ciep, mas terminou desapontada com o programa. As escolas deixaram de atrair a classe média porque eram vistas como escolas para os pobres. Linhares lembra-se com especial amargura das campanhas de calúnia contra os Cieps arquitetadas pelas redes de escolas particulares que temiam a concorrência das públicas. A crítica dirigida por ela às escolas particulares é muito mais ampla, contudo. Linhares acredita que os representantes das escolas particulares que participam do Conselho Estadual de Educação sabotavam ativamente a educação pública a fim de preservar seu mercado – pressionando, por exemplo, pela remoção do currículo clássico das escolas secundárias vocacionais e técnicas do estado.

•

Quando Arthur Neiva e Belissário Pena voltaram de sua expedição de saúde ao interior do Brasil em 1917 e reivindicaram a criação de um Ministério da Educação e Saúde Federal, ativaram um vínculo entre a educação e a questão de raça. As atenções que as comunidades científica, intelectual e política da virada do século devotaram às questões de raça e degeneração dominaram as discussões sobre progresso, identidade nacional e modernização. O consenso entre as elites surgido no final da Primeira Guerra Mundial

368 DIPLOMA DE BRANCURA

foi de que a população existente no Brasil teria de bastar como motor do progresso nacional. O desafio que esse consenso apresentava era claro: como o Estado poderia curar os brasileiros de seu atraso? Os programas de saúde pública tratavam de um componente dessa fórmula; o sistema de relações de trabalho tratava de outra. A educação pública tocava em todos os aspectos do aperfeiçoamento da raça.

Os educadores que trabalhavam no Rio de Janeiro estabeleceram uma fórmula para colocar em prática o sistema escolar que aperfeiçoaria a raça. Esse sistema escolar utilizava a brancura como reta de chegada. Os brancos e os mais privilegiados eram recompensados com oportunidades educacionais inovadoras. Reciprocamente, o sistema escolar fornecia uma experiência de recuperação para crianças que não atingiam esses padrões. O sistema funcionou de modo eficiente e científico, selecionando aqueles alunos com base em sua saúde e inteligência. O processo educacional foi cientificamente projetado para fornecer saúde, disciplina e cultura. As escolas foram abastecidas com profissionais cada vez mais brancos e mais bem treinados. Todos esses processos foram estudados cuidadosamente e relatórios sobre eles eram publicados e divulgados em todo o país, para que as soluções irradiassem da capital a todas as regiões. Guiados pela ciência e confiantes no futuro de seu país, esses educadores forneceram ao Brasil um diploma de brancura, dando nova forma a desigualdades persistentes.

Lista de abreviaturas e siglas

Instituições Federais

DIP: Departamento de Imprensa e Propaganda
DESPS: Delegacia Especial de Segurança Política e Social
EEFE: Escola de Educação Física do Exército
IBGE: Instituto Brasileiro de Geografia e Estatística
INEP: Instituto Nacional de Estudos Pedagógicos
MES: Ministério da Educação e Saúde
SEES: Serviço de Estatística da Educação e Saúde
SENAC: Serviço Nacional de Aprendizagem Comercial
SENAI: Serviço Nacional de Aprendizagem Industrial
SPHAN: Serviço do Patrimônio Histórico e Artístico Nacional
CIEP: Centro Integrado de Educação Pública
DEN: Departamento de Educação Nacionalista
DGEC: Departamento Geral de Educação e Cultura
DMP: Distrito Médico-Pedagógico
IPE: Instituto de Pesquisas Educacionais
SEMA: Superintendência de Educação Musical e Artística
SMF: Serviço de Matrícula e Frequência

370 DIPLOMA DE BRANCURA

SOHM: Serviço de Ortofrenia e Higiene Mental
SPAE: Seção de Prédios e Aparelhamentos Escolares
STE: Serviço de Testes e Medidas Escolares

Associações

ABE: Associação Brasileira de Educadores
FIESP: Federação das Indústrias do Estado de São Paulo
IDORT: Instituto de Organização Racional do Trabalho
LBPPF: Liga Brasileira Pelo Progresso Feminino

Arquivos

AEL: Arquivo Edgar Leuenroth, Universidade Estadual de Campinas
AGC: Arquivo Geral da Cidade, Rio de Janeiro
AN: Arquivo Nacional do Brasil, Rio de Janeiro
CPII: Colégio Pedro II
CPDOC: Centro de Pesquisa e Documentação de História Con-
temporânea do Brasil, Fundação Getulio Vargas
CUTC: Columbia University Teachers College
MIS: Museu da Imagem e do Som do Rio de Janeiro

Bibliografia

Entrevistas

Aloysio Barbosa, Rio de Janeiro, 1° ago. 1999
Wilson Choeri, Rio de Janeiro, 1° ago. 1999
Norma Fraga, Rio de Janeiro, 13 jul. 2000
Maria Yedda Linhares, Rio de Janeiro, 17 jul. 2000
Umbelina de Mattos, Rio de Janeiro, 12 ago.1999
Fernando Segismundo, Rio de Janeiro, 5 ago. 1999
Sara Hauser Steinberg, Rio de Janeiro, 5 ago. 1999
Maria Cecília Teixeira, Rio de Janeiro, 13 jul. 2000

Arquivos

Arquivo Edgar Leuernoth, Universidade Estadual de Campinas (AEL)

Arquivo Geral da Cidade, Rio de Janeiro (AGC)
   Coleção Henrique Dodsworth

Arquivo Nacional do Brasil (AN)
   Coleção Jonathas Serrano
   Coleção da Liga Brasileira Pelo Progresso Feminino
   Coleção Mário Augusto Teixeira de Freitas

372 DIPLOMA DE BRANCURA

Centro de Memória de Educação, Prefeitura do Rio de Janeiro
Escola Municipal Argentina
Escola Municipal Darcy Vargas
Escola Municipal Getúlio Vargas
Escola Municipal Pedro Ernesto

Centro de Pesquisa e Documentação de História Contemporânea do Brasil,
Fundação Getulio Vargas (CPDOC)
Arquivo Pedro Ernesto Batista
Arquivo (Manoel Bergstrom) Lourenço Filho
Arquivo Gustavo Capanema
Arquivo Filinto Müller
Arquivo Anísio Teixeira

Arquivo do Colégio Pedro II (CPII)

Arquivo do Columbia University Teachers College (CUTC)

Fundação Darcy Vargas/Arquivo da Casa do Pequeno Jornaleiro

Arquivo do Instituto de Educação

Instituto de Estudos Brasileiros
Coleção Fernando de Azevedo

Museu da Imagem e do Som do Rio de Janeiro (MIS)
Coleção Augusto Malta

Arquivo do Museu Villa-Lobos

Arquivo Nacional dos Estados Unidos (United States National Archives)
Coleção do Escritório do Coordenador de Assuntos Interamericanos
(OCIAA)

Jornais
A Chibata
A Liberdade
A Noite
A Nota
Diário Carioca
Elite
Getulino
Jornal do Brasil
Jornal do Comércio
Minas Gerais
O Alfinete
O Bandeirante
O Clarim d'Alvorada
O Globo
O Kosmos
O Menelick

Revistas
Arquivos do Instituto de Educação
Boletim de Educação Pública
Cultura Política
Folha de S.Paulo
Fon-Fon
Instituto
Jornal do Comércio
O Arauto
Pronome (órgão dos alunos do Colégio Pedro II)
Revista de Educação Pública
Rio Ilustrado

374 DIPLOMA DE BRANCURA

Fontes Primárias

AGACHE, A. *Cidade do Rio de Janeiro:* Extensão, remodelação e embellezamento. Paris: Foyer Brésilien, 1930.

ALVES, Isaías. Testes collectivos de intelligencia (Terman Group Test) e a sua applicação nas escolas públicas. *Boletim de Educação Pública 1*, n°1, p.397-433, 1932.

ANDRADE, N. A. B. A higiene alimentar no serviço social das escolas. *Cultura Política 2*, n°13, p.23-9, 1942.

_____, ABU-MERHY, M. E. Pesquisas sôbre o indice de nutrição dos escolares do 30 distrito médico-pedagógico do Distrito Federal. *Cultura Política 2*, n°11, p.65-80, 1942.

AZEVEDO, F. de. *Brazilian Culture: An Introduction to the Study of Culture in Brazil.* Nova York: Macmillan, 1950.

_____. A formação do professorado e a reforma. *Boletim de Educação Pública 1*, n°4, p.495-7, 1930.

AZEVEDO LIMA. O problema do prédio escolar no Distrito Federal. *Cultura Política 1*, n°5, p.77-103.

BARROS, M. Discurso do representante da Frente Negra Pelotense. *Estudos Afro-Brasileiros (Trabalhos apresentados no 1° Congresso Afro- -Brasileiro reunido no Recife em 1934).* Rio de Janeiro: Ariel, 1935. v.1.

BECKEUSER, E. A educação primária como fator da unidade nacional. *Cultura Política 2*, n°15, p.64-71, 1944.

BILAC, O.; COELHO NETTO. *Contos patrios.* Rio de Janeiro: Francisco Alves, s.d.

BORGES, P. A assistência médica à infância escolar. *Arquivos do Instituto de Educação 1*, n°1, p.27-33, 1934.

CALMON, P. *História da civilização brasileira para a escola primária.* São Paulo: Companhia Editora Nacional, 1934.

CAMPOS, Francisco. *Regulamento do ensino normal do Estado de Minas Gerais (Decreto n° 9450 de 18 de fevereiro de 1930).* Belo Horizonte: Imprensa Oficial de Minas Gerais, 1930.

CARDOSO, O. B. Curso de especialização em problemas de primeira série – organizado pela Secretaria Geral de Educação e Cultura para o magistério primário no 2º semestre de 1943. *Revista de Educação Pública 2*, nº4, p.576-90, 1944.

_____. Técnica de aplicação e julgamento dos Testes ABC. *Revista de Educação Pública 2*, nº1, p.33-42, 1944.

CHIABOTTO, Y. Ensino técnico-profissional no Distrito Federal: Movimento dos estabelecimentos e aproveitamento registrado no ano de 1942. *Revista de Educação Pública 1*, nº3, p.363-6, 1943.

CLARK, O. O papel da Secretaria de Educação na sociedade moderna. *Revista de Educação Pública 3*, nº3, p.321-41, 1945.

CONFEDERAÇÃO Católica de Educação. *O problema educativo na constituição.* Rio de Janeiro: Typographia Jornal do Comércio, 1934.

CONSELHO Nacional de Estatística. *Contribuições para o estudo da demografia no Brasil.* Rio de Janeiro: Serviço Gráfico do IBGE, 1961.

CORREIA, J. Aspectos da educação primária no Distrito Federal. *Fon-Fon*, p.20-4, 1941.

_____. Discurso pronunciado pelo secretário de Educação e Cultura, Cel. Jonas Correia, no Instituto de Educação, paraninfando a segunda turma de professorandas de 1944. *Revista de Educação Pública 3*, nº1, p.1-3, 1945.

_____. Reorganização do ensino primário do Distrito Federal: Exposição de motivos do Decreto nº 7718, de 5 de fevereiro de 1944. *Revista de Educação Pública 2*, nº1, p.102-4, 1944.

COSTA PINTO, L. A. *O negro no Rio de Janeiro:* Relações de raças numa sociedade em mudança. São Paulo: Companhia Editora Nacional, 1953.

D'AVILA, B. Contribuição ao estudo do Índice de Lapicque. *Estudos Afro-Brasileiros (Trabalhos apresentados no 1º Congresso Afro-Brasileiro reunido no Recife em 1934).* Rio de Janeiro: Ariel, 1935. v.1.

_____. Ensaio de raciologia brasileira: Populações do Distrito Federal. *Revista de Educação Pública 2*, nº1, p.1-28, 1944.

_____, PERNAMBUCO FILHO, P. Considerações em torno dos Índices de Kaup, Pelidisi e A. C. H. *Revista de Educação Pública 3*, nº1, p.1-13, 1945.

376 DIPLOMA DE BRANCURA

DA COSTA SENA, J. C. Observações estatísticas sôbre o ensino público municipal. *Revista de Educação Pública 2*, n°4, p.697-704, 1944.

DEPARTAMENTO de Educação Nacionalista. *Boletim Mensal do Serviço de Educação Física 3*, n°29, 1944.

DEWEY, J. *John Dewey on Education: Selected Writings.* Chicago: University of Chicago Press, 1974.

DGEC. Instituto de Educação (Notícia mandada elaborar pelo Departamento de Educação para uma publicação sobre "O Sistema Educacional do Rio de Janeiro, Distrito Federal"). *Arquivos do Instituto de Educação 1*, n°1, p.1-10, 1934.

_____. *Esboços de programas para ensino secundário.* Rio de Janeiro: Oficina Gráfica do Departamento de Educação do Distrito Federal, 1935.

_____. O Instituto de Educação no ano de 1936. *Arquivos do Instituto de Educação 1*, n°3, p.271-7, 1937.

DIAZ CRUZ, H. *Os morros cariocas no novo regime.* Rio de Janeiro: Gráfica Olímpica, 1941.

DIRETORIA Geral de Estatística, Ministério da Agricultura, Indústria e Comércio. *Recenseamento do Brazil, realizado em 1° de setembro de 1920: Confirmação dos resultados do recenseamento demographico de 1920 e da estimativa feita pela Diretoria Geral de Estatistica da população escolar de 6 a 12 annos existente no Distrito Federal em 31 de dezembro de 1926.* Rio de Janeiro: Typographia da Estatistica, 1927.

DODSWORTH, H. T. *Aspectos do ensino secundário: Relatório apresentado ao Exmo. Ministro da Justiça e Negócios Interiores.* Rio de Janeiro: Gazeta de Notícias, 1921.

_____. *Relatório, 1932-1933, do Externato do Colégio Pedro II.* Rio de Janeiro: Imprensa Nacional, 1933.

ESTADO do Espírito Santo. *Decreto n° 10171: Expede instrucções sôbre o ensino normal e dá outras providencias.* Victoria: Oficinas do Diário da Manhã, 1930. Estado da Parahyba. *Decreto n° 75 de 14 de março*

BIBLIOGRAFIA **377**

de 1931: Dá novo regulamento à escola normal do estado – Acto do interventor federal. João Pessoa: Imprensa Oficial, 1931.

ESTADO de Sergipe. *Decreto n° 30 de 11 de março de 1931: Dá novo regulamento à Escola Normal "Rui Barbosa"*. Aracaju: Imprensa Oficial, 1931.

ESTADO do Amazonas. Programas do ensino primário, adotados pelo Conselho Superior de Instrução Pública em 28 de janeiro de 1932. Manaus: Imprensa Pública, 1932.

_____. *Regulamento geral da instrução pública, a que se refere o Ato n° 1.267 de 19 de janeiro de 1932*. Manaus: Imprensa Pública, 1932.

FREYRE, G. *The Masters and the Slaves*. Nova York: Knopf, 1956.

GÓES, F. *Esboço para ensino secundário*. Rio de Janeiro: Oficina Gráfica do Departamento de Educação, 1935.

GOULART, J. A. *Favelas do Distrito Federal*. Rio de Janeiro: Serviço de Informação Agrícola, 1957.

IBGE. *Censo Demográfico – População e Habitação: Quadros de totais para o conjunto da união e de distribuição pelas regiões fisiográficas e unidades federadas*. Rio de Janeiro: Serviço Gráfico do IBGE, 1950.

_____.*Censo Demográfico – População e Habitação: Série Regional, parte XVI: Distrito Federal*. Rio de Janeiro: Serviço Gráfico do IBGE, 1950.

_____. *Estatística do ensino: Separata do Anuário Estatístico do Brasil – Ano IV – 1938*. Rio de Janeiro: Serviço Gráfico do IBGE, 1940.

_____. *Estudos sôbre a composição da população do Brasil segundo a côr*. Rio de Janeiro: Serviço Gráfico do IBGE, 1950.

_____. *O aproveitamento das apurações do Censo Demográfico de 1940 para a determinação das correntes de migração interior*. Rio de Janeiro: Serviço Gráfico do IBGE, 1948.

INEP. *O ensino normal no Brasil: Relação dos estabelecimentos de ensino normal em funcionamento em dezembro de 1945*. Rio de Janeiro: Ministério da Educação e Saúde, 1946.

_____. *Oportunidades de educação na capital do país (Informações sôbre as escolas e cursos para uso de pais, professores e estudantes)*. Rio de Janeiro: Ministério da Educação e Saúde, 1941.

378 DIPLOMA DE BRANCURA

_____. *Organização do ensino primário e normal.* v.1: *Estado do Amazonas.* Rio de Janeiro: Ministério da Educação e Saúde, 1939.

_____. *Organização do ensino primário e normal.* v.2: *Estado do Pará.* Rio de Janeiro: Ministério da Educação e Saúde, 1940.

_____. *Organização do ensino primário e normal.* v.3: *Estado do Maranhão.* Rio de Janeiro: Ministério da Educação e Saúde, 1940.

LEMME, P. *Memórias.* Rio de Janeiro: Inep/Cortez, 1988. v.2.

LEITE, J. C. *E disse o velho militante* ... São Paulo: CUTI, 1992.

LOURENÇO FILHO, M. B. A Escola de Professores do Instituto de Educação. *Arquivos do Instituto de Educação 1,* n°1, p.1-26, 1934.

_____. *O Juazeiro de Padre Cícero.* 3. ed. 1928. São Paulo: Melhoramentos, 1955.

_____. *Testes ABC para verificação da maturidade necessária à aprendizagem da leitura e escrita.* 6. ed. 1933. São Paulo: Melhoramentos, 1957.

MAGALHÃES, B. de. *História do Brasil para a quinta série do curso secundário.* Rio de Janeiro: Francisco Alves, 1942. v.2.

_____. *História do Brasil para a terceira série ginasial.* 3.ed. (1942). Rio de Janeiro: Livraria Francisco Alves, 1945.

MARINHO, I. P. Evolução da educação física no Brasil. *Cultura Política* 4, n° 40, p.69-77, 1944.

MARQUES, O. Como melhorar a frequência de nossas escolas. *Arquivos do Instituto de Educação 1,* n°1, p.91-7, 1934.

MELLO, Cônego Olympio. O Instituto de Educação no último triênio: Dados constantes do Exmo. Sr. Prefeito Municipal, Cônego Olympio de Mello, à Câmara Municipal do Distrito Federal, em maio de 1936. *Arquivos do Instituto de Educação 1,* n°2, 1936.

MES. *A Semana da Criança em 1943: 10 a 17 de outubro – A infância abandonada.* Rio de Janeiro: Imprensa Nacional, 1943.

MONTEIRO, C. do R. *Relatório Anual do Diretor do Colégio Pedro II – Internato ao Exmo. Senhor Ministro da Educação e Saúde, Relativo ao ano de 1944.* Rio de Janeiro: Colégio Pedro II, 1945.

_____. *Relatório Anual do Diretor do Colégio Pedro II – Internato ao Exmo. Senhor Ministro da Educação e Saúde, Relativo aos anos de 1938 a 1943.* Rio de Janeiro: Colégio Pedro II, 1944.

BIBLIOGRAFIA **379**

MORTARA, G. *Interpretação e análise de algumas estatísticas do ensino primário no Brasil em relação com os resultados do Censo de 1940.* Rio de Janeiro: Serviço Gráfico do IBGE, 1942.

NEREU DE SAMPAIO. "Plano regulador das construcções escolares (Annexo ao relatório do Diretor Geral de Instrução Pública). *Boletim de Educação Pública 1*, n°1, 1932.

PENDE, N. *Scienzia Dell'Ortogenesi.* Bergamo: Instituto Italiano D'Arti Grafiche, 1939.

PEREGRINO JÚNIOR. Sentido político e biológico da educação física. *Cultura Política 4*, n°36, p.154-72, 1944.

PERNAMBUCO, Estado de. *Regulamento da escola normal, Estado de Pernambuco: Decreto n° 189, de 11 de maio de 1933.* Recife: Imprensa Oficial, 1933.

PERNAMBUCO FILHO, P. Centro de Pesquisas Educacionais: Colaboração com o Ministério da Guerra. *Revista de Educação Pública 2*, n°2, p.211-21, 1944.

_____. O valor do Serviço de Ortofrenia e Psicologia na aprendizagem escolar. *Revista de Educação Pública 1*, n°3, p.337-46, 1943.

PINHEIRO, R. O papel da escola no aproveitamento da Amazônia. *Cultura Política 1*, n°10, p.76-83, 1941.

POMBO, R. *História do Brasil.* 3. ed. São Paulo: Companhia Melhoramentos, 1925.

_____. *Nossa pátria: Narração dos fatos da história do Brasil, através da sua evolução com muitas gravuras explicativas.* 79. ed. São Paulo: Companhia Melhoramentos, 1917.

PREFEITURA do Distrito Federal. *Decreto n° 3810, organização do Instituto de Educação do Rio de Janeiro.* Rio de Janeiro: Diretoria Geral de Instrução Pública da Prefeitura do Distrito Federal, 1932.

RAJA GABAGLIA, F. A. Apresentação de F. A. Raja Gabaglia, Sec. Geral de Educação e Cultura. *Arquivos do Instituto de Educação 2*, n°4, p.7-18, 1945.

_____. Ginásios Municipais. *Revista de Educação Pública 3*, n°4, p.489-91, 1945.

380 DIPLOMA DE BRANCURA

_____. *Leituras Geográficas (Para o ensino secundário)*. Rio de Janeiro: F. Briguet & Cia., 1933.

RAMOS, A. *A aculturação negra no Brasil*. São Paulo: Editora Nacional, 1942.

_____. *A criança problema:* A hygiene mental na escola primária. Rio de Janeiro: Companhia Editora Nacional, 1939.

_____. *A família e a escola (Conselhos de higiene mental aos pais)*. Série D – Vulgarização. Rio de Janeiro: Oficina Gráfica do Departamento de Educação do Distrito Federal, 1934.

_____. *The Negro in Brazil*. Washington, D.C.: The Associated Publishers, 1939.

_____. *O folclore negro no Brasil:* Demopsicologia e psicanálise. Rio de Janeiro: Casa do Estudante do Brasil, 1935.

RIBEIRO, S. S. G. Documentação das grandes demonstrações cívico- -orpheônicas realizadas pela Secretaria Geral de Educação e Cultura. *Revista de Educação Pública 1*, n°2, p.184-5, 1943.

RODRIGUES, M. de Q. Educação física: Programa do curso normal do Instituto de Educação. *Revista de Educação Pública 2*, n°2, p.247-52, 1944.

ROMERO, N. Medicina e educação. *Revista de Educação Pública 1*, n°3, p.359-62, 1943.

ROMERO, S. *A história do Brasil:* Ensinada pela biografia de seus heróes. 9. ed. Rio de Janeiro: Francisco Alves, 1915.

ROQUETTE PINTO, E. Apresentação. In: *Estudos Afro-Brasileiros (Trabalhos apresentados no 1° Congresso Afro-Brasileiro reunido no Recife em 1934)*. Rio de Janeiro: Ariel, 1935.

SANTOS, T. M. A educação e a guerra. *Revista de Educação Pública 1*, n°2, p.317-22, 1943.

SERRANO, J. *Epítome da história do Brasil*. 3. ed. 1933. Rio de Janeiro: F. Briguet & Cia., 1941.

_____. *História da civilização (em cinco volumes, para o curso secundário)*. 5. ed. Rio de Janeiro: F. Briguet & Cia., 1939.

_____. *História geral:* História moderna e contemporânea. Rio de Janeiro: F. Briguet & Cia., 1944. v.2.

BIBLIOGRAFIA **381**

SECRETARIA Geral de Educação e Cultura. *Regulamento do ensino normal:* Regime interno, resoluções. Rio de Janeiro: Oficina Gráfica da SGES, 1947.

SILVA, Joaquim. *História da civilização para o terceiro ano ginasial.* 5.ed. São Paulo: Companhia Editora Nacional, 1936.

SILVEIRA, A. B. da. *História do Instituto de Educação.* Rio de Janeiro: Secretaria Geral de Educação e Cultura, 1954.

STAVRIANOS, L. S. As ditaduras e o problema educacional. *Rio Ilustrado* (1936).

TEIXEIRA, A. *Educação não é Privilégio.* Rio de Janeiro: José Olympio, 1957.

_____. *Educação pública:* Sua organização e administração. Rio de Janeiro: Oficina Gráfica do Departamento de Educação do Distrito Federal, 1934.

_____. O systema escolar do Rio de Janeiro, D.F.: Relatório de um anno de administração. *Boletim de Educação Pública 1,* n°4, p.307-70, 1932.

TEIXEIRA, A. M.; AZEVEDO, E. C. de. Escolares desajustados (Considerações sôbre o relatório do 5° D.M.P. relativo a 1942). *Revista de Educação Pública 1,* n°3, p.323-32, 1943.

TEIXEIRA DE FREITAS, M. A. *O ensino primário no Brasil em 1939.* Rio de Janeiro: Serviço Gráfico do IBGE, 1945.

_____. *O ensino primário brasileiro no decênio, 1932-1941.* Rio de Janeiro: Serviço Gráfico do IBGE, 1946.

THOMAZ, J. S. Desenvolvimento cefálico e subnutrição. *Revista de Educação Pública 2,* n°4, p.593-609, 1944.

TORRES, A. *A organização nacional.* Rio de Janeiro: Imprensa Nacional, 1914.

_____. *O problema nacional brasileiro.* Rio de Janeiro: Imprensa Nacional, 1914.

TRAVERSO, A. Fatores da formação dos povos Sul Americanos. In: *Concurso para cadeira catedrática.* Rio de Janeiro: Colégio Pedro II, 1941.

382 DIPLOMA DE BRANCURA

VARGAS, G. *Discurso de paraninfo com que o Presidente Getúlio Vargas se dirigiu aos professorandos de 1943, no Instituto de Educação, no ato de colação de grau. Revista de Educação Pública 1*, n°4, p.471-4, 1943.

VENANCIO FILHO, F. A civilização brasileira e a educação. *Anuário do Colégio Pedro II* 9, p.1-103, 1939.

_____. Instituto de Educação no Distrito Federal. *Arquivos do Instituto de Educação* 2, n°4, p.19-32, 1945.

VILLA-LOBOS, H. *Canto orfeônico:* Marchas, canções, e cantos marciais para educação consciente da "Unidade de Movimento". Rio de Janeiro: E. S. Mangione, 1940. v.1.

_____. Educação musical. In: *A presença de Villa-Lobos*. Rio de Janeiro: Museu Villa-Lobos, 1991. v.13.

_____. *Programa de música:* Escolas elementar e secundária técnica e curso de especialização. Rio de Janeiro: Oficina Gráfica do Departamento de Educação do Distrito Federal, 1934.

Fontes Secundárias

ABERNATHY, D. B. *The Political Dilemma of Popular Education: An African Case.* Palo Alto: Stanford University Press, 1969.

ALMEIDA, L. R. de. *O Instituto de Pesquisas Educacionais no antigo Distrito Federal e Estado de Guanabara. 1993.* Dissertação (Mestrado) – Faculdade de Educação/UFRJ.

ANDERSON, B. *Imagined Communities: Reflections on the Origin and Spread of Nationalism.* 2. ed. Londres: Verso, 1991.

ARAÚJO, J. Z. *A negação do Brasil:* O negro na telenovela brasileira. São Paulo: SENAC, 2000.

BADARÓ, M. *Gustavo Capanema:* A revolução na cultura. Rio de Janeiro: Nova Fronteira, 2000.

BARBOSA, M. *Frente Negra Brasileira:* Depoimentos. São Paulo: Quilombhoje, 1998.

BARRETO, A. O. L. de B. *Contribuição para a história da escola pública primária do Distrito Federal, no período do Estado Novo (1937-1945)*. 1986. Dissertação (Mestrado) – Pontifícia Universidade Católica do Rio de Janeiro.

BARROS, O. de. *Preconceito e educação no Governo Vargas*. Rio de Janeiro: Colégio Pedro II, 1987.

BESSE, S. K. *Restructuring Patriarchy: The Modernization of Gender Inequality in Brazil, 1914-1940*. Chapel Hill: University of North Carolina Press, 1996.

BITTENCOURT, C. M. F. *Pátria, civilização e trabalho: O ensino de história nas escolas paulistas (1917-1939)*. 1988. Dissertação (Mestrado) – FFLCH/Universidade de São Paulo.

BOMENY, H. Novos talentos, vícios antigos: Os renovadores e a política educacional. *Estudos Históricos* 6, n°1, p.24-39, 1993.

_____. *Organização nacional da juventude:* A política de mobilização da juventude no Estado Novo. Rio de Janeiro: CPDOC/FGV, 1981.

BORGES, D. *The Family in Bahia, 1870-1945*. Stanford: Stanford University Press, 1992.

_____. "Puffy, Ugly, Slothful, and Inert": Degeneration in Brazilian Social Thought, 1870-940. *Journal of Latin American Studies 25*, 1993, p.235-56.

BUTLER, K. *Freedoms Given, Freedoms Won: Afro-Brazilians in Post-Abolition São Paulo and Salvador*. New Brunswick: Rutgers University Press, 1998.

CARVALHO, A. M. M. de. Reafirmação e delimitação do papel feminino nos livros didáticos dos anos 30/40. *Projeto História 11*, p.171-8, 1994.

CARVALHO, J. M. de. *A formação das almas:* O imaginário da República no Brasil. São Paulo: Companhia das Letras, 1990.

_____. *Os bestializados:* O Rio de Janeiro e a República que não foi. São Paulo: Companhia das Letras, 1991.

CARVALHO, M. M. C. de. *Molde nacional e fôrma cívica:* Higiene, moral e trabalho no projeto da Associação Brasileira de Educação, 1924-1931. 1986. Tese (Doutorado) – Feusp/Universidade de São Paulo.

384 DIPLOMA DE BRANCURA

CAUFIELD, S. *In Defense of Honor:* Sexual Morality, Modernity, and Nation in Early-Twentieth Century Brazil. Durham: Duke University Press, 1999.

CAVALCANTI, Lauro. *As preocupações do belo:* Arquitetura moderna brasileira dos anos 30/40. Rio de Janeiro: Taurus, 1995.

CONNIFF, M. *Urban Politics in Brazil:* The Rise of Populism, 1925-1945. Pittsburgh: University of Pittsburgh Press, 1981.

CORRÊA, M. As ilusões da liberdade: *A escola Nina Rodrigues e a antropologia no Brasil.* 1982. Tese (Doutorado) – Universidade de São Paulo.

CREMLIN, L. A.; SHANNON, D. A.; TOWNSEND, M. E. *A History of Teachers College, Columbia University.* Nova York: Columbia University Press, 1954.

CUNHA, C. da. *Educação e autoritarismo no Estado Novo.* 2. ed. São Paulo: Cortez, 1989.

DÁVILA, J. Expanding Perspectives on Race in Brazil. *Latin American Research Review 35,* n°3, p.188-98, 2000.

_____. Under the Long Shadow of Getúlio Vargas: A Research Chronicle. *Estudios Interdisciplinários de América Latina y el Caribe 12,* n°1, p.25-38, 2001.

DE DECCA, E. *O silêncio dos vencidos.* 2. ed. 1981. São Paulo: Brasiliense, 1994.

DEGLER, C. *Neither Black nor White: Slavery and Race Relations in Brazil and the United States.* Nova York: Macmillan, 1971.

DE JESUS, A. T. *Educação e hegemonia no pensamento de Antonio Gramsci.* Campinas: Editora da Unicamp, 1989.

DELLA CAVA, R. *Miracle at Juazeiro.* Nova York: Columbia University Press, 1970.

DE LORENZO, H. C.; COSTA, W. P. da (Eds.). *A década de 1920 e as origens do Brasil moderno.* São Paulo: Editora da Unesp, 1997.

DIACON, T. A. *Millenarian Vision, Capitalist Reality: Brazil's Contestado Rebellion.* Durham: Duke University Press, 1991.

ENÉAS, Z. S. *Era uma vez no Instituto de Educação.* Rio de Janeiro: Zilá Simas Enéas, 1998.

BIBLIOGRAFIA **385**

ESTATÍSTICA, Conselho Nacional de. *Contribuições para o estudo da demografia no Brasil.* Rio de Janeiro: Serviço Gráfico do IBGE, 1961.

EVENSON, N. *Two Brazilian Capitals: Architecture and Urbanism in Rio de Janeiro and Brasília.* New Haven: Yale University Press, 1973.

FAUSTO, B. *A Revolução de 1930: História e historiografia.* 16.ed. (1970). São Paulo: Companhia das Letras, 1997.

FÁVERO, M. de L. de A.; BRITTO, J. de M. (Eds.). *Dicionário de educadores no Brasil:* Da colônia aos dias atuais. Rio de Janeiro: Editora UFRJ, 1990.

FERNANDES, F. *The Negro in Brazilian Society.* Nova York: Columbia University Press, 1969.

FERREIRA, A. B. de H. *Novo Aurélio século XXI:* O dicionário da língua portuguesa. 3. ed. (1975). Rio de Janeiro: Nova Fronteira, 1999.

FLEISCH, B. D. The Teachers College Club: American Educational Discourse and the Origins of Bantu Education in South Africa, 1914-1951. Tese (Doutorado) – Columbia University, 1995.

FONTAINE, P. M. *Race, Class, and Power in Brazil.* Los Angeles: Center for Afro-American Studies, Ucla, 1985.

FOSTER, P. *Education and Social Change in China.* Chicago: University of Chicago Press, 1965.

FOUCAULT, Michel. *Discipline and Punish: The Birth of the Prison.* Nova York: Vintage Books, 1995.

FOX, R. G. (Ed.). *Nationalist Ideologies and the Production of National Cultures.* Washington, D.C.: American Ethnological Society, 1990. v.2.

GARCIA, N. J. *Ideologia e propaganda política:* A legitimação do Estado autoritário perante as classes subalternas. São Paulo: Loyola, 1982.

GAY, R. *Popular Organization and Democracy in Rio de Janeiro: A Tale of Two Favelas.* Filadélfia: Temple University Press, 1994.

GHIRALDELLI, P. *Pedagogia e luta de classes no Brasil, 1930-1937.* Ibitinga: Humanidades, 1991.

GOMES, Angela de Castro (Ed.). *Capanema:* O ministro e seu ministério. Rio de Janeiro: Editora FGV, 2000.

GOULD, S. J. *The Mismeasure of Man.* 2.ed. 1981. Nova York: Norton, 1996.

386 DIPLOMA DE BRANCURA

GRAHAM, D. H.; HOLANDA FILHO, S. B. de. *Migration, Regional and Urban Growth, and Development in Brazil: A Selective Analysis of the Historical Record, 1872-1970.* São Paulo: Instituto de Pesquisas Econômicas, USP, 1971.

GREEN, J. N. *Beyond Carnival: Male Homosexuality in Twentieth Century Brazil.* Chicago: University of Chicago Press, 2000.

GUIMARÃES, M. L. L. S. *Educação e modernidade:* O projeto educacional de Anísio Teixeira. 1982. Dissertação (Mestrado) – PUC-RIO.

GUMPERZ, J. (Ed.). *Language and Social Identity.* Cambridge: Cambridge University Press, 1982.

HANCHARD, M. Black Cinderella? Race and the Public Sphere in Brazil. *Public Culture 7,* p.165-85, 1994.

HANEY, W. Validity, Vaudeville, and Values: A Short History of Social Concerns Over Standardized Testing. *American Psychologist 36,* n°10, p.1021-34, 1981.

HARRIS, M. *Amazon Town: A Study of Man in the Tropics.* Nova York: Macmillan, 1953.

HIGGINBOTHAM, E. B. African-American Women's History and the Metalanguage of Race. *Signs 17,* n°2, p.251-74, 1992.

HOCHMAN, G. *A era do saneamento.* São Paulo: Hucitec, 1996.

HOLLINGER, D. Authority, Solidarity, and the Political Economy of Identity: The Case of the United States. *Diacritics 29,* n°4, p.116-27, 1999.

HORTA, J. S. B. *O hino, o sermão e a ordem do dia.* Rio de Janeiro: Editora UFRJ, 1994.

IBGE. *Contribuições para o estudo da demografia no Brasil.* Rio de Janeiro: IBGE, 1971.

_____. *Estatísticas históricas do Brasil:* Séries econômicas, demográficas e sociais de 1550 a 1988. 2. ed. Rio de Janeiro: IBGE, 1990. v.3.

IGNATIEV, N. *How the Irish Became White.* Nova York: Routledge, 1996.

KELLEY, R. *Race Rebels: Culture, Politics, and the Black Working Class.* Nova York: The Free Press, 1996.

KRAAY, H. (Ed.). *Afro-Brazilian Culture in Bahia, 1790's to 1990's.* Armonk, N.Y.: M. E. Sharpe, 1998.

BIBLIOGRAFIA **387**

LEITE, D. M. *O caráter nacional brasileiro.* 1969.

LEMME, A. C. *Saúde, educação e cidadania da década de 30.* 1992. Dissertação (Mestrado) – Centro Biomédico, UFRJ.

LESSER, J. *Negotiating National Identity: Immigrants, Minorities, and the Struggle for Ethnicity in Brazil.* Durham: Duke University Press, 1999.

_____. *Welcoming the Undesirables: Brazil and the Jewish Question.* Berkeley: University of California Press, 1994.

LEVINE, R. M. *Father of the Poor? Vargas and His Era.* Nova York: Cambridge University Press, 1998.

_____. *Pernambuco in the Brazilian Federation.* Stanford: Stanford University Press, 1978.

LIMA, M. A. de. *Formas arquiteturais esportivas no Estado Novo (1937-1945):* Suas implicações na plástica de corpos e espíritos. Rio de Janeiro: Funarte, 1979.

LIMA, N. T.; HOCHMAN, G. Condenado pela raça, absolvido pela medicina: O Brasil descoberto pelo movimento sanitarista da Primeira República. In: MAIO, M. C.; SANTOS, R. V. (Eds.). *Raça, ciência e sociedade.* Rio de Janeiro: Fiocruz, 1996.

LIMA SOBRINHO, B. *A presença de Alberto Tôrres (Sua vida e pensamento).* Rio de Janeiro: Civilização Brasileira, 1968.

LIPPI E OLIVEIRA, L. *Estado Novo:* Ideologia e poder. Rio de Janeiro: Zahar, 1982.

LIPSITZ, G. *The Possessive Investment in Whiteness How White People Profit from Identity Politics.* Filadélfia: Temple University Press, 1998.

LISSOVSKY, M., MORAES DE SÁ, P. S. (Eds.). *As colunas da educação:* A Construção do Ministério da Educação e Saúde. Rio de Janeiro: Iphan, 1996.

LOPES, E. T.; FARIA FILHO, L. M.; VEIGA, C. G. (Eds.). *500 anos de educação no Brasil.* Belo Horizonte: Autêntica, 2000.

MACHADO, M. B. *Political Socialization in Authoritarian Systems: The Case of Brazil.* 1975. Tese (Doutorado) – University of Chicago.

MAIA, M. *Villa-Lobos:* alma brasileira. Rio de Janeiro: Contraponto, 2000.

MARSON, A. *A ideologia nacionalista em Alberto Tôrres.* São Paulo: Duas Cidades, 1979.

388 DIPLOMA DE BRANCURA

MARX, A. *Making Race and Nation: A Comparison of the United States, South Africa, and Brazil*. Nova York: Cambridge University Press, 1998.

MEADE, T. A. *"Civilizing" Rio: Reform and Resistance in a Brazilian City, 1889-1930*. Filadélfia: Pennsylvania State University Press, 1997.

MERRICK, T. W. *The Demographic History of Brazil*. Alburquerque: The Latin American Institute, University of New Mexico, 1980.

MERRICK, T. W.; GRAHAM, D. H. *Population and Development in Brazil, 1800 to the Present*. Baltimore: Johns Hopkins University Press, 1979.

NEEDELL, J. *A Tropical Belle Epoque: Elite Culture and Society in Turn-of-the-Century Rio de Janeiro*. Nova York: Cambridge University Press, 1988.

NEMETH, T. *Gramsci's Philosophy: A Critical Study*. Atlantic Highlands: Humanities Press, 1980.

NOBLES, M. *Shades of Citizenship: Race and the Census in Modern Politics*. Stanford: Stanford University Press, 2000.

NUNES, C. *Anísio Teixeira: A poesia da ação*. 1991. Tese (Doutorado) – Pontifícia Universidade Católica do Rio de Janeiro.

_____. A escola redescobre a cidade: Reinterpretação da modernidade pedagógica no espaço urbano carioca/1910-1935. Niterói: Universidade Federal Fluminense, 1993.

OLIVEIRA, B. S. de. *A modernidade oficial:* A arquitetura das escolas públicas no Distrito Federal (1928-1940). 1991. Tese (Doutorado) – FAU/Universidade de São Paulo.

OLIVEIRA, S. T. de. Escolarização profissional feminina, em São Paulo, nos anos 1910/20/30. *Projeto História 11*, p.57-68, 1994.

PEARD, J. *Race, Place, and Medicine: The Idea of the Tropics in the Nineteenth-Century Brazil*. Durham: Duke University Press, 1999.

PEREIRA, L. O fazer feminino do magistério (Tateando um objeto de pesquisa). *Projeto História 11*, p.79-90, 1994.

PIZA, E. Contaminação de práticas no trabalho de magistério: Notas para reflexão. *Projeto História 11*, p.79-90, 1994.

BIBLIOGRAFIA **389**

PLANK, D. N. The Expansion of Education: A Brazilian Case Study. *Comparative Education Review 31*, n°3, p.361-76, 1987.

REICHMANN, R. (Ed.). *Race in Contemporary Brazil: From Indifference to Inequality.* University Park: Pennsylvania State University Press, 1999.

REID ANDREWS, G. *Blacks and Whites in São Paulo, Brazil, 1888-1988.* Madison: University of Wisconsin Press, 1991.

REIN, M. E. *Politics and Education in Argentina, 1946-1962.* Armonk, N.Y.: M. E. Sharpe, 1998.

REIS, M. C. D. Imagens flutuantes: Mulher e educação (São Paulo, 1910/1930). *Projeto História 11*, p.47-56, 1994.

RODRIGUES, N. A realeza do Pelé. In: *O melhor do romance, contos e crônicas.* São Paulo: Companhia das Letras, 1993.

ROEDIGER, D. *The Wages of Whiteness: Race and the Making of the American Working Class.* Londres: Verso, 1999.

ROSEMBERG, F. Educação e gênero no Brasil. *Projeto História 11*, p.7-18, 1994.

ROSEMBERG, F.; PIZA, E. *Analfabetismo, raça e gênero nos censos brasileiros.* São Paulo: Fundação Carlos Chagas, 1993.

_____. *Cor nos censos brasileiros.* São Paulo: Núcleo de Estudos sobre Educação, Gênero, Raça e Idade. Pontifícia Universidade Católica de São Paulo, 1993.

ROSS, D. *The Rise of American Social Science.* Cambridge: Cambridge University Press, 1991.

_____ (Ed.). *Modernist Impulses in the Human Sciences.* Baltimore: Johns Hopkins University Press, 1994.

SANTOS, R. V. Edgar Roquette Pinto, os tipos antropológicos e a questão da degeneração racial no Brasil no início do século. In: *XX Encontro Anual da ANPOCS em Caxambu, MG.* Caxambu: Anpocs, 1996.

SARMENTO, C. E. *Pedro Ernesto:* Um prefeito para o Rio. Rio de Janeiro: Fundação Getulio Vargas, 1995.

SCHWARCZ, L. M. *O espetáculo das raças:* Cientistas, instituições e questão racial no Brasil, 1870-1930. São Paulo: Companhia das Letras, 1993.

SCHWARTZMAN, S.; BOMENY, H. M. B.; COSTA, V. M. R. *Tempos de Capanema*. São Paulo: Edusp, 1984.

SEGISMUNDO, F. *Excelências do Colégio Pedro II*. Rio de Janeiro: Colégio Pedro II, 1993.

SERBIN, K. *Igreja, Estado e ajuda financeira pública no Brasil, 1930-1964: Estudos de três casos chaves*. Rio de Janeiro: CPDOC/FGV, 1991.

SILVA, M. dos S. A educação brasileira no Estado Novo. 1975. Dissertação (Mestrado) – Universidade Federal Fluminense.

SKIDMORE, T. E. *Black into White: Race and Nationality in Brazilian Thought*. 2. ed. Durham: Duke University Press, 1993.

_____. *Politics in Brazil, 1930-1964: An Experiment in Democracy*. Oxford: Oxford University Press, 1967.

SMOLKA, A. L. B.; MENEZES, M. C. (Eds.). *Anísio Teixeira, 1900-2000: Provocações em educação*. Bragança Paulista: Editora Universidade de São Francisco, 2000.

SODRÉ, N. W. *A história da imprensa no Brasil*. Rio de Janeiro: Civilização Brasileira, 1966.

STEPAN, A. (Ed.). *Authoritarianism in Brazil*. New Haven: Yale University Press, 1974.

STEPAN, N. L. *"The Hour of Eugenics": Race, Gender, and Nation in Latin America*. Ithaca: Cornell University Press, 1991.

STOLER, A. *Race and Education of Desire: Foucault's 'History of Sexuality' and the Colonial Order of Things*. Durham: Duke University Press, 1995.

VAUGHN, M. K. *Cultural Politics in Revolution: Teachers, Peasants, and Schools in Mexico, 1930-1940*. Tucson: University of Arizona Press, 1998.

VIDAL, D. G. *O exercício disciplinado do olhar*: Livros, leituras e práticas de formação ocente no Instituto de Educação do Distrito Federal. 1995. Tese (Doutorado) – Feusp/Universidade de São Paulo.

VIDAL, D. G. (Ed.). *Na batalha da educação*: Correspondência entre Anísio Teixeira e Fernando de Azevedo (1929-1971). Bragança Paulista: Universidade de São Francisco, 2000.

BIBLIOGRAFIA **391**

VILHENA, C. P. de S. Imprensa e educação católicas na formação do público leitor feminino (1920/1950). *Projeto História 11*, p.147-60, 1994.

VILLA-LOBOS, H. *A presença de Villa-Lobos*. Rio de Janeiro: Museu Villa-Lobos, 1991. v.13.

WAGLEY, C. *An Introduction to Brazil*. Nova York: Columbia University Press, 1963.

_____. *Race and Class in Rural Brazil*. Paris: Unesco, 1952.

WEBBER, E. *Peasants into Frenchmen: The Modernization of Rural France, 1870-1914*. Stanford: Stanford University Press, 1976.

WEFFORT, F. *Classes populares e política*. São Paulo: Universidade de São Paulo, 1968.

WEINSTEIN, B. *For Social Peace in Brazil: Industrialists and the Remaking of the Working Class in São Paulo, 1920-1964*. Chapel Hill: University of North Carolina Press, 1996.

WILLIAMS, D. Ad Perpetuam Rei Memoriam: The Vargas Regime and Brazil's National Historical Patrimony, 1930-1945. *Luso-Brazilian Review*, p.45-75, 1994.

_____. *Culture Wars in Brazil: The First Vargas Regime, 1930-1945*. Durham: Duke University Press, 2001.

WINN, P. A Worker's Nightmare: Taylorism and the 1962 Yarur Strike in Chile. *Radical History Review 58*, p.4-34, 1994.

WOLFE, J. "Father of the Poor" or "Mother of the Rich"? Getúlio Vargas, Industrial Workers, and Constructions of Class, Gender and Populism in São Paulo, 1930-1954. *Radical History Review 58*, p.80-111, 1994.

_____. *Working Women, Working Men: São Paulo and the Rise of Brazil's Industrial Working Class, 1900-1955*. Durham: Duke University Press, 1993.

X, M. *The Autobiography of Malcolm X*. Nova York: Random House, 1975.

XAVIER, M. E.; RIBEIRO, M. L.; NORONHA, O. M. *História da educação:* A escola no Brasil. São Paulo: FTD, 1994.

Índice remissivo

Academia Nacional de Medicina 58
Ação Integralista Brasileira (AIB) 241
Agache, Alfred, 98, 126, 127, 131-7, 138, 140, 145
Alagoas (estado), 118, 119, 175
Alcoolismo, 53, 66, 76-8, 317-9
Ver também Eugenia; Degeneração racial
Alfabetização 78, 96, 102, 114-8, 120-4, 126, 135, 144, 146, 221, 270
Aliança Nacional Libertadora, 189
Alves, Isaías, 68, 195, 224-9, 256, 259, 260, 366
Amazonas (estado), 33, 64, 112, 119, 175, 190, 365
Anderson, Benedict, 101
Andrade, Carlos Drummond de, 109, 296
Andrade, Mário de, 51, 109
Antipoff, Helena, 223, 224
Antissemitismo, 281, 298-300, 307, 317
Antonio, Celso, 49-52
Associação Brasileira de Educadores (ABE), 103, 130
Associação de Biotipologia, 54
Associação Cristã de Moços (ACM), 323
Azevedo, Fernando de, 13, 34, 54, 64, 106, 129, 161-6, 168, 169, 195, 218, 264, 265, 270, 282-5

atacado por católicos nacionalistas, 255-62
reforma de, 156, 163, 172-5, 205
Azevedo, Philadelpho, 283, 351,3

Bahia (estado), 33, 65, 74, 117, 118, 119, 122, 123, 151, 152, 260, 265, 266, 365, 366
Barbosa, Aloysio, 15, 295, 296
Batista, Pedro Ernesto, 79, 86, 208, 209, 242-3, 244, 257, 259, 262, 266, 267
Beckeuser, Everardo, 117
Boas, Franz, 31, 50, 58
Borges, Pio, 87, 272, 273, 275, 280, 348
Brito, Mário de, 165, 177, 178, 182, 183, 184, 185, 266
Brizola, Leonel, 159, 367

Câmara, D. Jaime de Barros (arcebispo do Rio), 20
Campos, Francisco, 129
autor da constituição do Estado Novo, 170, 171, 172, 242, 267
como ministro da Educação e Saúde, 108-10, 318, 320
como ministro da Justiça, 242
em Minas Gerais, 170-3, 223

394   DIPLOMA DE BRANCURA

reforma federal da educação, 108-10, 304, 324
secretário da Educação do Rio de Janeiro, 241-2, 267, 271
Capanema, Gustavo, 20, 47-52, 77, 90-1, 97, 109, 110, 111, 247, 251, 259
ativismo católico e, 19, 20, 225-7
e o Colégio Pedro II, 295-301, 317
e o Estado Novo, 295-301
reforma educacional de, 110
Cardoso, Fernando Henrique, 10, 356, 358, 360
Cardoso, Ofélia Boisson, 233, 234, 235
Carneiro Leão, Antônio, 65, 66, 130, 161, 266, 303, 304
Carvalho, Delgado de, 187, 303, 304, 320, 321
Categorias raciais, 25-33, 42-6, 149-59, 225-9
Ver também D'Avila, Bastos; Roquette Pinto, Edgar
Ceará (estado), 33, 61-4, 112, 116, 118, 119, 365
Chateaubriand, Assis, 263
Choeri, Wilson, 15, 295, 296, 331
Cícero, Padre, 61-4
Claparéde, Edouard, 173, 223
Colégio Militar, 192, 273, 341
Colégio Pedro II, 43, 108-10, 158, 187, 272, 283, 294-353, 362
cultura estudantil no, 301, 315-22
educação física no, 318-21
educação mista no, 313-4
Estado Novo no, 295-300
Internato do, 309-12
professores do, 303, 322-32
raça no, 315-31
Conferência Médico-Pedagógica (1941), 275
Congresso Afro-Brasileiro (1934) 71, 160
Conniff, Michael, 79, 208, 259, 262, 263, 267
Constant, Benjamin, 280, 302, 353
Constituição de 1891, 115, 255
Constituição de 1934, 106, 168, 252, 257
Constituição de 1937, 171, 242

Correia, Jonas, 80, 192, 270-6, 282, 283, 351
Costa, Lúcio, 48
Costa Pinto, L. A., 37, 98, 127, 135, 139-45
Criminologia, 23, 25, 55, 57, 58, 69, 140, 165, 169, 180, 193, 221, 236, 287, 291
Ver também Pende, Nicola

D'Avila, Bastos, 44, 69-73, 211, 235, 236, 359
de Decca, Edgar, 35
Degeneração racial, 21, 23, 26, 28, 33, 36, 44, 47, 50, 52, 54-76, 77, 97, 98, 99, 146, 169, 170, 195, 199, 208, 221, 235, 239, 326, 367
Ver também Alcoolismo; Colégio Pedro II; Eugenia; Testes de inteligência; Sífilis; Tuberculose
Delegacia Especial de Segurança Política e Social (Desps), 187, 188, 241, 242, 267, 306
Ver também Müller, Filinto
Democracia racial, 11, 16, 19, 34, 39, 57, 127, 142, 161, 358
Ver também Freyre, Gilberto
Departamento de Educação do Rio de Janeiro, 23, 33, 34, 36, 42, 54, 65-88, 117-9, 143-6, 169, 191-3, 199-201, 211, 237
Departamento de Educação Nacionalista (DEN) do, 272, 284
Distritos Médico-Pedagógicos, 275-8
e cantos orfeônicos, 245-52
e educação religiosa, 245, 252
e seu poder de atração sobre educadores, 124-7
educação vocacional do, 242, 269, 270, 272, 290, 301, 332-53, 367
expulsões no, 241
pedidos da população ao, 288, 289, 290, 292, 349, 350, 351
Serviço de Currículo do, 210, 211
Serviço de Matrícula e Frequência (SMF), 213

ÍNDICE REMISSIVO 395

Serviço de Prédios e Aparelhamentos Escolares do, 210-8, 287, 288, 292
Serviço de Promoção e Classificação de Alunos, 213, 219, 275
Departamento de Imprensa e Propaganda, 20
Departamento Nacional de Saúde Pública, 108, 115
Desps. *Ver* Delegacia Especial de Segurança Política e Social,
Dewey, John, 67, 165, 171, 173, 195, 209, 210, 211, 243, 304, 343
Distrito Federal do Rio de Janeiro. *Ver* Rio de Janeiro (cidade)
Dodsworth, Henrique Toledo, 85, 267, 282-91
no Colégio Pedro II, 267-9, 303, 312
reforma educacional de, 269-71, 282
Dória, Antônio de Sampaio, 170
Durkheim, Emile, 173
Dutra, Gaspar 296, 297, 298

Educação física, 33, 54-7, 65, 88-92, 108-10, 167, 175, 181-6, 215, 261, 272, 284, 313, 318, 319, 320, 321, 323, 339
Educação secundária, 43, 107, 108, 109, 110, 118, 169, 170, 182, 298, 300-2, 307, 308, 324, 331, 340, 341, 342, 352
Escola Amaro Cavalcanti, 332, 333, 334, 343-8, 363
Escola General Trompowsky, 229-36, 275
Escola Militar, 190, 278, 295, 296, 298, 307
Escola Nacional de Educação Física, 89, 110
Escola Normal do Rio de Janeiro. *Ver* Instituto de Educação
Escola Nova, filosofia educacional da, 168, 171, 185-9, 201, 202, 231, 252-63, 283, 300, 332, 343, 347, 366
Escola Orsina da Fonseca, 150, 291, 292
Escola Profissional Souza Aguiar, 149-55, 333, 334

Escola Rivadávia Correa, 179, 181, 333, 334, 339
Escola Vicente Licínio, 82-4, 200-4, 212
Escravidão, 105, 143, 325-9, 332, 364
Espírito Santo (estado), 33, 64, 119, 175
Estado Novo, 35, 36, 84-8, 97, 106, 110, 111, 132-3, 141, 158, 190, 191, 216, 237, 239, 295-300, 303-7
sistema escolar do Rio de Janeiro durante o, 241-94
Estados Unidos: e ideias educacionais, 112, 164-6, 193, 209, 212, 224-6, 236-7, 242-6, 267, 301, 332, 346
e eugenia, 31
modelo para o treinamento de professores, 171, 177
Eugenia, 30, 31, 32, 34, 52-7, 66-93, 110, 116, 160-72, 175, 178-85, 199-204, 211, 221, 235-7, 243, 245, 268, 272-5, 284, 316-23, 339, 356, 359, 364
Ver também Alcoolismo; Colégio Pedro II; D'Avila, Bastos; Testes de inteligência; Degeneração racial; Sífilis, Tuberculose.

Favelas. *Ver* Rio de Janeiro (cidade)
Federação das Indústrias do Estado de São Paulo (Fiesp), 210
Fernandes, Florestan, 37, 142, 143, 194
Fontenelle, J. P., 227, 228, 229, 266
Fordismo. *Ver* Racionalização
Fraga, Norma, 158, 251, 252, 316, 331
Freitas, Mário Augusto Teixeira de, 95-9, 100-7, 120, 121, 125, 127, 159, 264, 265, 308
Ver também Instituto Brasileiro de Geografia e Estatística (IBGE)
Frente Negra Brasileira, 156-60, 179, 180
Freyre, Gilberto, 29, 30, 31, 65, 109, 160, 325, 356
Fundação Oswaldo Cruz, 110

396 DIPLOMA DE BRANCURA

Gabaglia, Fernando Antônio Raja, 187, 283
como diretor do Colégio Pedro II, 295-308
como diretor do Departamento de Educação do Rio de Janeiro, 351-3
como geógrafo, 323, 329, 330
Ver também Colégio Pedro II
Genética, teoria, 356-60
Lamarckiana, 52, 53, 89
Mendeliana, 52, 53, 236, 321, 322
Góes, Joaquim Faria, 301, 331, 334, 335, 337, 338

Hochman, Gilberto, 15, 23, 38, 54, 58, 60, 108, 115, 116
Holanda, Sérgio Buarque de, 30
Huntington, Ellsworth, 330, 331

IBGE. Ver Instituto Brasileiro de Geografia e Estatística
Identidade racial, 25-33, 34-41, 45
Igreja Católica, 35
educação católica, 17-9
e oposição à reforma educacional, 42, 62, 89-92, 243-6, 252, 284, 300
renascimento político da, 246, 255-64, 362
Imigrantes, colônias de, 37, 107, 111
Imigrantes e imigração, 35, 37, 55, 78, 101, 106, 107, 111, 126, 128, 133, 134, 135, 243, 255, 281, 291, 299
Inep. Ver Instituto Nacional de Estudos Pedagógicos
Instituto Brasileiro de Geografia e Estatística (IBGE), 44, 95-100, 101, 103-4, 112, 114, 118, 134, 136, 137, 139, 141, 155, 159, 182
Instituto de Educação, 15, 73, 117, 129, 147-51, 156, 161-99, 258-63, 304, 362
biblioteca do, 185-8
durante o Estado Novo, 190-3, 278-84
educação física no, 175-6

Escola de Professores do, 175-6, 181-7, 260, 281
escola elementar do, 227
escola secundária do, 165, 173, 183-7, 272, 339, 340, 348, 349
novo prédio do, 162, 173
processo de admissão, 176-82, 335
Instituto Nacional de Estatística. Ver Instituto Brasileiro de Geografia e Estatística (IBGE)
Instituto Nacional de Estudos Pedagógicos (Inep), 61, 77, 106, 107, 111, 112, 116, 117, 119, 122, 125, 163, 242, 244, 260, 265, 278, 333, 334, 340, 344
Ver também Lourenço Filho, Manoel
Instituto de Organização Racional do Trabalho (Idort), 211
Instituto de Pesquisas Educacionais do Rio de Janeiro (IPE), 67-79, 211, 366
Serviço de Antropometria, 67-73, 211, 234-6, 278
Serviço de Ortofrenia e Higiene Mental, 67-9, 73-6, 211, 232-6
Serviço de Rádio e Cinema Educativos, 67-9
Serviço de Testes e Escalas, 68, 219-36, 274, 275

Kehl, Renato, 54
Kelly, Celso, 130, 187, 266

Lamarck, Jean Baptiste de.
Ver Genética, teoria
Leão, Antônio Carneiro. Ver Carneiro Leão, Antônio
Le Corbusier, Charles, 48
Leme, Sebastião, 255
Lemme, Paschoal, 242, 243, 244, 266
Liga de Defesa Nacional, 261
Liga Eleitoral Católica, 259
Liga da Higiene Mental, 54, 60
Liga Pró-Saneamento, 54, 59, 60
Lima, Alceu Amoroso, 104, 138, 205, 216, 217, 218, 258
Ver também Nacionalismo católico
Linhares, Maria Yedda, 159, 254, 255, 357, 367

ÍNDICE REMISSIVO 397

Lobato, José Bento Monteiro.
Ver Monteiro Lobato, José Bento
Lourenço Filho, Manoel, 26, 34,
64-7, 71, 77, 111, 129, 195, 210, 271
atacado por católicos nacionalistas,
185-90, 258-63, 265
diretor do Inep, 61, 106, 116,
244, 260, 265, 278
diretor do Instituto de Educação,
111, 116, 163, 168, 169, 170,
173, 181, 182, 183, 184,
185-90
na escola normal de São Paulo, 116
no Ceará, 61-4, 116
Teste ABC de, 116, 168, 219-24
Ver também Instituto de Educação;
Testes de inteligência; Instituto
Nacional de Estudos Pedagógicos

Machado, Pedro Monteiro, 78
Magalhães, Antônio Carlos, 357, 360
Malta, Augusto, 147-61, 162, 174, 181,
204, 205, 206, 209, 220, 231,
314, 362
Maranhão (estado), 112, 118, 119, 175,
311
Marcondes Filho, Alexandre, 288
Mattos, Umbelina de, 190, 191
Medeiros, Maurício 17, 18, 19
Medicina legal. *Ver* Criminologia;
Peixoto, Júlio Afrânio
Mello, Olímpio de, 259, 267
Mendel, Gregor. *Ver* Genética, teoria
Migrantes e migração, 115, 122, 126,
127, 133, 134, 135, 136, 137,
309, 361
Minas Gerais (estado), 33, 108-10, 119,
122, 125, 136, 223, 224
treinamento de professores em,
164, 170-3
Ministério da Agricultura, 103, 106, 107,
135, 136, 264
Ministério da Educação e Saúde (MES),
23, 33, 41, 47-52, 63, 64,
66, 77, 100, 106-12, 115, 116,
117, 118, 295-300, 304
Comissão Nacional de Ensino
Primário do, 21, 117

Comissão Nacional do Livro
Didático, 303
criação do, 58-60, 100, 101, 171
Ver também Campos, Francisco;
Capanema, Gustavo
Ministério da Guerra, 78, 132
Ministério da Justiça, 11, 103, 171, 242,
268
Ministério do Trabalho, 288, 317
Mistura racial, 12, 18, 22, 24, 25, 29, 30,
45, 47-52, 54, 70, 75, 249, 326, 357,
358, 359, 360
Monteiro, Clóvis, 309-10
Monteiro Lobato, José Bento, 59-62,
97, 208
Müller, Filinto, 241, 267, 306, 340
Ver também Delegacia Especial de
Segurança Política e Social (Desps)
Museu Nacional de Antropologia, 30,
49, 73
Ver também Roquette Pinto, Edgar
Mussolini, Benito, 69, 324, 328

Nacionalismo católico, 171, 185-8, 308,
309, 322, 327, 362
e educação religiosa, 244-6,
252-66, 269
Neiva, Arthur, 23, 58, 367
Niemeyer, Oscar, 48, 367
Nina Rodrigues, Raimundo, 58, 74, 75
Nunes, Clarice, 15, 187, 188, 274, 343,
347

Pará (estado), 33, 112, 119, 120, 121,
175, 365
Paraíba (estado), 33, 64, 112, 118, 119,
175, 311
Paraná (estado), 117, 118, 119, 122, 123,
170
Partido Comunista do Brasil (PCB),
241, 244
Partido Republicano, 61
Passos, Francisco Pereira, 128, 131, 133,
138, 145
Peixoto, Júlio Afrânio, 13, 23, 24, 54, 60,
65, 66, 67, 74, 129, 161, 169, 170,
187, 205, 266, 330
Ver também Criminologia

398 DIPLOMA DE BRANCURA

Pelotões de saúde, 65, 80, 81, 82, 202, 204
Pende, Nicola, 69, 236
Penna, Belissário, 23, 58, 106, 317
Pereira, Miguel, 54, 58
Pernambuco (estado), 33, 65, 66, 118, 119, 170, 175
Pernambuco, Ulisses, 223
Pinto, Edgar Roquette. *Ver* Roquette Pinto, Edgar
Pinto, H. Sobral, 18, 19, 20
Pioneiros da Escola Nova, 168, 187, 252, 256, 257, 308
Ver também filosofia educacional da Nova Escola
Pires, Washington, 264
Prado Júnior, Antônio, 125, 131
PRD-5 (estação de rádio), 69, 190, 233, 282
Professores, 38, 45, 55, 81-4, 112, 119-21, 124, 133, 147-99, 219, 280-4, 361
Puericultura, 55, 169-75, 339

Raça brasileira, 21, 56, 67, 71, 78, 99, 251, 356
Raça como categoria científica, 29-36, 357, 358
Racionalização, 34, 35, 42, 66, 204, 210, 243, 263
Racionalização científica. *Ver* Racionalização
Racionalização sistemática. *Ver* Racionalização
Rádio. *Ver* PRD-5
Ramos, Arthur, 26, 30, 67, 69, 70, 73, 74, 75, 76, 77, 127, 142, 211, 236, 325, 366
Recife, Theobaldo, 279
Revolução de 1930, 33, 64,97, 99-100, 106, 171, 208, 241, 255, 296, 303, 308, 313, 314, 319, 327
Rio de Janeiro (cidade): 122-46
alfabetização no, 117, 123
autonomia do, 208
crescimento urbano no, 124, 127-38
favelas no, 128, 135, 139-46, 196, 205, 207, 208, 314

gastos com educação no, 117, 124
raça no, 122-4, 127, 134-46
subúrbios do, 135-45, 199, 200, 207, 216, 259, 288, 313, 314, 334, 344, 352
Rio de Janeiro (estado), 122, 136, 244, 266, 311, 366
Rio Grande do Norte, 33, 117, 118, 122
Rio Grande do Sul, 118, 125, 160, 311
Rockefeller, John D., 166
Rockefeller, Nelson, 48, 248
Roosevelt, Franklin, 324
Roquette Pinto, Edgar, 30, 49, 50, 54, 67, 69, 97, 106, 326, 366
e definição de categorias raciais, 44
Ver também Museu Nacional de Antropologia

Salgado, Plínio, 106
Sampaio, Nereu de, 137, 138, 141, 142, 145, 207, 214, 215, 216
São Paulo (estado): revolta constitucionalista, 305
crescimento urbano em, 124, 133, 135
discriminação racial em, 178-81
educação em, 33, 54, 64, 111, 112, 124-7, 219-24, 256, 262, 275, 285
escola normal de, 61, 116, 156, 168, 173, 223, 262
gastos com educação em, 117, 124
política em, 99, 100
Segregação racial, 16, 138-44, 195, 222, 274, 365
Serviço de Estatística da Educação e Saúde (Sees), 101, 111
Serviço Nacional de Aprendizagem Comercial (Senac), 110
Serviço Nacional de Aprendizagem Industrial (Senai), 110
Serviço do Patrimônio Histórico e Artístico Nacional (Sphan), 109, 110
Sociedade Eugênica de São Paulo, 54, 59, 60
Schmidt, Maria Junqueira, 343-7
Sergipe (estado), 33, 64, 112, 118, 119, 175

ÍNDICE REMISSIVO 399

Serrano, Jonathas, 26, 256, 303, 304, 323-8
Sífilis, 57, 274
Ver também Degeneração racial
Silva, Enéas, 216, 219
Soares, Átila, 259
Sociedade dos Amigos de Alberto Torres, 103-6
Superintendência de Educação Musical e Artística (Sema), 251
Ver também Villa-Lobos, Heitor

Távora, Juarez, 106, 130, 264
Taylorismo, 209, 210
Ver também Racionalização
Teachers College da Universidade de Columbia, 67, 68, 166, 167, 195, 208, 211, 223, 224, 259, 301
Teixeira, Anísio, 42, 43, 60, 65-70, 106, 129, 161, 272, 293-4, 365-7
atacado pelos católicos nacionalistas, 241, 242, 243-6, 252-66
como diretor do Departamento de Educação do Rio de Janeiro, 184-6
estudos nos Estados Unidos, 163, 176, 195
reforma da educação elementar por, 132, 204-40, 244, 269-71
reforma da educação secundária por, 301-4, 332-49
reforma do treinamento de professores por, 161, 163-76
traduções e publicações de, 186, 210, 211
Terman, Lewis, 68, 165, 209, 224, 225, 226, 227, 228, 229, 237
Ver também Testes de inteligência
Testes de inteligência, 40, 68, 80, 177, 209-13, 219-35, 259, 273
Críticas aos, 225, 244

Escala de Binet (QI), 223, 224, 234-7
Teste ABC, 219-37
Teste de Terman, 68, 210, 224-9, 236
Testes psicológicos. *Ver* Testes de inteligência
Thomaz, Joaquim, 277, 278
Tito, Arthur Rodrigues, 278, 279, 280, 283
Torres, Alberto, 98, 102, 103, 104, 105, 106, 211, 212, 270, 328, 337
Toscano, Moacyr, 272
Treinamento de professores, 32, 42, 55, 65, 89, 112, 113, 117, 147-200, 363
Tuberculose, 53, 57, 110, 234, 317, 330
Ver também Eugenia; Degeneração racial

Unesco, 26, 38, 127, 142, 143, 366
Universidade do Brasil, 89, 108, 110, 331
Universidade de Columbia, 31, 50
Universidade do Distrito Federal, 187, 266

Vargas, Getúlio, 12, 17, 33, 35, 48, 50, 56, 64, 70, 79, 84-6, 89-3, 95, 97, 99-100, 104, 106-8, 111, 115, 130-2, 171, 172, 180, 187, 191-3, 208, 239, 241, 243, 245-8, 251, 252, 255, 261, 267, 272, 273, 279, 280-93, 296, 301-9, 315-7, 321, 327, 328, 331, 336, 349, 351
Vaz, Juvenil Rocha, 49, 50
Venâncio Filho, Francisco, 130, 283, 303, 304, 343
Vianna, Francisco Oliveira, 49, 50, 106
Villa-Lobos, Heitor, 246-52

Weinstein, Barbara, 34, 35, 111, 210

SOBRE O LIVRO

Formato: 14 x 21 cm
Mancha: 23,7 x 42,6 paicas
Tipologia: Horley Old Style 10,5/15
Papel: Off-set 75 g/m² (miolo)
Cartão Supremo 250 g/m² (capa)
1ª edição: 2006
1ª reimpressão: 2012

EQUIPE DE REALIZAÇÃO

Edição de textos
Evandro Freire (Copidesque)
Regina Machado (Preparação de Original)
Marcelo Riqueti (Revisão)
Carmen Costa (Atualização Ortográfica)

Editoração Eletrônica
Casa de Ideias (Diagramação)

Impressão e acabamento